Wenn Steine reden könnten

aus Niedersachsens Geschichte

Bilder der Titelei:

Seite 1
Kaiser Karl der Große am Osnabrücker Rathaus
Der Nasenstein im Ith
Arminius und Thusnelda
(Ausschnitt aus einem Gemälde
im Oldenburger Schloß)

Seiten 2/3
Die Lübbensteine bei Helmstedt
Die Teufelsfratze an der Klosterruine in Hude
Die Hubertuskapelle im Hainberg

Folgende Bilder wurden uns freundlicherweise zur Verfügung gestellt: Auf Seite 28 (Lichtensteinhöhle) vom Institut für Denkmalpflege des Niedersächsischen Landesverwaltungsamtes, auf Seite 89 (goldene Scheibenfibel) vom Museum im Schwedenspeicher in Stade, auf Seite 178 (Graf Edzard) und auf Seite 184 (Fräulein Maria) vom Schloß- und Heimatmuseum Jever und auf Seite 210 (Graf Wilhelm) von SHD Philipp-Ernst Fürst zu Schaumburg-Lippe. Alle übrigen Bilder sind vom Verfasser.

Landbuch-Verlag GmbH,
Hannover, 1989

Lektorat: Dr. Helge Mücke
Farblithos: ReproDukt GmbH, Langenhagen
Satz und Druck:
Landbuch-Verlag GmbH, Hannover
Buchbinderische Verarbeitung:
Großbuchbinderei
Bernhard Gehring GmbH & Co KG
Bielefeld

ISBN 3 7842 0397 3

Ernst Andreas Friedrich

Wenn Steine reden könnten

aus Niedersachsens Geschichte

Landbuch

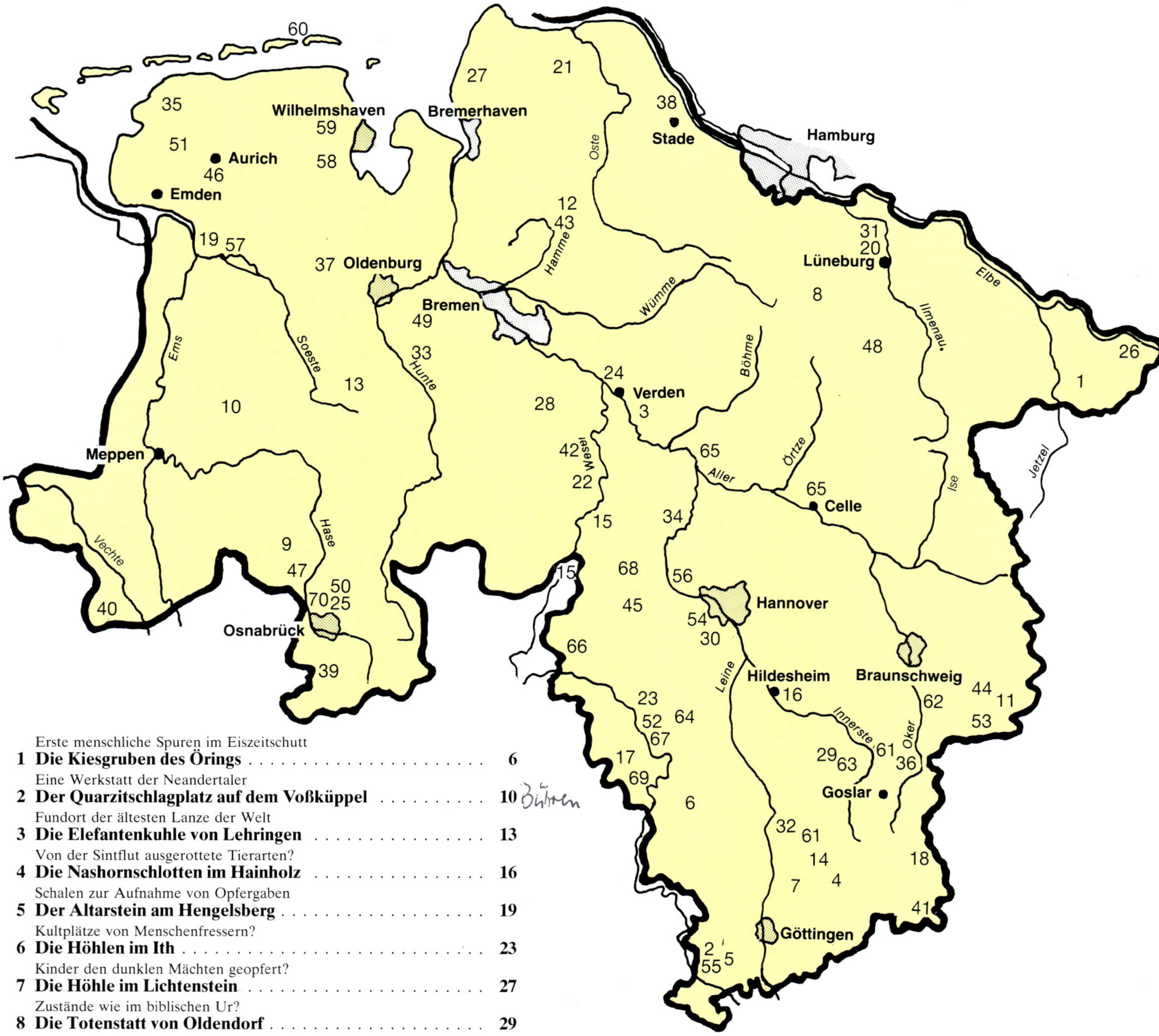
Wilhelmshaven
Bremerhaven
Hamburg
Stade
Aurich
Emden
Oldenburg
Bremen
Lüneburg
Verden
Celle
Meppen
Osnabrück
Hannover
Hildesheim
Braunschweig
Goslar
Göttingen
Oste
Hamme
Wümme
Elbe
Ilmenau
Ems
Soeste
Hunte
Böhme
Weser
Aller
Örtze
Ise
Jetzel
Hase
Vechte
Leine
Innerste
Oker

Vorwort

Es ist ein schönes Gefühl, sich mit der Geschichte verbunden zu wissen. Die Bindung wird um so enger, je mehr man vom Vergangenen weiß. Seit den ersten Vorbereitungen für meine Bücher über die Naturdenkmale Niedersachsens bin ich immer wieder mit der Geschichte des Landes in enge Berührung gekommen. Jedes Mal tat es mir leid, aus Gründen der thematischen Begrenzung auf die Wiedergabe wissenswerter historischer Geschehnisse verzichten zu müssen. So habe ich mehrmals über den Wurmberg geschrieben, konnte aber niemals das rätselvolle Geschehen auf dem Gipfel dieses höchsten Berges Niedersachsens einflechten. Gleiches gilt für den geheimnisumwitterten Kalkberg in Lüneburg und den einst unnahbaren Hohenstein im Süntel, für die Menschenfresserhöhlen im Ith und die umstrittenen Apostelsteine auf der Ahlhorner Heide. Diese Einengung weckte in mir den Wunsch, auch einmal ein Buch zu schreiben, das von der Geschichte Niedersachsens handelt.

Als sich dieser Wunsch zu einem Plan zu formen begann, war ich darauf bedacht, mich nicht zu weit von dem zu entfernen, was mich seit früher Jugend fasziniert: der Welt der Steine. Deshalb wollte ich in den einzelnen Kapiteln an Steine jedweder Art anknüpfen. Doch bei dieser Absicht konnte es nicht bleiben. Was besteht nicht alles aus Stein, das einen besonderen Platz in der Geschichte hat! Es mußte ein weiteres Ordnungskriterium hinzukommen, das die Themen so begrenzt, daß sie in einem für einen breiten Leserkreis erschwinglichen Buch untergebracht werden können. Diesem Vorsatz konnte durch die Beschränkung auf Ereignisse und Sachverhalte entsprochen werden, die seltsam, merkwürdig, rätselhaft, geheimnisvoll oder auch bloß unerforscht sind. Dabei sollten möglichst viele Einblicke in die Geschichte Niedersachsens gewährt werden. So entstand eine Mischung zwischen dem, was zu wissen reizvoll ist, und dem, was man wissen sollte.

Daß dieses Vorhaben gelingen konnte, ist vor allem denen zu danken, die sich als Wissenschaftler von Beruf oder auch nur aus bloßer Neigung mit der Geschichte Niedersachsens befassen und auf deren Forschungsergebnisse ich in der Literatur, zum Teil auch in Gesprächen, zurückgreifen konnte. Danken möchte ich auch den Museen und Sammlungen, in denen ich fotografieren durfte oder die mir Bildvorlagen zur Verfügung stellten. Möge dieses Buch dazu beitragen, das Interesse an der Geschichte Niedersachsens zu fördern.

Hannover, im September 1989

Dr. Ernst Andreas Friedrich

1

Erste menschliche Spuren
im Eiszeitschutt

Die Kiesgruben des Örings

Die Kirche von Woltersdorf im Kreis Lüchow-Dannenberg steht weit außerhalb des Dorfes in freier Feldmark. Sie heißt deshalb auch „die Kirche auf dem Felde". Die abseitige Lage ist aber nicht ihre alleinige Besonderheit. Auch die hohe Kirche des benachbarten Lemgo steht einsam auf weiter Flur. Noch bezeichnender ist für die Woltersdorfer Kirche ein Stein in der Nordwand links neben dem Eingang, der ein Gesicht mit teuflischen Zügen zeigt. Dieses von der Natur geschaffene Gebilde, das „Dämonenstein" oder auch „Götzenopferstein" genannt wird, läßt vermuten, daß die um das Jahr 1100 erbaute kleine, von einem wuchtigen Turm überragte Kirche auf einer einstigen heidnischen Kultstätte errichtet wurde. Und seine Einmauerung in die Außenwand der Kirche besagt, daß Dämonen und Götzen aus dem christlichen Gotteshaus ausgeschlossen sind. Mehr vermag der seltsame Stein nicht zu verraten. So verschweigt er auch, wann er einst den Aberglauben von Menschen zu nähren begann. Doch selbst wenn dieser Zeitpunkt 1 000, 2 000 oder auch noch mehr Jahre zurückläge, wäre es eine kurze Spanne gemessen daran, daß sich bei Woltersdorf menschliche Spuren aus der Zeit vor mehr als 200 000 Jahren finden. Es sind die ältesten Zeugnisse menschlichen Daseins, die bislang in Niedersachsen aufgespürt wurden.

Die Suche nach altsteinzeitlichen Spuren auf deutschem Boden ist schon weit über 200 Jahre alt. An ihr hat sich im vergangenen Jahrhundert auch Professor Dr. Rudolf Virchow, der berühmte Berliner Arzt und Anthropologe, beteiligt. Er glaubte in der Einhornhöhle bei Scharzfeld am südlichen Harzrand Überbleibsel des Eiszeitmenschen entdecken zu können. Zwar fanden sich im Höhlenlehm neben Tier- auch Menschenknochen, doch es zeigte sich, daß diese aus der Zeit um 400 vor Christus stammen. Daß Menschen der Altsteinzeit auch in Gebieten Deutschlands gelebt haben, die während der vor rund 230 000 Jahren begonnenen Saale-Kaltzeit stark vergletschert waren, bewiesen erst Funde des Jahres 1914. Die Beweisstücke sind Artefakte, das heißt von Menschen jener fernen Zeit aus Stein gefertigte Geräte. Sie wurden aber nicht in Niedersachsen gefunden, sondern in Obersachsen, nämlich in den Schottern der Pleiße bei Markkleeberg südlich von Leipzig.

Der Zufall wollte es, daß damals – von 1910 bis 1913 – der spätere Direktor des Niedersächsischen Landesmuseums Hannover, Professor Dr. Karl Hermann Jacob-Friesen, Assistent am Museum für Völkerkunde in Leipzig war. Er hat dort die Fundstücke aus der Altsteinzeit amtlich betreut und ging auch selbst auf Suche. Als er 1913 an das Landesmuseum Hannover berufen wurde und ihm der Abschied von

Leipzig schwerfiel, tröstete er sich mit dem Gedanken, was an der Pleiße zu finden ist, müsse auch an der Leine auffindbar sein. Diese Annahme erwies sich als richtig. Gemeinsam mit dem Arnumer Lehrer Karl Plasse entdeckte er schon bald bei Döhren im Süden Hannovers Feuersteinabsplisse, die zweifelsfrei altsteinzeitliche Geräte waren. Gekrönt wurde die emsige Suche aber erst 1931, als Plasse einen prächtigen Faustkeil fand. Jacob-Friesen und sein eifriger Helfer glaubten, es sei der erste, der im Leinetal aufgespürt wurde. Doch das war ein Irrtum, wie sich ein Vierteljahrhundert später herausstellte. 1956 wurde bekannt, daß bereits 1914 der Alfelder

Aus den Kiesgruben des Örings wurden schon Tausende altsteinzeitlicher Werkzeuge herausgebaggert. In der Grube bei Lübbow (unser Bild) stecken die klingenförmigen Abschläge in zwei durch Geschiebelehm getrennten Kiesschichten.

Lehrer Christian Mohwinkel in einer Kiesgrube bei Beulshausen ein derartiges Artefakt gefunden hatte.

Faustkeile sind zweischneidige Mehrzweckwerkzeuge von unterschiedlichen Größen. Sie bestehen entweder aus nordischem Feuerstein – einem dichten, splittrig brechenden Kieselgestein, das in Form von Knollen oder Trümmern von den Gletscherströmen aus Skandinavien herangeführt wurde – oder aus heimischem Quarzit (s. „Der Quarzitschlagplatz auf dem Voßküppel"). Wegen der Aussagekraft ihrer Formen galten die Faustkeile und gelten noch immer als die wichtigsten Fundstücke für die Erforschung der menschlichen Urgeschichte. Karl Plasse fand beim ständigen Durchstöbern des Baggergutes aus den Kiesgruben von Döhren, Arnum und Rethen noch drei weitere dieser begehrten Zeugen aus grauer Vorzeit, so daß das Leinetal südlich von Hannover zum nördlichsten Gebiet eines riesigen Verbreitungsraumes der Faustkeilkultur wurde. Dieser Raum erstreckte sich über Mittel- und Südwesteuropa und umfaßte darüber hinaus ganz Afrika sowie Arabien und Indien. Doch 1963 verschob sich die Nordgrenze noch weiter nach Norden, nämlich bis Woltersdorf am Nordrand des Örings. Hier, in der Nähe der Feldkirche mit dem Dämonenstein, hatte der Fossiliensammler Ewald Müller aus Lüchow ebenfalls einen Faustkeil gefunden.

Dieser Faustkeil, der mit seiner hochentwickelten Form so ganz und gar nicht zu den anderen Funden aus dem Gebiet des Örings paßte, gab Rätsel auf. Sie lösten sich erst, als 1986 und im Jahr darauf der Berliner Amateurarchäologe Klaus Breest bei Lichtenberg am Ostfuß des Örings an einer neugebauten Straße mehrere sorgfältig gefertigte Steinwerkzeuge fand. Oberkustos Dr. Stephan Veil vom Niedersächsischen Landesmuseum Hannover, der 1987 eine dreitägige Sondierung des fundverdächtigen Geländes bei Lichtenberg leitete, kam zur Ansicht, daß es sich bei diesen Steinwerkzeugen um die Reste eines Aufenthaltes von Neandertalern handelt. Und das bedeute, daß hier der erste Jagdplatz im nördlichen Niedersachsen entdeckt wurde. Die Werkzeuge seien in einer kurzen Zeitspanne hergestellt, benutzt und liegen gelassen worden. Dies könne irgendwann zwischen 60 000 und 80 000 Jahren vor heute, das heißt in der frühen Weichsel-Kaltzeit, geschehen sein. Demnach sind die Lichtenberger Fundstücke und wohl auch der Woltersdorfer Faustkeil noch nicht einmal halb so alt wie diejenigen, die seit Jahrzehnten aus den Kiesgruben von Woltersdorf und Lübbow herausgebaggert werden und deren Stückzahl bereits in die Tausende geht. Daß diese von ihrer Machart her größtenteils klingenförmigen Abschläge einer viel früheren Zeit angehören, haben geologische Untersuchungen von Mitarbeitern des Niedersächsischen Landesamtes für Bodenforschung in Hannover eindeutig bestätigt.

In die Nordwand der Kirche von Woltersdorf, die in freier Feldmark steht, ist der „Dämonenstein" eingemauert. Vermutlich befand sich hier einst eine heidnische Kultstätte.

Nach dem Ergebnis dieser Ermittlungen ist der Öring, der sich südöstlich von Lüchow zwischen Woltersdorf und Lübbow als rund 6 Quadratkilometer großer Landrücken erstreckt, eine Geestinsel, die von den Gestaltungskräften der Natur aus den etwa 20 Meter tiefer liegenden Niederungen der Umgebung deutlich herausgearbeitet worden ist. Wie das Relief des Untergrundes den Geologen zu erkennen gab, war der Öring bereits in der Tertiärzeit, vor 65 Millionen bis vor 2 Millionen Jahren, ein Hochgebiet. Auf dieser Erhebung lagerten in der dann folgenden und noch heute andauernden Quartärzeit die Gletscher der mehrmaligen Eisvorstöße aus dem Norden beim Schmelzen den mitgebrachten Gesteinsschutt ab. So besteht der heutige bis in eine Höhe von 42 Meter über Normalnull reichende Öring vorwiegend aus Sanden, Kiesen und Geschiebelehm. Aber der Schutt hat sich nicht allein aus nordischen Gesteinen gebildet. An seinem Entstehen waren auch Steine beteiligt, die aus dem Süden kamen, so zum Beispiel Kieselschiefer und Gangquarze aus dem Harz. Diese wurden in Warmperioden von Flüssen nach Norden geschleppt und den skandinavischen Kiesen beigemischt. Zu jener Zeit kann um den Öring eine Flußlandschaft bestanden haben.

Die Artefakte, die älter als die Lichtenberger sind, stecken verstreut in zwei Kiesschichten, die durch Geschiebelehm voneinander getrennt sind. Nach den Feststellungen der Geologen stammen diese Kiesablagerungen aus den beiden Eisvorstößen des Drenthe-Stadiums der Saale-Kaltzeit, das heißt aus der Zeit vor und nach 200 000 Jahren vor heute. Oberstleutnant Wilcken Dürre aus Munster, der sich um die Erforschung des sogenannten Öring-Paläolithikums sehr verdient gemacht hat und Verfasser einer wissenschaftlichen Arbeit darüber ist, vermutet, daß in dieser Geestinsel noch Hunderttausende, wenn nicht sogar Millionen Artefakte verborgen sind. Das mag

Einige der im Kies des Örings gefundenen Steinwerkzeuge sind im Wendländischen Heimatmuseum im Lüchower Amtsturm ausgestellt. Unter ihnen befindet sich auch der Woltersdorfer Faustkeil, der der Urgeschichtsforschung schon viele Rätsel aufgab.

als unglaublich viel erscheinen. Doch daß solche Zahlen nicht wirklichkeitsfremd sind, hat schon Jacob-Friesen am Beispiel des Leinetals vorgerechnet. Man dürfe nicht annehmen, schrieb er, daß in den Fundgebieten große Menschenmassen gehaust hätten. Vielmehr seien es nur kleine Horden gewesen. Wenn aber nur einmal in 100 Jahren eine Horde einen bestimmten Punkt besiedelt hätte und wenn die Kulturschichten an Ort und Stelle verblieben wären, so wären das innerhalb von 10 000 Jahren 100 Kulturschichten. Selbst ein so vorsichtiger Ansatz lasse schon erkennen, meinte Jacob-Friesen, welche Masse von Funden auch kleine Horden im Laufe der langen Zeiträume hinterlassen konnten.

In welchen Abständen Horden solcher frühen Menschen auf dem Öring gelagert haben und wie lange sie jeweils geblieben sind, weiß man nicht. Ebenso ist unbekannt, was sie bewogen haben mag, immer wieder auf diese Erhebung zu kommen. Lag es vielleicht daran, daß dieses Hochgebiet nicht von Wasser überflutet wurde, aber dennoch Wasser in unmittelbarer Nähe reichlich besaß? Das lebensnotwendige Naß löschte nicht nur den Durst der Menschen, sondern erleichterte ihnen zugleich die Jagd, weil es auch Tiere zur Tränke lockte. Oder kamen diese Jäger und Sammler vor allem deshalb zum Öring, weil sie hier große Mengen Feuerstein zur Anfertigung von Waffen und Geräten vorfanden? Waren von den Gletscherströmen nur Knollen und Trümmer des Feuersteins herantransportiert worden oder auch schon bearbeitete Stücke, die von noch früheren Menschen stammten? Alle diese Fragen stoßen ins Leere. Und was waren das überhaupt für Menschen, von denen die heutigen zeitlich zwei- bis dreimal so weit entfernt sind wie von den Neandertalern? Irgendwo im Kies des Örings soll irgendwann ein vollständig erhaltenes menschliches Skelett ausgegraben worden sein, das der Forschung wertvolle Hinweise hätte liefern können. Doch wo es abgeblieben ist, entzieht sich jeglicher Kenntnis.

In Lübbow erinnert ein Gedenkstein an die Menschen, die hier schon vor 200 000 und mehr Jahren lebten.

2

Eine Werkstatt der Neandertaler

Der Quarzitschlagplatz auf dem Voßküppel

Als der Bührener Lehrer und Heimatpfleger Fritz Bertram Jünemann 1957 den Geheimnissen mehrerer bronzezeitlicher Grabhügel im Waldgebiet des Voßküppels im damaligen Kreis Münden nachspürte, machte er eine überraschende Entdeckung, die seinen Forscherdrang in viel frühere Zeiträume der Menschheitsgeschichte lenkte. Bei einer Suchgrabung auf diesem 335 Meter hohen Berg am Ostrand des Bramwaldes fand er – wie er selbst berichtete – „zwischen erhalten gebliebenen Tertiärsanden eine kleine Gruppe mehr oder minder entblößter Quarzitblöcke". Einer der Gesteinsbrocken fesselte seine Aufmerksamkeit ganz besonders. Er glaubte, an ihm „charakteristische Schlagspuren" wiederzuerkennen, wie er sie im Jahr zuvor in Lendenscheid bei Ziegenhain in Nordhessen von einem Freund gezeigt bekommen hatte. Sollte sich auch hier, nur einen Kilometer von seinem Heimatdorf Bühren entfernt, ein Quarzitschlagplatz von Steinzeitmenschen befunden haben? Jünemann versuchte sich sogleich Klarheit zu verschaffen. Er hob den Humus ab und fand schon 8 Zentimeter unter der Oberfläche abschlagförmige Quarzitscherben von Daumen- bis Handtellergröße. Das waren für ihn nicht nur geschlagene, sondern auch schlagende Beweise.

Der Bührener Lehrer hatte in der Tat zum ersten Mal in Niedersachsen einen Platz entdeckt, an dem sich Menschen der mittleren Altsteinzeit Quarzit als Rohmaterial zur Herstellung von Werkzeugen und Waffen beschafften. Die mittlere Altsteinzeit umfaßte die Jahre von ungefähr 150 000 bis 50 000 vor heute. Die Menschen, die in diesem Zeitabschnitt lebten, sind unter der Bezeichnung „Neandertaler" in die Geschichte eingegangen. Sie gelten als eine Frühform des „Homo sapiens", des heutigen Menschen, und sollen sich von ihm äußerlich weniger unterschieden haben, als lange Zeit angenommen wurde. Die Forscher auf diesem Wissensgebiet haben aber Gründe zu der Vermutung, daß im Gegensatz zum heutigen Menschen über den Augen der Neandertaler Knochenwülste lagen, ihre Stirn flach war und das Hinterhaupt spitz auslief. Weitere Merkmale sollen eine breite Nase, ein fliehendes Kinn und das Fehlen von Wangengruben gewesen sein. Wie diese Menschen ausgesehen haben können, versucht eine lebensgroße Nachbildung im „Neanderthal"-Museum bei Düsseldorf zu verdeutlichen. In dem nach dem Prediger und Liederdichter Joachim Neander benannten Tal war 1856 das rund 60 000 Jahre alte Skelett jenes Mannes gefunden worden, der als Unbekannter so große Bekanntheit erlangte.

Aus dem Quarzit des Voßküppels wurden Geräte zum Schneiden, Schaben, Kratzen, Stechen, Lochen und Sägen gefertigt. Sie dienten als Hilfsmittel zum Jagen, zum Zerlegen der Beute sowie zur Bearbeitung von Holz, Knochen, Horn und Fellen. In den nördlichen Gebieten Niedersachsens war der Feuerstein der Rohstoff, aus dem sich die Menschen der Altsteinzeit die benötigten Geräte herstellten (s. „Die Kiesgruben des Örings"). Doch dieses auch Flint genannte harte Gestein war von den Eisströmen aus Skandinavien mitgebracht worden und konnte deshalb auch nur in den Gebieten gefunden werden, die während der Kaltzeiten vergletschert waren. Das südlichste Gebiet des Vorkommens von Feuerstein ist in Niedersachsen das Leinetal bis nördlich von Kreiensen im Kreis Northeim. Die Jägerhorden der noch südlicheren Bereiche Niedersachsens mußten sich mit Quarzit begnügen - einem Gestein, das aus eng verzahnten Quarzkörnern besteht. Da aber auch bei Rethen im Kreis Hannover ein Faustkeil aus Quarzit gefunden wurde, kann gefolgert werden, daß zwischen den damaligen Menschen des südniedersächsischen Berg- und Hügellandes und denen weiter nördlich im Tiefland lebenden gelegentliche Kontakte bestanden haben müssen.

Auf der Dransfelder Muschelkalkhochfläche, an deren Übergang zur Buntsandsteinscholle des Bramwaldes sich der Voßküppel befindet, liegt der Quarzit nicht überall frei herum. Der größte Teil ist unter den hutförmigen Kuppen des hier vor rund 15 Millionen Jahren aus dem Erdinnern glutflüssig aufgequollenen Basalts versteckt. Wie der Hohe Hagen, die Bramburg oder der Ossenberg ist auch der Voßküppel eine dieser Basaltkuppen. Er erhebt sich jedoch nur so geringfügig über die Dransfelder Hochfläche, daß seine Kuppe von den Betrachtern auch nur als Küppel, als kleine Kuppe, empfunden wird. Der Quarzit, der hellgrau ist und auch gelbliche bis rötliche Tönung haben kann, gehört in diesem Gebiet zu den Resten einer einst ausgedehnten Schicht, die aber von Wasser und Frost zerstört wurde und sich nur unter den schützenden Basaltdecken erhalten konnte. Auf dem Voßküppel ist auch schon der Basalt selber von den Abtragungskräften der Natur so stark zernagt, daß er von den Quarzitblöcken überragt wird.

Jünemann fiel bei der näheren Untersuchung dieses Quarzitschlagplatzes auf, daß die Menschen, die hier werkten, für ihre Zwecke nicht einfach die obersten, leicht erreichbaren Steine nutzten. Vielmehr entnahmen sie die Rohlinge für ihre Geräte einer unter der Oberfläche anstehenden, von losem Sand überdeckten und vom Bodenfrost zertrümmerten Gesteinsschicht. Warum dies so geschah, vermochte sich Jünemann rasch zu erklären. Die an der Oberfläche liegenden Blöcke, die man auch „Kieserlinge“ nennt, waren wegen ihrer Härte viel schwerer und zugleich weniger gut zu bearbeiten als die bergfrischen Steintrümmer unter dem Decksand. Woher aber wußten die Steinzeitmenschen, daß unter der Oberfläche besseres Rohmaterial zu finden war? Um sich diese Frage nicht voreilig selbst zu beantworten, bat Jünemann zwei Wissenschaftler von der Universität Göttingen – die Professoren Dr. Hermann Schmidt und Dr. Walter Wittlich – um eine geologische beziehungsweise bodenkundliche Untersuchung. Jünemann wollte wissen, ob der Sand, der auf dem Voßküppel die heutige Oberfläche bildet, zur Zeit der Quarzitschläger bereits in gleicher Höhe und Bedekkung der Steine vorhanden war. Die Untersuchung ergab eine Bejahung dieser Frage und bestärkte damit Jünemann in der Auffassung, daß man „letzten Endes wohl von einer bergmännischen Erfahrung die-

Auf dem Voßküppel bei Bühren am Ostrand des Bramwaldes haben vor mehr als 50 000 Jahren Menschen der mittleren Altsteinzeit Quarzit zur Fertigung von Werkzeugen und Waffen gewonnen. Damals sah dieses Gelände wie ein Steinbruch aus. Heute ist das Gestein von Sand, Humus und Pflanzen bedeckt.

Die Menschen, die hier Quarzit schlugen, werden den Neandertalern zugerechnet. Wie sie ausgesehen haben mögen, zeigt eine lebensgroße Nachbildung im „Neanderthal“-Museum bei Düsseldorf. Sie sollen sich vom heutigen Menschen äußerlich weniger unterschieden haben, als lange angenommen wurde.

Die Quarzitschläger vom Voßküppel haben unter Felsdächern Schutz vor den Unbilden der Natur gesucht. Eines der größten Felsdächer im Reinhäuser Wald ist nach dem Göttinger Dichter Gottfried August Bürger (1747–94) benannt.

ser in der Steinbeobachtung großgewordenen Menschen sprechen müsse".

In welchem Zeitraum die Neandertaler den Voßküppel zur Werkstoffgewinnung nutzten, weiß man nicht. Die große Menge der Absplisse und mißlungenen Geräte in der Füllerde der Abbaugrube läßt lediglich erkennen, daß diese Schlagstelle jahrhundertelang in Betrieb gewesen sein muß und damit den Steinbedarf vieler Generationen deckte. Nach den Feststellungen des Bührener Lehrers war die Grube ein trichterförmiger Kessel, der später von Wind und Wasser allmählich wieder mit Sand aufgefüllt wurde, so daß das heutige Aussehen entstand. Nimmt man an, daß die Steinschläger vom Voßküppel etwa zu der Zeit wie ihr berühmter Vetter aus dem Neandertal, nämlich vor rund 60 000 Jahren, lebten, dann hätten sie ihr Erdendasein unter sehr unwirtlichen Bedingungen verbringen müssen. Denn vor rund 80 000 Jahren hatten die Gletscher Skandinaviens erneut begonnen, in den norddeutschen Raum einzudringen. In dieser nach der Weichsel benannten Kaltzeit erreichten sie zwar nicht mehr wie vorher in der Saale- und in der Elster-Kaltzeit das niedersächsische Gebiet, sondern machten an der Elbe halt. Doch ihre Nähe genügte, die Landschaft Niedersachsens weithin in eine Kältesteppe, eine Tundra, zu verwandeln.

In jener Zeit herrschte im Jahr neun bis zehn Monate lang Winter. Nur wenn der fast ständig gefrorene Boden im Sommer kurz auftaute und die Schmelzwässer sich zu reißenden Flüssen sammelten, konnte die Natur zum Leben erwachen. Wohl auch nur dann konnten die Menschen an das begehrte Werkmaterial auf dem Voßküppel gelangen. Sie werden dann irgendwo am Rande des nahen Tales, das die Schede von Jahr zu Jahr tiefer auswusch, ihre Zelte aus Tierfellen aufgeschlagen haben. Mit großer Wahrscheinlichkeit haben sie zwischen Dankelshausen und Wellersen gelagert, wo 1956 auf einem Feld der erste Faustkeil entdeckt wurde, der zugleich den ersten altsteinzeitlichen Fund im Mündener Raum überhaupt darstellt. Jedenfalls haben die Menschen jener Zeit diese Stelle auf ihren Jagdzügen öfter aufgesucht, wie die noch vielen weiteren aufgefundenen Waffen und Geräte, die sie hier hinterlassen haben, bezeugen. Dieses Gelände auf einer Anhöhe, die aus der Schedener Senke 60 Meter hoch aufsteigt und damit einen weiten Blick über das Umland erlaubt, hat sich zum Rasten und Lagern geradezu angeboten. In den langen Wintermonaten hingegen werden diese Steinzeitmenschen in Höhlen und unter Felsdächern Schutz gesucht haben. Solche Naturgebilde – vor allem Felsdächer – gab und gibt es im Buntsandsteingebiet des südlichen Niedersachsens in größerer Zahl, dabei allein etwa 80 in der Bruchschollenlandschaft des Reinhäuser Waldes. Daß diese Felsüberhänge, die auch Abris genannt werden, bewohnt waren, beweisen viele Funde von Steingeräten und Knochenstücken bis hin zu einem ganzen Kinderskelett.

Doch wie diese Menschen in der Gemeinschaft zusammenlebten, wie sie sich miteinander verständigten, welche Gewohnheiten und Bräuche sie hatten und wie ihr Verhältnis zum Tod war, ist im Dunkel der Geschichte verborgen. Es ist auch unbekannt, wo sie abgeblieben sind und wie überhaupt ihre Stellung in der Stammesgeschichte der Menschen richtig zu deuten ist. Wahrscheinlich waren die Neandertaler – obgleich sich ihr Ausdehnungsbereich über das eisfreie Europa, Afrika und Teile Asiens erstreckte (s. „Die Kiesgruben des Örings") – am menschlichen Stammbaum nur ein Seitenzweig, der vor etwa 35 000 bis 40 000 Jahren abgestorben ist. Sie wurden damals von einem höher entwickelten Menschentyp von noch ungeklärter Herkunft – dem Cro-Magnon-Menschen – verdrängt, wie immer dies auch geschehen sein mag. Dieses anatomisch modernere Geschöpf wird als der direkte Vorfahr aller heute lebenden Menschen angesehen.

Wer heute den Quarzitschlagplatz auf dem Voßküppel aufsucht, sieht ein ähnliches Bild wie einst die ersten Steinschläger, nämlich verwitterte Gesteinsblöcke, die aus dem Waldboden herausragen. Alles andere Gestein, das 1957 von Jünemann und seinen Helfern freigelegt worden war, ist wieder von Sand, Humus und Pflanzen bedeckt. Dennoch lohnt sich ein Besuch, weil man noch immer empfinden kann, was sich hier in dieser Werkstatt unter freiem Himmel jahrhundertelang abgespielt hat. In diesem Gebiet des südlichen Niedersachsens, das heute zum Kreis Göttingen gehört, konnten noch weitere derartige Quarzitschlagstellen entdeckt werden. Von ihnen besaß die am Hengelsberg eine ganz besondere Bedeutung (s. „Der Altarstein am Hengelsberg").

3

Fundort der ältesten Lanze der Welt

Die Elefantenkuhle von Lehringen

Wenn Steine reden könnten, hätte gewiß auch der Eiszeitschutt der Verdener Geest einiges zu erzählen. Seine spannendste Geschichte würde von einer Kalkmergelgrube bei Lehringen im Südosten des Kreises Verden handeln, in deren Baggergut sich im März des Jahres 1948 Knochenstücke fanden. Sie wurden zunächst kaum beachtet. Doch dann fiel dem Schachtmeister Andreas Werner auf, daß die Knochenförderung immer umfangreicher wurde. Er stellte das Baggern ein und ließ die Grubenarbeiter der Ursache dieses Knochensegens mit Hacke und Spaten nachgehen. Sie legten Teile eines mächtigen Skeletts frei. Im Glauben, auf die Reste eines Mammuts gestoßen zu sein, meldete Werner nun den Fund dem damaligen, als Kultur- und Heimatpfleger verdienten Verdener Mittelschulrektor Alexander Rosenbrock, der sich sogleich mit Eifer und Umsicht der weiteren Bergung des Skeletts annahm. Was zutage kam, erwies sich als sensationell.

Ein 2,4 Meter langes Stück von einem Stoßzahn ließ bei Rosenbrock die Vermutung aufkommen, daß es sich nicht um die Reste eines Mammuts handelt, sondern um die eines Waldelefanten. Denn das Mammut besaß stark gebogene und sogar nach oben eingerollte Stoßzähne, während die des Waldelefanten, der das Mammut an Größe noch übertraf, nur leicht gebogen und nach unten gerichtet waren. Die Vermutung, auf solch einen Riesen unter den fossilen Dickhäutern gestoßen zu sein, wurde von einem Experten aus Erlangen bestätigt, der von Rosenbrock um die Untersuchung des Backenzahngebisses gebeten worden war. Dieser Paläontologe schätzte das Alter des

Die Kalkmergelgrube bei Lehringen hat sich nach ihrer Auflassung mit Wasser gefüllt. So wie heute dürfte sie sich auch den Elefantenjägern vor etwa 120 000 Jahren gezeigt haben.

Im Heimatmuseum Verden sind auch die bei Lehringen ausgegrabenen Knochenreste zu sehen. Der Waldelefant war noch größer als das Mammut. Während sich dessen Stoßzähne nach oben einrollten, waren die des Waldelefanten nur leicht gebogen.

Elefanten zum Zeitpunkt des Ablebens auf 45 Jahre. Die Schulterhöhe des Tieres – so nahm er an – könne 4,5 Meter betragen haben.

Doch was den Fund von Lehringen gar so aufsehenerregend machte, waren zwei von Rosenbrock und seinen Helfern ausgegrabene Rippen, zwischen denen eine 2,4 Meter lange Holzstange von der Dicke eines Besenstieles steckte. Sie war nach einem späteren Bericht des Verdener Lehrers Otto Voigt, der zu Rosenbrocks freiwilligen Helfern gehörte und der Entdecker der merkwürdigen Stange war, unter dem Druck des darüber liegenden Mergels in sieben Teile zerbrochen. Die Einzelteile befanden sich jedoch in ganzer Länge in ungestörter Lage, was ihre Zusammengehörigkeit bewies. Wie eine genauere Untersuchung ergab, handelte es sich um eine Stoßlanze, die aus dem Stamm einer jungen Eibe gefertigt worden war. Sie war sorgfältig zugespitzt, alle Äste und Ästchen – insgesamt 39 – waren fein säuberlich entfernt. Kein Zweifel, mit dieser Lanze, die als die älteste erhaltene der Welt gilt, war der Elefant getötet worden. Doch wann und wie das geschah, mußte erst mit viel wissenschaftlichem Spürsinn ergründet werden.

Bekannt war bereits seit Jahrzehnten, daß Waldelefanten zusammen mit Waldnashörnern, Riesenhirschen, Auerochsen, Braunbären, Wildpferden, Wölfen und anderen Arten die Säugetierfauna einer Zeit bildeten, in der es im niedersächsischen Raum wesentlich wärmer war als heute. Es war jene Warmzeit, die die Weichsel-Kaltzeit von der Saale-Kaltzeit trennte und nach dem niederländischen Fluß Eem benannt worden ist. Wie Pollenanalysen ergaben, währte die Eem-Warmzeit etwas mehr als 11 000 Jahre. Der im Boden von der Natur verwahrte Blütenstaub verriet den Kundigen auch, wie sich die Vegetationsfolge von spärlicher Birkenbestockung über lichte Kiefern-Birken-Wälder und Kiefern-Fichten-Hainbuchen-Wälder bis hin zu artenreichem, kraftvollem Mischwald und dessen Wiederverschwinden vollzog. Wo diese 11 000 Jahre in die Erdentwicklung genau einzuordnen sind, ist noch nicht endgültig geklärt. Die Eem-Warmzeit kann 125 000 Jahre vor heute begonnen haben, aber auch einige tausend Jahre früher oder später.

Rosenbrock und seine Helfer stellten fest, daß der Elefant in einem Gewässer den Tod gefunden haben muß. Er lag zusammengesunken und mit eingebrochenen Vorderbeinen in einer schlammigen Bodenschicht, die als blaugrauer Mergel erhalten blieb. Sie soll 2 000 bis 3 000 Jahre nach dem Beginn der Eem-Warmzeit abgelagert worden sein. Um diese Zeit hatte sich den Pollenanalysen zufolge die Linde in den Wäldern stark ausgebreitet und mit ihr im Unterstand die Eibe. Diese Nadelbaumart mit dem blutroten Holz, das härter als das der Eiche, zugleich aber viel geschmeidiger und biegsamer ist, war im Baumbestand jener Zeit im Raum der heutigen Lüneburger Heide mit einem Anteil von etwa 5 Prozent vertreten. Die Eibe war auch in der Erdneuzeit noch bis in das 16. Jahrhundert hinein ein wichtiger Rohstofflieferant für die Waffenproduktion. Aus ihrem Holz wurden Bögen und Armbrüste gefertigt und damit ganze Heere ausgerüstet.

Auch die Form und die Größe des Gewässers, in dem der Elefant verendete, konnten ziemlich genau erkundet werden. Die notwendigen Hinweise gaben Schnecken und Muscheln, deren Gehäusereste in den Ablagerungsschichten aufgefunden wurden. Danach war der Lehringer See etwa 250 Meter lang und 80 Meter breit. Seine Uferzone bestand aus kleinen, seichten Tümpeln, die sehr pflanzenreich waren. Wenn man alles, was in mehr als drei Jahrzehnte langer Forschungsarbeit aufgedeckt worden ist, mit einiger Phantasie wie Steinchen zu einem Mosaik zusammenfügt, entsteht ein recht deutliches Bild vom einstigen Geschehen an diesem See.

An einem Tag – nehmen wir an vor 120 000 Jahren – war ein Elefant an den von dichtem Laubwald umgebenen See gestapft, um seinen Durst zu löschen. Im Ufergebüsch lauerten ihm Jäger beutegierig auf. Einer von ihnen, der sich zur Geruchstarnung seinen behaarten Körper mit Elefantenlosung beschmiert hatte, pirschte sich geduckt an den Koloß heran und stieß ihm mit aller Kraft seiner muskulösen Arme die Lanze in die Brust. Die Spitze drang bis in die Lunge vor. Brüllend vor Schmerz stürzte sich der Elefant in das tiefere Wasser, um die brennende Wunde zu kühlen. Der Jäger und seine Gefährten verfolgten gespannt jede Bewegung des blutenden Riesen. Als dieser knapp 20 Meter vom Ufer entfernt zusammenbrach, stießen sie Freudenschreie aus. Sie fertigten sich mit geschickten Händen ein Floß, auf dem sie sich dem tonnenschweren Tier vorsichtig näherten. Nachdem der Tod eingetreten war, zerlegten sie es mit Hilfe scharfer Feuersteinklingen und beförderten die Fleischstücke an das Ufer.

Den letzten Beweis, daß es sich so oder ähnlich zugetragen hat, lieferten Feuersteingeräte, die in der Lehringer Mergelgrube beim Bergen der Elefantenknochen gefunden wurden. Mit Hilfe der mikroskopischen Gebrauchsspurenanalyse konnte sogar nachgewiesen werden, daß drei der insgesamt 27 geborgenen Steinwerkzeuge zu einer Schlachtarbeit von eineinhalb Stunden Dauer benutzt worden waren. Die Ergebnisse dieser neuen Untersuchungsmethode grenzen geradezu an Wunder. Unter dem Mikroskop zeigen sich auf Werkzeugen der Steinzeitmenschen nicht nur feine Schrammen und Aufsplitterungen von bestimmten Tätigkeiten, sondern bei starker Vergrößerung auch weitere Veränderungen der Gesteinsoberfläche. Diese unterscheiden sich, je nachdem ob Holz, Knochen, Haut, Fleisch oder andere Rohprodukte bearbeitet worden sind.

Oberkustos Dr. Stephan Veil vom Niedersächsischen Landesmuseum Hannover und Archäologierat Dr. Hartmut Thieme vom Institut für Denkmalpflege im Niedersächsischen Landesverwaltungsamt haben sich in der ersten Hälfte der achtziger Jahre gemeinsam der Mühe unterzogen, einmal das gesamte mit dem Fund von Lehringen zusammenhängende Forschungsmaterial zu sichten, zu ordnen und aufzuarbeiten. Das Ergebnis haben sie 1985 veröffentlicht. Um die überragende Bedeutung dieses Fundes zu kennzeichnen, wiesen Veil und Thieme darauf hin, daß in Fachkreisen lange Zeit die Fallgrubenjagd als effektivste und einfachste Art der Erlegung von Dickhäutern durch Steinzeitmenschen bevorzugt worden war. Demgegenüber habe der Befund von Lehringen erstmals eindeutige Hinweise darauf erbracht, daß Jäger der mittleren Altsteinzeit Waldelefanten mit der Lanze auch direkt angegriffen und erlegt haben. Eine offene Frage werde es aber bleiben, ob bei der Jagd auf den Lehringer Elefanten statt nur einer noch weitere Lanzen verwendet worden sind.

Die berühmte Lanze von Lehringen, die nach der Bergung weiter in nunmehr elf Teilstücke zerbrach, wurde im Niedersächsischen Landesmuseum Hannover sorgfältig restauriert und konserviert. Sie kann im Heimatmuseum in Verden von jedermann besichtigt werden. Im Landesmuseum in Hannover ist eine Nachbildung ausgestellt. Die Mergelgrube bei Lehringen hat sich seit ihrer Auflassung mit Wasser gefüllt und bietet heute wohl einen ähnlichen Anblick wie zur Zeit des urgeschichtlichen Jagdereignisses. Sie ist von Erlen und Birken umstanden, doch die Eiben fehlen. Die Menschen, die hier vor 120 000 Jahren jagten, sind den Neandertalern zuzuordnen (s. „Der Quarzitschlagplatz auf dem Voßküppel"). Bedenkt man, daß jener Mann, der als „der" Neandertaler in die Geschichte eingegangen ist, vor 60 000 Jahren lebte, so liegt zwischen dessen Erdendasein und dem der Lehringer Jäger ein gleicher zeitlicher Abstand wie von ihm zu den Menschen von heute.

Die Lanze von Lehringen, die als die älteste erhaltene der Welt gilt, ist im Heimatmuseum Verden ausgestellt. Sie ist seit ihrer Bergung in elf Teilstücke zerbrochen.

4

Von der Sintflut ausgerottete Tierarten?

Die Nashornschlotten im Hainholz

Das Hainholz bei Düna im südwestlichen Harzvorland ist geologisch eine Rarität: Es ist das letzte noch in fast natürlichem Entwicklungszustand erhaltene Gipskarstgebiet Mitteleuropas. Hier finden sich auf engem Raum alle Erscheinungsformen des Gipskarstes – Steilkegel, Karren, Höhlen, Dolinen, Erdfälle, Spalten und Schlotten. Die Schlotten sind vom Sikkerwasser im Gipsgestein senkrecht ausgelaugte trichter- oder röhrenförmige Eintiefungen, die von den Geologen auch Orgeln genannt werden. In solch einem Schlottenfeld des Hainholzes wurden 1751 – wie damals der Wolfenbütteler Arzt und Naturforscher Franz Ernst Brückmann vermerkte – „eine große Menge, theils gewöhnlicher, theils ungewöhnlicher und monströser Knochen eines unbekannten Thieres gefunden". Er hielt „solches, wegen der Zähne, für ein Meeresthier, so kein hartes Futter verzehrt". Doch der Medikus aus Wolfenbüttel irrte. Wie sich schon bald herausstellte, waren es Knochen und Zähne von Wollhaarnashörnern. Mit dieser aufsehenerregenden Entdeckung wurde das geologisch so bedeutsame Hainholz auch zu einem Markstein der Geschichte der Paläontologie, das heißt der Wissenschaft von den Lebewesen vergangener Erdzeitalter.

Die Naturwissenschaft baute bis in das 18. Jahrhundert hinein auf der Bibel auf, in der geschrieben steht, daß Gott die Welt in sechs Tagen erschaffen hat – am fünften davon die Landtiere. Als er die Sintflut hereinbrechen ließ, war von ihm die Arche Noah zur Aufnahme der Tierarten bestimmt worden, die das große Strafgericht überleben und damit der Welt erhalten bleiben sollten. Alles andere Getier ließ er in den Fluten umkommen. Selbst der bedeutende, am Hof in Hannover als Staatsmann wirkende Universalgelehrte Gottfried Wilhelm von Leibniz war trotz seiner kühnen Gedankenflüge noch fest in der Sintfluttheorie verwurzelt. Als beim Bodenabbau immer mehr Reste von unbekannten Wesen gefunden wurden, konnten sie seiner Auffassung nach nur von solchen stammen, deren Art von der Sintflut ausgerottet worden war. Zwar ließ Leibniz schon eine gewisse Abwandlung der Grundformen der Tiere gelten, doch er hätte es noch als Sünde empfunden, an eine Umwandlung oder sogar Herausbildung neuer Arten zu denken. Erst allmählich begann sich die Erkenntnis durchzusetzen, daß die Tierarten nicht immer ein und dieselben waren. Zur Überwindung der Schranken im naturwissenschaftlichen Denken hat der Knochenfund im Hainholz wesentlich beigetragen.

Dieser Denkanstoß geht auf einen Wintertag des Jahres 1751 zurück, an dem Bauern, die in den Schlotten des Hainholzes nach Mergel zum Düngen ihrer Felder gruben, plötzlich auf eine Vielzahl von Knochen stießen. Deren enorme Größe ließ es die Bauern ratsam erscheinen, den Fund ihrer Obrigkeit zu melden, die für sie der Oberamtmann des Fürstlich Grubenhagenschen Amtes Herzberg, Justus Henrich Nanne, verkörperte. Die Benachrichtigung konnte recht einfach erfolgen, weil Nannes Amtsschreiber Kontzen der Pächter der Domäne Düna war. Oberamtmann Nanne ließ die rund 200 Knochen sorgfältig sammeln und verschenkte sie körbeweise an Interessenten wie den Wolfenbütteler Arzt Brückmann. So bedachte er mit einer Sendung von 29 Knochen und Zähnen auch Samuel Christian Hollmann, der einer der ersten Professoren der 1734 vom Kurfürsten Georg August von Hannover gegründeten Universität Göttingen war. Kurfürst Georg August war als Georg II. zugleich König von England.

Hollmann, der ein halbes Jahrhundert nach Leibniz lebte, gehörte zu den Wissenschaftlern, die sich wenigstens schon teilweise von der Sintfluttheorie gelöst hatten. Er ließ sich bereits mehr von Tatsachen als von der Heiligen Schrift leiten. Die Größe der ihm zugesandten Knochen beeindruckte ihn so sehr, daß er sie Kollegen vorlegte und sich mit ihnen besprach. Ein Jahr später besichtigten sie gemeinsam den Fundort. Dieser – so kann aus Hollmanns Aufzeichnungen und den landschaftlichen Gegebenheiten geschlossen werden – lag am Nordosthang des Sommersitzes, eines Steilkegels im Zentrum des Hainholzes.

Die Göttinger Gelehrten waren bis dahin der Meinung, daß es sich bei den Knochen um Reste von Elefanten handeln müsse, wie sie vorher schon mehrfach in Gipssteinbrüchen des Osteroder Raumes, zu dem auch das Hainholz gehört, gefunden worden waren. Doch Hollmann befriedigte diese Deutung nicht. Ihm gab zu denken, daß es sich bei den Elefantenknochen stets um Einzelstücke handelte, hier hingegen um ein ganzes Knochenarsenal. Sein Argwohn bestätigte sich, als er eines Tages in den Londoner „Philosophical Transactions" die anatomische Beschreibung eines Elefanten entdeckte, mit der die Hainhölzer Knochen in keiner Weise übereinstimmten. Diese müßten – so hielt er in einer 1776 erschie-

nenen Abhandlung fest – von einem anderen „ebenso großen, schweren und plumpen, aber viel niedrigerm Thiere nothwendig seyn“. Nun kam ihm der zündende Gedanke – der Zufall hatte es gewollt, daß kurz zuvor in Göttingen ein zu Schauzwecken nach Europa gebrachtes Java-Nashorn gezeigt worden war.

Da vom Nashorn noch nirgends eine anatomische Beschreibung erschienen war, überlegte Hollmann, wie er einen Vergleich mit einem lebenden Tier anstellen könnte. Erneut kam der Zufall zu Hilfe. Einer der Göttinger Kollegen, Johann Friedrich Mekkel, trat gerade eine längere Reise durch Europa an. Ihn bat Hollmann, wo auch immer er ein Nashorn antreffen würde, dessen Gebiß zu beschreiben. Er gab ihm auch einen der im Hainholz gefundenen Zähne zum Vergleichen mit. Meckel konnte der Bitte Hollmanns in Paris entsprechen. Er vermochte ein dort gehaltenes Nashorn durch Füttern mit Brot zu

An dieser Stelle im Gipskarstgebiet des Hainholzes dürften die Nashornknochen, die zur Veränderung des naturwissenschaftlichen Denkens beigetragen haben, gefunden worden sein. Ungeklärt ist noch immer, wie es kommen konnte, daß die fünf Tiere so einträchtig nebeneinander verendeten.

Der hannoversche Staatsmann Gottfried Wilhelm von Leibniz (1646–1716), der als der bedeutendste Universalgelehrte seiner Zeit galt, hätte die im Hainholz gefundenen Knochen noch nicht richtig zu deuten gewußt. Sein naturwissenschaftliches Denken wurzelte noch im biblischen Schöpfungsbericht, nach dem alle Arten von Lebewesen durch Urzeugung entstanden und so geblieben sind. Unser Bild entstand nach einem Gemälde von Bernhard Christoph Francke, das in Braunschweig im Herzog Anton Ulrich-Museum hängt.

Im Institut für Geologie und Paläontologie der Universität Göttingen ist ein kleiner Teil der im Hainholz 1751 gefundenen Nashornknochen aufbewahrt. Die aufgeklebten Schilder wurden von Professor Johann Friedrich Blumenbach beschriftet.

bewegen, das relativ kleine Maul so weit aufzusperren, daß er das Hainhölzer Fundstück rasch gegen die Backenzähne halten konnte. Er stellte eine Übereinstimmung fest. Hollmann, der die Nachricht mit Befriedigung aufnahm, konnte weiter forschen. Er kam zum Ergebnis, daß es sich beim Fund im Hainholz um die Knochen und Zähne von vier erwachsenen und einem jungen Nashorn gehandelt haben muß.

Wie diese Tiere in das Hainholz gelangt waren, vermochte der Göttinger Paläontologe allerdings noch nicht richtig zu erklären. Er nahm an, daß wirbelndes Wasser sie in totem Zustand angeschwemmt und samt dem Mergel, der sie begrub, in den Schlotten des Karstgebietes abgesetzt habe. Bezüglich ihrer Herkunft dachte er noch an die Steppen Asiens oder Afrikas. Aber wenn wirklich Wasser die bewegende Kraft gewesen wäre – hätte es dann die fünf Nashörner nicht eher in verschiedene Richtungen gewirbelt, statt sie so eng beieinander, dabei drei sogar in ein und derselben Schlotte, abzulegen? Dieses Gegenargument brachte – allerdings erst 1808 – ein anderer Göttinger Professor vor: der als Mitbegründer der Anthropologie zu wissenschaftlichem Ruhm gelangte Johann Friedrich Blumenbach. Er hatte aus den Funden von eiszeitlichen Großsäugern wie Mammut, Wollhaarnashorn, Wisent und Riesenhirsch die dem Tatsächlichen entsprechende Erkenntnis gewonnen, daß in geologischer Vergangenheit Tiere, die heute in anderen Klimagebieten der Erde leben, auch in Europa beheimatet gewesen sein können.

Man weiß heute genau, wie die Wollhaarnashörner ausgesehen haben, weil einige vollständige Kadaver im sibirischen Eis und in den Ostkarpaten gefunden worden sind. Sie waren nicht wie die heutigen Nashörner mit panzerartiger nackter Haut bedeckt, sondern mit zotteligem Fell. Aber wie es dazu kam, daß die fünf Tiere im Hainholz so einträchtig auf engstem Raum verendeten, ist ungeklärt. Es gibt die Vermutung, daß an ihrem Ableben eiszeitliche Jäger mitgewirkt haben. Sie hätten die Geländeform des Schlottenfeldes als von Natur aus vorgegebene Wildfanggrube genutzt. Dafür sprechen in der Tat auch einige Steinwerkzeuge, die 1979 bei archäologischen Grabungen in diesem Schlottenfeld gefunden worden sind. Doch anderes spricht dagegen. Man sollte bedenken, daß diese Wollhaarnashörner als Kältespezialisten hier irgendwann in der letzten Kaltzeit – der rund 70 000 Jahre währenden Weichsel-Kaltzeit – lebten, und im Vergleich dazu sich klarmachen, daß der Gipskarst innerhalb von 10 000 Jahren von den Erosionskräften der Natur bis zu 4 Meter abgetragen werden kann; die Oberflächenform des Hainholzes sah zu Lebzeiten der hier verendeten Nashörner also sicherlich anders aus als heute. Aber auch wenn man weiß, daß sich mit der Veränderung der Bodenoberfläche auch die Lage der Knochen verändert haben kann, kommt man der Erkenntnis keinen Schritt näher, was sich hier einst zugetragen haben mag.

5

Schalen zur Aufnahme von Opfergaben

Der Altarstein am Hengelsberg

Im Kreis Göttingen erhebt sich südlich von Dransfeld der Hohe Hagen. Dieser Basaltberg ist mit 508 Meter der höchste der Vulkanlandschaft, in die sich die Dransfelder Muschelkalkhochfläche in der Tertiärzeit vor rund 35 Millionen Jahren verwandelt hat. Unmittelbar an seiner Westseite besitzt der Hohe Hagen im Hengelsberg einen kleinen, nur bis in 463 Meter Höhe reichenden Bruder. In der Senke zwischen beiden Bergen findet man unterhalb der Kuppe des Hengelsberges am Kantor-Forthmann-Weg eine Gruppe von Quarzitblöcken, deren hartes, splittrig brechendes Gestein sich ebenfalls in der Tertiärzeit, jedoch noch bevor der Basalt als glutflüssiger Gesteinsbrei aus dem Erdinnern aufquoll, durch Verkieselung von Sandablagerungen gebildet hat. An dieser Stelle befand sich ähnlich wie auf dem Voßküppel am Westrand der Dransfelder Hochfläche ein Werkplatz, an dem sich Steinzeitmenschen das Rohmaterial zur Anfertigung von Waffen und Geräten beschafften (s. „Der Quarzitschlagplatz auf dem Voßküppel"). Und ebenso wie dort war es der um die Urgeschichtsforschung im südlichen Göttinger Raum verdiente Bührener Lehrer Fritz Bertram Jünemann, der diese Bedeutung der Quarzitblöcke am Hengelsberg erkannte.

Jünemann fand heraus, daß auch hier nicht das an der Erdoberfläche liegende Gestein genutzt worden war, sondern bergfrische, handliche Trümmer aus der Tiefe des sandigen Bodens. Zudem stellte er fest, daß der Quarzit am Hengelsberg feinkörniger als der des

Der in zwei Teile zerbrochene Altarstein am Hengelsberg bei Dransfeld weist 14 kreisrunde Schalen auf, die von Menschenhand eingetieft worden sind und wahrscheinlich schon in der Jungsteinzeit zur Ablage von Opfergaben dienten. Nichts deutet aber darauf hin, was geopfert wurde.

Voßküppels ist. Dieses Gestein wirkt deshalb glasig und durchscheinend, und beim Klopfen zerspringt es zu Stücken mit schneidend scharfen Kanten und muscheligen Flächen. Überdies läßt die Art der daraus hergestellten Geräte, die bei einer Grabung in großer Zahl gefunden worden sind, vermuten, daß hier viel länger als auf dem Voßküppel Werkmaterial beschafft worden ist. Doch Jünemann machte am Hengelsberg eine noch weitaus interessantere Entdeckung: Er sah, daß der nördlichste der Quarzitblöcke, der in zwei Teile zerbrochen ist, auf seiner Oberfläche neben den natürlichen Unebenheiten 14 kreisrunde Vertiefungen besitzt. Sie weisen Durchmesser von 7 bis 10 Zentimetern – in einem Fall von 20 Zentimetern – auf, sind zwischen 1,2 und 4,4 Zentimeter tief und lassen deutliche Begrenzungen erkennen. Diese Schalen können nicht von Natur aus entstanden, sondern müssen von Menschenhand eingetieft worden sein.

Mit dieser Entdeckung warf sich sogleich die Frage auf, ob der Quarzitschlagplatz am Hengelsberg im Gegensatz zu dem auf dem Voßküppel neben seiner materiellen Bedeutung auch eine ideelle hatte, also nicht nur ein Steinbruch und eine Werkstatt war. Als Jünemann später seine Erkenntnisse und Empfindungen in Worte faßte und niederschrieb, nannte er „diesen südseitigen Hangabsatz mit seinen gewaltigen, meterhoch verkippten Blöcken, von denen der Blick in die 150 Meter tiefer liegenden Täler und auf die Dreischwiesen der Schedener Muschelkalkberge fällt“ einen „ungewöhnlichen Platz“. Das Erhabene dieser Landschaft haben vielleicht auch schon die Menschen empfunden, die vor einigen tausend Jahren in der letzten Phase der Jungsteinzeit hierher kamen, um sich Messer, Schaber, Kratzer, Stichel, Pfeilspitzen und andere Gegenstände ihres täglichen Bedarfs herzustellen. Jünemann hielt den 3,4 Meter langen, 2,0 Meter breiten und 0,7 Meter hohen Schalenstein für einen heiligen Stein, einen Altar, und benannte ihn auch so.

Steine mit eingehauenen Schalen oder eingebohrten Näpfchen wurden in Niedersachsen und auch anderswo im norddeutschen Raum schon in großer Zahl aufgespürt. Zumeist sind es von den Gletscherströmen der Saale-Kaltzeit aus Skandinavien mitgebrachte Findlinge, die mit solchen Eintiefungen versehen worden sind. Doch es können auch – wie im Falle des Altarsteins am Hengelsberg – an Ort und Stelle entstandene Gesteinsblöcke sein. Was die Steinzeitmenschen bewogen haben mag, an Steinen

Von oben betrachtet sind die Schalen des Altarsteins gut zu erkennen – besonders dann, wenn sich in ihnen Wasser sammelt. Die deutlichen Begrenzungen berechtigen zur Annahme, daß die Schalen nicht von Natur aus entstanden sein können, sondern Menschenwerk sind.

Der Schalenstein auf dem Bühl bei Wiershausen, der 55 Eintiefungen besitzt, soll außer der Ablage von Opfergaben auch der Bestattung eines Toten gedient haben. Bei einer Untersuchung wurde auf ihm Leichenwachs festgestellt. Dieser Stein wurde erst 1952 in einem Acker entdeckt.

Vertiefungen anzubringen, ist noch weitgehend ungeklärt. Man darf aber annehmen, daß die Beweggründe im Bereich des Kultischen lagen. Doch schon die weitere Frage, ob es bereits eine kultische Handlung war, die Schalen oder Näpfchen anzufertigen, oder ob sie geschaffen worden sind, um mit ihrer Hilfe kultische Handlungen verrichten zu können, läßt sich lediglich mit Vermutungen beantworten. Schalen auf waagerechten Flächen waren zur Aufnahme von Opfergaben geeignet, Schalen an senkrechten Gesteinswänden, wie sie in Skandinavien entdeckt wurden, hingegen nicht.

Wird man je erforschen können, welch kultischer Handlungen sich die Menschen der Jungsteinzeit bedienten, um mit sich und ihrer Umwelt zurechtzukommen? Wie glaubten sie, mit den Kräften der Natur in Verbindung treten zu müssen, um Gefahren abzuwehren und Ängste zu überwinden, aber auch um Hoffnungen und Wünsche erfüllt zu bekommen? Und wie glaubten sie, dafür Dankbarkeit erweisen zu können? Waren die Naturgewalten für sie nur die Wirkungen unbegreiflicher Mächte oder schon Gottheiten als überirdische, jedoch menschlich gestaltete Wesen, wie sie von späteren Religionen hervorgebracht und angebetet wurden? Viele Fragen ließen sich noch stellen, auf die nur mit Vermutungen geantwortet werden könnte. Diese Ungewißheit bringt es auch mit sich, daß über die Bedeutung der Schalen- und Näpfchensteine recht unterschiedliche Ansichten geäußert werden.

Ein Beispiel dafür liefert der westlichste der bisher in Niedersachsen gefundenen Näpfchensteine, der im Kreis Osnabrück an der von Ankum nach Bippen führenden Straße an den Restruper Hünengräbern aufgestellt ist. Eine Meinung geht dahin, daß dieser erst 1950 wiederentdeckte Stein zur Markierung eines Brandopferplatzes gedient habe. Demnach hätte seine Bedeutung im religiösen Bereich gelegen. Nach einer anderen Meinung hingegen sei seine Bedeutung rechtlicher Art gewesen. An dem Stein seien Verträge und sonstige Abmachungen beschworen worden. Dabei hätten die Kontrahenten die Speerspitzen in die Näpfchen gesteckt, von denen jeder Sippe eines gehört habe. Insgesamt weist der Restruper Näpfchenstein 57 Eintiefungen auf. Hätten alle Sippen gemeinsam auf diese Art etwas beschwören müssen, wäre es zu einem argen Gedränge gekommen. Vielleicht besaß man aber auch für solch einen Fall eine praktischere Regelung. Niemand weiß es – alle Überlegungen sind Spekulationen ohne Beweise.

Der Restruper Näpfchenstein, der vom Altarstein am Hengelsberg fast 200 Kilometer entfernt in der Maiburg entdeckt wurde, gilt als der westlichste Niedersachsens. An ihm wurden 57 Eintiefungen festgestellt. Über seine Bedeutung gehen die Meinungen auseinander.

So ist es auch fraglich, ob sich ein Hinweis auf die Bedeutung des Altarsteins am Hengelsberg durch einen anderen Schalenstein ergibt, der 1952 etwa 6 Kilometer südwestlich von ihm entfernt auf dem Bühl bei Wiershausen in einem Acker aufgespürt worden ist. In den Schalen dieses Steines – einer 2,8 Meter langen, 2,2 Meter breiten und 0,75 Meter hohen Quarzitplatte – lagen ein 18 Zentimeter langes Dolchblatt aus Bronze mit Ziernieten am Griff und eine bronzene Schmucknadel. Daraus wurde gefolgert, daß dieser Stein vielleicht in der etwa um 1700 vor Christus begonnenen Bronzezeit zur Ablage von Opfergaben genutzt worden war. Er war – wie eine Nachgrabung ergab – der letzte eines Hügelgrabes, das einstmals zu einer Gruppe von 20 Grabhügeln gehört hatte. Doch diese Gräber sind alle bis auf eines um die letzte Jahrhundertwende der Flurbereinigung in diesem Gebiet zum Opfer gefallen. Aber selbst wenn es die Gräber noch gäbe, wüßte man nicht, ob dieser Schalenstein aus der Steinzeit eigens an das Gräberfeld der Bronzezeit zur Ablage von Opfergaben verbracht worden war, oder ob umgekehrt die Gräber hier angelegt worden sind, weil sich der Stein hier schon vorher befunden hatte.

Die Überlegungen gingen in diesem Falle aber noch weiter. Jünemann, der Prähistoriker aus Leidenschaft war, wollte Näheres über die bronzene Dolchklinge und ihre Nieten in Erfahrung bringen und übergab sie deshalb dem Schleswiger Museumsdirektor Dr. Karl Schlabow zur Untersuchung und Präparierung. Schlabow, ein bewährter Fachmann, stellte dabei auch Leichenwachs fest. Er schloß daraus, daß auf dem Schalenstein von Wiershausen eine Bestattung vorgenommen worden sein muß. Mit der Schmucknadel, die eine Gewandnadel war, sei wahrscheinlich der Wollmantel des Toten geschlossen gewesen. Wie sich Jünemann selbst die Niederlegung des Dolches vorstellte, hat er 1956 im Heft 6 der Reihe „Urgeschichtliche Bodendenkmalpflege im Kreise Münden" in seiner ausdrucksreichen Sprache zu Papier gebracht: „Der Tote war bedeutend genug, auf heiligem Schalensteine beigesetzt zu werden, im Schmucke seiner Festtagstracht. Sehen wir ihn vor uns, diesen Mann der bronzezeitlichen Berglandschaft? Im Wollmantel der Hirten und Viehbauern, eine große bronzene Nadel als oberen Verschluß tragend, zur Seite den Dolch mit funkelndem Griffbeschlag; die Klingenscheide aus Erlenholz gearbeitet; sie war innen mit Lammfell gefüttert und außen mit eingeschnitzten Linien verziert". Jünemann schloß nicht aus, daß der Tote auch ein Bronzehandwerker gewesen sein könnte, ein „Meister seiner Art".

Mit dieser Deutung weiß man allerdings auch noch nicht, welche Bewandtnis es mit dem Stein und seinen insgesamt 55 künstlich angebrachten Eintiefungen hatte, bevor er als Totenlager in dem Erdhügel verschwand. Vermutlich wird er ebenso wie der Altarstein am Hengelsberg der Niederlegung von Opfergaben gedient haben. Aber was geopfert wurde, wie es geschah und welche Gründe diese frühen Menschen zur Darbringung von Opfern bewegten, verschweigen die Steine.

6

Kultplätze von Menschenfressern

Die Höhlen im Ith

Der Ith ist das schmale Kammgebirge zwischen Leine und Weser, das sich von Coppenbrügge 22 Kilometer nach Süden bis in die Nähe von Eschershausen erstreckt, aus dolomitischem Korallenoolith des Weißen Juras besteht und an seiner Westseite mauerartig abstürzt. Diese Steilwand, die sich mit dem vor rund 140 Millionen Jahren begonnenen Einsinken der trogförmigen Ith-Hils-Mulde als Rand aufbog und sich heute noch über das westliche Vorland erhebt, wurde durch die Abtragungskräfte der Natur stark zerklüftet. Die Steilwand ist daher reich an bizarren, zum Teil wunderlich geformten Klippen, die hell aus dem Bergwald in die Ferne leuchten. Zudem birgt sie annähernd 60 Höhlen, die an Gesteinsspalten ausgewaschen worden sind. In den größten von ihnen hat sich vor etwa vier Jahrtausenden Schreckliches ereignet. Diese Höhlen befinden sich am Südende des Iths, wo sich dessen nahezu schnurgerade verlaufender Schichtrippenkamm dem kreisförmigen Kammzug des Hils nähert. Es ist derjenige Teil dieser Gebirgslandschaft, der zum Kreis Holzminden gehört.

Die bekannteste der Ithhöhlen ist die Rothesteinhöhle. Zu ihr führte schon der aus Eschershausen stammende niedersächsische Heimatdichter Wilhelm Raabe in seiner Erzählung „Das Odfeld". Doch was Raabe 1888 in der ihm eigenen ausdrucksreichen Sprache etwas mystisch-verworren über diese Höhle schrieb, wurde viel klarer von einem Studenten der Naturwissenschaften formuliert, der 1883 die Rothesteinhöhle erstmals fachkundig untersuchte. Es war der Pastorensohn August Wollemann aus Börßum im Kreis Wolfenbüttel, der seinen Einstieg in die Tiefen des Iths auf Betreiben des Wolfenbütteler Ortsvereins für Geschichte und Altertumskunde unternahm. In der Lessingstadt hatte man gehört, daß diese Höhle schon mehrfach von Schatzsuchern durchwühlt worden war. Doch dabei waren keine der erhofften Schätze an das Licht des Tages gebracht worden, sondern „nur" Menschenknochen. Aber gerade diese Funde weckten die Neugier und den Forschungsdrang der Wolfenbütteler.

Wollemann passierte im Rothestein zunächst den schmalen Gang, der leicht begehbar etwa 18 Meter weit in den Fels hineinführt. Dann kletterte er in den rund 40 Meter langen unteren Gang hinab, der vom oberen rechtwinkelig nach Süden abbiegt und die eigentliche Höhle darstellt. Hier fand er Scherben von Tongefäßen und ein Randleistenbeil aus Bronze. Weiter entdeckte er zwei Dolchklingen und eine Drahtspirale, die ebenfalls aus Bronze gefertigt waren. Sie gaben zu erkennen, daß dieses dunkle Verließ in der von etwa 1800 bis 1600 vor Christus währenden frühen Bronzezeit von Menschen aufgesucht worden war. Doch weitaus wichtiger als die Gegenstände aus Ton und Bronze waren für das Interesse der Wissenschaft die Knochen, die der Student aus Börßum in der Höhle fand.

Wollemann erkannte im Schein seines Grubenlichtes, daß sie gehäuft an Herdstellen lagen und es tatsächlich Menschenknochen waren. Sie waren angekohlt, woraus er schloß, daß hier Menschenleiber oder Teile davon zwar mit Feuer in Berührung gebracht worden waren, aber nicht verbrannt worden sind. Wollemann wußte, daß sich derartige Klufthöhlen ganz allgemein von ihrer Beschaffenheit her nicht als Verbrennungsplätze eigneten, so daß auch in dieser Ithhöhle keine Leichenverbrennungen stattgefun-

Die Rothesteinhöhle ist die bekannteste der Ithhöhlen, weil sie als erste fachkundig untersucht und beschrieben worden ist. In ihr wurde auch erstmals erkennbar, daß hier vor etwa vier Jahrtausenden Menschenopfer dargebracht worden sind.

Am Fuße des Nasensteins, der seinen Namen von dem schmalen Vorsprung in der Mitte der Oberkante hat, befinden sich vier Höhlen, von denen zwei der Opferung von Menschen und wahrscheinlich auch dem Verzehr der Opfer gedient haben.

den haben dürften. Zur Bekräftigung dieser Auffassung kam hier noch ein weiterer, triftigerer Grund hinzu: Der Student wurde gewahr, daß alle Röhrenknochen zerschlagen waren und daß dies mit Absicht geschehen sein mußte. Das war ein deutlicher, wenn auch kaum glaublicher Hinweis auf Anthropophagie, das heißt auf Menschenfresserei. Offenbar waren die Knochen der Verspeisten beim Mahl zertrümmert worden, damit die Verzehrer an das Mark gelangen konnten.

Wollemann unterbreitete die Ergebnisse seiner Untersuchung noch im selben Jahre der Deutschen Gesellschaft für Anthropologie, Ethnologie und Urgeschichte in Berlin. Dort bezeichnete sie der Altmeister der deutschen Urgeschichtsforschung Rudolf Virchow, der zugleich ein bedeutender Pathologe und Anthropologe war, als eine „Neuigkeit ersten Ranges". Bis dahin wußte man nur, daß in der weit zurückliegenden Steinzeit mitunter Menschenfresserei vorgekommen war. Jetzt aber mußte es als erwiesen gelten, daß es sie in der viel jüngeren Bronzezeit mit ihrer schon vorgerückten Kultur auch noch gegeben hat. Virchow machte zwar noch gewisse Einschränkungen und verlangte weitere Beweise. Diese wurden erbracht, wenngleich auch erst bei späteren Untersuchungen der Rothesteinhöhle. Sie bestätigten Wollemanns Vermutungen voll und ganz. Neben weiteren angekohlten Menschenknochen wurden auch Reste des Schädeldaches eines Kindes geborgen, die ebenfalls darauf hindeuteten, daß hier Menschen getötet und verzehrt worden waren.

Im Umfeld des Rothesteins gibt es noch weitere Höhlen. Vier davon liegen am Fuße des Nasensteins, der südlichsten der Ithklippen, die 25 Meter fast senkrecht abfällt und dadurch der Mauer einer Bergfestung ähnelt. Hier befinden sich die Nasensteinhöhle, die Kinderhöhle, die Töpferhöhle und die Soldatenhöhle. Die Nasenstein- und die Kinderhöhle haben ebenfalls Beweise geliefert, die auf Menschenopfer schließen lassen. So wurden in der Nasensteinhöhle menschliche Schädelknochen, ein vollständiges Menschenskelett und weitere Menschenknochen mit eindeutigen Verletzungen gefunden. In der Kinderhöhle waren es vor allem Schädeldecken von Kindern, die der Höhle dann auch den Namen gaben. In den beiden anderen Höhlen am Fuße des Nasensteins, die auch von Menschen aufgesucht worden waren, wurden keine Hinweise auf Menschenopfer entdeckt.

Etwa ein Jahrhundert nach Wollemann unterzog sich der Göttinger Student der Ur- und Frühgeschichte Michael Geschwinde der Mühe, die Höhlen im Ith erneut zu durchsuchen und zudem einmal alles, was über die Höhlen bekannt war, systematisch aufzuarbeiten. Er hat darüber eine Magister-Arbeit geschrieben, die 1988 in überarbeiteter Fassung unter dem Titel „Höhlen im Ith - Urgeschichtliche Opferstätten im südniedersächsischen Bergland" veröffentlicht wurde. Geschwinde stellte fest, daß die Ithhöhlen mit Ausnahme der Rothesteinhöhle keine Siedlungs- oder Rastplätze, sondern Kultstätten waren, an denen Menschenopfer dargebracht wurden. In der Rothesteinhöhle könnte auch eine kurzfristige Bewohnung möglich gewesen sein. Daß über die Menschenopfer hinaus auch anthropophage Riten stattgefunden haben, kann nach Geschwindes Erkenntnissen nur vermutet, aber nicht ausgeschlossen werden.

Das bestätigte auch Dr. Dr. Michael Schultz vom Zentrum Anatomie in Göttingen, der das gesamte in der Rothestein-, Nasenstein- und Kinderhöhle geborgene Knochenmaterial osteologisch untersucht hat. Nach seinen Feststellungen, die der Veröffentlichung von Michael Geschwinde als Ergänzung angegliedert

Die auffallendste Höhle am Fuße des Nasensteins ist diejenige, die seinen Namen trägt. Ihren Eingang bildet eine schmale Spalte, die steil ansteigend zu einem kleinen Vorraum führt. Hinter einer weiteren Spalte liegt der Hauptraum.

Zu den Funden aus der Nasensteinhöhle gehört dieser Schädel, der im Heimatmuseum Holzminden ausgestellt ist. Wahrscheinlich ist es der Schädel einer Frau, die in dieser Höhle geopfert wurde. Die Schädeldecke ist eingeschlagen.

sind, fallen die Funde in den Ithhöhlen aus dem Rahmen sonst üblicher Höhlenfunde heraus. Es sei deshalb nicht auszuschließen, daß es sich bei diesen Höhlen um Kultplätze gehandelt hat, an denen eventuell sogar Menschenopfer stattgefunden haben. Dabei dürfte es sich nach den aufgefundenen Knochen, die in den Museen von Holzminden, Wolfenbüttel und Hildesheim sowie im Landesmuseum Hannover aufbewahrt werden, insgesamt um wenigstens 19 Kinder, zwei Jugendliche und 23 Erwachsene gehandelt haben.

Die Funde der Knochen von geopferten Menschen, vor allem aber die Überreste kannibalischer Mahlzeiten, werfen viele Fragen auf. Wurden nur Feinde geopfert und verzehrt, derer man sich bei Auseinandersetzungen bemächtigt hatte? Oder waren es auch Angehörige der eigenen Sippe? Glaubte man, durch das Verspeisen eines besiegten Feindes dessen Kraft in sich aufnehmen zu können oder im Falle von Kindern deren Jugendfrische? Oder wurden die Menschenopfer nur deshalb dargebracht, um den Lauf der Geschicke zu beeinflussen? Die letztgenannte Möglichkeit hielt Professor Dr. Karl Hermann Jacob-Friesen, der ehemalige Direktor des Niedersächsischen Landesmuseums Hannover, für am wahrscheinlichsten. Dieser um die Urgeschichtsforschung in Niedersachsen verdiente Wissenschaftler verglich die Höhlen im Ith mit Höhlen in südlicheren Gebieten, in denen ebenfalls Hinweise auf Menschenopfer und Kannibalismus entdeckt worden waren. Er meinte, daß man in der Rothesteinhöhle nach dem archäologischen Befund und den angeführten Parallelen zweifellos eine frühbronzezeitliche Kultstätte mit Menschenopfern – zwar nicht nordwestdeutscher, sondern mitteldeutsch-donauländischer Prägung – vor sich habe. Und daran knüpfte er die Vermutung, daß die Ithhöhlen mit zu den Vorläufern jener germanischen Menschenopferstätten gehören können, über die der römische Geschichtsschreiber Cornelius Tacitus im ersten nachchristlichen Jahrhundert berichtet hat (s. „Der Grüne Altar auf dem Hohenstein“). Welche Verbindung zwischen dem Ith und dem Donaubereich bestanden haben könnte, wurde von Jacob-Friesen nicht näher erläutert.

7

Kinder den dunklen Mächten geopfert?

Die Höhle im Lichtenstein

Der Lichtenstein beherrscht westlich von Osterode zwischen Förste und Dorste das Landschaftsbild. Er erhebt sich in zwei Stufen aus dem Sösetal, reicht bis in 261 Meter Höhe und überragt damit sein westliches Vorland um 120 Meter. Der Eindruck von seiner Erhabenheit wird noch durch die hohen Buchen verstärkt, die seinen steilen Gipfel gleichsam krönen. Hier stand auf dem beengten Plateau im Mittelalter die von einem mächtigen Ringwall umgebene Burg Lichtenstein, die den Herzögen von Grubenhagen — einer 1596 ausgestorbenen Linie des Alten Hauses Braunschweig — gehörte. Die Burg begann aber schon vorher zu verfallen, und die Ruine ist inzwischen bis auf einen Mauerrest aus weißem Gipsgestein verschwunden.

Diese Ruine war einer der Schlupfwinkel des Räubers Hans Warnecke aus Eisdorf bei Osterode, der im und nach dem Dreißigjährigen Krieg im westlichen Harzvorland sein Unwesen trieb. Als nach der Schlacht bei Lutter am Barenberge (s. „Das Blutfeld im Lutterbecken") die Truppen des Grafen Tilly plündernd, mordend und brandschatzend durch das Land zogen, steckten sie auch in Eisdorf den Hof des Hans Warnecke an und töteten seine Eltern und Geschwister. Seitdem machte er jeden nieder, der einen Soldatenrock trug und ihm in den Weg kam. Nach dem grausamen Krieg fand er nicht wieder zu einem geordneten Leben zurück, sondern wurde ein gefürchteter Räuber. Der Sage nach wurde er schließlich in Osterode gefangen, zum Tode verurteilt und von vier an ihm angespannten Ochsen in vier Stücke zerrissen. Was Hans von Eisdorf an bösen Taten begangen hat, erscheint gering gegenüber dem, was sich lange vor seiner Zeit in einer Höhle des Lichtensteins ereignete.

Geologisch gesehen, ist dieser markante Berg aus zwei verschiedenen Gesteinsarten aufgebaut. Sein Sockel besteht aus Gips, wie er in dem von Seesen über Osterode bis Walkenried und noch weiter nach Thüringen reichenden Südharzer Zechsteingürtel vorkommt, und darauf lagert der aus Buntsandstein gebildete Kegel. Ähnlich wie das gesamte Gipskarstgebiet westlich und südlich des Harzes von Spalten und Klüften durchhöhlt ist, scheint es auch im Sockel des Lichtensteins der Fall zu sein. Eine der vermuteten Höhlen wurde 1972 entdeckt. Damals suchte der als Heimatforscher verdiente Bürgermeister von Förste, Werner Binnewies, gemeinsam mit einigen Jungen aus seiner Gemeinde nach einem Fluchtstollen aus der einstigen Burg Lichtenstein. Ihr Interesse galt dabei auch einer schmalen Öffnung an einer Felswand, die sich knapp 2 Kilometer südwestlich von Förste am Hangfuß des Lichtensteins erhebt. Ob sich hinter diesem unscheinbaren Loch der Fluchtstollen verbarg? So nahe dieser Gedanke vielleicht auch gelegen haben mag, so weit war er von der Wirklichkeit entfernt. Die Jungen kletterten über einige Gesteinstrümmer zu der Felsspalte empor und krochen hinein. Obgleich sie nicht sehr weit in den Hohlraum dahinter einzudringen vermochten, genügte es, um zu erkennen, daß hier keine Menschenhände am Werk gewesen waren.

Binnewies ließ es bei dieser Feststellung nicht bewenden. Er wollte genauer wissen, was für eine Bewandtnis es mit dieser Höhle hat. Deshalb teilte er ihre Entdeckung dem Höhlenforscher Fritz Reinboth mit, einem Ingenieur aus Walkenried, und dieser – reich an Erfahrung – drang im Jahr darauf mit einigen Freunden von der Arbeitsgemeinschaft für Niedersächsische Höhlen in das Felsloch zu einer fachkundigen Untersuchung ein. Sie fanden heraus, daß diese enge und zumeist sehr niedrige Höhle einer Abrißkluft folgt und sich – mehrfach abgewinkelt – parallel zum Berghang erstreckt. An den Wänden und der Decke zeigten sich im Lampenschein Sinterbildungen von eigenartiger Schönheit. Sonst war nichts Besonderes zu entdecken. Nach etwa 70 Metern trafen die Eindringlinge auf eine Engstelle, die sie am weiteren Vorwärtskommen hinderte. Daß sich die Höhle von hier aus noch etwa 45 Meter fortsetzt und in diesem zweiten Teil ein Geheimnis birgt, wurde erst sieben Jahre später erkannt.

Dieses Mal – Ende Februar 1980 – drang ein anderer sachkundiger Höhlenforscher ein. Es war der Diplom-Geologe Firouz Vladi, der 1987 mit der Leitung des Amtes für Wasserwirtschaft und Naturschutz des Kreises Osterode betraut wurde. In seiner Begleitung befand sich Kathrin von Ehren, die zu dieser Zeit an der Universität Hamburg Geographie und Biologie studierte. Diese ebenso grazile wie mutige Studentin war die erste, die mit viel Mühe und Geschick die blockierende Engstelle zu überwinden vermochte. Der Lohn der Qual war eine grauenvolle Entdeckung: Der Boden des zweiten Teiles dieser Höhle ist von Menschenknochen wie übersät.

Was hat sich hier zugetragen? Waren Höhlenbewohner durch einen Bergsturz eingeschlossen worden und jämmerlich zugrunde gegangen? Oder wurden

Nichts ist dem Lichtenstein äußerlich anzusehen, was in seinem Innern an Grausamem geschehen ist. In einer Höhle wurden die Skelettreste von nahezu drei Dutzend Jugendlichen gefunden, die vermutlich dunklen Mächten geopfert worden sind.

hier Tote beigesetzt? Oder fanden in dieser Höhle Menschenopfer statt? Viele Fragen drängten sich auf. Sie führten noch im selben Jahr zu einer näheren Untersuchung, an der sich neben Vladi auch beherzte Wissenschaftler beteiligten. Doch Mut allein genügte nicht. Eine weitere unabdingbare Voraussetzung war ein schlanker Körper von weniger als 1,80 Meter Länge, um sich durch die Engstelle zwängen zu können – obwohl Vladi sie zwischenzeitlich etwas erweitert hatte. Die Begleiter des Osteroder Naturschutzbeamten waren der Archäologieoberrat Dr. Reinhard Maier und der Grabungstechniker Friedrich-Albert Linke vom Institut für Denkmalpflege im Niedersächsischen Landesverwaltungsamt sowie der Anthropologe Professor Dr. Bernd Herrmann von der Universität Göttingen.

Schon beim Erweitern der Engstelle war Vladi auf Ringe, Nadeln und andere aus Bronze gefertigte Schmuckgegenstände aufmerksam geworden, die auf ein urgeschichtliches Alter hinwiesen. Als gleichaltrig wurden nun auch die aufgefundenen Menschenknochen eingestuft. Sie wurden alle sorgsam protokolliert und fotografisch wie auch zeichnerisch dokumentiert, was bei der Enge der Höhle zumeist äußerst schwierig war. Dabei stellte sich heraus, daß es sich um Skelettreste von mehr als zwei Dutzend, wenn nicht sogar drei Dutzend Menschen handelt. Von 29 konnten die Schädel gezählt werden. Die Knochen wurden zum Teil noch im anatomischen Verbund vorgefunden, zum größeren Teil aber nicht mehr zusammenhängend, sondern regellos verstreut. Diese Feststellung ließ den Verdacht aufkommen, daß sie jemand beiseite geschoben hatte. Sämtliche Knochen sind von einer bis zu 5 Zentimeter dicken Gipssinterschicht überwachsen, so daß nur diejenigen geborgen wurden, die bei der Erweiterung der Engstelle gelockert und verlagert worden waren. Die anderen ließ man so liegen, wie sie wohl schon seit mehr als drei Jahrtausenden gelegen haben. Nähere Erkenntnisse werden sich erst durch eine sorgfältige Ausgrabung gewinnen lassen. Als sicher kann aber schon gelten, daß die Skelettreste überwiegend von Jugendlichen und Kindern stammen.

Zudem glaubt man bereits sagen zu können, daß die Körper dieser jungen Menschen nicht erst nach ihrem Tod in die Höhle gebracht worden sind. Diese Annahme hat ihren Grund darin, daß ein Transport der Leichname in das Höhleninnere wegen der Eng-

Daß sich hinter dieser Felsspalte eine Höhle verbirgt, wurde 1972 entdeckt. Die Höhle ist so schwer begehbar, daß ihr grauenvolles Geheimnis erst acht Jahre später von Wissenschaftlern erkundet werden konnte.

stellen, von denen es im zweiten Teil der Höhle mehrere gibt, unmöglich gewesen wäre. Selbst die Tatsache, daß die Höhle – wie ebenfalls herausgefunden wurde – ursprünglich einen anderen Eingang als das heutige Felsloch besaß, hätte solch ein Unterfangen nicht leichter gemacht. Der frühere Eingang, der nicht mehr begehbar ist, befindet sich – dem heutigen genau entgegengesetzt – am südwestlichen Ende der Höhle. Die Menschen müssen somit aus eigener Kraft in die Höhle gelangt sein. Doch aus welchem Antrieb und zu welchem Zweck? Sie werden sicherlich nicht deshalb in die Höhle gekrochen sein, um einfach ihr junges Leben zu beenden.

Noch ist es ein völliges Rätsel, was sich hier abgespielt hat. Mit Sicherheit war es grausam. Im Hinblick darauf, was in anderen Höhlen in der Bronzezeit und der nachfolgenden Eisenzeit nachweislich geschah (s. „Die Höhlen im Ith"), ist zu vermuten, daß auch hier Menschen den dunklen Mächten geopfert worden sind. Die dafür ausersehenen Jugendlichen werden in die Höhle gelockt oder gestoßen worden sein, wobei auch berauschende Gifte mitgewirkt haben könnten. Dann wird man jeweils – um eine Rückkehr zu verhindern – den Eingang mit schweren Steinblökken verschlossen haben. Die Opfer waren dem sicheren Tod geweiht. Erspart geblieben ist ihnen nur das noch Schlimmere, nämlich erschlagen und verzehrt zu werden. Für kannibalische Opfermahle war die Lichtensteinhöhle zu eng. Möglicherweise bestand ein Zusammenhang zwischen diesem Geschehen und den Menschen aus vorgermanischer und vorkeltischer Zeit, von denen auf dem steilen Bergsporn an der Söse bei Osterode-Lasfelde die erste Burganlage geschaffen worden war (s. „Die Pipinsburg bei Osterode"). Zu dieser Burg, deren Anfänge weit in das letzte Jahrtausend vor Christus zurückreichen, führte von Süden her eine alte Fernstraße, die am Hangfuß des Lichtensteins heute noch als Forstweg besteht.

Es wird noch umfangreicher Untersuchungen bedürfen, um dem schrecklichen Geschehen in der Lichtensteinhöhle auf die Spur zu kommen. Die Frage ist allerdings: Wird dies möglich sein? Erhält die Forschung dazu eine Chance? Diese Fragen müssen leider gestellt werden, weil dem Lichtenstein Gefahr droht. In der Nähe der Höhle soll in den nächsten Jahren Gips für wirtschaftliche Zwecke abgebaut werden. Die dabei unvermeidlichen Bodenerschütterungen können zum Einsturz dieser nicht sehr stabilen Höhle führen. Damit ginge ein in Niedersachsen einzigartiges Kulturdenkmal für immer verloren. Deshalb die bange Frage: Wird es von der Zeit und vom Geld her den Wissenschaftlern ermöglicht werden, wenigstens den Höhleninhalt zu retten? Eine Bergung würde etwa vier Jahre in Anspruch nehmen und schätzungsweise eine Million DM erfordern. Der große Wert der Lichtensteinhöhle für die Urgeschichtsforschung besteht nicht nur in ihrem Inhalt allein, sondern auch darin, daß im Gegensatz zu anderen, von „Schatzsuchern" längst durchstöberten Höhlen hier noch alles in unberührtem Zustand erhalten ist. Seit der Entdeckung der Menschenknochen ist der Höhleneingang vor unbefugtem Zutritt durch eine feste Tür gesichert.

In dieser Höhle zu fotografieren, ist äußerst schwierig. Unser Bild, das einige der von Gipssinter überwachsenen Knochen zu erkennen gibt, wurde von Archäologieoberrat Dr. Reinhard Maier vom Institut für Denkmalpflege aufgenommen.

8

Zustände wie im biblischen Ur?

Die Totenstatt von Oldendorf

Wo im Südwesten des Kreises Lüneburg die Lopau in die Luhe mündet, findet man unmittelbar östlich davon eine von Wald umhegte und von Heidekraut überwucherte Begräbnisstätte: die Totenstatt von Oldendorf. Sie umfaßt auf einer Fläche von rund 5 Hektar vier Großsteingräber und ebensoviele kleinere Grabhügel. Drei der Großsteingräber sind langgestreckte Hünenbetten, die mit Längen bis zu 80 Meter zu den größten und eindrucksvollsten Niedersachsens zählen. Und das vierte ist ein Hünengrab mit einer Kammer unter einem runden Erdhügel. Sie wurden gegen Ende der Steinzeit etwa in den Jahren von 2000 bis 1800 vor Christus angelegt, während die vier kleineren Gräber zwischen 1800 und 1500 entstanden sein könnten, als die Steinzeit in die Bronzezeit überging. Die Bezeichnung „Hünengräber" ergab sich, weil sich die Menschen späterer Jahrtausende einfach nichts anderes vorzustellen vermochten, als daß diese Grabstätten von Hünen, von Riesen, erbaut worden waren. Selbst noch vor weniger als 400 Jahren trauten es erste Forscher auf diesem Gebiet Wesen von normaler menschlicher Gestalt nicht zu, daß sie die Kraft und Fertigkeit besessen haben konnten, solche von mannshohen Findlingsblöcken umsäumte Monumentalbauten zu errichten.

Einer dieser frühen Forscher war der in Bentheim geborene Theologe und Arzt Johan Picardt, der später beruflich umsattelte und Moorkolonisator wurde. Nach ihm ist die Alte Piccardie – eine kultivierte Moorlandschaft im Nordosten des Kreises Grafschaft Bentheim – benannt. Und auch ein Kanal trägt seinen Namen. Dieser vielseitig interessierte Mann hatte in einem 1660 in Amsterdam erschienenen Werk im

Die Totenstatt von Oldendorf, deren Großsteingräber gegen Ende der Steinzeit angelegt worden sind, gilt als die in Niedersachsen besterforschte Begräbnisstätte aus jener Zeit. Viele der Umfassungssteine wurden leider geraubt.

Zur Oldendorfer Totenstatt gehören außer den vier Großsteingräbern auch einige Hügelgräber, die ebenso wie die Hünenbetten aus gelben Sanden aufgeschüttet sind. Diese Hügelgräber sind jünger als die Großsteingräber.

Hinblick auf die Hünengräber die Frage aufgeworfen, wie man „diese alten, gewaltigen, fremden Altertümer" eigentlich deuten solle. Die Antwort gab er sich selbst, indem er schrieb: „Sie sind alle zusammen Begräbnisplätze von grausamen und barbarischen Riesen, Hünen oder Giganten, den Nachkommen von Menschen schrecklicher Gestalt, riesigen Kräften und tierischer Wildheit, die weder Gott noch die Menschen gefürchtet haben, die nur geboren waren zum Unglück menschlichen Geschlechts". Nach Picardts Auffassung waren die Riesen aus den Ländern Schweden, Norwegen, Finnland und Dänemark gekommen, und dorthin waren sie aus dem Lande Kanaan, dem Küstenstreifen Palästinas, gelangt.

Derartige der Phantasie entsprungene Deutungen gehören inzwischen längst der Vergangenheit an. Nirgendwo wurden bisher Skelettreste solcher Riesenmenschen gefunden. Dennoch spricht man noch immer von Hünengräbern, Hünenbetten und Hünensteinen, und zudem weiß man noch immer nicht mit Gewißheit, welcher Art und Herkunft die Menschen waren, die sich diese gewaltigen, geradezu überheblichen Grabstätten geschaffen haben. Es ist daher auch nicht verwunderlich, wenn das Entstehen der Hünengräber verbal noch immer mit Übermenschen in Verbindung gebracht wird. Aber man denkt heute nicht mehr an Menschen von riesiger Körpergröße, sondern an solche, die infolge geistiger Überlegenheit Macht über andere Menschen besaßen und sie veranlassen konnten, die zum Bau der Grabmonumente erforderliche Arbeitsleistung zu erbringen.

In diese Richtung bewegten sich die Überlegungen des ehemaligen Lüneburger Museumsdirektors Dr. Gerhard Körner, die er in seinem 1980 erschienenen Buch „Ein Königreich an der Luhe" festhielt. Er beschrieb zunächst, wie wohl die Menschen in der Jungsteinzeit im Gebiet an der Luhe bis etwa zum Jahre 2000 vor Christus gelebt haben mögen, wie sie von den sanften Berghängen herab durch Wald und Gebüsch den Wildpfaden zum Wasser folgten, wie sie jagten und fischten und wie sie Beeren, Pilze, Wurzeln und Kräuter sammelten. Eines Tages erschienen plötzlich Fremdlinge und nahmen von der Talaue Besitz. Sie wählten in ihr – von den alten Bewohnern ängstlich bestaunt – mit kundigem Auge ihre Wohnstatt, und mit den scharf geschliffenen Beilen, die sie mitbrachten, rodeten sie das Tal und begannen auf dem fruchtbaren Land Ackerbau und Viehzucht zu betreiben. Sie wurden die Könige des Luhetales, wobei es Körner dem Leser freistellte, das Wort König durch jedes beliebige andere zu ersetzen, das Macht über Mitmenschen kennzeichnet. Um ihr Ansehen für immer bewahrt zu wissen, aber offenbar auch vom Glauben beseelt, nach dem Tode weiterzuleben, ließen sich die Fremden die trutzigen Grabstätten errichten.

Körner malte das Geschichtsbild um diese Monumentalbauten noch weiter aus. Damit die toten Herrscher nach ihrer Beisetzung das immerwährende Dasein auch genießen konnten, ließen sie sich als Zeichen ihrer herausgehobenen Stellung ein Beil mit ins Grab geben. Sie bekamen auch Pfeil und Bogen mit, um weiter jagen zu können, zudem durften Speise und Trank nicht fehlen, die ihnen in bunt bemalten Tongefäßen bereitgestellt wurden. Da in einem der Oldendorfer Gräber – dem größten und zugleich jüngsten – die Beisetzung von sechs Personen nachgewiesen wurde und neben Beilen, Pfeilspitzen, Messerklingen, Schalen, Tassen und Amphoren auch die Reste von drei Trommeln gefunden wurden, kam sogar der Gedanke auf, daß der tote Herrscher von seinem Weib sowie von Dienern und Musikanten in das Jenseits begleitet worden ist. „Nachdem der Eingang von innen verschlossen war, erhellten Fackeln das herrschende Dunkel“, schrieb Körner. „Und während draußen die Zurückgebliebenen den Eingang mit Erde zuschaufelten, wurde in der Kammer mit Gesängen und Liedern, vom Klange der Fingertrommeln oder in ihre Höhlung gesungener Melodien begleitet, die gemeinsame Reise in das Jenseits angetreten, bis ein berauschender Gifttrank auch die Begleitung für immer einschlafen ließ“. Diese

Im Grab 4 – dem größten und jüngsten der Oldendorfer Totenstatt – konnte die Beisetzung von sechs Personen der gleichen Generation nachgewiesen werden. Wurde der Tote von seinem Weib und Dienern in das Jenseits begleitet?

Annahme, die als sehr kühn erscheint, aber nicht als abwegig abgetan werden kann, ist den Bräuchen von Ur, der sumerischen Königsstadt in Chaldäa im biblischen Babylon, nachempfunden.

Die seit Beginn des dritten vorchristlichen Jahrtausends nachweisbaren Sumerer waren das Volk Noahs, mit dessen Namen die Sintflut als göttliches Strafgericht in der Heiligen Schrift verankert wurde. Die Deutung dieses erdgeschichtlichen Ereignisses als Strafe Gottes wurde verständlich, als die 1927 von dem englischen Archäologen Leonard Woolley in den Königsgräbern von Ur gemachten Funde zum Sprechen gebracht werden konnten. Sie berichteten von einer makabren Hochzivilisation, in der Männer und Frauen in Unmengen den zu Göttern erhobenen Herrschern geopfert worden sind. Jedes Königsgrab von Ur enthält nicht nur die Leiche eines Monarchen, sondern auch die Reste brutal dahingeschlachteter Krieger, Diener, Spielleute und Mädchen. „Es waren zu den Zeiten Tyrannen auf Erden", heißt es in der Bibel, „und die Erde war verderbt vor Gottes Augen und voll Frevel". Nichts spricht dagegen, daß Ähnliches in viel kleinerem Ausmaß auch an der Luhe geschah. Körner schrieb bedauernd, daß nichts anderes erhalten sei als toter Stein und Ton, die Reste einiger Skelette, ein Schatten im Sand. Er fügte hinzu: „Wir stehen ohne Überlieferung da und wären ohne alte Geschichte, wenn wir nicht den Versuch machen würden, die Steine zum Reden zu bringen".

Die Oldendorfer Gräbergruppe gilt als die besterforschte in Niedersachsen. Das ist vor allem dem Kieler Professor Dr. Ernst Sprockhoff und dem Groninger Professor Dr. Albrecht van Griffen zu danken, die in den Jahren 1950 und 1970 gründliche Untersuchungen vorgenommen haben. Sie fanden heraus, daß die Aufschüttung der Sandbetten jeweils in einem Zuge erfolgte, was bedeutet, daß die Größe der Grabanlage von vornherein festgestanden haben muß. Daß eines der Hünenbetten nur ein ovaler Hügel von 20 Meter Durchmesser wurde, wird darauf zurückgeführt, daß die Beigesetzten – ein Mann von 50 und eine Frau von 30 Jahren – starben, noch ehe das Grab in voller Größe fertig war. Die schon bereitgelegten Umfassungssteine nutzte der Nachfolger für sein Grab, das um so länger wurde. Wie die mächtigen Findlingsblöcke bewegt und aufgestellt worden sind, ist an anderer Stelle dieses Buches ausgeführt (s. „Die Hünengräber auf dem Giersfeld"). Von den Findlingen, die in der Oldendorfer Totenstatt zum Grabbau dienten, sind viele geraubt und anderweitig verwertet worden. Zum Glück konnten die Grabbeigaben gesichert werden. Sie werden im Museum für das Fürstentum Lüneburg in Lüneburg und in seiner Außenstelle Amelinghausen aufbewahrt.

Zwei in den Oldendorfer Gräbern gefundene Omphalosschalen kamen jedoch in das Niedersächsische Landesmuseum Hannover. Diese Schalen sind für die Urgeschichtsforscher von besonderer Bedeutung. Das Wort „Omphalos" bezeichnet eine Marke in der Mitte der Böden von Metallgefäßen. Solche Marken weisen auch die beiden Schalen aus Oldendorf auf, obwohl sie aus Ton und nicht aus Metall gefertigt sind. Warum? Der Grund kann nur in dem Wunsch bestanden haben, Metallschalen aus Ton nachzubilden, und das setzt voraus, daß man Vorbilder kannte. Da man von den echten Omphalosschalen weiß, daß sie im dritten vorchristlichen Jahrtausend in Anatolien und auch in Griechenland in Gebrauch waren, läßt sich an die Oldendorfer Fundstücke die Vermutung knüpfen, daß zwischen den Erbauern der Großsteingräber an der Luhe und den kupferzeitlichen Kulturen Kleinasiens und Südosteuropas eine Verbindung bestanden hat. Welcher Art sie war, ist noch unerforscht.

Bekannt ist, daß in der zweiten Hälfte des dritten Jahrtausends vor Christus Zuwanderungen von Menschen höherer Zivilisationsstufen aus dem donauländischen Raum bis in das nordwestliche Harzvorland stattgefunden haben. Das beweisen die vielen aufgefundenen Beile und Äxte aus zähem, eisenhartem Grünschiefer, der – wie man aufgrund petroarchäologischer Forschungsergebnisse seit 1982 genau weiß – in Bulgarien im Hohen Balkan gewonnen wurde. Es kann aber auch schon als sicher gelten, daß die Zuwanderer aus dem Donauraum die fruchtbaren Lößgebiete Niedersachsens nicht verlassen haben. Das läßt sich aus der Verbreitung der grünen Beile und Äxte, die wegen ihrer besonderen Form auch „Schuhleistenbeile" genannt werden, eindeutig ablesen. Es wurden im Braunschweiger Land zwischen dem nördlichen Harzrand und der Bundesautobahn Hannover–Helmstedt – dem „Agraräquator" Niedersachsens – schon ein paar tausend gefunden, hingegen nur einige wenige weiter nördlich davon im Gebiet bis Wolfsburg.

Die Erbauer der Großsteingräber an der Luhe wie auch aller anderen Hünengräber in den Geestgebieten des nördlichen Niedersachsens sollen in der Tat auch nicht aus dem Raum des östlichen Mittelmeeres, sondern von der Atlantikküste hergekommen sein. Lange Zeit war angenommen worden, daß sich die Megalithbauweise – die Errichtung von Großsteingräbern – von der monumentalen Grabarchitektur der östlichen Mittelmeerländer im dritten vorchristlichen Jahrtausend ableitete, sich nach Westen bis zur Iberischen Halbinsel bewegte und sich dann weiter über West- und Nordwesteuropa bis nach Südskandinavien erstreckte. Dieser Vorstellung widersprechen heute Radiokarbonmessungen, die in den letzten Jahren zur Altersbestimmung auch von Großsteingräbern vorgenommen worden sind. Dabei ergaben sich für die frühen Gräber in der Bretagne im Nordwesten Frankreichs Meßwerte, die in das vierte vorchristliche Jahrtausend weisen. Sie legten den Gedanken nahe, den Ursprung der Megalithbauweise allein am Atlantik zu suchen.

9

Ein König und ein Bauer hatten gleiche Gedanken

Die Hünengräber auf dem Giersfeld

Das Giersfeld ist eine rund 500 Hektar große Hochfläche der Bersenbrücker Hügel, die ihrerseits ein Teilstück des in der Saale-Kaltzeit entstandenen Endmoränenbogens darstellen, der bei Vechta beginnt, sich über Lohne, Damme, Neuenkirchen und Ankum bis zur Maiburg erstreckt und sich bei Börstel in die Haseniederung verliert. Diese Hochfläche mit ihren Grabstätten aus der Jungsteinzeit und der frühen Bronzezeit ist ein geheimnisumwittertes Stückchen Land. Allein schon der Sinn seines Namens ist in Dunkel gehüllt. Um Licht zu schaffen, hat sich ein Forscher des vergangenen Jahrhunderts sogar bemüht, ihn mit der griechischen Sprache und Mythologie in Verbindung zu bringen. Das Wort „gyros“, das Kreis bedeutet und heute von der griechischen Gastronomie her vielen bekannt ist, soll auch dem Giersfeld wegen seiner runden Form den Namen gegeben haben. Doch diese Deutung müßte man als völlig an den Haaren herbeigezogen erachten, wenn es diesem Forscher – er hieß Ernst Wilhelm Heine – nicht auch gelungen wäre, weitere seltsame Zusammenhänge herzustellen. Wie seine 1860 in Hannover erschienene Schrift „Über den Germanismus“ zeigt, ging er vor allem auch der Herkunft des Namens von jenem Dämon nach, der früher die Bewohner der Dörfer, die um das Giersfeld liegen, zum Erschauern brachte.

Dieser Dämon, der sich der Sage nach vornehmlich als feuriges Rad gezeigt und in der Tiefe einer nach ihm benannten Kuhle gehaust haben soll, hieß Alke. Heine fand heraus, daß dieser Name bereits in der „Germania“ des römischen Geschichtsschreibers Cor-

An die Hünengräber auf dem Giersfeld im Norden des Kreises Osnabrück wurden schon Überlegungen geknüpft, die in die griechische Mythologie reichen. Sie veranlaßten auch zur Entwicklung einer realistischen Theorie ihres Entstehens.

nelius Tacitus als Bezeichnung für eine germanische Gottheit erwähnt ist. Tacitus schrieb: „Bei den Nahanarvalen zeigt man noch einen seit alter Zeit verehrten Hain. Ihn betreut ein Priester in weiblicher Tracht, aber die Gottheit deutet man nach römischer Art als Castor und Pollux. Das entspricht dem Wesen der Gottheit, deren Name Alcis ist. Man verehrt sie wie Brüder, wie Zwillinge." – Wie konnte eine germanische Gottheit den Römer Tacitus an die Zwillinge Castor und Pollux der griechischen Mythologie erinnern? Den Grund glaubt man darin zu erkennen, daß das griechische Wort „alke" die Eigenschaften bezeichnete, die in den unzertrennlichen Zwillingssöhnen des Zeus Gegenstand der Verehrung waren: Tapferkeit, Hilfsbereitschaft und Siegesstärke.

So edel erschien der Alke vom Giersfeld in den Augen der Bevölkerung im Umland dieses Gebietes allerdings nicht. Abgesehen von der Frage, was Alke Böses getan haben mag, um zu einem Dämon zu werden, stellt sich die weitere, wie dieser Name auf das Giersfeld und auch in andere norddeutsche Gebiete gekommen sein kann. Darauf fand Heine ebenfalls einen Hinweis, nämlich bei Diodor von Sizilien, einem griechischen Geschichtsschreiber, der schon 100 Jahre vor Tacitus eine „Weltgeschichte" verfaßt hatte. Nach Diodors Feststellungen sollen die am Ozean wohnenden Völker – er meinte die nordischen – die Zwillinge Castor und Pollux verehrt haben. In die gleiche Richtung weist eine erläuternde Anmerkung von Arno Mauersberger, einem Übersetzer der „Germania". Mauersberger schrieb, daß die Alken als schützende Gottheiten mit den griechisch-römischen Dioskuren – das waren die Zwillingssöhne des Zeus – gleichgesetzt wurden. Wahrscheinlich – so fügte er hinzu – handelte es sich um altindogermanische Gottheiten. Ähnliche Hinweise, die sogar noch weiter reichen, finden sich in dem Buch „Die Atlanter" von Jürgen Spanuth. Aus diesen Ausführungen über das „Volk aus dem Bernsteinland" geht hervor, daß nach alter griechischer Überlieferung die göttlichen Zwillinge aus dem Hyperboreerland – das war das Bernsteinland – stammen. Die Hyperboreer waren nach Angaben antiker Schriftsteller – darunter Plinius der Ältere und Apollodor – die Nordmeervölker, insbesondere die Bewohner der kimbrischen Halbinsel.

Nun kommt noch etwas Seltsames hinzu: Die Zwillinge der griechischen Mythologie finden sich als Doppelgestirn am nächtlichen Himmel wieder, und unter ihnen steht Orion, der nimmermüde Jäger, der Nacht für Nacht seine Bahn über das gesamte Firmament zieht. Zusammen ergeben sie eine sehr auffallende Gestirnskonstellation, nach der die Gräber auf dem Giersfeld angeordnet sein sollen. Diese Ähnlichkeit wurde festgestellt, nachdem von diesem Gräberfeld 1864 erstmals ein Vermessungsplan angefertigt worden war. Wenn nachts auf den Gräbern Opferfeuer abgebrannt worden sind, spiegelten sie das markante Sternbild wieder. Ob das nur auf Zufall beruhte? Oder lag der Anordnung dieser Gräber tatsächlich eine vom Himmel geholte Leitidee zugrunde? Es gibt dafür keinen Anhalt. Nach dem Vermessungsplan befanden sich auf dem Giersfeld acht Hünengräber, von denen heute aber nur noch sechs vorhanden sind. Die Steinräuber haben auch hier zugeschlagen. Zwischen den Großsteingräbern finden sich vier Sandhügel, in denen Urnen beigesetzt sind. Wie in anderen Gebieten des nördlichen Niedersachsens (s. „Die Totenstatt von Oldendorf") ist es auch auf dem Giersfeld bewundernswert, was für mächtige Totenhäuser die Menschen vor vier Jahrtausenden zu errichten vermochten. Wie sie das bewerkstelligen konnten, wußten ein König und ein Bauer als erste wirklichkeitsnah zu erklären.

Der König war Friedrich VII. von Dänemark, der der Altertumskunde so zugetan war, daß er seinen Hofarchäologen wie einen Admiral kleidete. Seine Überlegungen waren aber von Sachkenntnis und Nüchternheit bestimmt. Er teilte sie im Jahre 1847 in einem aufsehenerregenden Vortrag auf Schloß Christiansborg mit. Seinen Ausführungen zufolge wurden als erstes möglichst nahe am ausgewählten Begräbnisplatz Steine gesammelt und zur Baustelle transportiert. Dazu waren als Hilfsmittel nur hölzerne Keile, Hebebäume, hölzerne Rollen, Tauwerk aus Tierhäuten, lange Balken oder Schienen und auch Zugtiere erforderlich. Mit Hilfe dieser einfachen Mittel konnten auch die Wandsteine der Grabkammern aufgestellt werden. Die oben offene Kammer wurde dann mit Sand, Lehm oder Kies angefüllt und damit auch außen umgeben. An den Stellen, an denen die Decksteine auf die Wandsteine geschoben werden sollten, wurde je eine sanft ansteigende schiefe Ebene angeschüttet. Über sie konnten auf runden Hölzern die schweren Steine mit vereinter Kraftanstrengung von Mensch und Tier hinaufgezogen werden. Man brauchte dann nur noch die Füllmasse der Grabkammer zu entfernen und die Lücken zwischen den Steinblöcken mit kleinen Steinen zu schließen, und das Bauwerk war fertig.

Der Bauer, der eine ähnliche Theorie entwickelte, war Johannes Josephus Grumfeld aus Westerholte. Der Grumfeld-Hof, der sich seit vielen Generationen auch heute noch im Besitz dieser Familie befindet, liegt an der Südseite des Giersfeldes. Wie der im vergangenen Jahrhundert sehr bekannte Reiseschriftsteller Johann Georg Kohl in seinen 1864 erschienenen „Nordwestdeutschen Skizzen" berichtete, meinte Grumfeld, daß die Alten die Steine im Winter auf einer Schnee- und Eisbahn transportiert hätten. Dieser natürlichen Hilfsmittel hätten sie sich auch bedient, um die gewaltigen Decksteine auf die Trägersteine zu hieven. Die von Grumfeld vermutete Technik war die gleiche, die König Friedrich VII. von Dänemark als wirklichkeitsgemäß erachtete, nur daß der Westerholter Bauer annahm, anstelle von Sand

und Kies seien Schnee und Eis eingesetzt worden. Doch ob so oder so verfahren wurde – in jedem Falle bedurfte es vieler Mühe und Zeit, bis ein Großsteingrab errichtet war.

Was auf dem Giersfeld in vorgeschichtlicher Zeit außer dem Bau der Gräber sonst noch geschah, entzieht sich jeglicher Kenntnis. In germanischer Zeit – so wird vermutet – könnte sich hier ein Stammesheiligtum befunden haben. Dabei kann der 105 Meter hohe Heilige Berg im Osten des Giersfeldes eine Versammlungsstätte gewesen sein, an der geopfert und auch gerichtet wurde. Möglicherweise verband diese Stätte auf weite Entfernungen hin die Sachsen zur gemeinsamen Verehrung ihrer Götter. In christlicher Zeit zogen bis in das 16. Jahrhundert hinein jährlich am Johannistag, dem Tag der Sommersonnenwende, Prozessionen aus Ueffeln, Merzen und Alfhausen auf den Heiligen Berg, auf dem dann das Kreuz zur Feier von Messen aufgerichtet wurde. An dieser Tradition, die im heidnischen Brauchtum wurzelte, hielten noch im vergangenen Jahrhundert die nach der Reformation katholisch gebliebenen Gemeinden fest. Die Prozessionen waren vom Johannistag auf den dritten Pfingsttag verlegt worden. Heute ist das von Ankum oder Ueffeln aus mit dem Auto erreichbare Giersfeld nur noch ein vielbesuchtes Ausflugsziel.

Außer den Hünengräbern auf dem Giersfeld gibt es im nördlichen Niedersachsen viele weitere, die zum Teil noch bekannter sind. Zu ihnen gehören die sagenumwobene Visbeker Braut und der Bräutigam, der Heidenopfertisch und die Steine von Kleinenkneten, die alle auf der Wildeshauser Geest zu finden sind. Das Gebiet zwischen Wildeshausen und Visbek,

Außer den Hünengräbern gibt es auf dem Giersfeld auch mehrere Steinkistengräber. Sie unterscheiden sich von den Großsteingräbern dadurch, daß die Grabkammer nicht auf dem Erdboden, sondern unterirdisch angelegt ist.

in dem auch das Pestruper Gräberfeld als das größte Europas liegt, wird die „Klassische Quadratmeile der Vorgeschichte" genannt. Eindrucksvolle Hünengräber sind auch in der Lüneburger Heide, im Hümmling und in der Maiburg erhalten. Eine Besonderheit stellt dabei in der Maiburg – dem westlichen Teil der Ankumer Höhen – das Grab von Hekese dar: Es ist das einzige auf deutschem Boden, das zwei Kammern besitzt. Solche Doppelgräber, die durch eine bedeckte Steinallee miteinander verbunden sind, kennt man sonst nur in der Bretagne im Nordwesten Frankreichs. Ob es einen besonderen Zusammenhang zwischen frühen Bewohnern der Maiburg und Bretonen gegeben hat, ist unbekannt. Bekannt ist nur allgemein, daß sich die Megalithbauweise von der Atlantikküste her in den westeuropäischen Raum und dabei auch in das nordwestliche Niedersachsen ausgebreitet hat. In der Bretagne soll es schon im vierten vorchristlichen Jahrtausend Großsteingräber gegeben haben (s. „Die Totenstatt von Oldendorf").

Im Gegensatz zur Oldendorfer Totenstatt, die sich mit einem Blick überschauen läßt, liegen die Gräber auf dem Giersfeld weit auseinander. Außerdem ist das Giersfeld von Wald bedeckt, der die Sicht begrenzt. Aber man muß dennoch nicht lange suchen, weil das Gebiet gut ausgeschildert ist. Wie an allen bedeutenden Bodendenkmälern Niedersachsens sind auch an den Gräbern des Giersfeldes Erläuterungstafeln aufgestellt.

10

Das Surboldshus war das mächtigste

Die Hünengräber auf dem Hümmling

Der Hümmling, der im Nordosten des Kreises Emsland eine Fläche von rund 800 Quadratkilometern einnimmt, ist eine in weite Moore eingebettete Geestinsel. Sie besteht aus einer Vielzahl kuppiger Erhebungen, die im Windberg bei Werpeloh mit 73 Meter ihre größte Höhe erreichen. Der Name des Hümmlings wird vom altnordischen „hömil“ hergeleitet, das kleiner Stein bedeutete und in der Sprache der Emsländer als „homel“ für karg, dürftig und unfruchtbar fortlebte. Geformt wurde die Oberfläche des Hümmlings durch die Gletscherströme der Saalekaltzeit, in deren Rehburger Stadium riesige Schuttmengen aus dem nördlichen Europa herangeschoben und beim Abtauen des Eises als weite Grundmoräne abgelagert worden sind. Diese Schicht aus Geschiebelehm, Sand, Kies und Geröll ist bis zu 9 Meter dick. Neben kleinen und kleinsten Steinen brachte das nordische Eis auch große Gesteinsblöcke mit, die ähnlich wie in der Lüneburger Heide und auf der Wildeshauser Geest auch auf dem Hümmling zur Errichtung von Totenhäusern führten, die von ihren Erbauern für die Ewigkeit gedacht waren. Die meisten hielten aber der Zerstörungswut späterer Generationen nicht stand. Zu den zerstörten gehört das „Surboldshus“.

Dieses einst mächtigste Hühnengrab auf dem Hümmling kennt man heute nur noch von der Sage her. Es lag im Börgerwald im Norden des Hümmlings und soll die letzte Ruhestätte des Königs Surbold – auch Surwold und Sorbold geschrieben – gewesen sein. Dieser war der Sage nach ein friesischer Häuptling, der an der Seite Widukinds im Kampf gegen Karl den Großen 783 in der Schlacht an der Hase bei Osnabrück den Tod gefunden haben soll (s. „Die Wittekindsburg bei Rulle“). Geschichtlich ist dies allerdings nicht belegt. Von der Forschung wird zwar für möglich gehalten, daß sich Friesen und Sachsen als Waffenbrüder gemeinsam gegen den Frankenkönig zur Wehr setzten und daß der friesische Siedlungsraum in verfließendem Grenzverlauf bis in den Hümmling reichte. Doch ein König Surbold ist nicht auffindbar. Auch wie er zur Sagenfigur werden konnte, ist eine offen gebliebene Frage. Tatsache ist nur, daß das Grab bei Börger seit Menschengedenken Surboldshus genannt worden war.

Dieses Grab soll so groß gewesen sein, daß unter seiner Decke bei Unwetter eine ganze Schafherde Platz finden konnte. Es wurde erstmals 1613 im Auftrag des Kölner Kurfürsten Ferdinand, der außer Erzbischof von Köln auch Bischof von Münster, Hildesheim, Paderborn und Lüttich war, von dessen münsterschen Domküster Johann von Velen untersucht. Vermutlich handelt es sich dabei in erster Linie um eine Schatzsuche, die sich jedoch als vergeblich erwies. Velen hat nichts anderes vorgefunden als das Fundament der Steinmauern, baren weißen Sand und Füllerde. Um so mehr Aufsehen erregte die Grabung als solche. In dem Bericht an seinen „gnedigsten Herrn“ schrieb Velen, daß „von allen umliggenden ortten und viellen meillwegs ein solcher zulauff geworden, das Ich glaub schir halb frieslandt bereidts dah gewest sei“. Immerhin vermochte Velen festzustellen und der Nachwelt zu überliefern, daß das Grab sieben Decksteine besaß, deren größter 22 Fuß lang, 10 Fuß breit und 6 Fuß dick war. Nach heutigem Maß waren das etwa 7 Meter Länge, 3 Meter Breite und 2 Meter Dicke.

Eine zweite Untersuchung dieses Grabes nahm 1670 der münstersche Fürstbischof Bernhard von Galen vor. Dabei wurde zwar wiederum kein Schatz in Form von Gold und Edelsteinen entdeckt. Aber es wurde eine Urne ausgegraben, die Asche und Knochen enthielt. Ob es die Überreste des von der Sage überlieferten Königs Surbold waren, mußte unbeantwortet bleiben; es fand sich keinerlei Hinweis darauf. Als man noch tiefer grub, soll eine Kröte von verblüffender Größe zum Vorschein gekommen sein, deren – wie es heißt – grauser Blick die erschreckten Arbeiter in wilder Flucht von dannen jagte. Der Osnabrükker Archivrat Dr. Hermann Veltmann, der 1886 eine Abhandlung unter der Überschrift „Das Grabmal des Königs Surbold“ verfaßte, fügte an dieser Stelle hinzu, daß Ausgräber alter Grabhügel öfter auf Kröten gestoßen seien. Diese würden sich in der von den verwesenden Leichen angefetteten Erde sehr wohl fühlen. Als am Surboldshus 1822 erneut Forschungen vorgenommen wurden, war nur noch ein einziger der sieben Decksteine vorhanden. Er wurde noch in demselben Jahr durch unterlegtes Feuer gesprengt und dann zu „Hünenschotter“ zerschlagen.

Auf dem Hümmling lassen sich heute noch 94 Steingräber nachweisen. Diese Zahl gibt zu erkennen, daß er in der jüngeren Steinzeit zu den am dichtesten besiedelten Gebieten nicht nur Niedersachsens, sondern des gesamten deutschen Raumes gehörte. Der Kieler Professor Dr. Ernst Sprockhoff, der einer der bedeutendsten Erforscher der nordischen Megalithkultur war, nahm an, daß die Erbauer dieser Großsteingräber vom Norden her in das Ems-

Die „Hogen Stäiner" bei Werlte im Hümmling stellen die größte Steinkammer auf deutschem Boden dar. Sie ist 27 Meter lang und besitzt eine Decke, die von 15 Steinen gebildet ist. Die Kammer war von einem ovalen Sandhügel überdeckt.

land einrückten. Sie seien als „Kulturpioniere und Kolonisten großen Stils" gekommen. Weiter meinte Sprockhoff, daß solche Völker auch äußerlich große und gewaltig wirkende Denkmale als Ausdruck ihrer Macht und Zeichen ihres Reichtums bevorzugten. Dieses Streben nach Größe wurde vor allem im Grabbau sichtbar, und zwar sowohl in der Wahl der Decksteine als auch in der Länge der Steinkammern. Eines der Gräber auf dem Hümmling stellt sogar die größte Steinkammer auf deutschem Boden dar. Es sind die „Hogen Stäiner" bei Werlte. Während in den meisten Fällen Kammern mit drei Decksteinen errichtet wurden, besitzen die Hogen Stäiner 15.

Dieses Grab, das nördlich von Werlte östlich der nach Lorup führenden Straße zu finden ist, gehört mit einer Länge von 27 Metern zu den größten Großsteingräbern des sogenannten nordischen Kreises überhaupt. Die lange Grabkammer lag ursprünglich in einem ovalen Erdhügel, der von einem Steinkranz umgeben war. Von diesem Kranz sind allerdings nur wenige Reste erhalten. Das Grab war in Ost-West-Richtung angelegt worden, wobei in der Mitte der südlichen Langseite ein Zugang freigelassen worden war. Bei Grabungen gegen Ende des vorigen Jahrhunderts wurden etwa 150 Scherben gefunden, die von mindestens 20 Gefäßen stammten. Außerdem kamen mehrere Feuersteingeräte an den Tag. Da die Gefäßscherben zum Teil Einstiche aufweisen, werden sie der Trichterbecherkultur zugeschrieben, die in die Zeit von 3500 bis 2000 vor Christus datiert wird. In dieser Zeit wurden die Tongefäße alle noch ohne Töpferscheibe aus freier Hand geformt und auf den Außenflächen durch tiefe Einstiche mit Holzstäbchen verziert.

Wie die Großsteingräber ursprünglich ausgesehen haben, gibt ein Grab zu erkennen, das zusammen mit anderen im Süden des Hümmlings an der von Groß Berßen nach Hüven führenden Straße liegt. Dieses Grab wurde nach seiner 1955 erfolgten archäologischen Erforschung vom Institut für Denkmalpflege des Niedersächsischen Landesverwaltungsamtes wieder in seine einstige Form gebracht. Als dieses Grab 1825 erstmals beschrieben wurde, lag es in einem Wehsandhügel, aus dem nur drei der fünf Decksteine herausragten. In die Grabkammer führte ein kurzer Gang in der Mitte der südlichen Längswand. Der Boden der Kammer war mit kleinen Findlingen gepflastert und mit Granitgrus überdeckt. Beim Ausgraben fanden sich Scherben von etwa 330 Tongefäßen, außerdem 22 Pfeilspitzen aus Feuerstein, weitere Steingeräte und eine flache Kupferscheibe. Wie im Falle der Hogen Stäiner bei Werlte gehörten auch die Gefäße dieses Grabes zur Trichterbecherkultur der

Dieses Grab, das an der von Groß Berßen nach Hüven führenden Straße liegt, wurde von Denkmalpflegern wieder in seine ursprüngliche Form gebracht. Man kann es nicht nur von außen, sondern auch von innen besichtigen.

Jungsteinzeit. Die Grabkammer wurde 1956 an Ort und Stelle wieder aufgerichtet, mit Sand überhügelt und mit Grassoden sowie Heideplaggen belegt. Der entstandene Hügel ist 3 bis 4 Meter hoch, 24 Meter lang und 20 Meter breit. In der Nähe dieses Grabes befindet sich ein weiteres, das einst doppelt so lang war. Der Volksmund nennt es „Königsgrab", ohne daß noch jemand wüßte warum. Diese eindrucksvolle Grabruine besaß ursprünglich 24 Tragsteine, von denen noch 21 erhalten sind. Von den ehemals neun oder zehn Decksteinen befinden sich noch drei in alter Lage. Die Kammer war 16,5 Meter lang.

Zu den vielen weiteren Großsteingräbern des Hümmlings gehört auch das von Hüven, das amtlich „Hüven Nord" heißt und vom Volksmund „Volbers Hünensteine" genannt wird. Dieses Grab, das sich durch einen besonders guten Erhaltungszustand auszeichnet, gilt als das schönste des Hümmlings. Es besitzt 25 Tragsteine, von denen 23 noch so stehen, wie sie irgendwann in der Zeit zwischen 2300 und 2000 vor Christus gesetzt worden sind. Auch von den einst elf Decksteinen befinden sich noch acht in der ursprünglichen Lage. Die Grabkammer hat eine Länge von 15 Meter. Fast vollständig erhalten sind auch die Umfassungssteine, die als 22 Meter langes und 10 Meter breites Oval den Sandhügel stützten, der einst das Grab überdeckte. Man findet es am Nordrand von Hüven östlich der Straße, die nach Eisten führt. Südlich von Hüven liegt in der Nähe der Hüvener Mühle ein Grabhügelfeld, das aus der späteren Bronzezeit oder der vorrömischen Kaiserzeit stammt. Das sind etwa die letzten 1200 Jahre vor Christi Geburt. Wann dieses Gräberfeld, von dem heute noch zehn Hügel zu erkennen sind, genau angelegt wurde, ist unbekannt, weil noch keinerlei Ausgrabungen vorgenommen worden sind.

Wer dieses Gräberfeld aufsucht, sollte auch der wunderlichen Hüvener Mühle Beachtung schenken. Sie ist die einzige kombinierte Wind- und Wassermühle, die man in Europa kennt. Ihr Ursprung soll in das 10. Jahrhundert zurückreichen. Zur Zeit der fränkischen Landnahme wurden zwischen Elbe und Ems an vielen Wasserläufen Mühlen errichtet, so auch an der zur Ems strebenden Mittelradde. Schriftlich nachgewiesen ist die Hüvener Mühle jedoch erst 1534. Ursprünglich soll sich hier neben der Kornmühle auch eine Walkemühle befunden haben, in der feuchtes Wollgewebe zur Verfilzung der Wollhaare gewalkt, das heißt geknetet wurde. Der Lärm des Stampfens in dieser Mühle soll so groß gewesen sein, daß die Pferde der vorbeifahrenden Fuhrwerke scheuten. Die Kornmühle wurde in den Jahren 1850/51 so aufgestockt, daß sie außer mit Wasserkraft auch mit der des Windes mahlen konnte. Seitdem ist sie die merkwürdigste der vielen Mühlen des Emslandes.

11

Von dänischem Bischof mit Stonehenge verglichen

Die Lübbensteine bei Helmstedt

Der Stadt Helmstedt ist im Westen eine schmale Anhöhe vorgelagert, die man St. Annenberg oder auch Corneliusberg nennt. Der eine Name geht auf eine mittelalterliche Kapelle zurück, der andere auf einen Professor der ehemaligen Universität Helmstedt. Wenn man sich von Königslutter aus auf der Bundesstraße 1 diesem etwa 135 Meter hohen, aus eiszeitlichen Kiesablagerungen entstandenen Hügel nähert, sieht man auf seinem Kamm bei Sonnenschein schon von weitem helle Gesteinsblöcke leuchten. Es sind die Lübbensteine, die vor mehr als 4 000 Jahren hierher gebracht wurden und zur Errichtung von zwei Großsteingräbern dienten. Doch im Gegensatz zu fast allen anderen Gräbern der nordischen Megalithkultur handelt es sich bei diesen Steinen nicht um Findlingsblöcke, die von Gletscherströmen der Eiszeit aus Skandinavien herangeschoben worden sind, sondern um Braunkohlenquarzite, die sich an Ort und Stelle gebildet haben. Sie entstanden durch die Verkieselung von Sanden, in denen die Helmstedter Braunkohlenflöze lagern. Da die Oberfläche der Braunkohlenquarzite wulstig ist, bezeichnet man sie auch als Knollensteine.

Die Lübbensteine sind die am frühesten genannten Großsteingräber Niedersachsens. Ihr Name wurde bereits 1488 in einer schriftlichen Erklärung vom Probst des Jungfräulichen Klosters Marienberg vor Helmstedt, Ludolf von Sander, erwähnt. Seit dem 16. Jahrhundert haben sich mit diesen auffallenden Steinen immer wieder forschende Menschen befaßt, um zu ergründen, welche Bewandtnis es mit ihnen hat.

Die Lübbensteine bei Helmstedt, deren Erbauer vor etwa viereinhalb Jahrtausenden lebten, wurden wie viele andere Gräber zerstört. Eines der beiden Gräber konnte aber rekonstruiert werden, weil noch 41 von 46 Steinen verfügbar waren.

Einer der ersten war jener Professor der Helmstedter Julius-Karl-Universität, dem der Berg einen seiner beiden Namen verdankt. Es war der Aristoteliker Cornelius Martini, der in den Jahren um 1600 an den Lübbensteinen Vorlesungen gehalten und dabei den größten Steinblock als Katheder benutzt haben soll. Er soll hier auch „physische Experimente" angestellt haben, was immer man darunter verstanden haben mochte.

Wie man ein halbes Jahrhundert später die Bedeutung der Lübbensteine einschätzte, hat ein anderer Helmstedter Professor, der Rechtslehrer Hermann Conring, 1665 zu Papier gebracht, nachdem er sich eingehend mit den damals schon von Schatzsuchern durchwühlten und zerstörten Gräbern befaßt hatte. Conring, der 1606 in Norden im heutigen Kreis Aurich geboren war und der bedeutendste Lehrer der Universität Helmstedt wurde, kam zum Ergebnis, daß die Steine ihren Namen von einem friesischen Häuptling Lübbo hätten. Dieser sei im Gefolge des aus Friesland stammenden Heiligen Ludgerus, der der erste Bischof von Münster war, nach Helmstedt gekommen und habe hier Land erworben. Die Steine – so meinte Conring weiter – hätten in heidnischer Zeit der Götzenverehrung gedient.

Daß es sich um Grabstätten handelt, wurde lange nicht erkannt. Das beweist auch ein ausführlicher Bericht des Bischofs Dr. Münter von Seeland zu Kopenhagen, der auf einer Reise nach Deutschland im Sommer 1806 die damals schon weithin berühmten Lübbensteine besuchte. Er vermutete ebenfalls, daß es ein zur Verehrung der heidnischen Götter bestimmter Ort gewesen sei, den er mit Stonehenge und anderen Kultstätten Britanniens – wenngleich auch nicht von der Größe her – verglich. Dieser dänische Bischof bezeichnete die Lübbensteine als „echt druidisch", ohne sich bewußt zu sein, wie fehl dieser Hinweis auf die keltische Priesterkaste war. Als die Druiden nach Britannien kamen, hatte die Anlage von Stonehenge schon ein Jahrtausend und noch länger bestanden. In den Lübbensteinen erkannte man wohl auch deshalb immer wieder nur eine Opferstätte, weil bei einer Ausgrabung Pferdeknochen gefunden worden waren; sie war um das Jahr 1696 vom damaligen Abt Johann Andreas Schmidt des nördlich von Helmstedt gelegenen Zisterzienserklosters Marienthal auf Anordnung des Herzogs Anton Ulrich von Braunschweig vorgenommen worden.

Nur allmählich schälte sich die Erkenntnis heraus, daß es ein Begräbnisplatz war. Dieser Meinungswandel vollzog sich aber nur über gedankliche Umwege und unter Zuhilfenahme blühender Phantasie. Nach einer ersten Deutung in diesem Sinne soll bei Helmstedt in heidnischer Zeit eine große Schlacht stattgefunden haben, in der ein König gefallen und am Ort seines Todes mit einem goldenen Helm bestattet worden sei. Seine Krieger hätten nach uraltem Brauch mit ihren Helmen über den Leichnam Erde geschüttet, so daß ein Berg erwuchs und der daneben entstandene Flecken von den Helmen seinen Namen erhielt: Helmstedt.

Vor allem hatte es den Forschern der Begriff „Lübbo" angetan, an dessen Erklärung sich etwa zwei Dutzend von ihnen versuchten. Nachdem verworfen worden war, daß ein Friese namens Lübbo der Pate gewesen sei, kam man auf einen altsächsischen Helden dieses Namens, der in einer Schlacht der Sachsen gegen die Thüringer gefallen sei. Ein anderer verwies darauf, daß „lubbe" oder „lubbo" großer Hund bedeute und es sich bei den Lübbensteinen einfach um große oder Riesensteine handle. Es wurden auch das englische Wort „lubber", das einen plumpen, tölpelhaften Menschen bezeichnet, und das norwegische „lubben", das dick oder feist heißt, für eine Erklärung herbeigeholt. Ferner wurde zur Namensdeutung ein 1462 erschienener Bericht des Bischofs Gebhard von Halberstadt herangezogen, in dem sich dieser beklagte, daß auf einem Berg bei Schochwitz ein heidnisches Wesen „guoden lubben" verehrt würde, dem man Tierknochen opfere. Selbst ein Beiname der römischen Göttin Venus – „Lubia" – mußte herhalten, um dem Namen der Steine vielleicht doch noch einen Sinn abzugewinnen. Der ehemalige Kieler Professor Dr. Ernst Sprockhoff, einer der bedeutendsten deutschen Altertumskundler, stellte in seinem 1975 erschienenen Atlas der Megalithgräber Deutschlands lakonisch fest, daß der Name der Lübbensteine noch nicht überzeugend geklärt werden konnte. Das gilt noch immer.

Wer heute die Lübbensteine besucht, findet sie in einem Zustand, der auf die Jahre 1935/36 zurückgeht. Damals wurde der Versuch unternommen, die Gräber zu rekonstruieren. Während dieses Vorhaben beim südlichen der beiden Gräber mißlang, weil mehr als die Hälfte der Steine abhanden gekommen war, konnte das 130 Meter entfernt liegende nördliche Grab weitgehend wiederhergestellt werden. Dieses Grab bestand ursprünglich aus 46 Steinen, von denen 41 noch vorhanden waren. Es besitzt eine 7 Meter lange und 1,8 Meter breite Kammer, die aus fünf Paar Trägersteinen und fünf Decksteinen besteht. Die Kammer ist von noch 22 der einstmals 27 Umfassungssteine umgeben. Diese rechteckige Mauer, die 14 Meter lang und 5 Meter breit ist, hielt das Erdreich fest, das früher die Grabanlage überhügelte. Die Kammer war von außen durch einen schmalen Gang zu erreichen. Bei den zur Rekonstruktion vorgenommenen Grabungsarbeiten wurden einige Scherben von jungsteinzeitlichen Tongefäßen gefunden, deren Verzierungen es erlauben, das Entstehen der beiden Gräber in die Zeit um 2500 vor Christus einzuordnen. Das bedeutet, daß sie etwa 500 Jahre früher als die Oldendorfer Großsteingräber im Kreis Lüneburg errichtet worden sind. Ob jemals herausgefunden wird durch wen, muß der Zukunft überlassen werden.

12

Südlichste der nordischen Felszeichnungen

Der Bildstein von Anderlingen

Beim Dorf Anderlingen, das im Kreis Rotenburg/Wümme rund 16 Kilometer südöstlich von Bremervörde zu finden ist, lagen früher auf einer verheideten Geestzunge drei einsame Grabhügel – zwei kleinere und ein großer. Diese stummen Zeugen längst vergangener Zeiten mochten sich hier schon 3 500 und noch mehr Jahre befunden haben, als es im Oktober 1907 dem Anderlinger Vollhöfner Gerdt Hinrich Brandt in den Sinn kam, den ihm gehörenden großen Hügel zur Gewinnung von Sand und Steinen anzugraben. Zusammen mit seinem Sohn und seinen Schwiegersöhnen ging er ans Werk. Sie holten aus dem runden Hügel, der einen Durchmesser von etwa 25 Meter und eine Höhe von 2 Meter besaß, mehrere Fuhren doppelkopfgroßer Blöcke heraus, die sie zu Bau- und Pflastersteinen zerschlugen. Daß sie mit diesem Tun die Steinpackung einer oder mehrerer Bestattungen aus der älteren Bronzezeit vernichteten, bedrückte sie nicht im geringsten. Das Zerstören urgeschichtlicher Denkmäler war zu ihren Lebzeiten noch gang und gäbe.

Zum Glück blieb dieses Schicksal einer Steinkiste erspart, auf die der Bauer Brandt und seine Helfer im südöstlichen Teil des Hügels gestoßen waren. Diese im Innenraum 2 Meter lange, 70 Zentimeter breite und 1 Meter hohe Gruft, die aus gespalteten Granitblöcken erbaut und mit eingerieseltem Sand gefüllt war, wurde von einem Sammler urgeschichtlicher Grabbeigaben behutsam entleert. Er barg eine Bügelfibel, ein Absatzbeil, eine Dolchklinge und zwölf kleine Nägel, mit denen einst der Holzgriff des Dolches verziert war. Doch das Besondere waren nicht diese Bronzegegenstände, obgleich auch sie wertvolle Fundstücke waren. Als unvergleichlich höher ist die Abbildung dreier menschlicher Gestalten zu bewerten, die beim Durchsuchen der Grabkammer auf deren südlichem Abschlußstein überraschend entdeckt worden ist.

Dieser Fund erregte in der Fachwelt viel Aufsehen, handelte es sich doch um den ersten Bildstein, der in Norddeutschland aufgespürt worden war, und zugleich um die südlichste der nordischen Felszeichnungen aus der Bronzezeit. Das Provinzialmuseum in Hannover – kaum daß es vom Landrat des damaligen Kreises Bremervörde über den Fund unterrichtet worden war – entsandte sofort einen Mitarbeiter zur näheren Untersuchung des Grabes. Dieser Archäologe war der Privatdozent Dr. Hans Hahne, der später Museumsdirektor und Universitätsprofessor in Halle an der Saale wurde. Hahne erkannte, daß dieser Stein, in dessen Innenseite die drei etwa 50 Zentimeter hohen Figuren eingemeißelt sind, sorgfältiger als alle anderen des Grabes gespaltet und zweimal durch Rauch bräunlich verfärbt worden war. Zwei der Figuren sind auf der Steinplatte links und in der Mitte zu sehen, die eine mit erhobenen Händen und nach links gewandten Füßen, die andere mit nach rechts weisenden Füßen und mit einer Axt in der Hand. Sie haben beide große runde Köpfe und ausgeprägte Waden.

Die dritte Figur, die sich rechts auf der Steinplatte befindet, zeigte sich nicht so deutlich. Ihr Körper erschien dem Wissenschaftler aus Hannover so, als ob er nur schemenhaft oder wie in ein langes Gewand gehüllt dargestellt sei. Der Kopf ist nicht scheibenförmig wie bei den beiden anderen Figuren, sondern gibt ein nach rechts gewandtes Gesicht im Profil zu erkennen. Möglicherweise trug auch diese Figur einen Gegenstand in den Händen, der aber nicht mehr zu sehen ist. Alle drei Gestalten heben sich von der dunklen Fläche hell ab, was besagt, daß sie nicht vor der ersten Verfärbung des Steines eingemeißelt worden sein konnten. Die zweite Verfärbung, die nur Teile der beiden linken Figuren erfaßte, muß hinterher – vielleicht beim Abbrennen eines Kultfeuers in der Grabkammer – eingetreten sein. Zwischen den Steinen des Bodenpflasters fanden sich Reste von verkohltem Holz.

Nach dem Auffinden dieses bedeutsamen Bildsteines und noch vor der Einschaltung des Provinzialmuseums ist etwas sehr Verwerfliches geschehen. Jemand hat – wie Spuren von frischen Beklopfungen des Steines zu erkennen gaben – die Figuren mit einer Spitzhacke zu verändern versucht. Offenbar sollte der Eindruck entstehen, der Stein sei unecht. Es kann aber auch nur ein Dummejungenstreich gewesen sein. Der Bremervörder Landrat Winnefeld zeigte Hahne einen in Anderlingen datierten, aber in Bremervörde aufgegebenen anonymen Brief, in dem sich Personen dazu bekannten, die Figuren „angebickert“ zu haben. In Anderlingen wurde die Vermutung laut, daß es jemand geben müsse, der dem Besitzer des Grabhügels das Geld nicht gönnt, das er bei der Veräußerung des Grabes bekommen sollte. Es wurde eine polizeiliche Untersuchung eingeleitet, die aber nicht auf die Spur des Übeltäters führte.

Die Urgeschichtsforscher waren schon darüber glücklich, daß die Veränderungen an den Figuren nur geringfügig waren. Niemand konnte von einer Entstellung oder Verfälschung sprechen, denn der Gesamteindruck der Dreiergruppe blieb unbeeinträchtigt erhalten. Der Stein wurde zusammen mit den anderen dieses Grabes vom Provinzialmuseum, das heute das Niedersächsische Landesmuseum Hannover ist, erworben und ausgestellt. Der Bildstein von Anderlingen gehört noch immer zu den wertvollsten Schaustücken dieses Museums. Er ist bis heute von seinem Fundort und seinem Bildinhalt her in ganz Norddeutschland einzigartig geblieben.

Seit der Entdeckung dieses Steines und der ersten Beurteilung nahmen sich immer wieder Wissenschaftler seiner an. Im Vordergrund stand die Frage, ob die Figuren Menschen oder Gottheiten darstellen sollen. Ähnliche Dreiergruppen sind von schwedischen Felsbildern bekannt, die erwiesenermaßen Götterdreiheiten symbolisieren. Durch Gajus Julius Cäsar, den berühmten Feldherrn und Staatsmann des alten Roms, weiß man, daß die Germanen als höchste Wesen die Sonne, das Feuer und den Mond verehrten. „Sie sehen diese Wesen, und ihre Wirkungen kommen ihnen klar zugute", schrieb er in seinem Werk „Über den Gallischen Krieg". Eineinhalb Jahrhunderte nach Cäsar wies der römische Geschichtsschreiber Cornelius Tacitus in seiner „Germania" darauf hin, daß die Germanen von ihren Göttern am meisten den Merkur verehrten, dem sie zu bestimmten Zeiten auch Menschenopfer darbrachten. Hingegen hätten sie den Herkules und den Mars durch Tieropfer versöhnlich gestimmt. Die Namen dieser von Tacitus überlieferten Götterdreiheit Merkur, Herkules und Mars lauteten germanisch Wodan, Donar und Tiu – bei den alten Sachsen statt Tiu Saxnot.

Die Frage dabei ist, welche der erst viel später bekannten Götterdreiheiten die Anderlinger Steinzeichnung schon Jahrhunderte vorher in der Bronzezeit darzustellen vermochte. Diese Frage warf der ehemalige Direktor des Niedersächsischen Landesmuseums, Professor Dr. Karl Hermann Jacob-Friesen, auf. Er meinte, daß in der Gestalt mit den erhobenen Händen der Feuergott, im Mann mit der Axt der Sonnengott und in der rechten Figur der Mondgott zu sehen seien. Diese Deutung wurde aber nicht allseits anerkannt, wie überhaupt die Gleichsetzung vieler Gestalten der nordischen Felszeichnungen mit Göttern umstritten ist. In Gestalten mit erhobenen Händen – so wird dagegen argumentiert – können auch Menschen erblickt werden, die einer Gottheit zujubeln oder sie anbeten. Und überhaupt könnten in jubelnden oder betenden Gestalten – man nennt sie Adoranten – keine Götter gesehen werden, weil sich Götter nur anbeten oder zujubeln lassen und es niemals selber tun.

Es setzte sich die Meinung durch, daß die Gestalten auf dem Anderlinger Bildstein höchstens als irdische Repräsentanten von Göttern gedeutet werden könnten, nämlich als Priester. Für die Richtigkeit einer derartigen Erklärung kann die Axt in der Hand der mittleren Figur einen Beweis liefern, weil heidnische Priester eine Axt als Kultsymbol mit sich führten. Die Deutung des Bildinhaltes näherte sich aber dem Irdischen noch weiter, weil der rechten Figur jegliches Kennzeichen fehlt, das sie als etwas anderes als einen gewöhnlichen Sterblichen ausweisen könnte. So sind es vielleicht nur Personen, die der Bestattung beiwohnten und die ihre Ehrenbezeigungen dem Toten als eine Art „Erinnerungsfoto" mit ins Grab geben wollten. Eine weitere Möglichkeit wäre, daß die dargestellten Personen den Toten symbolisch in das Jenseits begleiteten, wie es vergleichsweise im alten Ägypten bei der Beisetzung eines Pharaos der gesamte Hofstaat leibhaftig tun mußte oder wie es auch im Grab 4 der Oldendorfer Totenstatt auf heute niedersächsischem Boden geschehen sein soll (s. „Die Totenstatt von Oldendorf"). Der Deutung ist ein weites Feld geboten. Was der Bildstein wirklich aussagen soll, wird wohl für immer das Geheimnis dessen bleiben, der das Bild geschaffen hat.

Als seltsam oder sogar geheimnisvoll mutet noch etwas anderes an. Im „Archäologischen Korrespondenzblatt" Nummer 11, 1981, erschien ein Beitrag mit der Überschrift „Neue Bildelemente am Stein von Anderlingen". Der Verfasser – Dietrich Evers aus Wiesbaden-Naurod – berichtete, daß er 1979 „bei einer gelegentlichen Abreibung" des Steines zwischen der mittleren und rechten Figur eine weitere entdeckt habe, die bis dahin unbekannt war. Sie sei kleiner, habe ebenfalls die Arme erhoben, und aus der plumpen Gravurtechnik sei zu schließen, daß sie später hinzugefügt wurde. Außerdem sei bei der Abreibung sichtbar geworden, daß die rechte Figur nicht mit leeren Händen dasteht, sondern eine Girlande hält, die sich über die Köpfe aller vier Gestalten hinwegzieht. Zu Füßen der Figuren sei ein Bildnis zum Vorschein gekommen, das ein oder zwei vierbeinige, unbestimmbare Tiere darstellt. Das Ergebnis dieser Abreibung stimmte nachdenklich. Evers zerriß aber den Schleier des Geheimnisvollen an seiner Entdekkung mit einer nüchternen Erklärung: „Die Erosion hat ehemalige Gravurlinien zerstört, aber auch neue Muster geschaffen. Man darf sich daher nicht verleiten lassen, sämtliche Zufälligkeiten der Oberflächenauflösung zu interpretieren".

Der Bildstein, der 1907 nahe Anderlingen im heutigen Kreis Rotenburg/Wümme beim Zerstören eines Grabhügels zum Vorschein kam, gilt als die südlichste der nordischen Felszeichnungen. Die Deutung der drei Figuren, die in die Innenseite des Steines eingemeißelt sind, hat schon viel Kopfzerbrechen bereitet. Sollen es Götter, Priester oder nur gewöhnliche Sterbliche sein? Dieser bisher in ganz Norddeutschland einzigartige Stein ist in der Urgeschichtsabteilung des Niedersächsischen Landesmuseums Hannover ausgestellt. Dieses Museum verwahrt auch die übrigen Steine des Anderlinger Grabes.

13

Als Kalendersteine umstritten

Die Zwölf Apostel an der Lethe

Der große Geestrücken bei Wildeshausen im Süden des Kreises Oldenburg wird im Westen von der Lethe begrenzt. Dieses Flüßchen, das bei Emstek in der Garther Heide entspringt und bei Hundsmühlen in die Hunte mündet, war gegen Ende der Weichsel-Kaltzeit vor rund 12 000 Jahren ein zeitweise kräftig strömender Fluß, der große Mengen Sand vor sich herschob, sich mehrfach ein neues Bett grub und ein breites Tal ausräumte. Die hohen Ufer der Ur-Lethe sind in der kastenförmigen Eintiefung des Talgrundes an der Südseite der Ahlhorner Fischteiche deutlich erhalten geblieben. Am etwa 6 Meter hohen nördlichen Steilufer findet man auf einer Heidefläche mehrere Gesteinsblöcke, wie sie einst zu Abertausenden von den Gletschern der Saale-Kaltzeit aus Skandinavien herantransportiert worden sind. Diese Findlinge an der Lethe werden die Zwölf Apostel genannt. Wer ihnen diesen einprägsamen Namen gab, ist nicht bekannt. Sie haben viel Rätselraten in Verbindung mit der Frage ausgelöst, ob sie noch so im Gelände liegen, wie sie das hier vor rund 130 000 Jahren geschmolzene Saaleeis abgelagert hat, oder ob sie von Menschenhand zu bestimmten Zwecken in eine bestimmte Ordnung zueinander gebracht worden sind.

Daß sie nicht einfach von einem zerstörten Hünengrab stammen, hat 1939 Professor Dr. Karl Hermann Jacob-Friesen, der damals Direktor des Landesmuseums in Hannover war, bei einer Besichtigung der Steine festgestellt. Und wären sie wie anderswo von Menschen der ausgehenden Steinzeit an diesen Platz gebracht worden, um aus ihnen ein Grab zu errichten, dann hätte man sie sicherlich geschlossener abgelegt und nicht über eine Fläche von einem halben Hektar Größe verteilt. Jacob-Friesen neigte deshalb der Meinung zu, daß es sich um eine Steinsetzung handeln könnte, die einst kultische Bedeutung besaß. Er hielt es für sehr wichtig, dies zu klären. Doch schon wenige Wochen nach seiner Besichtigung der Zwölf Apostel begann der Zweite Weltkrieg, der für derartige Nachforschungen keine Zeit mehr ließ. Erst 1950 wurde die Anregung Jacob-Friesens aufgegriffen, und zwar zunächst von dem Ahlhorner Lehrer und Heimatforscher Hermann Hibbeler. Dieser vermutete ebenfalls, daß der Platz am hohen Ufer der Lethe zu kultischen Zwecken gedient hat. Er suchte ihn ab und fand dabei ein „merkwürdiges Steingerät", das er aber in seinem Bericht leider nicht näher beschrieb. Der Fund ist für die Forschung verloren.

Das steinerne Denkmal an der Lethe – sofern es eines ist – soll einer alten Lagekarte zufolge ursprünglich aus 16 Findlingen von je rund 1,5 Tonnen Gewicht bestanden haben. Davon wurde einer gesprengt, als 1913 von der als Wasserreservoir gestauten Lethe zu den seit 1906 vom Oldenburger Staat angelegten Fischteichen ein Zuleiter gebaut wurde. Zwei weitere Steine verschwanden, ohne daß bekannt wurde, wo sie abgeblieben sind. Da von den restlichen 13 einer in einen Weg versenkt werden mußte, sind noch zwölf sichtbar. Sie überragen den Sandboden um knapp einen halben Meter. Elf der Blöcke bestehen aus Granit und zwei aus Gneis. Für Laien liegen sie ohne erkennbare Funktion auf dem Gelände, um dessen Freihaltung von Bäumen und Sträuchern das Staatliche Forstamt Ahlhorn bemüht ist. Geübte Augen hingegen vermögen zwischen den einzelnen Steinen symbolhafte Verbindungen herzustellen. Als erstem gelang dies Karl Michaelsen, der Direktor des Staatlichen Museums für Naturkunde und Vorgeschichte in Oldenburg war. Er hat im Sommer 1953 die Zwölf Apostel vermessen.

Michaelsen erkannte, daß sechs Steine auf einer Kreislinie liegen und vier weitere auf einem Kreisbogen. Diese Anordnungen, die er als Sonnen- und Mondkreis deutete, bestärkten ihn in seiner Vermutung, daß die Steine himmelskundlich geortet, nämlich auf die Sommersonnenwende ausgerichtet sind. In seinem Ergebnisbericht hielt er fest: „Es handelt sich aller Wahrscheinlichkeit nach um eines der heute leider sehr selten gewordenen Denkmäler für ein hochstehendes astronomisches Wissen unserer Vorfahren und der damit verknüpften Weltanschauung". Einfacher ausgedrückt, würde es sich um Kalendersteine handeln, wenn Michaelsens Vermutungen zuträfen. Solche Steinsetzungen kennt man besonders aus der Zeit um 1800 vor Christus, als die Steinzeit der Bronzezeit wich. Damals gingen die Völkerschaften Europas vom Sammeln wild wachsender Früchte auf den Ackerbau über, was bedeutete, daß der Boden bearbeitet werden mußte. Um zur rechten Zeit säen und ernten zu können, benötigte man Kenntnisse vom Jahreslauf. Dazu waren Kalendersteine eine nützliche Hilfe.

Eine Anlage dieser Art gab es in Niedersachsen in der Maiburg im Nordwesten des Kreises Osnabrück. In diesem hügeligen Waldland, dessen Vergangenheit der aus Bippen – dem Hauptort der Maiburg – stammende Hohenheimer Professor Dr. Eberhard Ostendorff erforschte, liegt im Dalumer Feld südlich von

Die Findlinge an der Lethe nordwestlich von Ahlhorn im Kreis Oldenburg, die man die Zwölf Apostel nennt, haben schon mehrfach zur Frage veranlaßt, ob sie Kalendersteine waren.

Bippen der Pfaohlenstein. Er ist ein Findling mit einer vom Gletschereis spiegelglatt ausgeschliffenen Wanne an der Oberfläche. Um diesen Stein gruppierten sich einstmals, als sich hier anstelle von Wald noch baumlose Heide ausbreitete, zwölf kleinere Steine. Leider wurden die meisten von ihnen abgefahren und zum Bau eines Kriegerdenkmales in Bippen verwendet. Ostendorff sah allein schon im Namen einen Hinweis darauf, daß es sich um eine heidnische Kult- und Kalenderanlage gehandelt haben muß. Pfaohl oder auch Paol war ein nur selten erwähnter germanischer Gott. Aber er wurde an bedeutender Stelle zusammen mit Wodan genannt, nämlich in den Merseburger Zaubersprüchen. Diese Beschwörungsformeln gegen allerlei Unheil gehören zu den ältesten deutschen Sprachdenkmälern, obgleich sie erst im 10. Jahrhundert aufgezeichnet worden sind. Der zweite Spruch, der Gliederverrenkungen bei Pferden heilen sollte, begann: „Phol ende uuodan uuorun zi holza, du uuart demo balders uolen sin uuoz birenkit". Das heißt: „Phol und Wodan fuhren zu Holze, da ward dem Fohlen Balders sein Fuß verrenkt". Da in diesem Spruch Pfaohl mit Baldur, dem Gott des Lichtes und des Frühlings, gleichgesetzt wird, schloß Ostendorff

Im Kreis Osnabrück liegt in der Maiburg südlich von Bippen im Dalumer Feld der Pfaohlenstein (Bild oben), der zu einer Kalenderanlage gehört haben soll. Gleiches gilt für den Süntelstein bei Vehrte auf der Venner Egge am Südhang des Wiehengebirges (Bild unten). Die einstmals kreisförmig umliegenden kleineren Steine sind abgefahren und zu Bauzwecken verwendet worden.

daraus, daß die Kalenderanlage der Maiburg einem Frühlingskult gedient hat. Dieser Kult wurde unter der Bezeichnung „die Hohen Maien“ ausgeübt – ein Begriff, der sich auch im Namen der Maiburg erhalten hat.

Ein anderes Überbleibsel einer frühen Kultanlage im niedersächsischen Raum – das sei hier auch noch eingeflochten – ist der ebenfalls im Kreis Osnabrück erhaltene Süntelstein, der bei Vehrte auf der Venner Egge am Südhang des Wiehengebirges zu finden ist. Dieser mehr als 3 Meter hohe Findlingsblock aus Granit, der ähnlich wie der Pfaohlenstein von einem Steinkreis umgeben gewesen sein soll, steht im geographischen Mittelpunkt der Großsteingräber von Vehrte, Icker, Rulle, Darpvenne und Felsen. Solche Steinsäulen, die mit einem keltischen Wort Menhire genannt werden, gibt es im westeuropäischen Großsteingrabgebiet in größerer Zahl. Menhir bedeutet Großstein. Sie dienten vorwiegend einem Totenkult. Ob es einen Zusammenhang mit dem Süntelstein gibt, ist eine offene Frage. Er ist der einzige Menhir Niedersachsens und dürfte in der Jungsteinzeit aufgestellt worden sein. Wie das bewerkstelligt wurde, kann hier mit einem Hinweis auf den Bau der Großsteingräber beantwortet werden (s. „Die Hünengräber auf dem Giersfeld“). Vom Nordlandeis, das ihn herantransportiert hat, ist er sicherlich nicht so in den Boden gerammt worden, wie er sich dem Betrachter zeigt. Einer alten Sage nach wurde er vom Teufel in die Erde gestampft. Der Leibhaftige – so erzählte man sich – sei über den Bau der Kirche in Venne so erbost gewesen, daß er beschloß, die Kirchentür mit dem riesigen Stein zu versperren. Doch als er merkte, daß er zu spät kommt, weil die Kirchenbesucher das Gotteshaus schon betreten hatten, warf er den Stein so wütend auf den Boden, daß er aufrecht in der Erde stecken blieb. Durch den heftigen Aufprall seien auch die Risse im Süntelstein entstanden.

Nun zurück zu den Zwölf Aposteln. Diese waren erneut Gegenstand einer Untersuchung, als 1984 der Astronomische Arbeitskreis Mönchengladbach an ihnen Messungen vornahm. Dabei wurde ebenfalls eine astronomische Ausrichtung einiger Steine festgestellt. Doch dieses Ergebnis wird von den zuständigen Mitarbeitern des Instituts für Denkmalpflege im Niedersächsischen Landesverwaltungsamt in Hannover als nicht zutreffend erachtet, sondern für eine reine Spekulation gehalten. Dennoch vermag niemand zu verneinen, daß sich an der Lage der Zwölf Apostel viel Regelmäßigkeit ablesen läßt. Deshalb ist es nicht völlig auszuschließen, daß diese Steine von Menschenhand in eine bestimmte Ordnung zueinander gebracht worden sein können – allerdings ist nicht zu erkennen, zu welchem Zweck dies geschah. Als rätselhaft erscheint es auch, warum an dieser Stelle mehr als ein Dutzend Findlinge erhalten blieben, während anderswo nahezu alle abgefahren und zu Bau- und Pflastersteinen zertrümmert worden sind.

14

Weder keltisch noch germanisch

Die Pipinsburg bei Osterode

Die Kalkberge, die bei Osterode als rund 4 Kilometer breiter Saum dem südwestlichen Harzrand vorgelagert sind, faszinieren jeden Betrachter. Sie werden es auch schon in grauer Vorzeit getan haben. Ihr weißes, zum Teil von Pflanzen überwachsenes Gipsgestein, das vom Zechsteinmeer vor rund 250 Millionen Jahren abgelagert worden ist, erhebt sich aus dem Sösetal wie eine Mauer und überragt den Talgrund um mehr als 100 Meter. Als besonders schroff zeigt sich ein Bergvorsprung, der an drei Seiten fast senkrecht abstürzt. Zwar mißt an seinem Nordrand der Abstand zur Söse nur 80 Meter, doch nach Süden, das heißt bergseitig, wird der Vorsprung immer höher, so daß sich sein Plateau als schiefe Ebene zeigt. Dieses Plateau, von dem aus der gesamte Südwestrand des Harzes überblickt werden kann, erwies sich als ein überaus geeigneter Platz für die Anlage einer Burg, zumal sich auch im Blickfeld von alters her wichtige Handelsstraßen kreuzten. So nimmt es nicht wunder, daß sich hier tatsächlich Burgenbauer einfanden, und das sogar dreimal. Allerdings weiß man in keinem der drei Fälle, wer sie waren.

Die Geschichte hat den Namen „Pipinsburg" überliefert, den noch eine andere Burg auf niedersächsischem Boden – im Land Wursten südlich von Cuxhaven – trug (s. „Die Pipinsburg bei Sievern"). Diesen Namen haben allem Anschein nach die Franken ins Land gebracht, als sie im 8. Jahrhundert die Sachsen zum Christentum bekehrten und in ihr mächtiges Reich einverleibten. Doch der fränkische Name konnte sich an der Söse nur auf die dritte – die mittelalterliche – Burg bezogen haben. Das Zentrum

Von dem leicht geneigten Plateau aus, das die Burgen trug, erlaubte die weite Sicht auf den gesamten Südwestrand des Harzes auch eine Überwachung der Handelsstraßen, die sich hier seit frühester Zeit kreuzen.

dieser letzten Burg, das von einem tiefen hufeisenförmig verlaufenden Spitzgraben umschlossen war, lag am Nordende des Bergvorsprungs. Wie die beiden früheren Burgen hießen, weiß man nicht.

Ausgrabungen in den Jahren von 1953 bis 1960 haben ergeben, daß die nur noch von Wall- und Mauerresten bezeugte dritte Burg erst im 10. oder 11. Jahrhundert errichtet worden war, als sich das Frankenreich bereits zu einem deutschen Reich gewandelt hatte. Nach Aussage des Fundmaterials – zum überwiegenden Teil mittelalterliche Keramik – beschränkte sich diese Burg jedoch nicht nur auf das Nordende des Plateaus, sondern besaß auch einen Befestigungswall an der gesamten Westflanke des Gipsfelsens. Der niedersächsische Landesarchäologe Dr. Martin Claus, der die damaligen Ausgrabungen leitete, fand es recht merkwürdig, daß der erwähnte Spitzgraben zwei deutlich voneinander getrennte Versturzschichten enthält. Dieser Befund legte den Gedanken nahe, daß die mittelalterliche Pipinsburg zweimal verfallen sein muß, während die geschichtliche Überlieferung nur eine Zerstörung kennt. Diese erfolgte im Jahre 1365 in einer Fehde des Erzbischofs von Mainz und der Landgrafen von Thüringen gegen Herzog Albrecht I. von Grubenhagen.

Die Ausgrabungen zeigten weiter, daß auf dem Plateau des Gipfelfelsens bereits im 6. vorchristlichen Jahrhundert Menschen eine Bleibe suchten und eine erste Wehranlage schufen. Sie verstärkten den Schutz, den ihnen das Plateau von Natur aus bot, an der Südseite durch einen Wall. Ein weiterer Wall wurde im 5. vorchristlichen Jahrhundert aufgeworfen und durch eine Palisadenwand und einen Graben gesichert. In dieser zweiten Bauphase, in der auch Steinmauern aufgeschichtet worden sind, besaß die Bergfestung die meisten Bewohner. Zwar lassen sich heute keine Baugrundrisse mehr erkennen, sondern nur Pfostenverfärbungen im Boden, die auf das einstige Vorhandensein von Gebäuden hinweisen. Doch um so reichlicher fanden sich im inneren Burgbereich Tonwaren sowie Schmuck- und Gebrauchsgegenstände aus Bronze und Eisen, Perlen aus Bernstein und Glas, Körner verschiedener Getreidearten und große Mengen an Säugetierknochen. Zudem wurden Reste menschlicher Skelette entdeckt, die sich seltsamerweise nicht in Bestattungen, sondern mit anderem Fundgut vermischt vorfanden. Dieser Sachverhalt ist voller Rätsel. Was war geschehen, daß die Toten nicht bestattet werden konnten und daß die Besiedlung der Burg im 1. vorchristlichen Jahrhundert abrupt endete? Wurde die Burg gewaltsam zerstört, wie es Brandschichten vermuten lassen? Und wer hatte hier überhaupt gelebt?

Die Formen der vielen auf dem Gelände der Pipinsburg gefundenen Gegenstände, die im Heimatmuseum von Osterode zu sehen sind, weisen auf eine enge Berührung der Burgbewohner mit dem keltischen Kulturkreis hin. Das warf die Frage auf, ob sie vielleicht selber Kelten waren. Als sicher gilt, daß große Teile des südlichen Niedersachsens zu jener Zeit noch nicht von Germanen besiedelt waren. Das geben viele Flußnamen zu erkennen, die noch heute als Überbleibsel einer älteren, vorgermanischen Sprache gebräuchlich sind. Dazu gehört die Söse, aber auch die Gande, Lamme, Leine und andere mehr. Ihre Namen wurzeln in Begriffen, die der einstigen Beschaffenheit der Landschaft entnommen waren und heute nicht mehr verständlich sind. So soll der Name der Söse von „sus“ kommen, das ein früheres Wort für Sumpf war. Das „gand“ in Gande soll Moor und das „lam“ in Lamme Morast bedeutet haben. Die Leine hieß einstmals „lagina“, wobei „lag“ ein in indogermanische Sprachen vererbtes Urwort für See war und die Endsilbe „a“ für fließendes Wasser stand. Die Söse war somit ein Sumpffluß, die Gande ein Moorfluß, die Lamme ein Fluß in morastigem Gelände und die Leine ein Seefluß. Der Benennung der Leine liegt offenbar eine besondere Naturbeobachtung zugrunde: Immer wenn der Fluß bei Hochwasser im Talbecken zwischen Greene und Kreiensen im Kreis Northeim über die Ufer trat, wie es auch heute noch geschehen kann, erweckte er den Eindruck eines von Süden nach Norden fließenden Sees. Professor Dr. Hans Krahe von der Universität Tübingen stellte in seiner 1964 erschienenen Schrift „Unsere ältesten Flußnamen“ fest: „Wasserwörter gab es mit zahlreichen feineren und feinsten Bedeutungsschattierungen, wie sie dem frühen Menschen bei seiner genaueren Naturbeobachtung in reichem Maße zu Gebote standen und wie wir heutige sie in solchem Umfang kaum noch kennen oder nachempfinden können“.

Mit Hilfe der sprachlichen Hinterlassenschaft in Fluß- wie auch in Orts- und anderen Namen und des archäologischen Fundgutes konnte die Forschung die Erkenntnis festigen, daß in den letzten Jahrhunderten vor Christus der gesamte Raum vom Urstromtal der Aller und Weser bis zum Unterlauf des Rheins von Germanen unberührt geblieben war. Die Züge germanischer Stämme umgingen dieses Gebiet sowohl im Norden und Westen als auch im Osten. Die einen zogen an der Nordseeküste entlang bis zum Rhein und zur Schelde, die anderen, die sich an die Mittelelbe hielten, ließen bei ihrem Drang nach Süden den Harz im Westen liegen. Aber auch die Kelten, die aus dem Main-Donau-Gebiet nach Norden vordrangen, haben den Raum zwischen der Aller-Weser-Linie und dem Niederrhein als Siedler nicht betreten. Die Nordgrenze des keltischen Siedlungsbereiches verlief vom Thüringer Wald durch das nördliche Hessen und das südliche Westfalen. Demnach waren die damaligen Bewohner des südlichen Niedersachsens weder Germanen noch Kelten. Was aber waren sie dann?

Auf diese Frage hat der Altphilologe Professor Dr. Hans Kuhn von der Universität Kiel in dem 1962 erschienenen Buch „Völker zwischen Germanen und

16

Wem gehörte der römische Silberschatz?

Der Galgenberg von Hildesheim

Das südliche Stadtgebiet von Hildesheim reicht im Osten bis an den Galgenberg. Auf diesem 152 Meter hohen, aus hartem Korallenoolith bestehenden Bergrücken stand im Mittelalter bis in die Neuzeit hinein der Hildesheimer Galgen, an dem Diebe „mit des Seilers Tochter Hochzeit halten“ mußten. Mördern hingegen war das Schwert vorbehalten – sie wurden vom Scharfrichter auf dem Marktplatz enthauptet. Der Hildesheimer Galgenberg hat aber nicht nur viele Diebe hängen sehen – im Jahre 1435 waren es einmal sieben zur gleichen Zeit –, sondern war, bevor er in der Karolingerzeit die Hauptmalstatt des Ostfalengaues wurde, Träger eines heidnischen Heiligtums. Zu jener Zeit hieß er auch noch nicht Galgenberg, sondern Gallberg, was „Götzenberg“ bedeutete. Und als er nicht mehr als Galgenberg diente – der Galgen wurde 1809 abgebrochen –, erlangte er durch eine sensationelle Entdeckung erneut besondere Bedeutung. An seinem Westfuß waren am 17. Oktober 1868 Soldaten bei Erdarbeiten zum Bau eines Schießstandes auf einen Schatz gestoßen: silbernes Tafelgeschirr mit einem Gewicht von 54 Kilogramm. Dieser Schatz wurde unter der Bezeichnung „Hildesheimer Silberfund“ berühmt.

Geborgen wurden aus knapp 3 Meter Tiefe 70 Einzelstücke wie Schalen, Schüsseln, Krüge, Becher und dergleichen mehr, die nicht einfach verscharrt, sondern mit Bedacht und Behutsamkeit der Erde anvertraut worden waren. Die Gegenstände sind alle mit meisterlich geschmiedetem Blatt- und Rankenwerk verziert. Als besonders prächtig gelten ein Weinkrug und ein großer Kessel sowie zwei Schalen, von denen eine ein Bildnis der griechischen Göttin Athene zeigt und die andere eines von Herakles, wie

Der römische Silberschatz, der am Fuße des Hildesheimer Galgenberges gefunden wurde, wird in der Antikenabteilung der Staatlichen Museen in Berlin aufbewahrt. Im Niedersächsischen Landesmuseum Hannover sind Nachbildungen ausgestellt (unser Bild), die einen Eindruck von der Pracht dieser Fundstücke vermitteln.

er als Knabe die beiden Schlangen zerdrückt, die ihm – dem Sohn des Zeus – die eifersüchtige Hera in die Wiege geschickt hatte. Erläuternd sei angemerkt, daß Hera in der griechischen Mythologie zwar die Gattin des Zeus war, aber nicht die Mutter des Herakles. Wegen der reichen Verzierungen war anfänglich angenommen worden, das kostbare Tafelgeschirr sei in der Renaissancezeit entstanden. Doch bald wurde immer klarer, daß es römischen Ursprungs ist.

Diese Erkenntnis führte zu kühnsten Gedankenflügen. Der wertvolle Silberschatz könne doch wohl nur dem einstigen Statthalter Roms in Germanien, Publius Quintilius Varus, gehört haben, der samt seinen Legionen im Jahre 9 nach Christi Geburt vom Cheruskerfürsten Arminius in jener Schlacht besiegt worden war, die den schriftlichen Quellen zufolge im Teutoburger Wald stattgefunden hatte. Im Überschwang der Phantasie formte sich in der Vorstellungswelt ein Bild von Arminius, wie er in nobler Geste den erbeuteten Schatz den Priestern des Heiligtums auf dem Gallberg überreicht. Dieses als geschichtliche Wahrheit empfundene Traumgebilde nahm der Historienmaler Hermann Prell zur Vorlage eines Wandgemäldes, als er zu Beginn der neunziger Jahre des vorigen Jahrhunderts die Wände des damals restaurierten Hildesheimer Rathauses mit Fresken aus der Geschichte der Bischofsstadt an der Innerste schmückte. Die heidnischen Priester – so wurde der Traum fortgesponnen – hätten das Silber am Fuß des Gallberges sorgfältig vergraben, als im Jahre 16 nach Christus der römische Feldherr Germanicus in das nördliche Germanien einbrach, um die Schmach der Varusschlacht zu rächen (s. „Zwischen Porta und Angrivarierwall").

Diese Ausdeutung rief noch einen weiteren neuen Gedanken wach: Die für die Römer so verhängnisvolle Schlacht im Jahre 9 habe gar nicht im Teutoburger Wald stattgefunden, sondern in der Gegend von Hildesheim. Einer der in diese Richtung forschte, ist Dr.-Ing. Walter Schuhr, der als Wissenschaftler am Institut für Photogrammetrie und Ingenieurvermessungen der Universität Hannover tätig ist, jedoch in seiner Freizeit die Spuren des Varus erkundet. Schuhr behauptet nicht, wie es andere vor ihm getan haben, daß sich Arminius und seine Mitstreiter im Hildesheimer Wald auf die Legionen des Varus stürzten. Er stellte nur fest, daß das Gelände um den Donnerberg bei Derneburg von seiner Form her mit den Schilderungen des römischen Geschichtsschreibers Cornelius Tacitus, der die kriegerischen Ereignisse von damals überliefert hat, in erstaunlicher Weise übereinstimmt. Andere Beweise gibt es jedoch nicht. Wo die Varusschlacht genau stattgefunden hat, ist noch ungeklärt.

Bevor es zu dieser Schlacht kam, wird Arminius als römischer Bürger und Ritter, der er war, sicherlich öfter an der Tafel des römischen Statthalters gespeist haben. Wahrscheinlich wird das dabei benutzte Geschirr sehr kostbar gewesen sein. Aber es kann sich nicht um jenes gehandelt haben, das am Fuß des Hildesheimer Galgenberges gefunden worden ist. Die meisten Stücke dieses Tafelsilbers sind nach den Untersuchungen von Fachkennern erst viele Jahre nach dem Freitod des glücklosen Varus hergestellt worden. Das soll in der Gegend von Aachen geschehen sein, wo – wie dort aufgefundene Reste zeigen – die Römer eine Metallwarenfabrikation betrieben haben. Die Metallverarbeitung soll dort um 75 nach Christus aufgenommen worden sein und im 2. Jahrhundert ihre Blüte erreicht haben. Die Herstellung von zwei zum Hildesheimer Silberfund gehörenden Stücken – ein Humpen mit einem Tierfries und ein Bruchstück eines ganz ähnlichen Gefäßes – kann sogar erst dem 4. oder 5. Jahrhundert zugeordnet werden. Mit dem Fehlen eines Bezuges zu Varus und damit zu Arminius hätte auch das Wandgemälde im Hildesheimer Rathaus den Grund seiner Existenz verloren, wenn es noch da wäre. Dieses Problem hat sich auf schreckliche Weise gelöst: In einer Bombennacht des Kriegsjahres 1945, in der große Teile Hildesheims in Schutt und Asche gelegt worden sind, blieb auch das Rathaus nicht vor der Vernichtung verschont.

Der Hildesheimer Silberfund bewahrt weiter sein Geheimnis, wem er gehörte, wer ihn wann und warum vergrub und weshalb dies am Westhang des Galgenberges geschah. Es gibt auch viele Deutungen, wie die wertvollen Gegenstände nach Hildesheim gekommen sein könnten. Doch es muß jede mit einem Fragezeichen versehen werden. Möglicherweise kommt die Erklärung der Wahrheit am nächsten, daß ein Sammler oder ein Händler das Tafelsilber in unsicheren Zeiten vergraben hat und später keine Gelegenheit mehr fand, es wieder zu bergen. Solch eine unsichere Zeit gab es beispielsweise im Jahre 1483, als die Stadt Hildesheim mit dem Bischof Barthold wegen der Biersteuer in Streit geraten war und Herzog Wilhelm von Braunschweig als Verbündeter des Bischofs die Stadt belagerte. Der Herzog beschoß vom Galgenberg aus Wohnviertel und sperrte Straßen und Pässe, um durch das Abschneiden der Warenzufuhr den Handel zu beeinträchtigen. Eineinhalb Jahrhunderte später brachte auch der Dreißigjährige Krieg in das Hildesheimer Land höchste Gefahr, vor der viele ihre Habe verbargen (s. „Das Blutfeld im Lutterbecken").

Heute werden die Originalstücke des Hildesheimer Silberfundes in der Antikenabteilung der Staatlichen Museen Berlin aufbewahrt. Nachbildungen sind im Roemer-Museum in Hildesheim und im Niedersächsischen Landesmuseum Hannover ausgestellt. In der Nähe der Stelle, an der der Schatz gefunden wurde, erinnert ein Gedenkstein an dieses Ereignis. Er steht am Ende der nach dem Schatz benannten „Silberfundstraße". Die eigentliche Fundstelle liegt einige Meter weiter südlich auf dem Gelände der heutigen Landestaubstummenanstalt.

17

Opferplatz an sprudelnden Quellen

Der Heilige Anger von Pyrmont

Pyrmont kann sich das älteste Heilbad Deutschlands nennen. Es wurde 1668 gegründet. Doch seine Geschichte begann mit dem Tag in weit zurückliegender Zeit, an dem erstmals Menschen in dem im Weserbergland von der Ur-Emmer ausgeräumten Talkessel Quellen sprudeln sahen und von deren ebenso wohlbekömmlichem wie wohlschmeckendem Mineralwasser tranken. Im Pyrmonter Tal und an den Hängen der bis zu 370 Meter ansteigenden Kalkberge, die es halbkreisförmig umranden, haben bereits Steinzeitmenschen Spuren in Form von Abschlägen aus Feuerstein hinterlassen. Sie lebten hier vor 14 000 und mehr Jahren in Erdgruben, die sie mit Baumstangen, Moospolstern und Rasenplaggen überdacht hatten. Diese Behausungen lagen in respektvoller Entfernung von den Quellen, woraus geschlossen werden kann, daß schon zu jener Zeit das erdgeborene Wasser als heilig empfunden wurde. Quellen stellten die Verbindung zwischen Unter- und Oberwelt her und galten deshalb als Sitz von Naturgeistern oder Gottheiten, die verehrt sein wollten. Das Pyrmonter Quellgebiet, in dem heute noch zehn Quellen für Heilzwecke genutzt werden, wurde zum Heiligen Anger, der jahrtausendelang unbesiedelt blieb.

Zeugnisse der Verehrung dieser Quellen kennt man allerdings erst aus germanischer Zeit, in der hier Cherusker beheimatet waren (s. „Der Grüne Altar auf dem Hohenstein"). Es sind Fundstücke, die an den Tag kamen, als in den Jahren 1863/64 der Brodelbrunnen und der Hyllige Born – die beiden Hauptquellen Pyrmonts – neu gefaßt wurden. Man entdeckte in etwa 3 Meter Tiefe einen gestürzten und zum Teil in Schwefeleisen umgewandelten Lindenbaum, der nach Feststellung des Grabungsleiters, des Braunschweiger Baudirektors Rudolf Ludwig, 200 Jahresringe aufwies. Am Fuß dieses Baumes fanden sich drei römische Silbermünzen, etwa 250 Schnallen und Fibeln, zwei rohe hölzerne Schöpfgefäße, die aber sogleich zerfielen, und als kostbarstes Stück eine bronzene, außen emaillierte Schöpfkelle, die möglicherweise durch Handel aus Gallien an den Brodelbrunnen gelangt war. Diese Opfergaben waren nicht in die Quelle versenkt worden, sondern lagen an deren Rand. Sie stammen aus der Zeit vom ersten vorchristlichen bis zum dritten nachchristlichen Jahrhundert. Warum der Opferbrauch dann abbrach, ist ein noch ungelöstes Rätsel.

Der Heilige Anger von Pyrmont gehörte zu den bedeutenden Kultplätzen, die sich im Umfeld der Externsteine befanden. Diese zerklüftete Felsengruppe bei Detmold in der Sandsteinkette des Teutoburger Waldes war das der Obhut der Cherusker anvertraute Zentralheiligtum der Germanen. Ob das veränderte Opferverhalten am Pyrmonter Brodelbrunnen mit dem Verschwinden der Cherusker aus der Geschichte zusammenhängt? Diese wurden im Jahre 310 zum letzten Mal erwähnt, als Konstantin der Große, der Regent des weströmischen Reiches, ihnen und anderen Germanenstämmen eine Niederlage bereitete. Die Cherusker gingen dann – so wird allgemein vermutet – im Großstamm der Sachsen auf.

Die Verehrung der Pyrmonter Quellen scheint sich aber dennoch fortgesetzt zu haben, weil sie auch noch der Zorn Karls des Großen traf. Der Frankenkönig, der in seinem Missionseifer die Christianisierung im Sachsenland unerbittlich vorantrieb, verbrachte das Weihnachtsfest des Jahres 784 in Lügde, das unmittelbar südlich von Bad Pyrmont auf nordrhein-westfälischem Gebiet liegt. Als man bei den Bauarbeiten am Brodelbrunnen im Herbst 1864 in 4 Meter Tiefe auf eine zugeschüttete Quelle stieß, wurde sogleich der Gedanke wach, das alte heidnische Heiligtum entdeckt zu haben, das Karl der Große zerstören ließ.

Die erste schriftliche Nachricht von den Pyrmonter Quellen findet sich in der Chronik des Mindener Dominikanermönches Heinrich von Herford, die um 1350 erschien. Er erwähnte den Hylligen Born lateinisch als „fons sacer" und den Brodelbrunnen als „fons bulliens". Den Brodelbrunnen, dessen Entfernung zum Hylligen Born er mit der Weite eines Bogenschusses angab, verglich er von der Größe her mit einer Braupfanne, in der es Tag und Nacht, sommers wie winters siedendem Wasser gleich brodelt. Das edle und kräftige Wasser – so teilte er weiter mit – wird an diesem Ort wie in einem Destillierofen temperiert und mehrt sich, wie viel auch davon geschöpft wird. Daß aber die Quellen schon lange vor Erscheinen dieser Chronik das Pyrmonter Tal kennzeichneten, beweist eine Urkunde aus dem Jahre 889. Diese besiegelte, daß Arnulf von Kärnten, der 896 in Rom zum Kaiser gekrönt wurde, dem Kloster Corvey an der Weser einige Güter schenkte. In der Urkunde wurde als Flurbezeichnung „Pirisingamarca" angegeben, was Mark der sprudelnden Geiser bedeutete.

Ob aus dieser Bezeichnung auch der Name Pyrmonts entstanden ist, wie einige Forscher meinten, sei dahingestellt. Andere leiteten ihn vom Namen einer mittelalterlichen Burg her, die der Erzbischof Philipp

Das Pyrmonter Quellgebiet wurde zum Heiligen Anger. An den verehrten Quellen wurden nachweislich seit der Zeit der Cherusker Opfergaben abgelegt. Unser Bild zeigt die beiden Hauptquellen: den Brodelbrunnen und den Hylligen Born, wie sie sich dem heutigen Betrachter darstellen.

von Köln als Herzog von Westfalen nach 1180 auf dem nordöstlich des Ortes liegenden Schellenberg errichten ließ. Dieser Erzbischof und Herzog schmückte die Burg zu Ehren des Heiligen Petrus mit dessen Abbild und nannte sie lateinisch „Petri Mons“, das heißt Petersberg. Da das Geschlecht der Herren von Heinsberg, dem der Erzbischof entstammte, bis in den französischen Sprachraum hinein begütert und auch dieser Sprache sehr zugetan war, wurde der Name der Burg auf dem Schellenberg französisch „Pyerremont“ geschrieben. Diese Schreibweise ist aus dem Jahre 1185 überliefert. Die Burg wurde 1376 aufgegeben und ist seitdem verfallen. Von 1526 an wurde von den Spiegelberger Grafen, die seit 1494 auch die Grafen von Pyrmont waren, nahe dem Heiligen Anger eine Festung mit einem Renaissanceschloß erbaut. Dieses Schloß wurde im Dreißigjährigen Krieg von den Truppen des kaiserlichen Generals Gottfried Heinrich Graf zu Pappenheim belagert und so schwer beschädigt, daß es später abgebrochen wer-

Nahe dem Heiligen Anger ließen die Grafen von Spiegelberg von 1491 an eine Festung mit einem Renaissanceschloß erbauen, das jedoch im Dreißigjährigen Krieg so schwer beschädigt wurde, daß es abgerissen werden mußte. Das heutige Schloß steht auf den Resten der einstigen Wasserburg.

den mußte. Auf den Festungsresten wurde ab 1706 das heutige Pyrmonter Schloß errichtet.

Als im Jahre 1556 in Leipzig ein „Gründlicher, wahrhafftiger Bericht“ über den Pyrmonter „Wunderbrunnen“ erschien, kamen so viele Fremde in das Tal, daß Verhaltensvorschriften erlassen werden mußten. Die erste Brunnen-Verordnung gab noch im selben Jahr Philipp, der letzte der Spiegelberger Grafen, heraus, der ein Jahr später in der Schlacht um Saint-Quentin in Frankreich fiel (s.„Die Wasserburg von Coppenbrügge“). Die Verordnung – ein bedrucktes Stück Papier, das am Stamm einer Linde angeschlagen wurde – umfaßte fünf Vorschriften, von denen die erste lautete: „Die Leute, so diesen Fontain besuchen, sollen ihm nicht göttliche Ehre erweisen“. Daraus geht hervor, daß eineinhalb Jahrtausende nach der rühmlichen Zeit der Cherusker und 700 Jahre nach der Einführung des christlichen Glaubens das alte Quellheiligtum im Denken und Fühlen der Menschen noch so lebendig war, daß heidnische Kulthandlungen vom Landesherrn ausdrücklich verboten werden mußten.

Die Glanzzeit von Bad Pyrmont begann in der zweiten Hälfte des 17. Jahrhunderts, als nach dem schrecklichen 30 Jahre währenden Krieg wieder Friede herrschte. Die Großen der damaligen Welt kamen in Scharen zu den Quellen. Allein im Jahre 1681, das als „Fürstensommer“ in die Geschichte Pyrmonts einging, fanden sich 40 Angehörige von europäischen Königs- und Fürstenhäusern ein. Aber nicht nur auf die regierende, sondern auch auf die geistige Elite wirkte Pyrmont fortan anziehend. So finden sich auf der Brunnenliste die Namen von Johann Wolfgang von Goethe, Johann Gottfried Herder, Friedrich Gottlieb Klopstock, Matthias Claudius, Wilhelm Raabe, Gotthold Ephraim Lessing, Wilhelm von Humboldt und des Lehrmeisters des guten Benehmens, Freiherr Adolf Knigge. Der hannoversche Staatsmann und Gelehrte Gottfried Wilhelm von Leibniz besprach in Pyrmont mit Zar Peter dem Großen die Einrichtung der Akademie der Wissenschaften in Sankt Petersburg, und Friedrich der Große, nach dem der östlich der Stadt liegende Königsberg benannt ist, entwarf hier die Pläne zum zweiten schlesischen Krieg.

Das Pyrmonter Wasser verdankt seine „fürtrefflichen Eigenschaften und Tugenden“ einem Vulkan, der in der Tertiärzeit vor rund 35 Millionen Jahren im Untergrund des Pyrmonter Gebietes aufdringen wollte, jedoch in 3 000 bis 4 000 Meter Tiefe erlahmte und steckenblieb. Der glutflüssige Gesteinsbrei, der unterirdisch unvergleichlich langsamer erlischt als zutage tretende Lava, gibt beim allmählichen Abkühlen Kohlensäure ab, die durch Spalten und Klüfte an die Erdoberfläche dringt, sich dabei mit Mineralien und Wasser vermengt und als Säuerling unablässig aus dem Boden quillt. Obgleich man diese Zusammenhänge theoretisch genau kennt, reicht das Wissen nicht zur Entschleierung des Geheimnisses aus, wo sich der Tiefenvulkan befindet und wie weit die Heilwässer wandern müssen, bevor sie das Tageslicht erreichen. 1798 schrieb der wissenschaftlich verdiente Hamelner Apotheker Johann Friedrich Westrumb: „Der Geburtsort der sämtlichen Mineralquellen in Pyrmont ist unbekannt und wird wohl auch unbekannt bleiben, da es eben nicht rathsam seyn möchte, sich genau nach ihm umzusehen oder darnach zu suchen“. Vermutlich eine Warnung für alle Zeit.

18

Höchster Berg des Westharzes voller Rätsel

Die Steinanlagen auf dem Wurmberg

Der Wurmberg im Oberharz, der sich gegen Ende der Karbonzeit vor rund 280 Millionen Jahren südlich des Brockens aufwölbte und die Hochtäler der Kalten und der Warmen Bode entstehen ließ, stellt heute mit 971 Metern die höchste Erhebung Niedersachsens dar. Dieser mächtige ovale Granitkegel, der im gesamten Harz nur vom Brocken an Höhe übertroffen wird, ist zugleich der geheimnisvollste niedersächsische Berg. Allein schon sein Name gibt Rätsel auf, die noch niemand zu lösen vermochte. Nachbarn des Wurmberges wie der Bruchberg, Rehberg oder Sonnenberg geben klar zu erkennen, was ihre Namen bedeuten. Und andere, die wie der Acker, Achtermann oder Hahnenklee irrezuführen versuchen, sind längst durchschaut. Acker kommt vom mittelhochdeutschen „agger" und bedeutet nicht Feld, sondern Wall. Die Achtermannshöhe hat nichts mit einem achten Mann oder einem Hintermann zu tun, sondern leitet ihren Namen von „Uchtenhoch" her, was Höhe im Osten bedeutete. Und dem Hahnenklee liegen sprachlich weder Hähne noch Klee zugrunde, sondern „Hahenkliev" als mundartlich verfärbte Hohe Klippe. Beim Wurmberg ist das anders. Sein Name, der sich einst „Wormberch" schrieb, hat nichts mit Würmern zu tun und scheint auch keine andere Bezeichnung zu verdecken.

Um Licht in das Dunkel zu bringen, wurde die germanische Mythologie bemüht. Dabei wurden erstaunliche Zusammenhänge aufgedeckt. Es war aufgefallen, daß im Gebiet des Wurmberges, in dem neben der Kalten und der Warmen Bode auch die Wormke – der „Wurmbach" – fließt, die Bezeichnung „Drei Jungfern" eine wichtige Rolle spielt. Diesen Namen tragen ein Forstort, eine Wiese, ein Gehölz und zwei Klippen. An diese Merkwürdigkeiten lassen sich Überlegungen knüpfen, wie sie Dr. Dr. Georg Stolte aus Hannover angestellt und in Heft 6/1960 der Zeitschrift „Unser Harz" veröffentlicht hat. Er fragte sich, ob eine Wurmlage stets dort zu vermuten sei, wo drei Jungfern als Patinnen dienten, und ob die drei Jungfern mit den drei Nornen Urd, Werdandi und Skuld der Edda, der nordischen Göttersage, identisch sein könnten. Das Wort „Wurm" kommt in geographischen Bezeichnungen häufiger vor, so zum Beispiel im Namen der Stadt Worms am Rhein oder in dem der Würm und des Würmsees im bayerischen Alpenvorland südlich von München.

Überraschend ist dabei, daß die mittelalterlichen deutschen Namen der drei Nornen – Einbede, Warbede und Willbede – auf einem Stein aus dem Wurmberg-Gebiet festgehalten sein sollen und daß dieser Stein, der sich im ehemaligen Harzer Kloster am Andreasberg befunden haben soll, im Dom zu Worms aufbewahrt wird. Geht man diesem Hinweis von Stolte nach, so findet man in der Nikolauskapelle des Wormser Domes tatsächlich einen Dreijungfernstein, auf dem die Einbede, Warbede und Willbede als Heilige Jungfrauen dargestellt sind. Sie sollen sich – so wird bei Führungen im Wormser Dom erklärt – mutmaßlich im Gefolge der Heiligen Ursula befunden haben und seien mit dieser in Köln ermordet worden (s. „Die Sigwardskirche in Idensen"). Daß dieses Steinrelief aus dem Harz stammt, wird allerdings in Worms bezweifelt. Der graue Sandstein, aus dem das Bildnis geschaffen wurde, sei in den Nordheimer Steinbrüchen in der Nähe von Worms gewonnen worden. Wenn dies auch so sein mag, bleibt es dennoch merkwürdig, daß zwischen Worms und den drei Jungfrauen ein Zusammenhang besteht.

Auch in Verbindung mit dem Würmsee, für den heute die Bezeichnung „Starnberger See" geläufiger ist, findet man die drei Jungfrauen. Sie sollen in diesem See auf der Insel Wörth gelebt haben. Einer anderen bayerischen Volkssage zufolge wohnten drei Jungfrauen, die Einbet, Gerbet und Firbet hießen, auch an der Würm, dem Ausfluß des Würmsees. Ihnen habe das Haus Einbetl gehört, das sich einst in Leutstetten gegenüber dem Petersbrunnen – einer Heilquelle – befunden haben soll. Sie hätten von hier aus die christliche Lehre unter das Volk verbreitet. Das Haus Einbetl steht schon lange nicht mehr, und auch nicht mehr die Kapelle, die an seiner Stelle errichtet worden war. Doch in der Kirche von Leutstetten gibt es von den drei Jungfrauen noch ein Bild, auf dem sie ebenso wie auf dem Bildstein im Wormser Dom Kronen tragen. Forscht man – um noch ein weiteres Beispiel zu nennen – in Wurmlingen bei Tuttlingen auf der Schwäbischen Alb nach, so stößt man dort auf eine Sage, nach der im nahen, dem Donautal zugewandten Heiligtälchen einst drei heidnische Frauen lebten, die als Zauberinnen galten. Sie könnten mythologisch den gleichen Ursprung haben und ein Abbild der drei Nornen sein. Obgleich das Aufspüren solcher Zusammenhänge den Namen des Wurmberges noch immer nicht zu erklären vermag, so kann es vielleicht irgendwann einmal von Bedeutung sein, um das steinerne Geheimnis zu lüften, das sich auf dem Berg verbirgt.

Woher der Wurmberg, der höchste Berg Niedersachsens, seinen Namen hat, weiß man nicht. Eigenartig ist, daß sich in der Nähe sogenannter Wurmlagen häufig Bezeichnungen finden, die mit drei Jungfrauen zusammenhängen. Ein Beispiel liefert auch der Name der Stadt Worms am Rhein. Dort findet man in der Nikolauskapelle des Domes den Dreijungfernstein (unser Bild), der die jungfräulichen Märtyrerinnen Embede, Warbede und Willebede aus dem Gefolge der Heiligen Ursula zeigt.

Die unerforschte Bedeutung seines Namens ist nicht das einzige Geheimnis des Wurmberges. Er birgt noch weitere, denen man sich auf seinem Gipfel gegenübersieht. Es sind Reste von Steinsetzungen aus nicht bestimmbarer Zeit. Unser Bild, vom Jermerstein aus aufgenommen, zeigt die Südseite des Wurmberges.

Der Wurmberg trägt auf seinem Gipfelplateau die Reste von Steinbauten, die nach langer Vergessenheit erst 1949 das Interesse der Forschung fanden. Bis dahin war nur die Heiden- oder Hexentreppe im Gedächtnis der Bevölkerung geblieben, die sich am Osthang des Berges von 890 Meter Höhe an bis zu dem Teil des Gipfelplateaus emporzieht, der noch von der einstigen Hornfelskappe des Wurmberges bedeckt ist. Die Treppe, deren Stufen aus unbearbeiteten Hornfelsblöcken bestehen, ist bis zu 1,5 Meter breit. Der Hornfels war hier ursprünglich Tonschiefer, der in der Devonzeit vor rund 350 Millionen Jahren abgelagert worden war und dann in der Karbonzeit beim Aufquellen des Granitmagmas aus dem Erdinnern durch dessen Gluthitze gefrittet und in eine harte Gesteinsmasse umgewandelt wurde.

Die Treppe setzt sich auf dem flachen Berggipfel in einem Steinpflasterweg fort, der in das Zentrum einer von einem Steinwall umringten Fläche führt. Dieser rund 1,4 Meter breite Steinweg endet nach 87 Metern Länge an einer quadratischen Steinsetzung, deren Seiten je 2 Meter messen. Dieses Gebilde entstand durch Aneinanderfügen einzelner Steinblöcke. Im Innern des Quadrates befindet sich fast im Mittelpunkt eine kreisförmige beckenartige Vertiefung von 60 Zentimeter Durchmesser, deren Boden die glatte Oberfläche eines größeren Steinblockes bildet. Das Steinquadrat war in einem Abstand von 80 Zentimetern von einem weiteren umgeben, von dem sich heute aber nur noch Spuren zeigen.

Der Ringwall, der ebenfalls aus Hornfelsbrocken errichtet war, ist leicht oval und besitzt einen Durchmesser von 26 Metern in der Länge und 24 Metern in der Breite. Seine Sohlbreite beträgt 2,2 Meter. Auf der Wallkrone fanden sich 16 größere Steinblöcke. Der Ringwall besaß Öffnungen nach Osten, Süden und Westen, jedoch nicht nach Norden. Diese Anlage, die von Geologen und Archäologen untersucht und von Geodäten vermessen wurde, liegt offenbar auf einem Niveau, das durch das Auffüllen einer Mulde von Menschenhand geschaffen wurde. Eigenartig sind auch die Terrassen, die zu beiden Seiten des oberen Teiles der Hexentreppe liegen. Diese Steinstufenfelder sind abwechselnd rund 70 Zentimeter und 1,4 Meter breit und erstrecken sich am Hang über eine Länge von 13 Metern. Untersuchungen, die südlich der Hexentreppe vorgenommen worden sind, deckten die Spuren weiterer vorbereiteter Terrassierungen auf.

Wer auf dem Wurmberg so eifrig Steine gesetzt hat und zu welchem Zweck dies geschah, ist bis heute ein Rätsel geblieben. Der 1971 verstorbene Oberarchäologe Dr. Walther Nowothnig, der dem ehemaligen Dezernat Bodendenkmalpflege des Niedersächsischen Landesverwaltungsamtes in Hannover angehörte und der Initiator der Wurmbergforschung war, hatte versucht, die Grabungsergebnisse vor verschiedenen historischen Kulissen zu betrachten. Entstanden diese Steinbauten bereits in vorgeschichtlicher Zeit? Oder sind sie der keltisch-römischen Zeit zuzuordnen? Oder hat das Christentum der Karolingerzeit zu ihrer Errichtung geführt? Auch die Sagenwelt blieb von Nowothnig nicht unbeachtet. Als sicher ergab sich aber nur, daß das Gerücht, die Hexentreppe sei in der ersten Hälfte des 19. Jahrhunderts von dem reitenden Förster Daubert aus Braunlage geschaffen worden, jeglicher Grundlage entbehrt.

Es ist nach wie vor völlig offen, ob es sich bei den Steinsetzungen auf dem Wurmberg um eine heidnische Tempelanlage oder um eine Wallburg oder um ein Bauwerk mit astronomischer Bedeutung gehandelt hat. Manches spricht auch dafür, daß es eine frühchristliche Taufkapelle gewesen sein könnte, die auf den Fundamenten einer Anlage aus vorgeschichtlicher Zeit errichtet worden war. Doch Beweise gibt es weder für das eine noch für das andere. Die Steine sind stumm, und das nicht nur, weil die Anlagen zu stark zerstört sind, sondern auch deshalb, weil aussagekräftige Kleinfunde fehlen. So ist es äußerst fraglich, ob der Wurmberg überhaupt einmal sein Geheimnis preisgeben wird.

Auf dem Wurmberg finden sich Reste alter Steinanlagen, deren einstmaliger Zweck sich noch nicht ergründen ließ. Zu ihnen gehören eine quadratische Steinsetzung (Bild links), die Hexentreppe (Bild rechts) und ein Steinstufenfeld zu beiden Seiten des oberen Teiles der Hexentreppe (Bild unten).

19

Grabhügel, Kultplatz oder Gerichtsstätte?

Der Plytenberg in Leer

Wer die höchste natürliche Erhebung Ostfrieslands sucht, findet sie in der Wittdün, der Weißen Düne, auf der Insel Spiekeroog. Sie ist 24 Meter hoch. Aber die höchste ostfriesische Erhebung überhaupt ist der Plytenberg, der im Westen der Stadt Leer liegt und eine Höhe von 25 Meter über Normalnull besitzt. Dieser Berg ist jedoch nicht natürlich entstanden, sondern von Menschenhand geschaffen worden. Er ist kreisrund mit einer Grundfläche von 55 Metern Durchmesser, hat die Form einer Halbkugel und überragt seine ebene Umgebung um 12 Meter. Ursprünglich war er noch etwas höher. Doch die Engländer, die 1795 Ostfriesland vorübergehend besetzten, gruben einen Teil ab und richteten auf dem abgeplatteten Gipfel einen Geschützstand ein, von dem aus sie mit ihren Kanonen die Ems bestreichen konnten. Wer wann den Berg aufgeschüttet hat und zu welchem Zweck, ist nicht bekannt. Wurden in ihm Tote bestattet oder auf ihm heidnischen Göttern Opfer dargebracht, oder diente er als Gerichtsstätte? Als Antwort gibt es nur Vermutungen. Völlig rätselhaft ist, woher sein Name kommt.

Carl Woebcken, ehemals Pastor in Sillenstede und einer der besten Kenner des niedersächsischen Küstenraumes, vertrat 1932 die Meinung, der Plytenberg sei ein Grabhügel. Bezüglich des Entstehens verwies er auf die Heldenepen „Ilias" und „Beowulf", die aufzeigen, wie solche Grabhügel errichtet wurden. In der aus dem 9. Jahrhundert vor Christus stammenden Ilias, die von den Kämpfen der Griechen vor Troja handelt, besingt der Dichter Homer die Beisetzung des Helden Patroklos, des Freundes von Achill. Der von Hektor Getötete wurde auf einem Scheiterhaufen aus Eichenholz auf einem zuvor bestimmten Platz verbrannt – mit ihm zusammen Pferde, Rinder, Schafe und Hunde sowie zwölf edle Söhne der Trojaner als Opfer. Nachdem die letzten Flammen mit Wein gelöscht waren, wurden die Gebeine des Patroklos in eine goldene Schale gelegt. Dann befahl Achill, den Kreis für das Grabmal zu ziehen, die Grundsteine um den Scheiterhaufen zu legen und darüber Erde aufzuhäufen. Das altenglische Beowulflied aus dem 8. Jahrhundert nach Christus stellt die Leichenverbrennung und Aufwölbung des Grabhügels ähnlich dar. Aber es wurden weder Tiere noch Menschen geopfert, sondern nur Helme, Schilde und Panzer an den Scheiterhaufen gehängt. Zwölf Edelinge umritten den Grabhügel und rühmten singend die kühnen Taten ihres verstorbenen Königs.

Anders als Woebcken hatte 1890 der Oberlehrer Bunte im Emder Jahrbuch die Bedeutung des Plytenberges zu erklären versucht. Er zog aus bekannten Geschehnissen Rückschlüsse. Dabei ging er von dem Volksfest aus, das seit Menschengedenken alljährlich zu Ostern um den Plytenberg stattfindet. Darin – so meinte Bunte – seien noch Reste von Feierlichkeiten zur Verehrung der germanischen Frühlingsgöttin Ostara zu erkennen. Hier ist jedoch anzumerken, daß der Name dieser Göttin umstritten ist. Er soll nur eine Erfindung des Geschichtsschreibers Beda Venerabilis, eines im 8. Jahrhundert in England lebenden Benediktiners, sein (s. „Die Weserterrasse bei Marklohe"). Doch ob Ostara oder nicht – mit Sicherheit wurde in germanischer Zeit der Frühling freudig und auch feierlich begrüßt. Bunte sah eine Bestätigung seiner Ansicht darin, daß in unmittelbarer Nähe des Plytenberges die erste Kirche von Leer erbaut wurde. Dies geschah 787 durch den Missionar Liudger, einen Friesen, der 804 der erste Bischof von Münster wurde. Es war Brauch der Missionare jener Zeit, die christlichen Kirchen dort zu errichten, wo sich die heidnischen Heiligtümer befunden hatten.

Diese erste Kirche im uralten Leer war ein Holzbau auf der Warf, die – heute von einer Ziegelmauer eingefaßt – den reformierten Friedhof trägt. Die Holzkirche mußte einer aus Steinen weichen, was den baulichen Hinweisen zufolge um 1200 geschah. Aber auch die neue Steinkirche hielt nicht ewig, sondern mußte 1785 wegen Baufälligkeit abgebrochen werden. Von ihr blieb lediglich die Krypta erhalten – ein zweischiffiges Kellergewölbe, das an der Ostseite von zwei Apsiden begrenzt ist. Wie baugeschichtliche Untersuchungen in den fünfziger Jahren des laufenden Jahrhunderts ergeben haben, scheinen in beiden Apsiden Altäre gestanden zu haben. Vor einem der Altäre wurde bei den Grabungen ein menschliches Skelett freigelegt, an dessen Kopf und an einer Schulter je ein Dolchmesser lag. Aus diesen Grabbeigaben ließen sich jedoch keine Rückschlüsse ziehen, wer hier unter dem Lehmboden beigesetzt worden war.

Mit einer Höhe von 25 Meter über Normalnull stellt der Plytenberg in Leer die höchste Erhebung Ostfrieslands dar. Dieser halbkugelförmige künstlich entstandene Berg birgt Geheimnisse, die noch nicht entschleiert werden konnten. Er soll sie hüten können, bis eines Tages Untersuchungen möglich sein werden, die keine Zerstörungen anrichten.

Von der ersten Steinkirche, die in der Nähe des Plytenberges errichtet wurde, ist nur die Krypta erhalten. In diesem Kirchenbau wird ein Hinweis darauf gesehen, daß der Plytenberg in heidnischer Zeit kultischen Zwecken gedient hat. Heute wird in der Krypta der Gefallenen der beiden Weltkriege gedacht.

Möglicherweise war es der Stifter der Kirche. Im Boden der Krypta wurde noch ein weiteres Skelett entdeckt, zu dessen Füßen eine Münze aus der Mitte des 15. Jahrhunderts lag. Heute dient das Gewölbe, das wieder einen Überbau erhalten hat, dem Gedenken von Gefallenen der beiden Weltkriege.

Dem Plytenberg kam auch in den kriegerischen Auseinandersetzungen, die man die Sächsische Fehde nennt (s. „Die Burg Stickhausen"), eine besondere Bedeutung zu. Graf Edzard der Große von Ostfriesland hatte sich mit dem von Kaiser Maximilian I. eingesetzten Reichsstatthalter, Herzog Georg von Sachsen, so überworfen, daß dieser beim Kaiser gegen Edzard die Reichsacht erwirkte. Zugleich hatte Georg den Herzog Heinrich den Älteren von Braunschweig-Wolfenbüttel sowie den Grafen Johann von Oldenburg und die Häuptlinge von Jever und Esens zu Bundesgenossen gewonnen. Nachdem die vereinigten sächsischen Streitkräfte unter Führung des Braunschweiger Herzogs 1514 bereits die meisten Burgen Ostfrieslands erobert hatten, sammelten sie sich am Plytenberg, um von hier aus auch noch Leerort, eine der letzten dem Grafen Edzard verbliebenen Festungen, zu nehmen. Herzog Heinrich hoffte, die Besatzung dieser am Zusammenfluß von Ems und Leda gelegenen Festung – nur 100 Landsknechte und ein paar Bauern – würde es nicht auf einen Sturm ankommen lassen. Doch da hatte er den Festungskommandanten Johann von Soest unterschätzt. Obwohl ihm und seinem Häuflein 20 000 gegenüberlagen, verweigerte er die Übergabe. Daraufhin ließ Herzog Heinrich alle Vorbereitungen zur Eroberung treffen. Doch zum Sturmangriff kam es nicht. Bei der Verlegung eines Geschützes wurde der Herzog von einer ostfriesischen Kanonenkugel tödlich getroffen. Das führungslos gewordene sächsische Heer verlor jegliche Kampfeslust. Es zog ab, und nicht nur Leerort war gerettet. Nach und nach gewann Edzard das verlorene Land zurück. Als 1517 Friede geschlossen wurde, behauptete er wieder sein angestammtes Erbe, die Grafschaft Ostfriesland.

Dem Geheimnis des Plytenberges auf die Spur zu kommen, wäre wohl kein sonderliches Problem. Mit Spaten und Bohrern könnte sicherlich rasch herausgefunden werden, ob auch hier vielleicht einem toten Herrscher der Scheiterhaufen aufgerichtet worden war und nach der Verbrennung des Leichnams ein hoher Hügel darüber gewölbt wurde. Eine derartige Untersuchung wird es jedoch nicht geben, weil sich alle, die in Niedersachsen mit solchen Forschungen und der Denkmalpflege befaßt sind, in vernünftiger Zurückhaltung üben. Gewiß würde jeder gern Näheres über die Bedeutung des Plytenberges wissen wollen. Doch die Erfüllung dieses Wunsches wird zurückgestellt, bis es einmal eine Untersuchungsmethode geben wird, bei der man den Hügel nicht auseinandernehmen und durchwühlen muß. So darf der Plytenberg noch bis auf Weiteres sein Geheimnis wahren.

Der Sinn seines Namens hingegen wird wohl für immer verborgen bleiben. In den germanischen Sprachen findet sich keinerlei Ansatzpunkt zu einer Deutung, gleichgültig ob man ihn Plytenberg oder – wie es früher geschah – Plitenberg schreibt. Deshalb hat man auch schon im keltischen Sprachschatz nachgesucht. Hier findet man einen ähnlichen Namen, den die Galater nach ihrer Abspaltung von den Galliern nach Kleinasien verschleppten, wo sie 278 vor Christus in das Gebiet an den Flüssen Halys und Sangarios einwanderten. Die Galater, die drei Jahrhunderte später durch einen Brief des Apostels Paulus in das Licht der Geschichte gerückt wurden, nannten eine von ihnen gegründete Stadt Plitendum. Aber selbst wenn es eine gemeinsame Sprachwurzel gäbe, würde es der Namensdeutung des Plytenberges nichts nützen. Denn was Plitendum bedeutet, weiß man ebenfalls nicht.

20

Kamen Nibelungen in den Bardengau?

Der Kalkberg von Lüneburg

Die überlieferte Geschichte Lüneburgs nahm bis vor wenigen Jahren ihren Anfang in der Zeit Karls des Großen. Bei einem der Kriegszüge des berühmten Frankenkönigs in das Sachsenland wurde als Lagerort „Hliuni" genannt – ein langobardisches Wort, das im Namen der Stadt Lüneburg fortlebt. Es bezeichnete eine Zufluchtstätte auf dem Kalkberg, der damals noch ein schroffes, schwer zugängliches Zechsteinmassiv war und die ihn umgebende flachwellige Geestlandschaft um etwa 80 Meter überragte. Auf dieser beherrschenden Erhebung errichtete um 950 Markgraf Hermann Billung, dem später Kaiser Otto der Große die sächsische Herzogsgewalt übertrug, eine Grenzfeste gegen die Slawen. Fünf Jahre danach erbaute er gemeinsam mit seinem Bruder Amelung, der Bischof von Verden war, am Osthang des Kalkberges das Benediktinerkloster St. Michael. Diese Geschehnisse sind seit langem bekannt. Über sie hinaus wird vermutet, daß auf dem Kalkberg schon vor der Errichtung der Billungschen Burg ein festes Haus gestanden hatte und sich hier noch früher eine heidnische Kultstätte befand. Damit war das Wissen um den Beginn der Geschichte Lüneburgs erschöpft.

Das hat sich in den letzten Jahren schlagartig geändert. Denn als 1983 der im Ort Schaumburg bei Rinteln ansässige Germanist und Historiker Dr. Heinz Ritter-Schaumburg mit dem aufsehenerregenden Buch „Die Nibelungen zogen nordwärts" die Ergebnisse seiner langjährigen Bemühungen um die Erforschung des Wahrheitsgehaltes der Nibelungensage der Öffentlichkeit unterbreitete, fiel auch ein Lichtstrahl in das Dunkel der frühmittelalterlichen Geschichte Lüneburgs, nämlich in das 5. Jahrhundert. Dies geschah zwar nur wie beiläufig, und mancher, der kein Gespür dafür hat, mag darüber hinweglesen. Doch das verringert nicht die geradezu sensationelle Bedeutung dessen, was durch diese Aufhellung erkennbar wurde: Auf dem Lüneburger Kalkberg hat Siegfried, der berühmteste der deutschen Sagenhelden, mehrere Lebensjahre verbracht.

Ritter-Schaumburg, der mit seinen Forschungsergebnissen die von Gelehrtengenerationen rekonstruierte Nibelungengeschichte in den Grundfesten erschütterte, schöpfte seine Erkenntnisse aus der von der Wissenschaft vernachlässigten Thidrekssaga und prüfte deren Ortsangaben im Gelände nach. Im Gegensatz zum Nibelungenlied, das im 12. Jahrhundert entstand und seitdem die Vorstellung von den Nibelungen prägte, ist die Thidrekssaga keine Dichtung, sondern eine Sammlung von Tatsachenberichten. Diese wurden im 6. Jahrhundert aufgezeichnet, wobei die Nibelungensage nur ein Teil davon ist. Leider ist der Text der alten niederdeutschen Aufzeichnung verloren gegangen. Der Text blieb jedoch in altnordischer, isländischer und altschwedischer Sprache erhalten, so daß er ins Deutsche rückübersetzt werden konnte.

Die Thidrekssaga schildert Begebenheiten, die mit dem Lebenslauf des rheinfränkischen Königs Didrik von Bern zusammenhängen. Didrik ist die niederdeutsche Schreibweise des altnordischen Thidrek, und Bern ist eine alte, vom Verona der Römerzeit hergeleitete Bezeichnung von Bonn. Hier am Rhein, wo heute die deutsche Bundesregierung etabliert ist, hatte König Didrik seine Burg. Seine nächsten Nachbarn, die nur einen Tagesritt – rund 35 Kilometer – von ihm entfernt wohnten, waren die Niflungen mit König Gunter und seinen Brüdern Gernot und Gislher sowie ihrem Halbbruder Hagen. Die Burg der Niflungen stand an der Neffel, einem Flüßchen, das bei Zülpich entspringt und mit der Erft in den Rhein mündet. Das in der altnordischen Handschrift überlieferte Nifflungaland ist für Ritter-Schaumburg nachweisbar und damit eindeutig das deutsche Neffelgauland.

Als König Didrik einmal bei einem Gastmahl die wackersten Recken seines rheinischen Reiches um sich versammelt und dazu auch seine Nachbarn, die Niflungen, eingeladen hatte, prahlte er, daß es wohl nirgends auf der Welt eine solche Auslese kühner Helden gebe wie an seinem Hof. Doch dieser recht selbstgefälligen Behauptung widersprach Meister Hildebrand, Didriks väterlicher Freund und Berater. Im Bertangaland, sagte er, herrsche ein König mit Namen Isung, der zusammen mit seinen elf Söhnen und seinem Bannerträger, Jungherr Sigfrid, Didrik und seinen Mannen mindestens gewachsen sei. Bertangaland? Das war das Bardengauland, das Gebiet um Lüneburg. König Didrik, der zu dieser Zeit noch ein junger Heißsporn war, wollte wissen, wer die stärkeren sind, und beschloß, sich mit König Isung und den Seinen im Wettkampf zu messen. Es wurde ein Treffen vereinbart.

Auf dem Weg in das Bertangaland – so berichtet die Sage weiter – ritt Didrik mit seinen zwölf Kämpen durch große Wälder und Heiden, in denen er niemals zuvor gewesen war. Schließlich kamen sie zu einem hohen Berg mit einer Burg, vor der sie ihre Zelte

aufschlugen. Hier gilt es anzumerken, daß der hohe Berg im sonst gebirgslosen, tief gelegenen Bardengau nur der Lüneburger Kalkberg gewesen sein kann. Dieser besaß zu jener Zeit ein Volumen, das sechzehnmal größer war als das nach jahrhundertelangem Gesteinsabbau verbliebene. Statt der heutigen 58 Meter war der Kalkberg – wie schon erwähnt – 80 Meter hoch, und seine Kuppenfläche maß 10 000 Quadratmeter, gegenüber nur noch 600 heute. Bedenkt man, daß dieser Berg auch in seiner stark verkleinerten Form noch immer ein beeindruckendes Naturgebilde ist, so kann man ermessen, wie imposant er vor eineinhalb Jahrtausenden war.

Der Kalkberg in Lüneburg war einst beträchtlich höher und voluminöser als heute, so daß er weithin sichtbar war. Er bildete eine Landmarke, nach der sich auch die Nibelungen orientieren konnten, sofern sie tatsächlich zur Burg des Sagenkönigs Isung vom Bertangaland auf den Kalkberg gezogen waren.

In den auf dem Kalkberg ausgetragenen Zweikämpfen unterlagen die meisten der Begleiter Didriks. Er selber jedoch, der gegen Sigfrid antrat, vermochte durch einen Trick zu gewinnen. Sigfrid hatte zwar die List bemerkt, verlor darüber aber kein Wort. Als er seine Waffen dem Sieger übergab, tat er es mit der Bemerkung, daß dieser ein vortrefflicher Mann sei. Laut Überlieferung soll er hinzugefügt haben: „Es ist keine Schande für mich, einem solchen Herrn zu dienen". Didrik belohnte ihn für sein nobles Verhalten, indem er ihn zum Teilkönig seines Reiches machte und die Heirat mit Grimhild, der Schwester König Gunters, vermittelte. So ist Sigfrid Nibelunge geworden. Er kam nicht – wie es im Nibelungenlied heißt – von Xanten am Niederrhein, sondern von Lüneburg an der Ilmenau.

Wie aber war er in die Burg auf dem Kalkberg gekommen? Das läßt die Thidrekssaga offen. Ihr ist nur zu entnehmen, daß König Sigmund vom Tarlungaland sein Vater war. Aus dieser Gebietsbezeichnung bildete sich der Name des Derlingaues, der sich in Ostfalen östlich der Oker und nördlich des Großen Bruches befand. Im Derlingau sind Siedlungen wie Helmstedt, Schöningen und Schöppenstedt entstanden. König Sigmund mußte kurz nach seiner Vermählung an einem Kriegszug gegen Pullialand – das war Polen – teilnehmen. Während seiner Abwesenheit wurde seine schwangere Frau Sissibe von zwei untreuen Grafen in den großen Suavawald – das war der Harz – verschleppt. In einem Harztal gebar Sissibe einen Knaben, den sie in einem eigens dafür mitgebrachten Glasgefäß verwahrte. Die Königin starb im Harz, und die Grafen, die um sie gebuhlt hatten, wurden zu Feinden. Bei einer Rauferei soll einer der beiden mit dem Fuß an das Glasgefäß gestoßen sein, so daß es in den Fluß des Tales glitt und forttrieb. Das Knäblein wurde von Mime, einem Schmied, gefunden und aufgezogen. Dieser, der geahnt haben soll, wer der Findling war, nannte ihn Sigfrid.

Die Thidrekssaga berichtet sehr ausführlich, was sich in Sigfrids Jugendzeit zutrug. Man erfährt, daß er ein kräftiger, ungestümer Jüngling wurde, der sich mit Mimes Schmiedegesellen prügelte, den großen Drachen – einen wegelagernden Unhold – tötete und schließlich auch seinen Ziehvater erstach. Um ein Pferd zu erwerben, kam er zu der schönen und reichen Jungfrau Brünhild. Diese war keine Walküre und schlummerte auch nicht auf dem von Flammen umgebenen Hindarberg, sondern besaß ein Gut, das Seegard hieß. Wo sich der See befand, ließ sich nicht ermitteln. Ritter-Schaumburg vermutet, daß er am nördlichen Harzrand lag. Von Brünhild erfuhr Sigfrid, daß er der verschwundene Königssohn aus Sigmunds Geschlecht sei.

Was in den folgenden Jahren geschah, wurde von der Thidrekssaga leider nicht überliefert. Sie berichtet von Sigfrid erst wieder, als er bereits in die Dienste des Langobardenkönigs Isung getreten war. Da er nun nicht mehr als ungebärdig und rüpelhaft, sondern als ein in allen Tugenden auf das beste ausgebildeter Jungherr dargestellt wird, nimmt Ritter-Schaumburg an, daß er die Zwischenzeit bei König Sigmund, seinem Vater, zugebracht und diesen wohl auch beerbt hatte. Völlig offen bleibt jedoch die Frage, warum Sigfrid nicht seinem verstorbenen Vater als König im Tarlungaland folgte. Besaß er einen Stiefbruder? Oder bestand der Grund nur in der Ehrenpflicht, König Didrik, seinem Besieger, an den Rhein zu folgen? Auf diese Fragen die richtigen Antworten zu finden, dürfte kaum möglich sein.

Obgleich der Kalkberg in den Jahrhunderten des Gesteinsabbaues 22 Meter an Höhe verlor, bietet sich von seinem Gipfel aus noch immer ein weiter Blick über Lüneburg und seine Umgebung. Im Vordergrund sieht man die Michaeliskirche, im Hintergrund die Türme der Nikolai- und der St. Johanniskirche.

21

Wie die Sachsen ins Land kamen

Der Geestsporn von Cadenberge

Die bedeutendsten Siedlungen im Gebiet an der Niederelbe entstanden am Rand der Geest, und zwar jeweils da, wo die eiszeitlichen Ablagerungen spornartig in die Marsch hineinragen. Das kann man im Alten Land, im Land Kehdingen und auch im Land Hadeln gut erkennen. Eine dieser bedeutenden Siedlungen im Land Hadeln ist das alte Kirchdorf Cadenberge mit seinem dem Heiligen Nikolaus, dem Schutzpatron der Fischer und Schiffer, geweihten Gotteshaus. Landschaftlich ist der Cadenberger Geestsporn von ganz besonderer Bedeutung, weil mit ihm die Höhen der Wingst und damit zugleich die Erhebungen der am Wilseder Berg im Herzen der Lüneburger Heide beginnenden nordhannoverschen Endmoräne auslaufen. Möglicherweise hat dieser Geestsporn auch historisch eine besondere Bedeutung, nämlich in bezug auf Ereignisse um die Mitte des ersten nachchristlichen Jahrtausends, die man die sächsische Landnahme nennt. Diese Vorgänge widersetzen sich ihrer genauen Erforschung zum Teil erheblich, so daß auch das Wissen darüber noch sehr lückenhaft ist.

Die erste Nachricht, daß es Sachsen gibt, stammt aus Alexandria im Norden Ägyptens. Dort lebte im 2. Jahrhundert nach Christus der berühmte Geograph, Astronom und Mathematiker Claudius Ptolemäus. Als dieser gelehrte Mann um das Jahr 150 seine „Geographia“ verfaßte, brachte er auch den Namen der Sachsen als „Saxones“ in griechischen Schriftzeichen zu Papier. Er erwähnte sie zusammen mit Langobarden, Chauken, Friesen, Angrivariern und anderen germanischen Stämmen. Es wird vermutet, daß

Wo sich der Geestsporn von Cadenberge in die Elbmarsch verliert, steht sei 1724 das Stammschloß der von Bremerschen Familie. Es ist von einem herrlichen Park umgeben. Könnte an dessen Stelle vor eineinhalb Jahrtausenden der Haduloha der sächsischen Stammessage gestanden haben? Ein frappierender Gedanke, jedoch ohne Beweis.

Ptolemäus sein Wissen aus den Ergebnissen der Erkundungsfahrten schöpfte, die die römische Flotte unter dem Kommando des Feldherrn und späteren Kaisers Tiberius im Jahre 5 nach Christi Geburt in die Elbe unternommen hatte. Ptolemäus schrieb, daß die Sachsen „auf dem Nacken der kimbrischen Halbinsel" wohnten. Das bedeutet nach heutigem Sprachgebrauch nördlich der Elbmündung in Holstein. Die Frage ist: Wann, wo und wie kamen sie ins Land südlich der Elbe?

Eine Antwort findet sich bis zu gewissem Grade in der sächsischen Stammessage, die um die Mitte des 10. Jahrhunderts und damit rund 400 Jahre nach dem vermuteten Zeitpunkt des Geschehens der Benediktinermönch Widukind von Corvey in seiner „Sachsengeschichte" schriftlich überliefert hat. Nach dieser Sage betraten die Sachsen das Südufer der Elbe an einem Landeplatz, der Haduloha oder Hadulaun genannt wurde. Ein Jüngling soll sich vor dem Verlassen des Schiffes zum Erstaunen seiner Gefährten mit goldenen Ketten, Reifen und Spangen geschmückt und alle diese Kostbarkeiten den hier Wohnenden für einen Rock voll Erde zum Tausch angeboten haben. Diese willigten im Glauben, ein gutes Geschäft zu machen, freudig ein. Als der Rock des jungen Sachsen gefüllt war, entnahm er die Erde, streute sie dünn über die umliegenden Felder und erklärte nach Beendigung dieses vermeintlich sinnlosen Tuns, die große mit seiner Erde bestreute Fläche sei jetzt sein Land. Alle Einwände und alles Wehklagen wies er zurück – Geschäft sei Geschäft!

Daß der Geestsporn von Cadenberge bereits lange vor der sächsischen Landnahme geschichtlich von Bedeutung war, bezeugen Urnenfunde sowie ein großes Hügelgrab an der Südwestecke des Cadenberger Gutsparkes. Der Hügel, der zum Mühlenberg wurde, stammt aus der Bronzezeit.

Inwieweit die sächsische Stammessage auf Tatsachen beruht, ist schwer zu erkennen. In den Jahrhunderten bis zu ihrer Niederschrift kann manches hinzugedichtet und manches weggelassen worden sein. „Grundsätzlich kann jedoch kein Zweifel darüber bestehen, daß die in der Stammessage überlieferten Ereignisse der politisch-historischen Situation des frühen 6. Jahrhunderts nicht widersprechen", schrieb der Historiker Dr. Martin Last in der von dem Göttinger Professor Dr. Hans Patze 1977 herausgegebenen „Geschichte Niedersachsens". Als seltsam erscheint, daß es Thüringer gewesen sein sollen, die von dem Sachsenjüngling überlistet worden sind. Laut Ptolemäus war das Elbe-Weser-Dreieck von Chauken besiedelt. Unterstellt man, daß der Mönch im Kloster Corvey an der Weser nicht falsch unterrichtet war, so muß man annehmen, daß der Machteinfluß der Thüringer, die im 5. Jahrhundert ein

Königreich errichtet hatten, tatsächlich so weit nach Norden reichte.

Doch wie immer es auch gewesen sein mag, wurde die Sachlage durch die Landnahme der Sachsen wesentlich verändert. Die Thüringer – so heißt es bei Widukind – sahen sich von den Ankömmlingen so getäuscht, daß sie sie angriffen. Sie wurden aber von den Sachsen besiegt und mit Messern niedergemacht. Damit war zugleich die Landnahme am Südufer der Elbe vollzogen. Die Messer, die das bewirkten, waren kurze einschneidige Hiebschwerter. Sie hießen „Sax". Vermutlich erhielten die Sachsen von diesen Schwertern, die sie im Gürtel trugen, den Stammesnamen. Jahrzehnte vor Ptolemäus hatte der römische Geschichtsschreiber Cornelius Tacitus die Bewohner des Gebietes nördlich der Elbmündung noch nicht „Saxones" genannt, sondern „Reudigni". Das bedeutete Reudinger oder Roder.

Der Name des Platzes, an dem das Schiff der Sachsen anlegte, konnte noch nicht zuverlässig gedeutet werden. Heißt Haduloha Streitwald, weil im Personennamen Hadubrand ein „hadu" im Sinne von Kampf überliefert ist und im heutigen Wort Hader noch nachklingt? Oder ist denjenigen beizupflichten, die der Namensdeutung Sprachbegriffe zugrunde legen, die Empfindungen früherer Menschen beim Anblick von Gewässern, Mooren, Bergen und anderen Naturgebilden ausdrückten? So hält der Hamburger Universitätsbibliothekar und Namensforscher Dr. Hans Bahlow in seinem 1962 erschienenen Buch „Deutschlands älteste Fluß- und Ortsnamen" den Begriff „had" für ein früh verklungenes Wort für Sumpf oder Moder (s. „Die Pipinsburg bei Osterode"). Da das heute noch gebräuchliche uralte Wort Loh, das in indogermanischer Zeit „loukos" geheißen haben soll, lichter Wald oder Busch bedeutet, wäre demnach Haduloha ein Sumpfwald oder ein Wald am Sumpf gewesen.

Der Begriff „had" aus dem Wortgut von Menschen, die vielleicht vor 4 000, 5 000 und noch mehr Jahren gelebt haben, findet sich aber nicht nur im Namen des Landes Hadeln, sondern auch in dem des Ortes Cadenberge. Nach den Forschungsergebnissen Bahlows ist das Wort „had" gleichbedeutend mit dem indogermanischen „cad". Der Name Cadenberge, der urkundlich erstmals im Jahre 1147 erwähnt wurde, bedeutet einfach Berg am Sumpf. Das Sumpfwort „cad" steckt auch in den Bezeichnungen der Oster- und der Westercadewisch, die als flache Moorwiesen die Wingst im Nordosten und Nordwesten säumen.

Die Tatsache, daß in den Namen Hadeln und Cadenberge der gleiche Wortstamm enthalten ist, besagt aber noch nicht, daß in der Nähe des Cadenberger Geestspornes die ersten Sachsen an Land gegangen sind. Denkbar ist dies im Hinblick auf die auffallende Geländeform. Die Wingst, an deren Nordende Cadenberge liegt, ragt mit ihren bis zu 74 Meter hohen Erhebungen wie eine Bastion aus der weiten, tischebenen Ostemarsch heraus. Ihr Rand bildete vor etwa 3 000 Jahren das Ufer eines Wattenmeeres. Und vor 1 500 Jahren, als die Sachsen kamen, reichte die Elbe noch immer nahe an die von Schlick überdeckte rund 21 Quadratkilometer große Geestinsel heran. Nach Angaben des Cadenberger Ortsheimatpflegers Heinrich Schlichting gab es bei Cadenberge-Altenfluth um das Jahr 950 den bedeutendsten Hafen an der Niederelbe. Dieser zum Anlanden bevorzugte Platz konnte auch schon 400 Jahre früher vorhanden gewesen sein. Jedenfalls bildete die Wingst für die Schiffahrt jener Zeit eine weithin sichtbare Landmarke, nach der sich auch die Bewohner des Landes nördlich der Elbe orientieren konnten. So dürfte für diese nichts näher gelegen haben, als beim Überqueren des Elbstromes auf die Wingst zuzusteuern. Deren hohes, trockenes Land eignete sich vorzüglich für den Ackerbau, so daß hier auch der mit Goldschmuck behängte Sachsenjüngling am Ziel seiner Wünsche gewesen sein konnte.

Doch diese Gedankengänge bleiben reine Spekulation, solange es keine handfesten Beweise in Form von Bodenfunden gibt. Zwar wurden in Cadenberge schon Urnen und andere Gegenstände gefunden. Aber diese stammten ebenso wie das große Hügelgrab an der Südwestecke des wegen seiner botanischen Kostbarkeiten sehenswerten Cadenberger Gutsparkes aus einer viel früheren Zeit als derjenigen, in der sich die sächsische Landnahme vollzog.

Warum die Sachsen im frühen 6. Jahrhundert nach Süden drängten, ließ sich noch nicht ergründen. Es findet sich auch kein Hinweis darauf, ob sich die sächsische Stammessage auf den gesamten Stamm oder nur auf einen Teil davon bezieht. Professor Dr. Georg Schnath aus Hannover, der Nestor der Sachsenforschung, bezeichnete es in seinem 1973 erschienenen Buch „Geschichte des Landes Niedersachsen" als erstaunlich, wie sich die Sachsen ausbreiteten. Ihr Herrschaftsbereich umfaßte im 7. Jahrhundert das ganze heutige Nordwestdeutschland bis in die Niederlande hinein im Westen und bis zur Unstrut im Osten. Schnath nannte es unwahrscheinlich, daß eine derartige Ausbreitung von dem unbedeutenden Urstamm an der Elbmündung allein getragen wurde. Vielmehr sei anzunehmen, daß die Bezeichnung Sachsen ein Sammelname geworden war, unter dem sich mehrere verwandte Stämme zusammenschlossen. Sachsen wurden vor allem die Chauken, die an ihrem von der Unterelbe bis zur Unterems reichenden Siedlungsgebiet festhielten, und die Langobarden, die sich nicht am Zug nach Italien beteiligt hatten, sondern im Gebiet an der Ilmenau geblieben waren (s. „Der Dom von Bardowick"). Die südlicheren Teile des Machtbereiches waren allem Anschein nach von den Sachsen nicht ausgefüllt, sondern nur überlagert worden. So wurden die alten heimischen Stammesnamen ausgelöscht bis auf den der Angrivarier, der in gewandelter Form als Engern fortlebte.

22

Versammlungsort der sächsischen Teilstämme?

Die Weserterrasse bei Marklohe

Als ausgangs der Saale-Kaltzeit die mächtige Gletscherdecke schmolz und gewaltige Wassermassen abgeführt werden mußten, spülten die reißenden Fluten der Weser im Gebiet von Nienburg in der großen niedersächsischen Geestplatte ein 40 Kilometer langes und 3 bis 4 Kilometer breites Tal aus. In der nach kurzer Warmzeit folgenden Weichsel-Kaltzeit vollzog sich eine weitere landschaftliche Umformung von enormem Ausmaß. Dabei entstand im Durchbruchstal der Weser durch Ablagerung von Kiesen und Sanden eine Niederterrasse, in die sich der wieder schmaler gewordene Fluß bis zu 5 Meter eintiefte und durch ständige, von Hochwässern bewirkte Verlagerung seines Bettes die heutige Talaue schuf. Die Niederterrasse blieb nur an den Talrändern erhalten. An der Westseite des Tales wurde sie zu einer naturgegebenen Leitlinie für die menschliche Besiedlung. Hier reihen sich die Orte von Steyerberg bis Hoya wie die Perlen an einer Schnur. Eine dieser alten Siedlungen, die Funden zufolge schon in der Bronzezeit bestand, ist Marklohe.

Dieser anmutige Ort, der Nienburg gegenüber liegt, eine kunstvoll ausgemalte Kirche besitzt und bis 1934 nur Lohe hieß, soll jenes Marklo sein, das vor der Christianisierung den politischen Mittelpunkt des Sachsenlandes bildete. Hier sollen sich zu Frühlings-

Marklohe bei Nienburg soll das Marklo an der Weser gewesen sein, das vor der Christianisierung und der Einverleibung in das Frankenreich den poltischen Mittelpunkt des alten Sachsenlandes bildete. Hier sollen sich die Vertreter aller sächsischen Gaue zum Allthing versammelt haben.

beginn Vertreter aller sächsischen Gaue zum Allthing versammelt haben, um nach Anrufung der Götter Recht zu sprechen sowie über Krieg und Frieden zu beraten. Das Gebiet des alten Sachsens, das neben dem größten Teil des heutigen Niedersachsens auch Westfalen, Teile von Holstein und den Nordteil der ehemaligen Provinz Sachsen umfaßte, gliederte sich in 70 bis 80 Gaue, von denen jeder zwölf Edelinge, zwölf Frilinge und zwölf Hörige entsandte. Demnach müssen es weit über 2 000 Personen gewesen sein, die in Marklo zusammenkamen. Soweit bekannt, war es das erste Parlament der Welt. Diese Körperschaft bildete in der Zeit, in der sich das Gemeinwesen der Sachsen erst allmählich zu formen begann und noch keinen Stammesherzog besaß, die oberste politische Spitze. Nur die Teilstämme – die Heerschaften der Engern, Westfalen, Ostfalen und der Nordleute – hatten Herzöge. Einer von ihnen, Widukind, erlangte eine herausragende Stellung. Seiner Führung ordnete sich im Abwehrkampf gegen Karl den Großen der gesamte Sachsenstamm unter.

In Marklo gab es ein besonderes Ereignis, ohne das die Versammlung an der Weser wohl kaum in das Licht der Geschichte gelangt wäre. Es war der spektakuläre Auftritt des angelsächsischen Missionars Lebuin auf dem Allthing des Jahres 770 – zwei Jahre, bevor sich Karl der Große anschickte, die heidnischen Sachsen dem Christenglauben zuzuführen. Lebuin soll unerschrocken mit dem Kreuz in der einen Hand und dem Evangelium in der anderen in die Versammlung zu Marklo getreten sein, als die heidnischen Priester gerade ihre Opfer darbringen wollten. Ohne Verzug begann er zu predigen. Er verkündete den neuen Glauben, pries den allein seligmachenden Gott und drohte mit dem Gericht, das diejenigen über sich selber bringen würden, die das Wort Gottes von sich stoßen. Die zu erwartenden Qualen malte er mit glühendster Beredsamkeit in düstersten Farben aus. Die Hitzköpfe unter den Zuhörern gerieten darüber so in Zorn, daß sie den Missionar wohl sogleich getötet hätten, wenn sie nicht von einem besonnenen Mann namens Buto beschwichtigt worden wären. Er ermahnte sie, den Botschafter des Christengottes anzuhören und ihm freies Geleit zu gewähren. So mußte Lebuin nicht auch den Märtyrertod erleiden wie sein Landsmann Bonifatius, der in Friesland erschlagen wurde (s. „Der Upstalsboom in Aurich").

Was sich an jenem Frühlingstag auf der Weserterrasse zugetragen hat, hielt der Mönch Hucbaldus für die Nachwelt fest, als er um 850 im Kloster Werden an der Ruhr den Lebenslauf Lebuins und dessen Missionspredigt zu Marklo in lateinischer Sprache niederschrieb. Dieses Dokument – auch wenn es erst 80 Jahre nach dem Ereignis angefertigt wurde – bezeugt in glaubwürdiger Weise, daß sich die Abgesandten der sächsischen Gaue bei Marklo trafen. Ob nur ein einziges Mal oder öfter, verschweigt es aber. Auch liefert es keinen Beweis dafür, daß das alte Marklo und das heutige, nachgetaufte Marklohe identisch sind. Man kann nur sagen, daß vieles für diese Identität spricht und nichts dagegen.

Im Text des Werdener Benediktinermönches heißt es: „In media Saxonia secus flumen Viseram, et locum Marklo nuncupatum", was bedeutet, daß mitten in Sachsen am Weserfluß ein Ort liegt, der Marklo genannt wird. Diese Angabe trifft auf das heutige Marklohe voll zu. Nicht zu bezweifeln ist auch, daß hier, wo auf der Weserterrasse nahe der Kirche noch immer ein Loh – ein lichter Wald – steht, es auch vor 1 200 und mehr Jahren einen derartigen Hain gegeben haben kann. Es kommt hinzu, daß sich hier die Mark – das Grenzland – befunden haben kann, das die Gebiete der Engern und der Ostfalen voneinander schied. Wahrscheinlich verlief hier in der Nähe auch die Grenze zu den Nordleuten. Die besondere Bedeutung, die das alte Lohe besessen haben muß, läßt sich auch daran erkennen, daß es Sitz eines Gogerichts und eines Archidiakonats, das heißt eines bischöflichen Kommissariats, des Bistums Minden wurde. Dieser herausgehobenen Stellung entspricht die Kirche, die hier um 1150 erbaut und dem Heiligen Clemens geweiht wurde. Sie wurde im Laufe der Jahrhunderte mehrmals erweitert und erneuert. Die kunstvolle Bemalung im Stil der Hochgotik, die im 15. Jahrhundert ihr Gewölbe und die Wände ihres Chorraumes erhielten, macht die Markloher Kirche noch heute zu einer Sehenswürdigkeit.

Für die Annahme, daß sich in diesem Gebiet an der Weser das überlieferte Marklo befand, dürfte noch etwas sprechen – eine Quelle, die bei den bisherigen Überlegungen außer acht gelassen worden ist. Sie tritt am oberen Rand der Weserterrasse im Ortsbereich von Marklohe etwa 300 Meter nördlich der Kirche aus und heißt Paschenborn. Mit dem Wort „Paschen" soll es eine besondere Bewandtnis haben, auf die der Hauptprediger der reformierten Kirche zu Rinteln, Dr. Franz Carl Theodor Piderit, in seiner 1831 erschienenen „Geschichte der Grafschaft Schaumburg" im Zusammenhang mit der Paschenburg – einem Berg im Wesergebirge – hingewiesen hat. Danach hätten die Namen von Örtlichkeiten, an denen in heidnischer Zeit im Frühling die Kraft der sich wiederbelebenden Natur durch Entzünden des heiligen Feuers verehrt wurde, nach der Christianisierung in das kirchliche „Pas'cha" umgewandelt werden müssen. Dieses vom hebräischen „Pesach" hergeleitete Wort bezeichnet in der christlichen Liturgie das Ostermahl. Da für Piderit noch feststand, daß in germanischer Zeit die Kraft des Frühlings unter dem Namen Ostara vergöttlicht worden war, mutmaßte er auch, daß die Paschenburg vorher eine Ostaraburg gewesen ist. Dementsprechend konnte der Paschenborn in Marklohe ein Ostaraborn gewesen sein.

Doch die Sache hat einen Haken: Die Göttin Ostara soll eine bloße Erfindung des Benediktiners Beda Venerabilis gewesen sein, der im 8. Jahrhundert in

England lebte. Der ehrwürdige Beda – so lautet sein Name auf deutsch – war Theologe und Geschichtsschreiber. Er suchte eine Erklärung dafür, warum der April angelsächsisch „eosturmonath“ genannt wurde, und glaubte sie darin zu finden, daß es eine germanische Gottheit Eostre oder Ostara gegeben haben könnte. Diese Vermutung soll aber nicht den Tatsachen entsprechen, wofür es auch eine annehmbare Begründung gibt.

Das Wort „Ostern“ findet sich nur im Deutschen und als „Easter“ im Englischen. Hingegen kennen alle anderen germanischen Sprachen ebenso wie alle romanischen und auch keltischen für Ostern nur Ableitungen von Pas'cha. Der Begriff Ostern soll seinen Ursprung im fränkischen Kirchenlatein haben, das eine Bezeichnung „Albae paschales“ für die Osterwoche enthielt. In dieser Woche fanden jeweils Frühgottesdienste für die Neugetauften statt, die weiße Taufkleider trugen. Die frühchristlichen Franken, die „albae“ nicht im Sinne der eigentlichen Bedeutung als „weiß“, sondern als „Morgengrauen“ verstanden, übersetzten dieses Wort mit „austro“ in ihre Sprache. In dieser Form sollen es fränkische Dolmetscher, die im Jahre 596 Augustinus, den Apostel der Angelsachsen, nach Canterbury begleiteten, nach England gebracht haben. So kam dann auch die Bezeichnung „eosturmonath“ für April zustande, deren Bedeutung Beda Venerabilis mit einer erfundenen Göttin erklären zu können glaubte.

Der Paschenborn – eine Quelle in Marklohe – spricht für die Annahme, daß sich hier das alte Marklo befunden haben kann. Das Wort „Paschen“ deutet auf eine einstige heidnische Kultstätte von Rang hin. Möglicherweise wurde hier vor der Stammesversammlung den Göttern geopfert.

Letztlich ist es jedoch im Zusammenhang mit Marklohe und seinem Paschenborn nur von untergeordneter Bedeutung, ob es im deutschen Sprachraum eine germanische Frühlingsgöttin Ostara gegeben hat oder ob sie nur als Fehldeutung eines falsch übersetzten Begriffes gesehen werden kann. Tatsache ist, daß zu Ehren des wiederkehrenden Frühlings heilige Feuer entzündet worden sind und selbst auch heute noch vielerorts zu Ostern entfacht werden. Das kann in altsächsischer Zeit durchaus auch am Paschenborn zur Götterverehrung geschehen und deshalb mitbestimmend gewesen sein, daß hier das Allthing stattfand.

23

Offene Fragen um ein Heiligtum

Der Grüne Altar auf dem Hohenstein

Der Steilabsturz des Hohensteins im Süntel stellt die mächtigste natürlich entstandene Felswand Niedersachsens dar. Sie ist rund 350 Meter breit und fällt 50 Meter in die Tiefe. Diese aus Korallenoolith des Weißen Juras bestehende wildzerklüftete Wand vermag wohl jeden zu beeindrucken, der sie betrachtet und die an ihr sichtbar werdende Schöpfungskraft der Natur auf sich wirken läßt. Um wieviel stärker muß dieses Empfinden bei den Menschen früherer Zeit gewesen sein, die – wie altrömische Schriftsteller über die Germanen berichteten – in Werken der schöpferischen Natur, das heißt in Quellen, Flüssen, Felsen, mächtigen alten Bäumen und ganzen Wäldern, Gottheiten zu erkennen glaubten und verehrten. Cornelius Tacitus berichtete: „Es widerspricht der germanischen Anschauung von der Größe des Himmlischen, die Götter menschlich darzustellen. Sie wurden auch nicht in Wände eingeschlossen. Vielmehr gab es nur geweihte Haine und Wälder, die den Namen der dort verehrten Gottheit trugen". Auch ein Berg, der wie der Hohenstein so markant als riesige Stufe gestaltet und von Wäldern umgrünt ist, konnte in diesem Glauben ebenfalls nur als Ausdruck einer übermächtigen göttlichen Kraft gesehen worden sein.

Es wird erzählt, in germanischer Zeit sei der 341 Meter hohe, fast allseits durch Schluchten begrenzte Berg als so heilig erachtet worden, daß sein Betreten nur Priestern gestattet war. Das gemeine Volk hingegen habe den Hohenstein nur vom südlich vorgelagerten, 119 Meter hohen Wenchenberg aus betrachten dürfen. So habe auch das kultische Geschehen auf dem Gipfelplateau des Hohensteins jeweils nur von dieser deutlich niedrigeren Geländestufe aus mit Augen und Ohren verfolgt werden können. Trotz der Entfernung, die zwischen den beiden Erhebungen besteht, kann auf dem Wenchenberg jedes Wort verstanden werden, das auf dem Hohenstein laut gesprochen wird. Wahrscheinlich hat das Heiligtum, das sich hier einst befand, dem gesamten Bergmassiv des Süntels den Namen gegeben. Dieser wurde im Jahre 782 erstmals schriftlich als „Sundal" erwähnt, und das soll „unberührter Berg" bedeutet haben.

Daß es sich um ein Heiligtum handelte, gibt die Bezeichnung „Grüner Altar" zu erkennen. Diesen Namen trägt der östliche Felsvorsprung des Hohensteins, der sich den Bergwanderern als freistehender Block zeigt. Nicht weit von diesem turmartigen Felsgebilde entfernt lassen Steine, die zu einem Kreis von etwa 8 Meter Durchmesser aufgestellt sind, auf eine ehemalige Opferstätte schließen. Doch was in diesem Steinring, für den der Name „Exterplacken" überliefert ist, geopfert wurde und wie es geschah, ist nicht mehr bekannt. Das Wort „extern" bedeutet im Volksmund soviel wie ärgern, quälen, martern und auch töten. Das stützt die Vermutung, daß hier Blut geflossen ist. Es soll sogar so viel Blut gewesen sein, daß davon nach altem Volksglauben die zierlichen Pfingstnelken, die an der Felswand des Hohensteins und auf der Geröllhalde an seinem Fuß ihre einzige Lebensstätte in Niedersachsen haben, ihre rote Farbe erhielten. Doch welcher Gottheit die blutigen Opfer dargebracht worden sind, ist ebenfalls nicht bekannt. War es Wodan oder Donar oder Tiu?

Nach Tiu, dem Gott des Krieges, soll der Deister benannt sein, der als Gebirgszug dem Süntel nordöstlich gegenüberliegt. Das kann zur Annahme berechtigen, daß auf dem Deister Tiu verehrt wurde. Auf den Kamm führt von Nienstedt aus ein uralter Weg, der „Römerweg" genannt wurde und es auch heute mitunter noch wird. Dieser Name gab zur Vermutung Anlaß, daß auf ihm zur Zeit der Schlacht bei Idistaviso im Jahre 16 nach Christi Geburt (s. „Zwischen Porta und Angrivarierwall") die Cherusker gefangene Römer auf den Deister zur Opferung geführt haben. Entspräche dies der Wirklichkeit, dürfte sich neben dem Tiu-Heiligtum auf dem Deister wohl kaum ein weiteres im nahen Süntel befunden haben. Wäre auf dem Hohenstein Wodan verehrt worden, dann hätte es sich bei den Opfern um Menschen gehandelt. Wie Cornelius Tacitus mitteilte, seien dieser angesehensten Gottheit Menschenopfer vorbehalten gewesen, während dem Donar, dessen göttliche Macht sich in feurigen Blitzen und grollendem Donner äußerte, nur Tieropfer dargebracht worden seien.

Bei Tacitus findet sich der Begriff „Silva Herculi Sacra", der „Heiliger Hain des Herkules" bedeutet. In diesem Hain soll im Jahre 16 nach Christi Geburt vor der Schlacht bei Idistaviso (s. „Zwischen Porta und Angrivarierwall") Arminius mit seinen Unterführern zusammengetroffen sein. Ebenso wie Tacitus den Schlachtort Idistaviso nicht näher gekennzeichnet hat, fehlt auch ein Hinweis darauf, was unter Herkuleshain zu verstehen ist. War es der Harl bei Bückeburg oder der Deister oder der Hohenstein im Süntel?

Dieses turmartige Felsgebilde am Hohenstein wird neben anderen Bezeichnungen der „Grüne Altar" genannt. Hier sollen in heidnischer Zeit blutige Tier- und möglicherweise auch Menschenopfer dargebracht worden sein. In Zeiten geringerer Bewaldung als heute war der Grüne Altar weithin zu sehen.

Mysteriös ist der Fund einer irdenen Scherbe mit Bildern und Runenschrift, die sich nur in einer Zeichnung des Professors Wilhelm Strack aus Bad Eilsen aus dem Jahre 1817 erhalten hat. Ihre Inschrift – so glaubt man – beinhaltet den Namen „Ostar". Die irdene Scherbe soll unter dem Hohenstein gefunden worden sein.

Wäre der Hohenstein gemeint, dann hätte man einen Fingerzeig, welcher Gottheit er geweiht war. Für die Römer war Herkules der Besitzer des göttlichen Feuers, des Blitzes. Da bei den Germanen dem Donar Blitz und Donner zugeeignet waren, setzten die Römer den Donar dem Herkules gleich. Könnte man im Wald auf dem Hohenstein den Herkuleshain des Tacitus sehen, ließe sich daraus schließen, daß er dem Donar geweiht war. Daß er es tatsächlich war, ist damit aber nicht bewiesen.

Auf eine andere Spur machte Wilhelm Strack in seinem 1817 erschienenen „Wegweiser durch die Gegend um Eilsen" aufmerksam. Strack – von Beruf Professor – schrieb, daß „ohngefähr gegen Ausgang des 15ten oder mit Anfang des 16ten Jahrhunderts in dem Schaumburgischen Hauptgebürgen, dem Süntel unter dem Hohensteine, ein Stein oder eine große irdene Scherbe mit Figuren und Runschrift gefunden wurde. Tief im rauhen Gebürge hatte sie ein Bach zu Tage gespühlt". Diese Scherbe, die nur als eine auf Holz gemalte und in einer Rüst- oder Rumpelkammer einer der Münchhausenschen Burgen aufgestöberte Nachbildung erhalten ist, hat schon manches Rätselraten ausgelöst. Strack selber glaubte aus den Runen herauslesen zu können: „... (schalle) Lied des Hohensteins, hier wallt Ostar ... der heilige Alte sieht seinen Froste". Die Figuren zeigen die segenspendende Sonne, ein Hufeisen und einen Mann mit der Mondsichel auf dem Haupt, in dem ein Froste – ein Oberpriester der Mondgottheit – gesehen wird. Strack wies darauf hin, daß einer seiner Vorfahren, der Ludolph mit dem Beinamen „der Gelehrte" hieß, den Stein in einer alten Handschrift erwähnt und dabei bemerkt habe, daß er „den Stein kopeyen lassen und das Konterfey vielen Gelehrten gezeigt habe, welche aber die Schrift nicht gut hätten deuten können". Der Stein sei sehr versandet und verrieben gewesen.

Handelte es sich um ein echtes Zeugnis oder um eine Fälschung? Deutete das Wort „Ostar" darauf hin, daß der Grüne Altar, für den auch Bezeichnungen wie „Druidenklippe", „Traudenstein" und „Teufelskanzel" bekannt sind, zur Verehrung der Frühlingsgöttin Ostara gedient hat? Hier setzen Zweifel ein, wie auch schon Strack darauf hingewiesen hat, daß sich von dem Stein keine „unumstößlichen und unbestreitbaren Beweise" herleiten lassen. Wie man heute weiß, hat es eine Göttin Ostara bei den Germanen nicht gegeben, sondern war nur eine Erfindung eines englischen Benediktinermönches (s. „Die Weserterrasse bei Marklohe"). Es gibt aber auch andere Deutungen der Bilder und der Aufschrift der mysteriösen Runentafel. Dabei wurde die Vermutung geäußert, daß die irdene Tafel einstmals von einem dänischen Töpfergesellen, der in der Runenschrift etwas bewandert war, in Erinnerung an seine Heimat gefertigt worden sei. Mit altem Götterglauben hätte dies dann nichts zu tun. Das Hinweisschild, das auf dem Hohenstein neben dem Grünen Altar an einem Baum angebracht ist, führt ins Leere. Seine Aufschrift besagt, daß die aus Holz nachgebildete Runenscherbe in der Universität Marburg aufbewahrt werde. Eine Nachsuche im Marburger Universitätsmuseum sowie in den Lehrsammlungen der einschlägigen Institute hat diesen Hinweis nicht bestätigt.

Ob der Hohenstein im Kampf des Arminius gegen die Römer im Jahre 16 nach Christus eine Rolle gespielt hat, ist – wie erwähnt – ungewiß. Als sicher kann dagegen gelten, daß er Zeuge kriegerischer Ereignisse zu der Zeit war, in der Karl der Große die Christianisierung der Sachsen und deren Eingliederung in das Frankenreich betrieb. Im Jahre 782 waren auf dem Reichstag in Lippspringe die Kapitularien erlassen worden, die die geringste Abweichung vom christlichen Glauben als das schwerste aller Verbrechen ahndeten. Das rief bei den Sachsen Empörung hervor. Statt sich – wie es König Karl von ihnen verlangte – einem Frankenheer anzuschließen, das die aufsässigen Sorben jenseits der Elbe züchtigen sollte, stellten sich die Sachsen in der Nähe des Süntels den Franken feindlich entgegen. Als die drei Anführer des Frankenheeres – der Reitermarschall Adalgis, der königliche Kämmerer Geilo und der Pfalzgraf Worad – erfuhren, daß Graf Theoderich – ein Verwandter des Königs – aufgebrochen sei, um den Aufstand der Sachsen zu zerschlagen, wollten sie ihm den Sieg nicht gönnen und nahmen deshalb selber den Kampf auf. Das geschah aber so übereilt, daß sie von den Sachsen auf dem Dachtelfeld im Norden des Süntels „gedachtelt", das heißt verprügelt, wurden. Die überlebenden Franken wurden in eine Schlucht am Westhang des Hohensteins gedrängt und dort gar völlig aufgerieben. Der auf dem Dachtelfeld entspringende und durch diese Schlucht führende Bach sei vom Blut der getöteten Franken so rot gewesen, daß er fortan „Blutbach" genannt wurde. Die Schlucht bekam den Namen „Totental". Dieses letzte gemeinsame Aufbegehren der Sachsen ahndete der Frankenkönig mit dem berüchtigten Blutgericht bei Verden an der Aller, wo er 4500 Aufständische verurteilte und angeblich hinrichten ließ (s. „Der Sachsenhain bei Verden").

Als die Christianisierung des Sachsenlandes schließlich vollzogen war, verwaiste das heidnische Heiligtum auf dem Hohenstein. Doch die Scheu der Bevölkerung vor dem Berg hielt sich noch über Jahrhunderte. Das hier eingeschlagene Holz falle immer wieder vom Wagen herunter, hieß es, und die Pferde seien unruhig. Das Bauholz vom Hohenstein bringe Unsegen und Feuersbrunst, weil es Frevel sei, sich an den geheiligten Hainen zu vergreifen. Das Holz entzünde sich von selbst, und schon beim Fällen sprängen Funken heraus. Es war von Berggeistern die Rede und von einem großen schwarzen Hund, der alle zerreiße, die am Hohenstein jagen. Der Grundgedanke dieser und weiterer Sagen war immer der gleiche: Kein Sterblicher, der den einstigen Bannbereich betritt, kommt ungestraft davon. Dieser Aberglaube hat sich verflüchtigt. Heute ist der Süntel eines der herrlichsten und meistbesuchten Wandergebiete Niedersachsens, und der Fernblick vom Hohenstein über das Wesertal, der einstmals der Bevölkerung verwehrt war, wird jedem zu einem unvergeßlichen Erlebnis.

Der Name des Blutbaches, dessen Quelle unser Bild zeigt, erinnert an die im Jahr 782 auf dem Dachtelfeld nördlich des Hohensteins ausgetragene Schlacht von Sachsen gegen Franken. Die Franken wurden in die ausweglose Blutbachschlucht getrieben und dort niedergemetzelt. Seitdem heißt diese Schlucht, deren Anfang im Hintergrund unseres Bildes zu erkennen ist, das Totental.

24

Umstrittenes Blutgericht an der Aller

Der Sachsenhain bei Verden

Nördlich der alten Domstadt Verden liegt bei Halsmühlen auf einem dem Rand der Verden-Achimer Geest vorgelagerten Dünengelände der Sachsenhain. Hier wurden im Jahre 1935 um eine große Wiese, die der Volksmund bis dahin die „Totenwiese“ nannte, an einem Rundweg von mehr als 2 Kilometern Länge 4 500 Findlinge aufgestellt. Diese mächtigen, zum Teil übermannshohen Steinblöcke, die von vielen niedersächsischen Gemeinden gestiftet worden sind, sollen an 4500 Sachsen erinnern, die hier im Jahre 782 von Karl dem Großen streng bestraft wurden. Es war das berüchtigte Blutgericht an der Aller, über das man viel und doch zu wenig weiß. Hat Karl an diesem Gerichtstag Todesurteile gefällt oder nicht? Wenn ja – wie wurden sie vollstreckt? Waren es wirklich 4500 Sachsen, die hingerichtet worden sind? Um die Beantwortung dieser und weiterer Fragen wurde wissenschaftlich schon viel gestritten.

Einige Historiker sehen es als erwiesen an, daß hier tatsächlich so viele Sachsen getötet worden sind. Andere hingegen hegen Zweifel an der großen Zahl, und wieder andere wollen es überhaupt nicht gelten lassen, daß ein derartiges Blutbad stattgefunden hat. Ursächlich für diese erheblichen Meinungsunterschiede sind mangelhafte und auch verfälschte Angaben in den fünf Annalen, in denen die damaligen Vorgänge an der Aller festgehalten worden sind. Sämtliche Annalisten kannten das Geschehen nur vom Hörensagen und nicht als Augenzeugen, schrieben zum Teil nur ein mäßiges Latein, und – soweit sie dem Frankenstamm angehörten – waren sie nicht frei von dem Wunsch, ihren König ins rechte Licht zu rücken. Aber auch der sächsische Chronist, der frankenfeindliche Mönch Widukind von Corvey, berichtete nicht zuverlässig. Er huschte über die Verdener Geschehnisse so hinweg, als ob er von ihnen nichts gewußt hätte oder nichts wissen wollte.

Was war dem Verdener Gerichtstag vorausgegangen? Etwa um 776 hatte der Frankenkönig mit dem Bau einer ersten Stadt- und Pfalzanlage auf sächsischem Boden beginnen lassen, die als „Urbs Caroli“ – als Karlsburg – fortan seinen Namen rühmen sollte. Viele Sachsen, vor allem Edelinge, hatten bis dahin schon den alten Göttern abgeschworen, so daß König

Der von 4 500 Findlingsblöcken umgebene Sachsenhain bei Verden soll eine blutige Vergangenheit haben. Hier sollen im Jahre 782 von Karl dem Großen 4 500 aufständische Sachsen mit dem Tode bestraft worden sein. Wurden sie tatsächlich hingerichtet oder nur deportiert?

Karl glaubte, die christliche Mission im südlichen Sachsenland bald abschließen zu können. Doch diese Rechnung hatte er ohne Widukind gemacht, einem Edeling des sächsischen Teilstammes der Engern, der 777 nach Dänemark geflohen war und dort bei König Siegfried starken Rückhalt gefunden hatte. Widukind kehrte im Jahr darauf zurück und schürte einen Aufstand, der für die Franken völlig überraschend kam. Die Sachsen brannten die neue Stadt Karls nieder und machten die Reste dem Erdboden gleich. Das Wenige, das übrig geblieben ist, glaubt man 1968 bei Grabungen in Paderborn gefunden zu haben.

Die Franken waren über die unerwartete Zerstörung dieser Stadt so erzürnt, daß sie zur Unterdrükkung des Aufstandes hart zugriffen. Im Sachsenland wurde der fränkische Königsbann eingeführt, und als Sachwalter des Königs wurden nach fränkischem Vorbild Grafen eingesetzt. Dabei wurden auch vornehme Sachsen, die schon an den Christengott glaubten, in den Grafenstand erhoben. Zudem wurde beschlossen, fortan das Heidentum und seine Bräuche – darunter Menschenopfer und Leichenverbrennung – mit aller Strenge zu bekämpfen. Jeder, ob groß oder klein, wurde zur Taufe gezwungen, und die Kirchen wie auch ihre Ausstattung mit Gütern und Zehnten erhielten einen besonderen Schutz. Dies alles wurde unter Androhung schwerster Strafen bis hin zur Tötung in die Tat umgesetzt.

Der Groll über diese Maßnahmen und dabei besonders über den Zehnten und die drakonischen Strafen trieb die Sachsen erneut zu einer Erhebung gegen Karl. Als dieser 782 ein Frankenheer aufbot, das die zwischen der Elbe und der Saale wohnenden Sorben züchtigen sollte, kam es nur bis an den Süntel im Weserbergland. Die dort zusammengerufenen Sachsen, die auf Karls Befehl Heeresfolge leisten sollten, traten stattdessen dem fränkischen Heer feindlich entgegen: Sie zwangen es zum Kampf und vernichteten es (s. „Der Grüne Altar auf dem Hohenstein"). Widukind flüchtete danach erneut zu den Dänen, während Karl nach Vergeltung trachtete. Als er von den sächsischen Grafen nicht erfahren konnte, wer die Rädelsführer dieses Aufstandes waren, ordnete er das Strafgericht bei „Ferdi" an dem Fluß „Alara" an.

Verden an der Aller war schon in altgermanischer Zeit eine Kult- und Thingstätte gewesen. Hier erhob sich an der namengebenden Allerfurt, die schon von Menschen der Steinzeit genutzt worden war, auf einem steilen Geestvorsprung der Lugenstein, an dem geopfert und Gericht gehalten wurde. Der Name hat nichts mit Lüge zu tun, sondern geht auf das altnordische Wort „log" zurück, das sich im Angelsächsischen als „law" erhalten hat und Recht oder Gesetz bedeutet. Das Strafgericht Karls fand aber nicht am Lugenstein, dem heutigen Platz an der Nordseite des Domes, statt, sondern etwa 3 Kilometer weiter nördlich, wo der aus dem Holtumer Kessel kommende Halsebach der Aller zustrebt.

Daß dieses Gericht tatsächlich stattfand, wird von niemandem bezweifelt. Umstritten ist nur die Zahl der Gerichteten und was mit ihnen geschah. Aus den „Annales Sancti Amandi" geht lediglich hervor, daß die aufständischen Sachsen viele Franken getötet hatten und Karl die zusammengetriebenen Sachsen zu enthaupten befahl. In den „Annales Petaviani" ist zu lesen, daß die Franken eine Menge Menschen töteten und viele gefangene Sachsen in das Frankenreich verbrachten. Den „Annales Mosellani" ist zu entneh-

Karl der Große betrieb die Christianisierung des Sachsenlandes sehr zielstrebig. Wie das Blutgericht von Verden an der Aller beweist, griff er auch mit eiserner Hand durch. Unser Bild zeigt eine Sandsteinstatue des bedeutenden Frankenkönigs und späteren Kaisers über dem Portal des Osnabrücker Rathauses.

men, daß eine gewaltige Menge Sachsen mit grausamem Schwert durchbohrt wurde. Die Zahl 4 500 erscheint lediglich in den Reichsannalen, die am Hofe Karls des Großen geführt worden sind. Diese Zahl wurde in den später verfaßten „Einhard-Annalen" wiederholt, hier jedoch eindeutig im Zusammenhang mit den Hinweisen „ad occidentum" (zur Tötung) und „decollati" (enthauptet). Daß trotz dieser klaren Angaben von einigen Historikern Zweifel angemeldet wurden, hat seinen Grund darin, daß die Zahl falsch übermittelt oder falsch niedergeschrieben oder überhaupt aus der Luft gegriffen sein kann. 4 500 ist ungeheuer viel, wenn man bedenkt, daß im damaligen Sachsenland nur schätzungsweise eine halbe Million Menschen gelebt haben.

Wer soll die vielen Verurteilten – wie es heißt – an einem einzigen Tag enthauptet haben? Und wo sollen die vielen Leichname abgeblieben sein? Es wurde eigens am Ufer des Halsebachtales nach Knochenresten gegraben, wobei auch zwölf Menschenköpfe zutage gefördert worden sind. Doch diese magere Ausbeute konnte keine Massenhinrichtung belegen. Wie aus der Verdener Stadtchronik hervorgeht, handelte es sich um die Schädel von geköpften Roßknechten und Räubern. Von alters her seien in einer Grube am Halsebach die sterblichen Überreste von Verbrechern verscharrt worden. Daß die Zahl von 4 500 Hingerichteten zu hoch gegriffen ist, geht auch daraus hervor, daß das Strafgericht an der Aller in der Sagenbildung keine Beachtung fand. Man kann aus alledem nur schließen, daß der Reichsannalist bei der Wiedergabe der großen Zahl unangemessen übertrieben hat, wie er umgekehrt die Zerstörung der „Urbs Caroli" verniedlichte. Daraus läßt sich entnehmen, daß die Hofberichterstatter alles aufpolierten, was den Frankenkönig in seiner Bedeutung steigern konnte, und was sein Ansehen schmälerte, blieb möglichst unerwähnt.

Im Meinungsstreit um das Strafgericht von Verden wurde auch bezweifelt, ob das Wort „decollare", das enthaupten bedeutet, vom Annalenschreiber richtig wiedergegeben worden ist. Vielleicht hieß es in Wirklichkeit „delocare" oder auch „desolare". Das ergäbe dann den Sinn, daß die aufständischen Sachsen deportiert worden wären. In den „Annales Petaviani" ist darauf ausdrücklich hingewiesen. Zudem beweisen die vielen Sachsen-Orte im süddeutschen Raum, daß Karl bei Bestrafungen die Möglichkeit der Zwangsverschleppung häufig nutzte. Das Verzeichnis der Postleitzahlen nennt solche Orte in langer Reihe: Sachsen in Mittelfranken, Sachsenheim in Unterfranken, Sachsenberg in Hessen-Waldeck, Sachsenflur im badischen Bauland, Sachsenhausen in Württemberg, Sachsenried in Oberbayern und andere mehr. Hinzu kommen in großer Zahl die Sassen-Orte und diejenigen, die wie Eichelsachsen in Nordhessen, Waldsachsen in Oberfranken oder die Nachbarorte Großsachsen und Lützelsachsen an der badischen Bergstraße nördlich von Heidelberg im Postleitzahlen-Verzeichnis ungleich schwieriger zu finden sind. Der letztgenannte Ort hat sogar das niederdeutsche Wort „lütt" für klein bewahrt. Auch in der Schweiz findet man einen Ort Sachsen. Darüber hinaus gibt es noch weitere Hinweise, die für derartige Deportationen sprechen (s. „Die Hubertuskapelle im Hainberg").

Was auch immer sich im Jahre 782 an der Aller bei Verden ereignet haben mag, wie viele hingerichtet oder deportiert worden sind, wird wohl nie genau ergründet werden können, weil die unzulänglichen Geschichtsquellen dem Forschungsdrang enge Grenzen setzen. Man weiß erst wieder, was nach Verden kam, nämlich eine noch stärkere Empörung der antifränkischen und damit antichristlichen Opposition, die sich schon ein Jahr später in der dreitägigen Schlacht an der Hase bei Osnabrück entlud (s. „Die Wittekindsburg bei Rulle"). In dieser Auseinandersetzung war die Unterlegenheit der Sachsen aber so deutlich, daß auch die Widerstandskraft Widukinds erlosch. Er nahm den christlichen Glauben an und ließ sich 785 in Attigny an der Aisne in der Champagne im Beisein des Frankenkönigs taufen.

25

Eine der größten sächsischen Befestigungen

Die Wittekindsburg bei Rulle

Nördlich von Osnabrück in der Nähe des Wallfahrtsortes Rulle erhob sich einst über das liebliche Tal der Nette eine Burg, die eine der größten Befestigungsanlagen im alten Sachsenland war. Diese Burg, von der weder Türme noch Mauern, sondern nur Wälle, Gräben und einige Fundamente von steinernen Gebäuden erhalten geblieben sind, wurde mit dem Namen Wittekinds verbunden. Ob dies zu Recht geschah oder nicht, verschweigt die Geschichte. Die Bezeichnung „Wittekindsburg" ist erst seit dem 13. Jahrhundert bezeugt. Vermutet wird, daß sich Wittekind, dessen Name heute in der klangvolleren althochdeutschen Form „Widukind" geläufiger ist, nach der von ihm verlorenen Schlacht an der Hase im Jahre 783 in diese Burg über dem Nettetal zurückgezogen hat. Der dreitägige Waffengang in der Nähe Osnabrücks war die letzte offene Feldschlacht, in der sich Widukind in versiegender Kraft noch einmal gegen seinen Widersacher – den Frankenkönig und späteren Kaiser Karl – aufgebäumt hatte.

So berühmt Widukind auch war und noch immer ist, und so sehr sich sein Name mit dem der Sachsen im Begriff „Widukindstamm" vereinigt hat, ist über ihn nur wenig bekannt, das sich mit mehr belegen läßt als lediglich mit Sagen. Man weiß, daß er einer edlen Familie der Engern entstammte, mehrere Güter besaß und sich heftig gegen die Franken und die Annahme des christlichen Glaubens wehrte. In das Licht der Geschichte trat er 777, als er nach Däne-

Die Wittekindsburg bei Rulle war eine der größten Befestigungsanlagen im alten Sachsenland. Von ihr sind nur Wälle, Gräben und die Fundamente verfallener Bauwerke – darunter die Reste eines runden Wehrturmes (unser Bild) – übrig geblieben. Ob Widukind jemals in der nach ihm benannten Burg war, ist fraglich.

Wie Widukind aussah, ist unbekannt. Auf der Deckplatte seines Grabes, das sich in der Stiftskirche St. Dionysius zu Enger im nordrhein-westfälischen Kreis Herford befindet, ist er nach dem Ermessen des Bildhauers dargestellt. Unser Bild zeigt einen Abguß der Grabplatte, der im Widukind-Museum Enger aufgestellt ist.

mark auswich, statt sich wie viele andere sächsische Edelinge dem Frankenkönig zu unterwerfen. Gestärkt durch die Gunst des Dänenkönigs Siegfried kehrte er 778 zurück und übernahm die Führung des Teiles der Sachsen, die den alten Göttern die Treue halten wollten. Obwohl Widukind als Sachsenherzog bezeichnet wird, war er es im rechtlichen Sinne nicht. Dazu hätte es einer Wahl bedurft, die nie stattfand. Da er aber einer der reichsten und fähigsten Gaufürsten war und von allen das größte Ansehen genoß, war seine Stellung an der Spitze der Sachsen und damit als deren Herzog zu keiner Zeit umstritten.

Als Widukinds Widerstand nach der Schlacht an der Hase gebrochen war, folgte er 785 dem Frankenkönig in dessen prachtvolle Pfalz Attigny in der Champagne und ließ sich dort gemeinsam mit seiner Frau Geva, die eine Tochter des Dänenkönigs Siegfried war, taufen. König Karl war Pate. Mit dem Bericht über die Taufe beschlossen die Annalisten ihre spärlichen Mitteilungen über Widukind – sein weiterer Lebenslauf verlor sich im Dunkel. Es wird angenommen, daß er nach Sachsen zurückkehrte, wo sein Sohn und sein Enkel – die Grafen Wikbert und Walbert – das angesehene Geschlecht in die Zukunft trugen (s. „Die Alexanderkirche in Wildeshausen"). Dem Geschlecht Widukinds entstammte auch Mathilde, die Gemahlin Heinrichs I., der 919 als erster Sachse die deutsche Königswürde erlangte. Mathilde war die Mutter Kaiser Ottos des Großen, des Begründers des Heiligen Römischen Reiches Deutscher Nation. Widukind starb irgendwann zwischen 804 und 812. Sein Sterbejahr ist ebenso unbekannt wie das Jahr seiner Geburt.

Bei so viel Unwissen über Widukinds Lebenslauf nimmt es nicht wunder, daß man auch nicht weiß, ob er jemals seinen Fuß in die nach ihm benannte Burg an der Nette gesetzt hat oder nicht. Es ist nicht einmal sicher, ob es diese Burg zu seinen Lebzeiten überhaupt schon gegeben hat oder ob sie erst auf Weisung des Frankenkönigs zur Sicherung von dessen neuer Herrschaft errichtet wurde. Wie Ausgrabungen gezeigt haben, die in den Jahren von 1968 bis 1972 vom Institut für Denkmalpflege des Niedersächsischen Landesverwaltungsamtes vorgenommen worden sind, wurde diese Burganlage erst im 9. und 10. Jahrhundert genutzt. Es ist zwar denkbar, daß auf dem langgestreckten Bergsporn an der Nette längst vorher eine Befestigungsanlage bestanden hatte, die dann von Karl ausgebaut wurde. Doch gegen eine derartige Annahme spricht, daß bei den Ausgrabungen keinerlei Spuren einer früheren Anlage entdeckt worden sind.

Der Spaten hat im Verein mit Forscherdrang, Fachwissen und wirklichkeitsnaher Phantasie enthüllt, daß die im Laufe der Jahrhunderte verfallene und von der Bevölkerung zur Bausteingewinnung genutzte Befestigungsanlage aus einer etwa rechteckigen Hauptburg und einer kleinen Vorburg an deren Ostseite

Der rechteckige Wehrturm der Wittekindsburg war zur gleichen Zeit wie der runde errichtet worden. Wie hoch die Türme waren, ist unbekannt. Es wird angenommen, daß beide hölzerne Aufbauten besaßen.

bestand. Diesen einfachen Mauerwerken waren Wälle und Gräben vorgelagert, die zwei Sperrgürtel an der Südostflanke, an der sich das Gelände des Bergspornes sanft senkt, bildeten. An den drei anderen Seiten fällt es steil ab und gewährt dadurch einen natürlichen Schutz. Die beiden aus Erdreich aufgeschütteten Wälle wie auch die Mauern der Vor- und der Hauptburg besaßen je einen Durchlaß zum Betreten der Festung. Ein zusätzlicher Schutz wurde dadurch gewährleistet, daß man die Hauptburg an zwei Ecken mit je einem Turm bewehrte. Der eine war rechteckig, der andere rund. Die Ausgräber konnten feststellen, daß diese beiden Türme gleichzeitig mit der Burgmauer errichtet worden sind. Doch wie hoch sie gewesen sein mögen, ließ sich nicht ermitteln. Wahrscheinlich besaßen sie hölzerne Aufbauten, wie es zu jener Zeit üblich war.

Das Gelände der Wittekindsburg, das heute von hohen Buchen überschattet ist, war damals samt dem Umland entwaldet, damit herannahende Feinde frühzeitig erspäht werden konnten. Doch ob sich je ein Feind genähert hat, ist unbekannt. Es ist auch nicht recht erkennbar, was sich innerhalb der Burgmauer befunden hat. Hier stießen die Ausgräber zwar auf die Fundamente mehrerer großer Häuser, doch wozu diese dienten, vermochten sie nicht zu ergründen. Man fand die Löcher von Pfosten eines Hauses und konnte daran mit Hilfe der Radiokarbonmethode feststellen, daß dieses Haus zwischen 920 und 1020 entstanden ist. Weiter wurde ein rechteckiges, etwa einen Meter in den felsigen Untergrund eingetieftes Steinfundament entdeckt, das sich als Rest eines Kalkbrennofens entpuppte. Insgesamt kamen die Wissenschaftler zum Ergebnis, daß diese Burganlage niemals längere Zeit einer größeren Menschengruppe als ständiger Wohnsitz gedient hat, sondern nur dazu errichtet worden war, um im Bedarfsfall die umwohnende Bevölkerung samt ihrer beweglichen Habe geschützt unterbringen zu können.

Nach Abschluß der Ausgrabungsarbeiten wurden die aufgefundenen Steinfundamente wieder mit Erdreich bedeckt. Die Gefahr der mutwilligen Zerstörung war zu groß, als daß man sie hätte offen liegen lassen können. Damit sich aber die vielen Besucher der Wittekindsburg eine Vorstellung vom ehemaligen Aussehen und Umfang machen können, wurden einige Ecken der freigelegten Hausfundamente so aufgemauert, daß sie sichtbar geblieben sind. Außerdem können die Besucher die restaurierten Fundamente des runden und des rechteckigen Wehrturmes sowie einen Mauerdurchlaß sehen. Eine Besichtigung lohnt sich. Wer den Anfahrtweg von der Stadt Osnabrück aus nicht kennt, findet die Burg von Rulle aus leichter. Von dort aus folgt man der an der Nette entlangführenden Straße bis zu Knollmeyers Mühle, wo man parken kann. Dann sind es nur noch wenige Minuten zu Fuß.

26

Grenzfeste gegen die Wilzen

Das Kastell auf dem Höhbeck

Schon die Natur hat den Höhbeck zu einer Festung gemacht. Er erhebt sich im Osten des Kreises Lüchow-Dannenberg nördlich von Gartow steil aus dem Urstromtal der Elbe und zwingt noch heute den Strom, ihn in respektvollem Bogen zu umfließen. Dieser platte, von Quellschluchten zerfurchte Berg besitzt eine Höhe von 75 Metern und nimmt eine Fläche von 4 Kilometern Länge und 2,5 Kilometern Breite ein. Er stellt den Rest einer Bodenschicht dar, die bei einem Eisvorstoß in der Weichsel-Kaltzeit vor etwa 30 000 Jahren abgelagert worden war. Als vor rund 20 000 Jahren der mehr als 1000 Meter dicke Eispanzer, der Mecklenburg bedeckte, zu tauen begann, wuschen die Schmelzwässer das 20 Kilometer breite Urstromtal der Elbe aus und rissen alles mit sich fort, was ihnen im Wege war. Nur an den Höhbeck brandeten die eisigen Wogen vergeblich – er blieb als Flußinsel erhalten. Die nötige Widerstandskraft wurde ihm von der Festigkeit des Geschiebelehms verliehen, aus dem er größtenteils besteht. Dieses mächtige Bollwerk der Natur zog seit Jahrtausenden immer wieder Menschen an, die hier lebten und starben. Der Berg ist von Fundplätzen förmlich übersät, und manches Unerforschte ist noch in ihm verborgen.

Schon von der Jüngeren Steinzeit bis in die frühe Eisenzeit diente der Höhbeck rund 2 000 Jahre lang als Siedlungs- und Begräbnisstätte. Das ergaben wissenschaftliche Grabungen, die in den sechziger Jahren des laufenden Jahrhunderts vom damaligen Dezernat für Bodendenkmalpflege des Niedersächsischen Landesverwaltungsamtes vorgenommen wurden, nachdem man vorher durch Zufall beim Bau eines Hauses in der Nähe von Pevestorf im Erdreich auf Feuersteingeräte sowie auf Gegenstände jungsteinzeitlicher Keramik gestoßen war. Zudem wurden Grundrisse von Häusern aus verschiedenen vorgeschichtlichen Zeitabschnitten aufgespürt, darunter ein dreischiffiges Hallenhaus von 23 Metern Länge. Auch eine Ackerflur wurde entdeckt, die in der Bronzezeit mit einem Hakenpflug bearbeitet worden war. Wie die gefundenen Gräber und Grabbeigaben den Fachleuten zu erkennen gaben, bestanden Zusammenhänge mit der aus dem Elbe-Saale-Gebiet bekannten Bernburger Kultur. Daraus wurde geschlossen, daß auch von dort diese frühen Besiedler des Höhbecks zugewandert waren. Sie blieben nicht die einzigen Fremden, die von dieser markanten Höhe Besitz ergriffen.

Eine besondere geschichtliche Rolle soll dem Höhbeck in der Zeit zugekommen sein, in der die Römer ganz Germanien zu erobern versuchten und die Grenze ihres Reiches vom Rhein zur Elbe vorverlegen wollten. Nero Claudius Drusus, Stiefsohn des Kaisers Augustus und Statthalter der gallischen Provinzen Roms, nahm sich vor, diesen Plan in die Tat umzusetzen, und begann im Jahre 12 vor Christi Geburt mit der Unterwerfung von Gebieten östlich des Rheins. Ein Jahr später erkundete er weitere Regionen. Dabei stieß er durch das Land der Cherusker bis an die Weser vor, die er – wie vermutet wird – im Gebiet von Hameln erreichte. Versorgungsschwierigkeiten zwangen ihn jedoch zum Rückzug. Im Jahre 9 vor Christus wiederholte er seinen Vorstoß, und dieses Mal überschritt er die Weser. Aller Wahrscheinlichkeit nach folgte er dann dem von der Natur

vorgegebenen Weg, der zur heutigen Bundesstraße 1 wurde, in die Gebiete von Hildesheim und Braunschweig und weiter in die Magdeburger Bucht. Dort erreichte er irgendwo die Elbe, an der entlang er als Symbole der römischen Macht Tropaia – das waren Sieges- und Grenzzeichen – setzen ließ. Dabei gelangte er auch zum Höhbeck.

Als Drusus den hohen, weithin sichtbaren Berg erstiegen hatte, soll ihm der Sage nach eine große, in weiße Schleier gehüllte Frau begegnet sein und ihm zur Rückkehr geraten haben. Diese Erscheinung wird als dichter Nebel über dem Elbstrom gedeutet. Nach der germanischen Mythologie erschien in Gestalt einer weißen Frau die Göttin Freya. Was auch immer Drusus empfunden und gedacht haben mag – er entschied sich zum Rückmarsch. Dafür wählte er eine südlichere Route, die ihn an die Saale führte. Nach dem Überqueren dieses Nebenflusses der Elbe erlitt er einen Reitunfall, bei dem er sich eine harmlos erscheinende Beinwunde zuzog. Diese verursachte jedoch eine Blutvergiftung, an der Drusus 30 Tage später starb. Von Rom war sein Bruder Tiberius, der spätere Kaiser, nach Thüringen an die Saale geeilt, konnte dem Toten aber nur noch die Augen schließen. Er überführte den Leichnam über das Römerlager Mainz nach Rom, wo er auf einem riesigen Scheiterhaufen verbrannt wurde. Dieses tragische Ereignis bedeutete einen erheblichen Rückschlag im ehrgeizigen Streben der Römer, Germanien vollständig ihrem Reich einzuverleiben. Der Plan wurde ein Vierteljahrhundert später von Germanicus, dem Sohn des Drusus, wieder aufgegriffen, jedoch auch vergeblich (s. „Zwischen Porta und Angrivarierwall").

Seine größte Bedeutung als natürliche Bergfeste erlangte der Höhbeck zur Zeit Karls des Großen, der auf ihm im Jahre 789 ein Kastell errichten ließ. Karl benötigte es als Militärstützpunkt in seinem Kampf gegen die Wilzen, deren Siedlungsgebiet jenseits der Elbe dem Höhbeck gegenüber lag. Die Wilzen waren ein westslawischer Stammesverband zwischen den Sorben weiter südlich von ihnen und den Obotriten weiter nördlich. Zugleich ließ der Frankenkönig die Elbe überbrücken, die damals im Gegensatz zu heute den Höhbeck auch noch südlich umfloß. Über die

Der Höhbeck, der sich bei Gartow als natürliche Festung über die Elbe erhebt, hat seit Jahrtausenden immer wieder Menschen angelockt. Karl der Große ließ auf diesem aus Lehm und Sand bestehenden Bollwerk ein Kastell errichten, als er gegen die jenseits der Elbe wohnenden Wilzen Krieg führte.

Nordbrücke drang Karl weit in das Land der Wilzen vor, bis ihm deren König Dragawit Treue gelobte und seine Unterwerfung durch die Stellung von Geiseln bekräftigte. Das verhinderte jedoch nicht, daß die Wilzen auf Rache sannen. Deren sprichwörtliche Süße vermochten sie auszukosten, als es ihnen 810 gelang, das Kastell auf dem Höhbeck zu erobern und zu zerstören. Der schriftlichen Überlieferung dieses Geschehens ist es zu verdanken, daß man den Namen des Kastells kennt. Er lautete „Hohbuoki“, was hohe Buchen bedeutet. Daraus entwickelte sich die heutige Bezeichnung Höhbeck.

Karl, inzwischen Kaiser geworden, ließ schon ein Jahr später das Kastell wieder aufbauen. Wie Professor Dr. Carl Schuchhardt, der Altmeister der deutschen Archäologie, bei seinen 1897 begonnenen und später fortgesetzten Ausgrabungen feststellen konnte, besaß die Anlage eine rechteckige Form von 170 Metern Länge und 70 Metern Breite. Sie lag in der Mitte des Höhbecks unmittelbar über dem zur Elbe steil abstürzenden Nordhang. Der Umfassungswall des Kastells, der aus Lehm und Baumstämmen bestand, war 6 Meter dick und ebenso hoch. An der Südseite besaß er ein 6 Meter breites Doppeltor. Nach damaligem Maß waren 6 Meter genau 20 Fuß. Die Oberfläche des Walles war mit Rasen bedeckt und durch einen Verhau gesichert. Der Wall, obgleich er verrottet ist, läßt sich heute noch an der westlichen Schmalseite gut erkennen, wie überhaupt der Standort des Kastells als rechteckiges Plateau noch deutlich auszumachen ist. Hingegen ist nicht klar erwiesen, welcher Art die Baulichkeiten im Innenraum dieser Soldatenburg waren. Schuchhardt meinte zu erkennen, daß es mehrere langgestreckte Kasernen waren, doch andere Forscher glaubten nur an Hütten oder gar nur an Zelte.

Völlig unbekannt ist, welches Schicksal dem Kastell nach der Zeit Kaiser Karls beschieden war. Während von seiner Errichtung und dem Brückenschlag über die Elbe die in der Reichsabtei Lorsch im Hessischen Ried verfaßten Annalen und auch die Annalen Einhards, des Hofbiographen Karls des Großen, berichten, findet sich über das weitere Geschick des Kastells nirgendwo ein Sterbenswörtchen. Daraus muß wohl geschlossen werden, daß sich die Bedeutung dieser Befestigungsanlage in ein Nichts auflöste, nachdem immer mehr Slawen in den von Langobarden bewohnten nordostsächsischen Siedlungsraum eingesickert waren und unter dem Namen „Wenden“ Fuß faßten. Leider gibt es auch keine Geschichtsquellen, die über diesen Siedlungsvorgang nähere Auskunft geben könnten. Einige Keramikfunde auf dem Höhbeck lassen vermuten, daß sich das Kastell zumindest zeitweilig in slawischem Besitz befunden hat.

Von dem Kastell auf dem Höhbeck ist nichts Sichtbares geblieben. Nur die rechteckige Grundfläche der Befestigungsanlage ist noch deutlich zu erkennen. Wie lange das Kastell bestand, ist ebenfalls unbekannt. Keramikfunde lassen vermuten, daß es sich auch in slawischem Besitz befand.

27

Goldschmuckfunde an der Wurster Küste

Die Pipinsburg bei Sievern

Das Land zwischen Elbe- und Wesermündung ist reich an frühmittelalterlichen Burgen, die zwischen dem 9. und 11. Jahrhundert entstanden sind. Sie wurden als Rundwälle mit Durchmessern von zumeist 70 bis 80 Meter errichtet. Die mächtigen Erdwälle waren im Innern durch Grassoden- und Holzstützen befestigt und nach außen durch einen umlaufenden Graben gesichert. Diese Wallburgen waren von der sächsischen Bevölkerung geschaffen worden, um gegen das Vordringen der Franken Widerstand leisten zu können. Karl der Große konnte nach seinem endgültigen Sieg über Widukind im Jahre 783 (s. „Die Wittekindsburg bei Rulle“) zwar weite Teile des sächsischen Siedlungsraumes auf friedlichem Wege in sein von der Ostsee bis zu den Pyrenäen reichendes Herrschaftsgebiet eingliedern. Doch im Elbe-Weser-Dreieck kam es ähnlich wie im sächsischen Siedlungsbereich nördlich der Elbe noch bis 804 zu Aufständen gegen die eingedrungenen Franken und ihren christlichen Glauben. Karl ahndete die feindliche Haltung mit Zwangsverschleppungen der Anführer in ferne Gebiete seines riesigen Reiches, wie er es auch schon vorher häufig getan hatte (s. „Der Sachsenhain bei Verden“).

Eine der frühmittelalterlichen Wallburgen zwischen Elbe und Weser ist die Pipinsburg bei Sievern im Kreis Cuxhaven. Sie ist mit einem Innendurchmesser von nur 45 Metern merklich kleiner als die anderen und zeichnet sich ihnen gegenüber durch einen besseren Erhaltungszustand aus. Aber der wesentlichere Unterschied ist nicht mit den Augen wahrnehmbar. Er besteht darin, daß sie den Geschichtsforschern schon viel mehr Kopfzerbrechen bereitet hat als die anderen Befestigungsanlagen. Allein Professor Dr. Carl Schuchhardt, der führende deutsche Archäologe seiner Zeit, mußte während der von 1906 bis 1908 im Innenraum der Pipinsburg vorgenommenen Ausgrabungen mehrmals seine Ansicht über Sinn und Zweck dieser Anlage ändern. Zuerst nahm er auf Grund von Keramikfunden und Brandspuren an, sie sei eine sächsische Herrenburg aus dem 8. Jahrhundert, die die Franken zerstört hätten. Dann glaubte er, in ihr eine Anlage von sächsischen Grafen zu erkennen, die Karl der Große zur Verwaltung des Landes eingesetzt hatte. Schließlich sah er sich durch neue Funde zu einem nochmaligen Meinungswandel veranlaßt: Jetzt sollte die Pipinsburg etwa 200 bis 300 Jahre jünger sein, als er vorher vermutet hatte. Vielleicht entsprach dies alles nacheinander der Wirklichkeit, so daß Schuchhardt mit jeder seiner drei Vermutungen richtig lag.

Die Pipinsburg bei Sievern hat nichts mit jener zu tun, die bei Osterode im Harzvorland bestanden hatte (s. „Die Pipinsburg bei Osterode“). Sievern liegt auf der Hohen Lieth, dem rund 25 Kilometer langen Geestrücken, der sich von Duhnen bis Debstedt erstreckt und das Land Wursten vom Land Hadeln scheidet. Bei Sievern trafen vor der Eindeichung der Küste eine von der Außenweser kommende schiffbare Wasserrinne und ein alter, von Norden nach Süden führender Landweg – heute die Bundesstraße 6 – aufeinander. Diese verkehrsgünstige Lage lockte schon seit der Steinzeit immer wieder Menschen an, wie die vielen vor- und frühgeschichtlichen Gräber sowie Wohnplätze und Befestigungsanlagen um Sievern zu erkennen geben. Der Ort selbst soll im 6. Jahrhundert gegründet worden sein, und zwar als Wik, als Stützpunkt für Händler und Seefahrer. Die Schiffe brachten Waren aller Art aus nah und fern, die dann umgeladen und nach Norden, Süden und Osten auf Karren weiterbefördert wurden. Entgegengesetzt wurde das Tauschgut bewegt. Irgendwann machte es der immer reger gewordene Handelsverkehr notwendig, den Umschlagplatz durch eine Burg zu sichern. Zu deren Errichtung bot sich eine von Mooren eingeschnürte Landenge nordöstlich von Sievern an. Hier entstanden dann die Wälle und Gräben der Pipinsburg.

Der Wall der kreisrunden Anlage hatte eine Höhe bis zu 6 Meter. Er ist auch heute noch fast 5 Meter hoch. Diese Hauptburg besaß nach Nordosten hin eine Vorburg, deren Wall deutlich niedriger war. Im Innern der Hauptburg befanden sich den Grabungen zufolge elf bis zwölf Gebäude, darunter zwei Wohnhäuser und ein Pferdestall. Die übrigen Bauten dürften Speicher zur Aufbewahrung von Erntegut gewesen sein. Dieser Befund deutet darauf hin, daß es sich um einen befestigten Wirtschaftsbetrieb gehandelt hat. Der Name Pipin läßt auf einen fränkischen Besitzer schließen. Auch der Vater Karls des Großen und weitere seiner Verwandten hießen so, wenngleich auch mit pp geschrieben.

Vermutungen gehen dahin, daß die Pipinsburg auch als Schutz gegen die Normannen eine Rolle spielte. Diese auch Wikinger genannten Seeräuber haben mit ihren Drachenschiffen von Dänemark und Norwegen aus mehr als zwei Jahrhunderte lang die Küstengebiete vor allem des nordwestlichen und westlichen Europas heimgesucht und ausgeplündert (s. „Der Rimbertstein von Norden“). Das Frankenreich war dem Zugriff von See her wehrlos preisgegeben, und dies insbesondere in der Zeit, als die Zentralmacht unter dem schwachen Kaiser Ludwig dem Frommen, dem einzigen Sohn Karls des Großen, mehr und mehr zerfiel. Auch in Sievern hätten diese beutehungrigen Piraten alles holen können, wonach ihnen der Sinn stand: Tuche, Waffen, Weine, Salz und dazu Geld und Gold. Ob jemals ein Wikinger seinen Fuß auf die Hohe Lieth gesetzt hat, entzieht sich jeglicher Kenntnis.

Von den Schätzen, die es einst in Sievern gab, zeugen wertvolle goldene Schmuckstücke. So wurden 1823 beim Plaggenhauen im nahen Mulsumer Moor

Die Pipinsburg bei Sievern im Kreis Cuxhaven war eine frühmittelalterliche Wallanlage, von der unser Bild nur einen Teil zeigt. Der kreisrunde Wall, der bis zu 6 Meter hoch war, umschloß den Grabungsergebnissen zufolge elf oder zwölf Gebäude. Die Burg dürfte dem Schutz des wohlhabenden Handelsplatzes Sievern gedient haben.

ein goldener Halsring sowie fünf mit Schnürösen versehene römische Goldmünzen gefunden, von denen vier als echt und eine als Nachahmung angesehen werden. Diese Fundstücke werden der Völkerwanderungszeit zugeordnet, zu der man die Jahre von 375 bis 700 zählt. Auch aus jüngerer Zeit liegt ein bedeutender Fund vor: eine goldene Buckelspange mit drei ottonischen Silbermünzen, von denen eine aus der Zeit des im Jahre 1002 in jugendlichem Alter verstorbenen Kaisers Otto III. stammt. Diese Buckelspange wurde 1859 ganz in der Nähe der Pipinsburg beim

Von Sieverns einstigem Reichtum zeugen wertvolle goldene Schmuckstücke, die in größerer Zahl in seiner Umgebung gefunden worden sind. Zu diesen Kostbarkeiten gehört die goldene Scheibenfibel, die unser Bild zeigt. Sie ist in Stade im Museum im Schwedenspeicher ausgestellt.

Umbrechen von Heideland entdeckt. Da sie frühestens gegen Ende des 10. Jahrhunderts und damit in christlicher Zeit angefertigt sein konnte, wird vermutet, daß sie von jemandem unfreiwillig verloren worden war. Hingegen muß von den gefundenen Gegenständen, die aus heidnischer Zeit stammen, angenommen werden, daß sie dem religiösen Brauch entsprechend als Opfergaben im Moor niedergelegt worden waren.

Ein weiterer Goldfund, auf den man erst 1942 beim Torfstechen im Moosmoor östlich der Heidenschanze – einer anderen, älteren Ringwallanlage bei Sievern – gestoßen ist, erregte besonders viel Aufsehen. Dieser kostbare Schatz besteht aus elf geösten Brakteaten. Das sind dünne runde Goldscheiben, die einseitig geprägt waren und als Hängeschmuck einzeln oder zu mehreren getragen wurden. Diese elf Goldbrakteaten aus der Völkerwanderungszeit haben in der Geschichtsforschung zu der Frage geführt: Könnten sie zu dem prächtigen Schmuck jenes Jünglings gehört haben, der der sächsischen Stammessage zufolge dafür einen Rock voll Erde eingetauscht und mit dieser als erster Sachse Land südlich der Elbe in Besitz genommen hat (s. „Der Geestsporn von Cadenberge“)? Diese Frage kann als naheliegend und daher als berechtigt angesehen werden, dürfte aber dennoch vom tatsächlichen Geschehen weit entfernt sein. Wahrscheinlicher ist, daß alle wertvollen Gegenstände, die im Moorgebiet um Sievern gefunden worden sind und aus heidnischer Zeit stammen, Opfergaben für die Götter waren.

28

Zum Schutz vor Franken oder Ungarn?

Die Wallburg auf dem Heiligenberg

Wo bei Bruchhausen-Vilsen im Osten des Kreises Diepholz die große Meppen–Nienburger Geestplatte steil zum 20 Kilometer breiten Urstromtal der Weser abfällt, trifft man auf eine Landschaft von unvermutetem Reiz. Es ist das Gebiet des Heiligenberges, an den ausgangs der Saale-Kaltzeit vor etwa 130 000 Jahren die Wassermassen der schmelzenden Gletscher mit voller Wucht prallten und nicht nur den Steilhang entstehen ließen, sondern in ihn auch tiefe Schluchten rissen. Dieses Gebiet, das von seiner Ausformung her im niedersächsischen Tiefland einmalig ist, hat schon sehr früh Menschen angelockt. Das bezeugt die große Zahl von Hügelgräbern, die man in der Umgebung des Heiligenberges finden kann. Die Begräbnisplätze deuten zugleich darauf hin, daß sich auf diesem Berg eine heidnische Kultstätte befunden haben könnte. Doch konkrete Hinweise darauf wurden bisher nicht entdeckt, wie überhaupt das Geschehen auf diesem an seiner Ostseite wie ein Bollwerk der Natur anmutenden Berg größtenteils im Dunkel der Geschichte verborgen ist.

Erkennen läßt sich heute lediglich, daß sich auf ihm eine Wallburg von beträchtlichem Ausmaß befunden hat. Der mächtige Ringwall dieser Burg ist zum Teil noch erhalten. Wenn man ihn von der Quellschlucht der Eiter aus betrachtet, vermittelt er den Eindruck, daß er einst für Angreifer unbezwingbar war. Diese Schlucht, in der sich die Eiter aus vielen Quellchen bildet und dann – wie es ihr vom indogermanischen Wort „oidros“ hergeleiteter Name besagt – sehr rasch zu einem Bach „anschwillt“, hat sich bis zu 20 Meter in die Geestplatte eingetieft. Zusammen mit dem am Schluchtrand aufgeworfenen Wall ergibt sich eine Gesamthöhe von 25 Metern und mehr. Die größte Höhe des Ringwalles auf dem Heiligenberg beträgt noch 8,4 Meter. Der Wall war einstmals etwa 750 Meter lang und umschloß eine Fläche von rund 3,5 Hektar.

Die Wallanlage war nicht wie bei vielen anderen Burgen dieser Art kreisrund (s. „Die Pipinsburg bei Sievern“), sondern hatte – von der Eiterschlucht und dem Tal der Diller vorgezeichnet – die Form einer Glocke. Etwa drei Viertel des Burgumfanges waren von Steilhängen zusätzlich gesichert, während das restliche Viertel nur vom Wall allein geschützt war. Wer die Erbauer dieser Burg waren und welche Gründe sie bewogen haben mögen, eine derartige Festung zu errichten, ist unbekannt. Möglicherweise entstand sie im 8. Jahrhundert, als sich Karl der Große anschickte, sein Reich nach Norden auszuweiten und die Sachsen gewaltsam zum Christentum zu bekehren. Die Burg kann aber auch erst im 10. Jahrhundert errichtet worden sein, als die Ungarn immer wieder in das Sachsenland einfielen und König Heinrich I. alle Hände voll zu tun bekam, die ebenso beutegierigen wie mordlüsternen Eindringlinge abzuwehren (s. „Der Werlahügel bei Schladen“). Heinrich stellte gegen die Ungarn nicht nur ein schlagkräftiges Reiterheer auf, sondern wies auch den ländlichen Dienstadel an, umwallte Burgen zum Schutz der Bevölkerung und zur Verteidigung des Landes zu bauen.

Das Geschehen auf dem Heiligenberg ist erst von der Zeit an bekannt, als Prämonstratensermönche aus der Abtei Steinfeld in der Eifel kamen und in dem vorgefundenen Ringwall ein Kloster errichteten. Der Sage nach soll dieses Kloster im Jahre 1218 vom Erzbischof Gerhard I. von Bremen gegründet worden sein. Ihm sei auf einer Reise in Vilsen vorausgesagt worden, daß er zum Erzbischof erkoren würde, und da habe er für den Fall, daß diese Prophezeiung in Erfüllung geht, gelobt, in Vilsen ein Kloster zu bauen. Dieses Gelübde habe er mit der Errichtung des Klosters auf dem Heiligenberg eingelöst.

In Wirklichkeit verhielt es sich jedoch anders. Zu jener Zeit befand sich der Heiligenberg im Besitz der im Ostharz begüterten Grafen von Wernigerode. Als sich der dem Prämonstratenserorden angehörende Graf Gebhard von Wernigerode auf eine Wallfahrt in das Heilige Land begab, stiftete er gemeinsam mit seinen fünf Brüdern im Gebiet des Heiligenberges 171 Hektar Land zur Gründung eines Klosters. Es wird angenommen, daß der damalige Bremer Erzbischof Gerhard I. die Stiftung bestätigt hat und damit in die Sage als Klostergründer eingegangen ist. Da der Erzbischof aber 1217 verstarb, muß das Kloster schon 1216 gestiftet worden sein und nicht erst 1218.

Es wurde der Gottesmutter geweiht, die im Siegel des Klosters als Himmelsgöttin mit dem Jesusknaben dargestellt war. Den Ort wies das Siegel als „Berg der Heiligen Maria“ aus. Ob der Berg erst damit seinen Namen bekam oder schon früher von einem möglichen heidnischen Heiligtum, ist noch unerforscht, wie überhaupt die gesamte Wallanlage noch auf die Spaten der Ausgräber wartet. Das klösterliche Leben hat sicherlich viel überdeckt und auch zerstört. Aber es wird auch manches hinzugefügt haben, das bei einer Nachsuche als entdeckenswert angesehen werden

könnte. So hält sich bis heute die Überlieferung, daß vom Heiligenberg zur Kirche in Vilsen, die ebenfalls zur Marienstiftung der Wernigeröder Grafen gehörte, ein unterirdischer Gang geführt haben soll. Auch wenn dieser Gang nicht unbedingt vorhanden gewesen sein muß, sondern der Sagenwelt angehört, so gibt es im Boden noch Fundamente der einstigen Klostergebäude und vielleicht auch noch Spuren davon, was sich in heidnischer Zeit hier begeben hat.

Das Marienkloster auf dem Heiligenberg gelangte zu Ansehen und großem Reichtum. Der Alltag der Mönche, die sich Chorherren nannten, war mit Predigten und Seelsorge ausgefüllt. Sie waren weiß gekleidet, weswegen der 1120 vom späteren Magdeburger Erzbischof und Berater Kaiser Lothars III., Robert von Xanten, gegründete Prämonstratenserorden auch der „Weiße Orden" genannt wurde. Seine Regeln waren sehr streng. Wer sie übertrat, mußte mit harten Strafen bis hin zur lebenslangen Einkerkerung rechnen. Der Reichtum des Klosters schwand aber ebenso rasch, wie er entstanden war. Denn seine Schutzherren, die Grafen von Hoya und Bruchhausen, bekannten sich schon sehr früh zur Lehre des Wittenberger Augustinermönches und Theologieprofessors Martin Luther. Mit der Einführung der Reformation in ihrer Grafschaft hoben sie 1543 das Kloster auf und verpfändeten es als Domänengut.

Auf dem Heiligenberg bei Bruchhausen-Vilsen im Kreis Diepholz befand sich eine Wallburg von beträchtlichem Ausmaß. Wer sie wann errichtet hat, verschweigt die Geschichte. Sie kann zur Abwehr der Franken im 8. Jahrhundert, aber auch erst zur Abwehr der Ungarn im 10. Jahrhundert geschaffen worden sein. Unser Bild zeigt einen Teil des mächtigen Ringwalles und einen Durchlaß.

Die Klostergebäude begannen zu verfallen. Als Graf Jobst von Hoya und Bruchhausen die Klosterkirche abbrechen lassen wollte, bat ihn der Domänenpächter Friedrich von Gladebeck, dies nicht zu tun. Der Wind habe ihm die Scheune umgeweht, so daß er das Erntegut in der Kirche lagern müsse. Zwei Jahrzehnte später war das Schicksal der Klostergebäude endgültig besiegelt. Graf Albrecht von Hoya und Bruchhausen benötigte Steine zum Ausbau eines Witwensitzes für seine Gemahlin Katharina. Es war das Schloß Altbruchhausen, das im Dreißigjährigen Krieg 1627 von dänischen Truppen zerstört wurde, dann aber neu entstand. Aber es wurde 1775 nicht wieder als Schloß erbaut, sondern als Amtshaus. Dieses ansprechende Gebäude steht heute noch. In die Wallburg auf dem Heiligenberg wurde ein Forsthaus gesetzt, das inzwischen zu einer Speisegaststätte wurde. Nichts zeugt mehr davon, daß sich hier drei Jahrhunderte lang ein blühendes Kloster befand.

29

Ursprung einer berühmten Legende?

Die Hubertuskapelle im Hainberg

Der Hainberg, der den zentralen Teil des Innerstelberglandes bildet, ist in drei von Norden nach Süden parallel laufende schmale Schichtkämme gegliedert. Der mittlere Kamm, der aus Hilssandstein besteht, ist mit bastionsähnlichen Klippen bestückt, die von den Abtragungskräften der Natur an den langsamer verwitternden Gesteinsteilen in Jahrmillionen herausgeformt worden sind. Südlich der von Bockenem nach Sehlde quer über den Hainberg führenden Straße nennt man diese hohen, steilwandigen Felsen die Bodensteiner Klippen, und nördlich der Straße ist es der Hubertusfelsen, in dem sich seit 1733 eine dem Schutzpatron der Jäger geweihte Kapelle befindet. Diese ließ der Hildesheimer Domherr Johann Friedrich Anthon Freiherr von Bocholtz, der als Drost das Amt Wohldenberg verwaltete, durch Erweiterung einer vorhandenen Naturgrotte in das Gestein hauen. Vermutlich ist diese Grotte schon vorher zu kultischen Handlungen genutzt worden, wie überhaupt der an seiner Westseite 30 Meter tief abstürzende Hubertusfelsen und die Schlucht an seinem Fuß für die Glaubenswelt der hier in früherer Zeit ansässigen Bevölkerung von besonderer Bedeutung war. Das bezeugt eine alte Sage.

Danach lebte im Gebiet westlich des Hainberges, das man heute noch wie vor 1000 und mehr Jahren den Ambergau nennt, ein reicher Mann, der die Freuden der Jagd über alles liebte. Er war weit und breit der Letzte, der noch den alten Göttern diente, während alle anderen bereits Christen geworden waren. Gerade an Sonn- und Feiertagen, wenn seine Nachbarn die Arbeit ruhen ließen und zur Heiligen Messe gingen, betrieb er das Weidwerk mit wahrer Wut. Er preschte dann hoch zu Roß mit seinen Dienern und Hunden durch die Scharen der Kirchgänger und verhöhnte sie wegen ihres Glaubens. Nichts konnte ihn von seinem rohen Treiben abhalten. Auch wenn ihm der Gekreuzigte selbst erschiene, würde er das Jagen nicht einstellen, sagte er an einem Karfreitag und ritt mit einem Diener davon. Mitten in der Wildnis des Hainberges kam ihm ein stattlicher Hirsch entgegen, der nicht die geringste Scheu zeigte. Sofort schleuderte der Jäger seinen Wurfspieß nach ihm und traf ihn in die Mitte des Kopfes. Der Hirsch brach aber nicht zusammen, sondern blieb hochaufgerichtet stehen. Als sich plötzlich der Spieß zwischen dem Geweih in ein hell leuchtendes Kruzifix verwandelte, kniete der von jähem Schrecken befallene Jäger nieder und gelobte, der Jagd für immer zu entsagen, sich auch taufen zu lassen und fortan ein christliches Leben zu führen.

Diese Sage ähnelt von ihren Grundzügen her der Hubertuslegende, die man aus den Ardennen kennt, wo Hubertus als Missionar tätig war. Ist diese Ähnlichkeit nur zufällig? Oder könnte es zwischen der Sage aus dem Hainberg und der Legende aus dem Gebirge im Südosten Belgiens einen Zusammenhang geben?

Hubertus entstammte einem vornehmen fränkischen Geschlecht; er soll ein Sohn des Herzogs Bertrand von Aquitanien gewesen sein. Der Legende nach hat er anfänglich ein eitles, vergnügungssüchtiges Leben geführt, zu dem auch das ungezügelte Erlegen von Wild gehörte. Als sich ihm aber an einem Karfreitag auf der Jagd der gekreuzigte Heiland zwischen dem Geweih eines Hirsches offenbarte, schwor er den heidnischen Göttern ab und gab auch das Jägerleben auf. Zudem entledigte er sich all seiner Habe, Ämter und Würden. Er ließ sich vom Utrechter Bischof Lambert in der christlichen Lehre unterweisen, und als dieser starb, wurde er sein Nachfolger. Hubertus verlegte den Bischofssitz nach Lüttich, wo er über den Gebeinen seines Lehrers Lambert eine Kathedrale erbaute. Auch er selbst wurde in ihr, als er 727 starb, beigesetzt. Aber seine Gebeine wurden 743 in das von ihm gegründete Kloster Andagium überführt. Von diesem Kloster aus hatte er die endgültige Ausrottung des Heidentums, das sich in den unwegsamen Wäldern der Ardennen besonders lange hielt, betrieben.

Es gilt historisch als erwiesen, daß die Legende dem wirklichen Lebenslauf des Hubertus nicht voll entspricht. In der „Vita St. Hugberti" aus dem Jahre 744, deren Verfasser etwa zur gleichen Zeit wie er Klosterschüler bei Bischof Lambert war, ist Hubertus weder als Jäger erwähnt noch ist die ihm zugeschriebene Bekehrung durch die Vision des kreuztragenden Hirsches enthalten. Arno Paffrath, der sich in seiner 1961 erschienenen Schrift „Die Legende vom Heiligen Hubertus" mit diesen angeblichen Geschehnissen eingehend befaßte, kam zu dem Schluß: „Diese Bekehrungsszene ist dem Hubertus später hinzugedichtet worden". Diese Ergänzung wurde nach Paffraths Erkenntnissen deshalb vorgenommen, weil Hubertus im 10. Jahrhundert zum Schutzpatron der Jäger geworden war. Der Legende nach hat er mit seinem goldenen Schlüssel den von tollen Hunden Gebissenen Heilung verschafft, weswegen er gegen

Die Hubertuskapelle wurde in einem Sandsteinfelsen des Hainberges in Erweiterung einer Naturgrotte ausgehauen. Ihren Namen verdankt sie einer Begebenheit, die sich der Sage nach in diesem zerklüfteten Teil des Innersteberglandes zugetragen haben soll: die Bekehrung eines wilden Jägers zum christlichen Glauben.

Ein Reliefbild, das von Künstlerhand in die Felswand links neben dem Kapelleneingang gemeißelt ist, stellt die Bekehrung des Heiligen Hubertus dar. Dieses Bildnis, das den natürlichen Formen des Gesteins geschickt angepaßt ist, soll einer Darstellung aus dem belgischen St. Hubert nachempfunden sein.

Tollwut angerufen wurde. Vielleicht erschien das zur Begründung des Jägerpatronats als zu wenig, so daß man eine Anreicherung für nötig hielt.

Die dann Hubertus angedichtete Bekehrung war bereits im 2. Jahrhundert an die Gestalt des Heiligen Eustachius geknüpft worden, der zu Lebzeiten Placidus hieß und ein Kriegsoberster des römischen Kaisers Trajan war. Vermutlich geht die Sage aus dem Hainberg ebenfalls auf Eustachius und dessen Christusvision zurück. Ein wesentlicher Unterschied besteht jedoch darin, daß Eustachius als mild, demütig und barmherzig galt, während der Jäger aus dem Hainberg wild, ungebärdig und menschenbedrohend war. Deshalb wird auch angenommen, daß die Sage aus dem Hainberg auf dem altsächsischen Wodanskult beruht, nach dessen Glaubensvorstellungen der höchste der Götter als wilder Jäger mit wehendem Mantel auf seinem achtbeinigen Hengst Sleipnir stürmend und brausend durch die Lüfte ritt. Der Glaube an diese wilde Jagd ist auch in anderen Sagen des Ambergaues überliefert, so vor allem in der vom Ritter Dill. Dessen Schloß soll im Dillsgraben, dem ansehnlichsten Erdfall Niedersachsens auf dem Ossenberg bei Königsdahlum südwestlich von Bockenem, versunken sein, nachdem er an einem Christabend zur Jagd ausgeritten war und damit die Heilige Nacht entweiht hatte.

Diese ungestüme Jagdleidenschaft wird auch dem Herzogssohn aus Aquitanien nachgesagt. Zudem ist in der Hubertuslegende die Feiertagsentweihung enthalten. Könnte es möglich sein, daß dieser Teil der Legende auf die Sagen des Ambergaues beziehungsweise auf deren Wurzeln zurückgeht? Diese Frage mag auf den ersten Blick als weit hergeholt erscheinen. Wie sollte der altsächsische Wodanskult in die Ardennen gelangt sein? Doch darauf findet sich bei näherem Hinsehen eine Antwort.

Als Karl der Große das Sachsenland seinem Reich einverleibte, hatte er viel Mühe, den Widerstand der heidnischen Bewohner zu brechen. Die Aufsässigsten von ihnen ließ er in die entlegensten Winkel des Frankenreiches deportieren (s. „Der Sachsenhain bei Verden"). Dabei sollen auch Sachsen aus dem Ambergau in das rauhe Bergland der Ardennen verschleppt worden sein, und zwar in die Umgebung von Audain, das lateinisch Andagium hieß und heute St. Hubert genannt wird. Die zwangsweise Umsiedlung von Bewohnern des Ambergaues in den Ardennerwald läßt sich dadurch nachweisen, daß sie Gewässernamen aus der alten in die aufgezwungene neue Heimat mitgenommen haben. Ein Beispiel dafür bietet die Sambre, die ein Nebenfluß der die Ardennen durchbrechenden Maas ist. Ohne das anlautende S ist ihr Name der des sächsischen Heimatgaues, wobei „amber" ein altes indogermanisches Wort ist, das fließendes Wasser bezeichnet. Man findet es im Griechischen als „ombros", im Lateinischen als „imber" und im Sanskrit als „ambha". Den Namen Amber, der in Niedersachsen sprachlich abgeschliffen auch als Emmer in einem Nebenfluß der Weser erhalten ist, trug einst die Nette als das den Ambergau von Süden nach Norden durchquerende und der Innerste zustrebende Hauptgewässer.

Warum die Amber umbenannt wurde, ist nicht bekannt. Vielleicht war der Name Nette, der 1149 erstmals schriftlich erwähnt wurde, von Neusiedlern mitgebracht worden, die den von Karl dem Großen ausgedünnten Ambergau in Besitz nahmen. Auch das Wort Nette, das in Niedersachsen noch weitere Fließgewässer bezeichnet (s. „Die Wittekindsburg bei Rulle"), entstammt der indogermanischen Sprachschicht (s. „Die Pipinsburg bei Osterode"). Die Ausgangsform ist „nodi", aus der germanisch „nati" wurde. Dieses Wort hat sich nicht nur als „Nette" erhalten, sondern auch hochdeutsch weiterentwickelt zu „Nässe". Die Amber findet sich in den Ardennen sprachlich nicht nur im Namen der Sambre wieder, sondern auch in dem des Ortes „Amberloup" östlich von St. Hubert. Während im zweiten Bestandteil dieses Ortsnamens das französische Wort für Wolf zu erkennen ist, gibt es „amber" im französischen Wortschatz nicht. Es muß zugewandert sein. Das scheint offenbar auch mit dem Namen der Lamme, des zweiten größeren Fließgewässers des Ambergaues, der Fall gewesen zu sein: Westlich von St. Hubert fließt in den Ardennen die Lomme. Wie ihre Flußnamen werden die deportierten Sachsen aus dem Ambergau auch ihren alten Glauben in die damals zum Frankenreich gehörenden Ardennen mitgebracht haben, so daß die Hubertuslegende darauf zurückgreifen konnte.

Über alle diese seltsamen Zusammenhänge kann man nachsinnen, wenn man die Hubertuskapelle im Hainberg besucht. Leider mußten ihre beiden Zugänge durch Gittertüren verschlossen werden, damit das Heiligtum vor mutwilligen Zerstörungen bewahrt bleibt. Beim Aushauen erhielt die Kapelle einen halbkreisförmigen Steinaltar, an dessen Rückwand sich zwischen zwei betenden Engeln eine muschelförmige Vertiefung befindet, die zur Aufnahme eines Kruzifixes bestimmt war. Zu beiden Seiten des Altars ist die Legende von der Bekehrung des Heiligen Hubertus in Reliefbildern dargestellt. Auf der einen Seite steht der Hirsch mit dem Kreuz zwischen dem Geweih, und auf der anderen Seite kniet Hubertus, dessen Jagdroß hinter ihm von einem Diener gehalten wird. Ein weiteres Relief, das die Hubertuslegende zeigt, befindet sich an der Außenwand des Felsens. Dieses soll bereits in den ersten Jahrzehnten des 16. Jahrhunderts in den Stein gemeißelt worden sein. In diesem den natürlichen Formen des Gesteins geschickt angepaßten Bildnis glauben Fachkenner eine Darstellung der Hubertuslegende zu erblicken, wie sie auf Anhängern zu sehen ist, die früher als Beschützer vor Unheil und Krankheiten in St. Hubert verkauft worden sind.

Zwischen dem niedersächsischen Ambergau und den belgischen Ardennen, in denen Hubertus missionierte und auch seine letzte Ruhestätte fand, besteht eine Beziehung, die sich in gemeinsamen Bezeichnungen äußert. Ein Beispiel liefert der Name des Ortes Amberloup, den man östlich von St. Hubert findet.

Auch im Innern der Felsenkapelle des Hainberges ist die Hubertuslegende in Reliefform dargestellt. Die Kapelle wurde so ausgehauen, daß auch ein Steinaltar entstand. Die muschelförmige Vertiefung über dem Altar diente der Aufnahme eines Kruzifixes.

30

Dem Zauberberg entsprangen sieben Quellen

Das Bonifatiusportal von Ronnenberg

Wer die Michaeliskirche in Ronnenberg im Süden des Kreises Hannover durch den Turmeingang betritt, sieht sich dem wohl ältesten in Niedersachsen erhaltenen Denkmal christlicher Baukunst gegenüber. Es ist das Portal der einstigen Bonifatiuskapelle, die auf dem „Runibergun“ – dem Zauberberg der heidnischen Sachsen im nördlichen Vorland des Deisters – zu Ehren des „Apostels der Deutschen“ errichtet worden war. Der Ronnenberg, der dem an seinem Hang entstandenen Ort den Namen gab, ist das Nordende einer knapp 90 Meter hohen Erhebung, die sich im Süden bis Weetzen erstreckt, auf den Landkarten Gipsberg heißt und in Wirklichkeit ein Muschelkalkrücken ist. Dieser Berg, dem einst sieben Quellen entsprangen, übte seit alters her eine magische Anziehungskraft auf Menschen aus. In einer der zwei heute noch vorhandenen Quellen wurde sogar der Mimirsbrunnen gesehen. Mimir war in der nordischen Göttersage der Dämon einer Quelle, deren Wasser höchste Weisheit verlieh. Aus ihr soll Odin, der oberste der Asen, seine geistige Überlegenheit geschöpft haben. An den Ronnenberger Mimirsbrunnen, der sich heute auf dem Hof Voges an der Straße „Über den Beeken“ befindet, wird sich Odin aber wohl nur im Glauben der Bevölkerung bemüht haben.

Da keinerlei schriftliche Zeugnisse vorliegen, läßt es sich auch nur der Vorstellungswelt entnehmen, wie es einst an der Kultstätte auf dem Runibergun zugegangen sein mag. Georg Meyer, der 1958 verstorbene Leiter der Ronnenberger Volksbank und verdiente Heimatforscher, hat dies in der 1930 herausgegebenen Festschrift zur 1400-Jahr-Feier Ronnenbergs zu veranschaulichen versucht. Danach waren die Quellen „vom heiligen Walde umgrünt, dessen Laub und Zweige vor unheiliger Berührung, dessen Stämme vor der Axt gesichert waren. An diesen Quellen werden germanische Priester die mit den geheimnisvollen Runen gezeichneten Stäbe geworfen und ihre Weissagungen verkündet haben. Hier wurde das klügste und edelste der Haustiere, das Pferd, den Göttern zum Opfer dargebracht“. Meyer fügte hinzu: „Was läge näher, als an der geweihten Stätte der alten Sachsen bei Einführung des Christentums das Kreuz aufzurichten“.

Das war frühestens möglich, nachdem Karl der Große im Jahre 772 begonnen hatte, die Sachsen zum christlichen Glauben zu bekehren. 775 nahm der Frankenkönig bei Ohrum an der Oker eine Massentaufe unterworfener Sachsen vor, und 777 ordnete er auf dem Reichstag zu Paderborn an, überall im bezwungenen Sachsenland Kirchen zu bauen. So kann schon in den Jahren darauf mit der Errichtung der Bonifatiuskapelle begonnen worden sein. Ob sie sogleich auch das Portal aus Deistersandstein erhielt, ist nicht feststellbar. Vermutungen gehen aber dahin, daß hier auf dem Zauberberg ein langobardischer Steinmetz am Werke war, den der Frankenkönig nach der Zerstörung des Langobardenreiches in Italien im Jahre 774 von dort in seinem Gefolge mitgebracht hatte. Diese Ansicht wird damit begründet, daß für Türstürze der langobardischen Baukunst die Giebelform typisch war, die auch der Türsturz des Ronnenberger Portals aufweist. Sein Reliefbild zeigt in der Mitte das kreuztragende Lamm Gottes in der Mandorla, dem mandelförmigen Heiligenschein, symmetrisch flankiert von zwei Vögeln, zwei Fischen und zwei bauchkriechenden Löwen, die das Leben in der Luft, im Wasser und auf der Erde symbolisieren.

Gestützt wird der Türsturz durch zwei Pfostensteine, deren Reliefverzierung mit Rankenwerk, Vögeln und Schlangen Stilelemente beinhaltet, die älter als die langobardischen sind. Sie sollen merowingischen Ursprungs sein und würden – wenn dies zuträfe – aus der Zeit vom Ende des 5. bis zur Mitte des 8. Jahrhunderts stammen. In dieser altfränkischen Epoche war es üblich, Symbole der unsichtbaren Welt des Glaubens mit Pflanzenornamenten zu umrahmen. Es ist durchaus denkbar, daß fränkische Steinmetzen den alten Formenschatz bis in die Karolingerzeit bewahrt und am Kapellenbau in Ronnenberg mitgewirkt haben. Solche Überlegungen lassen sich gewiß auch anzweifeln. So gibt es Meinungen, die als Entstehungszeit des Bonifatiusportals erst die Jahre zwischen 1038 und 1078 annehmen. Das war die Zeit, in der die Kapelle wohl zu klein geworden war und der Neubau einer größeren Kirche ins Auge gefaßt werden mußte.

Mit der Errichtung dieser Kirche, die in geringer Entfernung neben der Kapelle entstand, wurde um 1100 begonnen. Zu ihrem Entstehen soll auch eine wundersame Begebenheit beigetragen haben, die mit den berühmten, heiliggesprochenen Hildesheimer Bischöfen Bernward und Godehard zusammenhängt. Am Grabe Bernwards, der 1022 verstorben war, soll ein Mann aus „Runeberg“ seinen Dank dargebracht haben, weil seine kranken Augen nach Anrufung des Heiligen plötzlich geheilt waren. Um ebenfalls Heilung zu erflehen, soll an das Grab des 1038 verstorbe-

Von der Bonifatiuskapelle, die ab 1660 abgebrochen wurde, konnte nur das Portal in die Gegenwart gerettet werden. Den Türsturz soll ein langobardischer Meister gefertigt haben, die Pfostensteine sollen merowingischen Ursprungs sein. Allem Anschein nach ist dieses Portal das älteste in Niedersachsen erhaltene Denkmal christlicher Baukunst.

nen Godehards ein lahmer Knabe aus dem Stift Minden gebracht worden sein. In diesem Fall schien der erhoffte Erfolg auszubleiben. Doch als auf dem Rückweg die Eltern mit dem Knaben auf der Wiese vor der Ronnenberger Kapelle lagerten und wegen des Fehlschlages weinten, soll der Junge geheilt vom Wagen gesprungen sein. Um das Andenken an dieses Wunder zu wahren, wurde auf der Wiese eine Hütte zum Beten und Opfern errichtet. Daraus wurde im Laufe der folgenden Jahre und Jahrhunderte durch mehrfachen Aus- und Umbau ein stattliches Gotteshaus: die heutige Pfarrkirche St. Michael.

Die Bonifatiuskapelle überdauerte noch ein halbes Jahrtausend, bevor sie baufällig wurde. Mit ihrem Abbruch wurde 1660 begonnen. Damals benötigte man ihre Steine zum Wiederaufbau des Turmes der Michaeliskirche, der 1630 von einem gewaltigen Sturm niedergeworfen worden war. Von der Bonifatiuskapelle ist außer dem Portal nur ein Teil der Grundmauern verblieben. Sie sind aber nicht mehr zu sehen, weil über ihnen ein Wohnhaus errichtet wurde. Auch von den Portalsteinen wäre nichts mehr sichtbar, wenn sie nicht bei Umbauarbeiten an der Michaeliskirche im Jahre 1876, die der Konsistorialbaumeister Conrad Wilhelm Hase aus Hannover leitete, wiederentdeckt worden wären. Der Türsturz und die beiden Stützpfosten waren voneinander getrennt in der Nordwand des Langhauses der Michaeliskirche als Füllmasse vermauert gewesen. Hase, der sogleich ihren kulturhistorischen Wert erkannte, ließ sie herausnehmen und zusammengesetzt in die Westwand der Kirche rechts neben dem Turm einfügen. Doch hier haben die Luftschadstoffe, die den Regen sauer machen, im Laufe der Zeit dem einzigartigen Denkmal aus der Frühzeit der Christianisierung des Sachsenlandes immer stärker zugesetzt, so daß man sich 1983 entschloß, es vor weiterer Zerstörung so gut wie möglich zu schützen. Die Reliefsteine wurden wieder aus der Außenwand der Kirche herausgebrochen und in der Turmhalle vor der zum Langschiff führenden Tür aufgestellt. Damit erfüllt dieses Denkmal zugleich auch wieder seinen ursprünglichen Zweck als Portal.

Ronnenberg hat nicht nur in der Welt des Glaubens geschichtliche Bedeutung erlangt, sondern auch in der des politischen Machtstrebens. So war es der um die Mitte des 10. Jahrhunderts in der „Sachsengeschichte" des Benediktinermönches Widukind von

Die Michaeliskirche in Ronnenberg steht an einem Ort, der in heidnischer Zeit eine magische Anziehungskraft auf Menschen ausübte. Ronnenberg bedeutet Runenberg und damit Zauberberg. Ihm sollen sieben Quellen entsprungen sein. Auf diesem Berg wurde schon sehr früh eine christliche Kapelle errichtet und Bonifatius – dem „Apostel der Deutschen" – geweiht.

Corvey erstmalig als Runibergun genannte Ort, in dessen Nähe um das Jahr 530 eine blutige Stammesfehde von Thüringern, Franken und Sachsen ausgetragen wurde. Die Überlieferung dieses Kampfes, auf den auch die Quedlinburger Jahrbücher mit der Ortsangabe „im Gau Marstem" hinweisen, zeigt zugleich, wie rasch sich die Sachsen nach ihrer Landnahme am Südufer der Elbe (s. „Der Geestsporn von Cadenberge") nach Süden ausbreiteten. Zum Marstemgau gehörte das Gebiet zwischen Deister und Leine, in dessen Mitte Runibergun lag. Hier wurden drei Tage lang Reiterkämpfe ausgetragen, in denen der merowingische Frankenkönig Theuderich mit den Sachsen an seiner Seite den Thüringerkönig Irminfried besiegte und damit das an der Saale gelegene Königreich der Thüringer für immer zerstörte.

Ein weiteres Mal trat Ronnenberg in das Licht der Geschichte, als Kaiser Heinrich V., der letzte Salier auf dem deutschen Königsthron, 1125 kinderlos gestorben war und ein neuer König gewählt werden mußte. Die sächsischen Adeligen hielten ihren tatkräftigen Herzog – Lothar von Süpplingenburg – für am fähigsten und am würdigsten, die Geschicke des Heiligen Römischen Reiches Deutscher Nation zu lenken und die Königskrone zu tragen. Um ihr Ziel zu erreichen, bedurfte es entsprechender Vorbereitungen, die auf einem Landtag in Ronnenberg getroffen wurden. Lothar wurde gegen den Staufer Herzog Friedrich von Schwaben deutscher König und später auch römischer Kaiser (s. „Der Kaiserdom von Königslutter").

31

Ein Zeuge großer Vergangenheit

Der Dom von Bardowick

Bardowick mutet wohl jedem seltsam an, der nichts von seiner Geschichte weiß. Wie kommt in diesen Flecken, der noch nicht einmal 5 000 Einwohner zählt, ein Dom? Dieses Unverhältnis findet seine Erklärung darin, daß Bardowick einst eine viel größere Bedeutung als heute besaß. Der nördlich von Lüneburg an der Ilmenau liegende Ort war schon von den Langobarden als Hauptsitz auserkoren worden, nachdem sie wie andere germanische Völkerschaften in vorgeschichtlicher Zeit ihre skandinavische Heimat – vermutlich die Insel Godland – verlassen hatten und nach Süden gezogen waren. Die Langobarden, die sich selber nicht „Langbärte", sondern Winili – das heißt die „Kampfeslustigen" – nannten, erreichten etwa um 100 vor Christus die Elbe. Hier ließen sie sich an beiden Ufern nieder. Am Südufer legten sie auf einer von der Ilmenau umflossenen Halbinsel, die zudem von Sümpfen gesichert war, eine Burg an. In deren Schutz gedieh die vermutlich schon vorher vorhandene Siedlung zu einem Wick, einem Handelsplatz, den man als Wick der Barden Bardowick nannte.

Als beobachtete Akteure auf der Bühne der Geschichte erschienen die Langobarden erstmals, als sie an der Seite der Cherusker gegen die Römer kämpften (s. „Zwischen Porta und Angrivarierwall"). Cornelius Tacitus, der bedeutendste römische Geschichtsschreiber, äußerte sich über sie voller Hochachtung. „Die Langobarden" – schrieb er – „adelt ihre geringe Zahl. Von vielen sehr starken Stämmen rings umgeben, sind sie nicht durch Unterwerfung, sondern durch Kampf und Wagemut gesichert". Der größere Teil von ihnen zog dann später zu einem unbekannten Zeitpunkt noch weiter nach Süden. Deren Nachfahren gelangten schließlich über Niederösterreich nach Oberitalien, wo sie in der zweiten Hälfte des 6. Jahrhunderts ein Herrschaftsgebilde schufen, an das noch heute der aus Langobardei entstandene Name der Lombardei erinnert. Die an der Elbe gebliebenen Langobarden gingen in den Sachsen auf (s. „Der Geestsporn von Cadenberge").

Die Entwicklung Bardowicks zu einem „vicus nobilis", nämlich zum bedeutendsten Handelsplatz im späteren Sachsenland, wurde auch von der Verkehrslage begünstigt. In den Ort hinein führte zuerst zwar nur ein von Süden kommender und hier endender Handelsweg. Doch später ermöglichte eine Furt durch die Ilmenau eine Fortsetzung bis zu dem uralten und oft umkämpften Elbübergang bei Artlenburg. Was sich in Bardowick in den ersten Jahrhunderten seines Bestehens abgespielt hat, läßt sich nur erahnen, weil jegliche schriftliche Überlieferung fehlt. Längs des Hauptweges durch die Siedlung werden wohl Kaufleute aus nah und fern ihre Waren angeboten und verkauft oder gegen andere eingetauscht haben. Es werden Erzeugnisse aus Holz, Ton, Leder, Garn, Eisen, Kupfer und auch aus edlen Metallen gewesen sein, dazu Salz aus Lüneburg und Fische, die in der Elbe und der Ilmenau gefangen wurden. Bardowick war zugleich das Zentrum für den Handel mit den Wenden, deren Siedlungsraum damals bis an die Ilmenau reichte. Schriftlich belegt ist der Markt erstmals durch Kaiser Otto I., der im Jahre 965 dem Michaeliskloster in Lüneburg vom Zoll und Münzgewinn, die ihm in Bardowick zufielen, den Zehnten schenkte. Die hier geprägte Münze beherrschte das gesamte Marktgeschehen im norddeutschen Raum. In einer Urkunde des Kaisers Otto II. aus dem Jahre 975 wird unter den großen Zollstellen des Heiligen Römischen Reiches Deutscher Nation neben Mainz, Köln und anderen Orten auch Bardowick genannt.

Daß in diesem wirtschaftlich so bedeutenden Ort nach Einführung des Christentums durch Karl den Großen auch ein Glaubenszentrum angesiedelt wurde, erscheint als selbstverständlich. Dennoch gab es um die Frage, ob Bardowick ein Bischofssitz und der Dom wirklich ein Dom war, schon viel Gelehrtenstreit. Ursache der Auseinandersetzungen ist eine Urkunde über die Gründung des Bistums Verden, die sich als ein Original Karls des Großen aus dem Jahre 782 ausgibt. Diesem Dokument zufolge hätte es nie einen Bischofssitz in Bardowick gegeben. Doch der Spürsinn einiger Forscher entlarvte die Verdener Gründungsurkunde als Fälschung. Aller Wahrscheinlichkeit nach hat Karl der Große, der zweimal in Bardowick war, hier schon im Jahre 782 einen kirchlichen Oberhirten eingesetzt, zumal der Bardengau ja auch den Hauptbestandteil des neuen Bistums bildete. Ein weiterer Grund bestand sicherlich darin, daß von Bardowick aus die Christianisierung der Wenden gefördert werden konnte. Nach Bardowick selber war der christliche Glaube vom ostfränkischen Kloster Amorbach der Diözese Würzburg gebracht worden. Im Jahre 814 ist dann wohl, als nach dem Tod Kaiser Karls die Wenden aufsässig wurden, der Bischofssitz durch Kaiser Ludwig den Frommen in das sicherere Verden verlegt worden.

Wann und wie mit dem Bau des Bardowicker Domes begonnen wurde, ist unbekannt – und wird es wohl auch bleiben. Denn die Rache, die Heinrich der Löwe am 28. Oktober 1189 an dieser zu Wohlstand gekommenen Stadt genommen hat, vernichtete sämtliche schriftlichen Dokumente. Heinrich der Löwe, der Herzog von Sachsen und Bayern und damit der mächtigste Reichsfürst war, hatte seinem kaiserlichen Vetter Friedrich I. die erbetene Unterstützung eines Kriegszuges in Italien verweigert. Kaiser Friedrich – wegen seines roten Bartes Barbarossa genannt – verlor 1176 die Schlacht bei Legnano. Trotzdem war er noch stark genug, um Heinrich zu bestrafen: Er belegte ihn 1180 mit der Reichsacht und erklärte ihn seiner Herzogtümer für verlustig. Doch schon ein Jahr später söhnte sich der Kaiser mit ihm wieder aus und hob die Reichsacht auf. Heinrich erhielt aber nur seine mütterlichen Erbgüter in Sachsen zurück und nicht auch die seines bayerischen, im Kaiserdom von Königslutter beigesetzten Vaters Heinrich des Stolzen (s. „Der Kaiserdom von Königslutter"). Zudem mußte Heinrich der Löwe drei Jahre lang Sachsen meiden. Er ging nach England in die Heimat seiner

Der Dom von Bardowick erinnert noch heute an die Zeit, in der dieser Flecken nördlich von Lüneburg ein bedeutender Handelsplatz war. Schon die Langobarden hatten ihn zu ihrem Hauptsitz erkoren. Das Unheil brach über Bardowick herein, als sich seine Einwohner 1189 Herzog Heinrich dem Löwen gegenüber als feindselig erwiesen.

Heinrich der Löwe (1129–95), der Herzog von Sachsen und Bayern war, gehörte zu den bedeutendsten Herrscherpersönlichkeiten des deutschen Mittelalters. Er hat Gutes, aber auch Böses vollbracht. Zum Bösen gehört die Vernichtung Bardowicks. Unser Bild zeigt Heinrich auf der Säule eines Brunnens, der in Braunschweig auf dem Hagenmarkt vor der Katharinenkirche steht. Die Figur schuf 1872/73 der Bildhauer A. Breymann.

zweiten Frau. Nach seiner Rückkehr hatte er so viel an Ansehen verloren, daß ihm Bardowick, das sich nur noch dem Reich zugehörig fühlte, das Betreten der Stadt verwehrte. Darüber war Heinrich so erzürnt, daß er mit seiner Streitmacht – einer Sage zufolge einem Bullen durch eine Furt der Ilmenau und einer Schadstelle im Befestigungswall folgend – in die Stadt eindrang und alles niedermachen ließ, was sich ihm in den Weg stellte. Nach der Plünderung wurden die Häuser in Brand gesteckt. Von Bardowick, das neun Kirchen und Kapellen besaß und von der Fläche her größer als das damalige Lüneburg war, blieb nur ein Haufen rauchender Trümmer.

Es ist ein wahres Glück, daß vom Dom, der sich außerhalb des Stadtkernes befand, einige Bauteile dem brutalen Zerstörungswerk widerstanden. Dazu gehört vor allem der im westlichen Turmpaar noch heute vorhandene mächtige Abschluß der vormaligen romanischen Basilika, der in Niedersachsen seinesgleichen sucht. Das romanische Kirchenschiff wurde etwa 200 Jahre später durch eine gotische Halle ersetzt. Diesem hohen, mit Hilfe von Ablaßbriefen finanzierten Bauwerk gegenüber wirken die beiden Türme gedrungen. Sie sind im Erdgeschoß durch eine Vorhalle verbunden, die den Haupteingang zu diesem einst den Apostelfürsten Petrus und Paulus geweihten Gotteshaus bildet und Paradies genannt wird. In der Kirche sind der Hochaltar und das kunstvoll gearbeitete Chorgestühl besonders beachtenswert.

Über dem Südportal befindet sich der aus Holz geschnitzte, verbleite und vergoldete Löwe, den Heinrich der Löwe nach seiner Schreckenstat an der Südseite des Domes hatte aufstellen lassen. Er trägt die lateinische Inschrift „Vestigium leonis“. Dieses „Kennzeichen des Löwen“ besiegelte nicht nur das Schicksal Bardowicks, sondern des gesamten Sachsenlandes, das infolge des ungezügelten Machtstrebens Heinrichs in 54 Herrschaftsgebiete zerfiel, davon allein 40 im Bereich des heutigen Landes Niedersachsen. Bardowick konnte sich nicht wieder erholen – nicht zuletzt deshalb, weil Lüneburg und Lübeck in starken wirtschaftlichen Aufwind gekommen waren.

32

Wo Roswithas Stimme laut erklang

Der Dom von Gandersheim

Der Stadtkern von Bad Gandersheim mit seinen anheimelnden Fachwerkhäusern wird von der hohen doppeltürmigen Westfront des alten Münsters beherrscht. Das aus hellgrauem Kalkgestein aufgeführte Mauerwerk mit dem Hauptportal und der zwischen die beiden achteckigen Türme eingefügten Glockenstube läßt die auch Dom genannte Kirche als eine feste Burg Gottes erscheinen. Wer sie betrachtet, kann den Atem einer glanzvollen Geschichte spüren. Er entströmt auch dem Rathaus, das aus der einstigen Kirche St. Mauritius entstanden ist und mit seiner Fassade deren Turm umklammert. An diesem Ort, der von der Kreuzung zweier ehemals wichtiger Handelswege bestimmt wurde, entfaltete vor mehr als 1100 Jahren das Edelgeschlecht der Liudolfinger seine Macht und Herrlichkeit zur höheren Ehre Gottes und für das eigene Seelenheil. Dieses sächsische Geschlecht, das zu seiner Zeit alle anderen in deutschen Landen überragte, stellte von 919 bis 1024 fünf deutsche Könige, von denen vier auch die römische Kaiserkrone trugen. Der bedeutendste war Otto I., der seit seinem Sieg über die Ungarn auf dem Lechfeld vor den Toren Augsburgs „der Große" genannt wurde. Er warf die Fürstenaufstände nieder, erneuerte das abendländische Kaisertum und wurde der Schmied des Heiligen Römischen Reiches Deutscher Nation, das von 962 bis 1806 bestand.

Das Herz dieses Reiches schlug an der Gande, dem kleinen Flüßchen, das südwestlich von Lamspringe der Heberbörde entquillt und bei Kreiensen in die Leine mündet. Am Gandeübergang des vom Rhein zur Elbe führenden Helweges hatte 852 der in diesem Gebiet reich begüterte Graf und spätere Herzog Liudolf zusammen mit seiner frommen Gemahlin Oda ein Kanonissenstift gegründet mit dem Wunsch, daß es Gott geweihten Jungfrauen aus vornehmen Familien zur Heimstatt werden möge. Liudolf und Oda waren wie wenige Jahre später Widukinds Enkel Waltbert, der Graf des Lerigaues (s. „Die Alexanderkirche von Wildeshausen"), in der Zeit von 844 bis 846 mit großem Geleit nach Rom gereist, um von Papst Sergius II. die geplante Stiftsgründung sanktioniert zu bekommen. Zugleich wollten sie die Genehmigung einholen, daß ihre noch minderjährige Tochter Hathumod die Äbtissin wird. Der Papst erfüllte ihre Wünsche. So fand sich unter der Leitung Hathumods der erste Konvent der Kanonissinnen im Kloster Brunshausen zusammen, das bereits 780 knapp 2 Kilometer weiter nördlich auf einem beherrschenden Hügelvorsprung errichtet worden war und seit der Zeit der Sachsenkriege Karls des Großen Missionszwecken diente.

Mit dem Bau der Stiftsgebäude im sumpfigen Tal der Gande wurde 856 begonnen. Sie konnten 881 bezogen werden, nachdem die Stiftskirche vom Hildesheimer Bischof Wigbert geweiht worden war. Mit dem Umzug des Konvents wurden zugleich die Reliquien der Titelheiligen Anastasius und Innocentius, die das Stifterpaar aus Rom mitgebracht hatte, von Brunshausen in das neue Münster überführt. In ihm wurden auch die Gebeine des 866 verstorbenen Herzogs Liudolf und der Äbtissin Hathumod, die 874 das Zeitliche gesegnet hatte, beigesetzt. Oda fand hier ebenfalls ihre letzte Ruhestätte, jedoch erst 913. Sie starb im Alter von 107 Jahren. Doch mehr als der Tod bestimmte das Leben die Entwicklung dieses Stiftes, das 877 die Reichsunmittelbarkeit erlangte und unter den Schutz König Ludwigs des Jüngeren gestellt wurde. Zu diesem karolingischen König hatten Liudolf und Oda verwandtschaftliche Bande geknüpft, indem sie ihm Liutgard, ihre zweite Tochter, zur Frau gaben.

Als 919 mit Heinrich I., dem Enkel Herzog Liudolfs, die Sachsen auf den deutschen Königsthron kamen, begann die Glanzzeit des Reichsstiftes Gandersheim. In der Folge gab es keinen Kaiser einschließlich der Salier Heinrich III., IV. und V., die Gandersheim nicht zugetan gewesen wären. Das Stift erhielt reiche Schenkungen, die Äbtissinnen waren Töchter oder Nichten der Kaiser. Das Stift war kein abgeschiedenes Nonnenkloster. Vielmehr besaßen die Kanonissinnen Verbindung zur Welt, zu ihren Familien und zu Freunden, behielten ihr freies Eigentum und konnten auch wieder austreten, um zu heiraten. Vor diesem Hintergrund des Wohlstandes, der Prachtentfaltung und der relativ großen Freiheit ist auch das dichterische Wirken der berühmtesten Gandersheimer Kanonissin – Hrotsvitha – zu sehen.

Dieses Stiftsfräulein, das Legenden, Dramen und historische Epen in lateinischer Sprache schrieb, ist die erste Frauengestalt in der deutschen Literaturgeschichte. Allerdings ließ es sich noch nicht enträtseln, wer sie war und wie sie wirklich hieß. Sie selber hat in ihrem umfangreichen literarischen Werk an keiner Stelle etwas über ihr eigenes Leben berichtet. Nur ihren Namen Hrotsvitha, der sich inzwischen zu Roswitha wandelte, hat sie überliefert, und das sogar sechsmal. Mit diesem seltsamen Namen befaßte sich auch der Sprachforscher Jacob Grimm, der ältere der

beiden als Märchensammler berühmt gewordenen Brüder. Er deutete ihn als „lauten Klang“. Da sich Roswitha selber in der Vorrede zu ihren Dramen als „Clamor Validus Gandeshemensis“ – als „kraftvolle Stimme von Gandersheim“ – bezeichnete, wurde die

Lange bevor der Dom von Gandersheim seine wuchtige Turmfassade erhielt, schlug an der Gande schon das Herz des Heiligen Römischen Reiches Deutscher Nation und seines Schmiedes, Kaiser Otto des Großen. In Gandersheim lebte zu dieser Zeit auch Roswitha, die erste deutsche Dichterin, die den bedeutenden Kaiser sehr verehrte.

Das Roswithafenster im Dom von Gandersheim zeigt Stationen aus dem Lebenslauf der Dichterin. Das von Claus Wallner geschaffene Fenster wurde aus Anlaß des 1 000. Todestages Roswithas 1973 mit Hilfe von Spendengeldern der Gemeindemitglieder erstellt und vom damaligen Bundespräsidenten Dr. Gustav Heinemann enthüllt.

Vermutung geweckt, daß es sich um einen Decknamen im Sinne eines Künstlernamens gehandelt haben könnte. Auch ihr Geburts- und ihr Todesjahr sind unbekannt. Es wird angenommen, daß sie um 935 geboren wurde und einer vornehmen Familie entstammte, denn andernfalls wäre sie nicht in das Gandersheimer Stift aufgenommen worden. Möglicherweise war sie sogar mit dem Königshaus entfernt verwandt.

Roswitha – und das ist das Erstaunliche an ihr – war trotz ihrer von frommem Glauben erfüllten Umwelt ein Mensch, der mitten im Leben stand. Ihre Werke enthalten spannungsreiche Handlungen mit Konflikten, in denen sich Menschen bewähren oder versagen. Sie sind voll unmittelbarer Wirklichkeit, wie sie ihr das Klosterleben allein nicht hätte vermitteln können. Dem Kloster verdankte sie ihre Bildung und die Kenntnis der lateinischen Sprache. Doch was sie in der ihr eigentlich fremden Sprache darstellte und wie sie es tat, entsprang einer anderen Welt, die bis in die Niederungen verderbter Fleischeslust, des Ehebruchs und der käuflichen Liebe reichte. Dafür hat sie sich in der Vorrede zu ihren Dramen sogar entschuldigt. Sie schrieb: „Dies erregte nicht selten Scham in mir und ließ mich tief erröten, weil ich – durch diese Art der Darstellung gezwungen – den verabscheuungswürdigen Wahnwitz derer, die unerlaubter Liebe frönen, und ihre schmeichlerischen Reden, die uns nicht einmal zu Gehör kommen dürfen, in meinem Geist erwogen und mit dem Griffel niedergeschrieben habe“.

Eines ihrer Dramen heißt „Fall und Buße Marias, der Nichte des Einsiedlers Abraham“. Der Fall dieses Mädchens besteht darin, daß es sich von einem Schelm im Mönchsgewand verführen läßt und schließlich in einem Bordell landet. Der Einsiedler Abraham verkleidet sich als Ritter und geht in das Freudenhaus, wo ihm Maria zuerst durchaus liebebereit und von der Stimmung ihrer lasterhaften Umgebung besessen entgegenkommt. Doch dann erkennt sie ihren Onkel und auch die Schandbarkeit des Lebens, das sie im Bordell führt. Sie bereut und büßt. Ein anderes Beispiel dafür, welche Gedanken sich hinter der verschleierten Stirn Roswithas tummelten, ist die „Bekehrung der Dirne Thais“. Dieses leichte Mäd-

Der Roswithabrunnen vor dem Gandersheimer Stiftsgebäude hält den Höhepunkt im Leben der Dichterin fest: Die Überreichung ihres Werkes an Kaiser Otto den Großen. Diese Szene ist einem Kupferstich Albrecht Dürers nachempfunden.

Bevor das Stift Gandersheim gegründet wurde, bestand bereits 2 Kilometer weiter nördlich das Kloster Brunshausen. Diese auf einem Hügelvorsprung gelegene Fuldaer Missionszelle ist die älteste klösterliche Niederlassung Niedersachsens.

chen läßt sich vom Einsiedler Pafnutius zwar zu Buße bewegen, weigert sich aber zuerst, sich zu diesem Zweck in eine enge dunkle Zelle einmauern zu lassen. Als ablehnenden Grund legte ihr Roswitha in den Mund: „Was läßt sich Häßlicheres denken, als aller Notdurft dieses Leibes an einem und demselben Ort genugzutun? Gar bald wird ohne Zweifel des häßlichen Gestankes wegen die Zelle unbewohnbar sein".

Für eine Frau adliger Herkunft gehörte sicherlich Mut dazu, Gedanken aus dem Pfuhl des Lebens zu schöpfen. Doch die Gandersheimer Dichterin tat es nur, um das Reine und Erstrebenswerte um so deutlicher davon abheben zu können. Sie mahnte die Menschen zum Gebet, die Jungfrauen zur Keuschheit und schilderte immer wieder die Schrecken der Hölle, vor denen sie ihre Mitwelt zu bewahren suchte. Ihre Gedanken schwangen sich aber auch zu Hohem und Hehrem auf. Das zeigt sich besonders im Epos, in dem sie die Taten Kaiser Ottos des Großen feierte, den sie verehrte und bewunderte. Wie der Zeitpunkt ihres Ablebens ist auch unbekannt, wo Roswitha starb und wo sie beigesetzt wurde. Das Vermächtnis ihres schöpferischen Geistes liegt in Form einer zeitgenössischen Handschrift in der Bayerischen Staatsbibliothek in München.

Die Verbindung des Reichsstiftes Gandersheim mit den Kaisern ging im 12. Jahrhundert allmählich verloren. Von 1208 an war das Stift dem päpstlichen Stuhl in Rom unterstellt. In jener Zeit erstreckten sich die Besitzungen des Stiftes von der Elbe bis zum Rhein sowie nach Thüringen und Franken. Trotz dieser Bedeutung gelang es dem Stift nie, ein eigenes Herrschaftsgebiet herauszubilden. Zu Beginn des 14. Jahrhunderts verlor es seine weltliche Macht an die Herzöge von Braunschweig–Lüneburg, denen es 1317 erstmals gelang, eine ihrer Prinzessinnen zur Äbtissin wählen zu lassen. Unter der Herrschaft der welfischen Landesfürsten wurde Gandersheim zu einer neuen Blüte geführt. Ihre starke Hand war es auch, unter der die Stadt entstand. Herzog Julius wollte sogar die Residenz von Wolfenbüttel nach Gandersheim verlegen, was ihm das Reichsstift mit Unterstützung durch Kaiser Maximilian II. verwehrte. Der Herzog setzte aber 1568 im Stift die Reformation durch, die 1589 vollkommen vollzogen war.

Anschließend waren dem Stift noch viele glanzvolle Jahre beschieden, bis Napoleon einen Schlußstrich zog. Er hob 1806 die staatliche Selbständigkeit Braunschweigs auf und gliederte das Land in das Königreich Westfalen seines Bruders Jerome ein. Er ließ aber das Stift Gandersheim noch bestehen, bis die letzte Äbtissin 1810 starb. Nur die Stiftskirche, die im Laufe der Jahrhunderte mehrfach durch Brand geschädigt und immer wieder erneuert worden war, vermochte ihre Bestimmung als Gotteshaus zu wahren. 1952 kam eine weitere Bestimmung hinzu: Ihre beherrschende Westfront wurde zur Kulisse für die jährlich stattfindenden Gandersheimer Domfestspiele, die mit ihrer künstlerischen Aussage und ihren berühmten Darstellern eine Spitzenstellung im deutschen Raum erreicht haben.

33

Ein jugendlicher Märtyrer wirkte Wunder

Die Alexanderkirche in Wildeshausen

Wo die alte Flämische Straße, die heutige Bundesstraße 213, die Hunte überquerte, entstand die erstmals 851 als Wigaldinghus erwähnte Stadt Wildeshausen. Sie wird auch die Widukindstadt genannt, weil in der Nähe dieses wichtigen Hunteüberganges ein Herrenhof des vielgerühmten Sachsenherzogs lag. Dieser Hof gehörte um die Mitte des 9. Jahrhunderts bereits dem Enkel Widukinds, dem Grafen Waltbert. Mit diesem edlen Sproß begann die eigentliche Geschichte Wildeshausens. Er war in jungen Jahren von seinem Vater Wikbert, dem einzigen Sohn Widukinds, nach Aachen an den Hof Kaiser Lothars I. geschickt worden, um unter der Elite der fränkischen Gesellschaft erzogen zu werden. Dabei erlangte Waltbert Einsichten in die geistigen und politischen Strömungen seiner Zeit, die ihn prägten und später sein Handeln als Graf des Lerigaues bestimmten.

Besonders schmerzlich berührte Waltbert eine Erschütterung des Sachsenlandes, die durch eine Empörung von Freien und Halbfreien gegen den Adel ausgelöst worden war. Zur Niederschlagung des Aufstandes wurden 154 Anführer enthauptet oder gehängt, und vielen ihrer Gefolgsleute wurden die Ohren, Nasen oder Finger abgeschnitten. Nach diesen grausamen Geschehnissen war Waltbert nur noch darauf bedacht, derartigen Auseinandersetzungen vorzubeugen. Den Weg dazu sah er in einer Festigung des christlichen Glaubens. Dazu – so meinte er – benötige er eine wunderwirkende Reliquie, die nur in Rom zu beschaffen war. Er bat Kaiser Lothar um Unterstützung. Als Waltbert im Sommer 850 die beschwerliche Reise nach Rom antrat, war er mit einem Schreiben des Kaisers an Papst Leo IV. ausgestattet. Zusätzlich hatte ihm der Kaiser zwei weitere Schreiben mitgegeben, von denen sich das eine an seinen Sohn Ludwig, der König von Italien war, und das andere an dessen Vasallen, Statthalter, Bischöfe, Äbte, Grafen und Zöllner richtete. Diese Schreiben wiesen die Adressaten an, für ein sicheres Geleit zu sorgen.

Waltbert traf im Herbst 850 in Rom ein. In der Audienz beim Papst berichtete er über die bedrükkenden Probleme in seiner sächsischen Heimat und wie er sie zu lösen gedachte. Der Papst ging voller Verständnis auf seine Bitte ein und schenkte ihm neben einigen anderen Reliquien die Gebeine des Heiligen Alexander. Dieser war einer der sieben unmündigen Söhne der vornehmen Römerin Felicitas, die der Legende nach alle wegen ihrer Glaubensstärke bei der Christenverfolgung unter Kaiser Diokletian den Märtyrertod erlitten hatten. Wie es heißt, soll Alexander enthauptet und in den Katakomben Roms verscharrt worden sein.

Der jugendliche Märtyrer bewies bereits auf der Rückreise Waltberts seine wundertätige Kraft. Überall, wo der feierliche Zug anhielt, strömten Menschen herbei, um das mit Tüchern verhüllte Haupt des Heiligen zu küssen. Sie glaubten, daß ihnen dadurch die Sünden vergeben würden. Blinde hätten wieder sehen, Taube wieder hören und Lahme wieder ihre Glieder bewegen können. Die Kunde von den Wundern – es sollen 29 gewesen sein – eilte dem Grafen und seinem Heiligen voraus. Als der Zug am 7. Januar 851 Wildeshausen erreichte, hatten sich auch hier viele Gläubige eingefunden, um das große Ereignis mitzuerleben und vielleicht auch ein wenig von der Wundertätigkeit abzubekommen. Diese Geschehnisse sind bis in Einzelheiten bekannt, weil die Fuldaer Mönche Rudolf und Megingard die „Translatio Sancti Alexandri", das heißt die Überführung des Heiligen Alexander, als Reporter im Auftrag des Grafen Waltbert ausführlich beschrieben haben.

Die Reliquien wurden in der Wildeshauser Kirche sorgsam aufbewahrt, und das Gotteshaus selbst wurde unter den Schutz des Heiligen gestellt. Zu diesem Zeitpunkt war die Kirche wie andernorts auch noch ein schlichter Holzbau. Als aber immer mehr Gläubige kamen, ließ Graf Waltbert auf dem hohen Geesthügel am Westufer der Hunte anstelle der alten eine neue und zugleich größere Kirche errichten. Das kam auch der Entwicklung des Ortes zugute. Denn die Scharen der Wallfahrer lockten auch Kaufleute und Handwerker an, so daß sich in Wildeshausen Handel und Wandel zu entfalten begannen.

Der Ort Wildeshausen und der Lerigau gehörten zur Diözese Osnabrück. Doch schon am jenseitigen Ufer der Hunte begann der Largau und mit ihm die Diözese Bremen. Diese Nachbarschaft hatte seltsame Auswirkungen. In der Bischofsstadt an der Weser verfolgte man das Geschehen in Wildeshausen mit sorgenvollem Neid. Die bange Frage wurde immer bohrender: Übt der Wildeshauser Heilige mehr

Die auf einem Geesthügel an der Hunte errichtete Alexanderkirche ist der letzte große Basilikabau Norddeutschlands. Seltsam ist, daß man nicht weiß, wann, wie und von wem dieses mächtige Gotteshaus erbaut wurde. Mit seinen Stiftsgebäuden und der Umfassungsmauer ähnelt es einer Domburg.

Der 55 Meter hohe Turm der Alexanderkirche in Wildeshausen erhebt sich weithin sichtbar über seinen wuchtigen Westbau. Dieser trug vormals zwei Türme, die jedoch 1214 und 1219 eingestürzt sind. Der heutige Turm erlitt im Kriegsjahr 1945 schwere Schäden.

Anziehungskraft aus als ihr eigener? Bischof Ansgar von Bremen entschloß sich zu einer Gegenmaßnahme und ließ 861 den Leichnam seines seliggesprochenen Vorgängers Willehad unter großem Gepränge in den neuen, aus Feldsteinen hochgemauerten Bremer Dom überführen. Aber nicht genug! Bischof Ansgar tat es den Fuldaer Mönchen Rudolf und Meginhard gleich: Er griff zum Federkiel und verfaßte eine „Translatio Sancti Willehadi". In dieser Schrift spielte Ansgar die wundertätige Kraft des Wildeshauser Heiligen herab und jubelte die seines bremischen hoch. Er behauptete sogar, daß es Willehad gelungen sei, Krankenheilungen zu vervollkommnen, die Alexander zuvor nur halb gelungen waren.

Über solche Art Konkurrenzkampf mag man heute lächeln. Doch damals wurden Wunder sehr ernst genommen. Zudem lag die nüchterne Rechnung zugrunde, daß mit der Zahl der angelockten Pilger sowohl die Einnahmen der Kirche als auch die Umsätze von Handel und Handwerk in Kirchennähe stiegen. Aber wirtschaftlich konnte sich Wildeshausen mit Bremen ohnedies nicht messen. Die Verkehrslage am Weserstrom war weitaus günstiger als die an der vom holländischen Deventer und Oldenzaal über Nordhorn, Lingen und Cloppenburg nach Hamburg und Lübeck führenden Flämischen Straße. Dennoch erlebte auch Wildeshausen seinen Aufstieg. Davon zeugt die heutige Alexanderkirche, die schon die dritte auf dem Geesthügel an der Hunte ist. Sie ähnelt mit ihren Stiftsgebäuden und der Umfassungsmauer einer Domburg, ohne jemals eine gewesen zu sein.

Merkwürdig ist, daß man nicht weiß, wann, wie und von wem dieses mächtige, aus Granitquadern, Portsandstein und Ziegeln errichtete Gotteshaus geschaffen worden ist. Um eine Antwort auf diese Fragen zu finden, wurden das 12. und 13. Jahrhundert wissenschaftlich durchleuchtet. Doch über die Baugeschichte dieser einzigen Basilika im Oldenburger Land wurde kein Sterbenswörtchen entdeckt. Die Bemühungen, durch bauliche Anhaltspunkte Licht in das Dunkel zu bringen, ergaben, daß die Alexanderkirche überhaupt der letzte große Basilikabau in ganz Norddeutschland ist und im zweiten Viertel des 13. Jahrhunderts entstanden sein muß. Die später in Norddeutschland erbauten Gotteshäuser waren entweder schlichte Saalkirchen oder Hallenkirchen. Die Hallenkirche besitzt gleich hohe Schiffe, während bei der Basilika das Mittelschiff überhöht ist.

Eine Urkundennachricht aus dem Jahre 1635 besagt, daß die Alexanderkirche 1214 zwei Türme besaß. Diese sollen während der Bauzeit der dritten Kirche eingestürzt sein. Die dritte Kirche bekam nur noch einen Turm, der dafür um so größer wurde. Er erhebt sich über dem wuchtigen Westbau bis in 55 Meter Höhe und ist damit weit sichtbar. Bei den letzten Kriegshandlungen im Frühjahr 1945 verlor er seine Spitze und brannte völlig aus. Doch bereits 1948/49 konnte er neu errichtet werden.

Die Alexanderkirche hat nach ihrer Glanzzeit in den ersten Jahrhunderten überhaupt viel erdulden müssen. Während der Reformationszeit wechselte im Gebiet von Wildeshausen die Konfession so häufig, daß die Bevölkerung bald lutherisch, bald päpstlich beten mußte. Besonders schlimm war es im Dreißigjährigen Krieg, in dem Wildeshausen mehrmals von Heerhaufen überfallen und ausgeraubt worden ist. Dabei wurden 1623 die geistlichen Häuser an der Alexanderkirche von Mansfelder Reitern zerstört, und 1632 waren es Truppen des schwedischen Generals Baudissin, die in Wildeshausen einfielen und die Stadt ausplünderten. Der General selbst stahl in der Alexanderkirche silberne Statuen von Jesus und den zwölf Aposteln und ließ die Gebeine des Heiligen Alexander in die Hunte werfen. Ein Kaplan soll versucht haben, die einst so verehrten Reliquien zu retten. Das sei ihm aber mißlungen. Er soll bei seiner Rettungsaktion ertrunken sein.

34

Vom Heiligen findet sich keine Spur

Die Osdagkirche in Mandelsloh

Obgleich die Kirche St. Osdag in Mandelsloh im Kreis Hannover nur auf Sand gebaut ist, besitzt sie eine sehr sichere Grundlage. Sie wurde rund 13 Kilometer nordöstlich von Neustadt am Rübenberge auf einer Geestzunge errichtet, die links der Leine in deren Talaue vorstößt. Noch nie kam den Mauern der Kirche ein Hochwasser dieses einst sehr ungebärdigen Flusses nahe, der mitunter auch heute noch über seine Ufer tritt. Diese nach 1155 zur Zeit Heinrichs des Löwen im romanischen Stil errichtete kreuzförmige Pfeilerbasilika kann für sich in Anspruch nehmen, der erste monumentale Backsteinbau Nordwestdeutschlands zu sein. Den wuchtigen quadratischen Turm aus Raseneisenstein erhielt sie allerdings erst 1494. Mit diesem trutzigen Gemäuer wurde der vorherige Wehrturm ersetzt, der 1376 in einer Kampfhandlung des Lüneburger Erbfolgekrieges zerstört worden war. Im Gegensatz zum festen Fundament des Mandelsloher Gotteshauses steht die Legende auf schwachen Füßen, die von seiner Stiftung berichtet. Fromme Wünsche überflügelten die Wirklichkeit. Der Wahrheitsgehalt, den die Legende besitzt, erinnert an ein bedeutsames Ereignis der frühchristlichen Geschichte Niedersachsens: an eine blutige Schlacht der Sachsen gegen die Normannen.

Einer Sage nach fand diese Schlacht am 31. Juli 880 in der Nähe von Ebstorf im Kreis Uelzen statt. Die Normannen waren mordend, plündernd und sengend in den Bardengau eingedrungen und konnten vom kleinen Heer des Gaugrafen nicht zurückgeschlagen werden. Die Greueltaten der Eindringlinge seien so furchtbar gewesen, daß die Kunde davon das ganze Sachsenland erschreckte. Da habe Herzog Bruno – der Onkel von König Heinrich I. – zum Schutz des Landes den sächsischen Heerbann nach Braunschweig einberufen. Von allen Seiten seien die Grafen mit ihren Mannen herangezogen, und überall hätten die Geistlichen den Krieg gegen die heidnischen Mordbrenner gepredigt. Die Bischöfe Dietrich von Minden, Ehrenhilf von Verden, Gottesbrecht von Osnabrück und Leuthard von Paderborn seien an der Spitze ihrer Hilfsscharen herbeigeeilt. Was dann weiter geschah, schildert die Sage bis in grausamste Einzelheiten: Kampfesgetümmel, Blitz und Donnerschlag, erdrückende Übermacht der Normannen, Tod des Sachsenherzogs Bruno und seines jüngeren Bruders Dankward, wilde Flucht in morastiges Land und das ruhmlose Ende von zwei Bischöfen, zwölf Grafen und vielen ihrer Gefolgsleute. In der Überlieferung heißt es: „Die wenigen Sachsen, welche sich gerettet hatten, durchzogen das Land und erzählten wehklagend von der unglücklichen Schlacht bei Ebbekestorpe“. Diese Schlacht gab es wirklich. Doch ob sie bei Ebstorf und am 31. Juli stattgefunden hat, stößt auf Zweifel. Mit „Ebbekestorpe“ soll nicht Ebstorf gemeint sein, sondern Eppendorf, das heute ein Stadtteil von Hamburg ist, und das Datum sei der 2. Februar 880 gewesen. Diese unterschiedlichen Orts- und Zeitangaben mögen hier aber dahingestellt bleiben, zumal sie nur einen geringen Bezug zur Osdag-Legende haben.

Nach dieser Legende soll an der Verteidigung der Grenzen des ostfränkischen Reiches jener Zeit auch Herzog Osdag von Burgund teilgenommen haben. Burgund gehörte damals ebenso wie Sachsen zum ostfränkischen Reich. Um die Verbindung mit den Sachsen möglichst eng zu halten, hatte der Frankenkönig Ludwig III. eigens die Schwester des Sachsenherzogs Bruno geheiratet und diesem die Verteidigung der sächsischen Marken anvertraut. Daß auch Franken an der Schlacht gegen die Normannen beteiligt waren, hielt schon Leopold von Ranke, der Begründer der modernen Geschichtswissenschaft, in seiner zwischen 1875 und 1886 verfaßten „Weltgeschichte“ fest. Er schrieb: „Das sächsisch-fränkische Heer ist von den Normannen vernichtet worden, wo aber und wie das geschehen ist, läßt sich nicht mehr erkennen... Der gesamte sächsische Heerbann, der Herzog, die Grafen, die Bischöfe und ihre fränkischen Kampfgenossen sind dabei umgekommen.“

Unter den Toten – so besagt die Legende – habe sich auch der Burgunderherzog Osdag befunden. Dessen Schwester soll versucht haben, den Leichnam auf einem Wagen in die Heimat zu überführen. Dies sei jedoch zu beschwerlich gewesen. Als bei Mandelsloh die Pferde bockten, habe sie darin ein göttliches Zeichen gesehen, an diesem Ort den toten Bruder beizusetzen. Dazu habe sie den Geestvorsprung an der Leine gewählt und darauf eine Grabeskapelle sowie eine prächtige Kirche errichten lassen. Zutreffend ist, daß in Mandelsloh ein stattliches Gotteshaus entstand. Doch von einem Herzog Osdag oder von einem Heiligen dieses Namens findet sich keine Spur – weder in den Fuldaer Annalen, die die Namen der in der Normannenschlacht gefallenen sächsischen Noblen überliefert haben, noch im Verzeichnis der Heiligsprechungen im Vatikan. So muß angenommen werden, daß die Legende frei erfunden wurde, wie es zu jener Zeit auch andernorts geschah.

Die Osdagkirche in Mandelsloh, die zur Zeit Heinrichs des Löwen als kreuzförmige Pfeilerbasilika errichtet wurde, ist der erste monumentale Backsteinbau Nordwestdeutschlands. Ihren Namen verdankt die Kirche einem burgundischen Herzog, den es samt seiner Heiligsprechung nur in Legendenform gab.

Sinn dieser Legendenschöpfungen war, die Grabstätten der angeblichen Märtyrer oder sogar Heiligen zu Wallfahrtsorten zu machen und dadurch die Frömmigkeit der Bevölkerung, die um die Mitte des 14. Jahrhunderts im Bistum Minden stark nachgelassen hatte, wieder zu beleben. Der Kirche in Mandelsloh kam der erfundene Heilige sehr gelegen. Denn mit der wiedererweckten Frömmigkeit vermehrten sich die Opfergaben und damit die Möglichkeit, die Kirche auszuschmücken. Eine Frage für sich ist, wie man auf den Namen Osdag kam.

Der Münchener Historiker Dr. Hans Rieckenberg, ein gebürtiger Mandelsloher, fand heraus, daß Osdag ein in einem sächsischen Adelsgeschlecht häufig vorkommender Name war, der im 9. und 10. Jahrhundert vielfach in Urkunden genannt worden ist. Verfolgt man den Namen weiter zurück, wird auch sein Ursprung deutlich. Namen mit der Endsilbe „dag" wie Eldag, Voldag, Hardag, Odag, Riddag und andere mehr werden den Cheruskern zugerechnet. Sie kennzeichnen noch heute in Verbindung mit „hausen", „husen" oder abgeschliffen „sen" den zwischen Teutoburger Wald und Harz gelegenen Siedlungsbereich dieses germanischen Volkes, dessen Name im ersten nachchristlichen Jahrhundert zu Lebzeiten des Arminius (s. „Zwischen Porta und Angrivarierwall") in das Blickfeld der Geschichte trat und wenige Jahrzehnte später wieder verschwand. Die Orte mit „dag"-Namen sollen Sitze cheruskischer Edelinge gewesen sein.

Der Name Osdag ist also nicht aus der Luft gegriffen. Ebenso wie die Cherusker im Stamm der Sachsen aufgingen, ist auch dieser Name sächsisch geworden und wurde dann im 11. Jahrhundert zusammen mit anderen althergebrachten Namen von christlichen Vornamen verdrängt. Demnach konnte es durchaus möglich gewesen sein, daß ein Edler namens Osdag die Kirche in Mandelsloh gestiftet sowie mit Landbesitz ausgestattet hat und später hier auch begraben wurde. Über seine Grabstätte wurde 1393 zur Zeit des nachgelassenen Glaubenseifers erstmals berichtet, und zwar durch den Mindener Domherrn Heinrich Tribbe in der jüngeren Mindener Bischofschronik. Seltsam ist aber, daß dieses Grab nie gefunden wurde – auch nicht bei den sorgfältigen Ausgrabungen, die im Jahre 1975 von Dr.-Ing. Ulfrid Müller, dem Leiter des Amtes für Bau- und Kunstpflege der Ev.-luth. Landeskirche Hannovers, im Kirchenraum vorgenommen worden sind. Müller äußerte nach Abschluß der Arbeiten die Meinung, daß die Frage wohl immer offen bleiben werde, ob es dieses Grab in der Mandelsloher Kirche tatsächlich gegeben hat oder nicht. Die Grablage sei bestimmt worden, um der Legende einen wahrhaftigen Anblick zu geben.

Auch wenn das Grab nur im Glauben bestanden haben sollte, hatte es doch sehr reale Auswirkungen. Die Legende fand einen so starken Widerhall, daß der Heilige Osdag in Mandelsloh im späten Mittelalter als Patron verehrt wurde. Sein Patrozinium hat sogar die 1543 vollzogene Reformation überdauert und ist bis heute lebendig geblieben. Besucher der Kirche können an der Südwand des Chores das Bild eines Mannes in Ritterrüstung sehen, das um die Mitte des 15. Jahrhunderts gemalt worden ist. Die Vermutung geht dahin, daß es den Mandelsloher Lokalheiligen darstellt. Zudem ist sein Name in der lateinischen Form „Osdacus" neben den Namen anderer Heiliger in den Beckenrand des 1512 gefertigten Taufsteins eingemeißelt. Die Wandmalereien im Chorraum, die von den Zwölf Aposteln beherrscht werden, enthalten auch eine mittelalterliche Darstellung des Jüngsten Gerichtes mit einem Walfisch als Hölle. Die St. Osdag-Kirche ist täglich von 9 bis 18 Uhr für jedermann geöffnet.

Dieses Bild an der Südwand des Chors, das einen Mann in Ritterrüstung zeigt und um die Mitte des 15. Jahrhunderts gemalt worden ist, stellt allem Anschein nach den Heiligen Osdag dar. Das Patrozinium des erfundenen Heiligen hat sogar die Reformation überdauert und ist bis heute lebendig geblieben. Als wie wirklich der Heilige Osdag begriffen wurde, beweist auch der 1512 gefertigte Taufstein der Madelsloher Kirche. In seinen Beckenrand ist neben den Namen anderer Heiliger auch der des Osdacus eingemeißelt. Unser Bild läßt auch einen Teil der Ausmalung des Chorraumes erkennen.

35

Lewer doot as Slav

Der Rimbertstein zu Norden

Sucht man auf dem Boden des heutigen Niedersachsens nach offenen Fragen der Geschichte, so stößt man auch auf Ereignisse, die sich im Jahre 884 im ostfriesischen Norderland zugetragen haben sollen. Es war die Zeit, in der immer wieder räuberische Normannen das damalige Karolingerreich heimsuchten, dem seit Karl dem Großen neben dem sächsischen Siedlungsraum auch die Friesenlande einverleibt waren. Die Normannen waren Dänen und Norweger, die noch den heidnischen Göttern anhingen. Ihr oberster Gott war Odin, der Gott des Krieges. Er erfüllte sie mit Todesmut, denn er versprach ihnen die Aufnahme in seine Walhalla, wenn sie im Kampfe fielen. Von diesem Glauben durchdrungen, wurden die Normannen kühne Seefahrer, denen keine Küste zu weit war. Aber sie dachten nicht nur an mutiges Kämpfen und den Einzug in das Heldenparadies, sondern ebenso sehr an das Beutemachen.

Die Normannen durchzogen mordend und plündernd das Karolingerreich, und niemand vermochte sie daran zu hindern (s. „Die Osdagkirche in Mandelsloh"). In diesem Reich hatte sich die Macht der Herrschenden in Bruderzwisten so geschwächt, daß kein entschiedener Widerstand organisiert werden konnte. Selbst Karl III., der 881 zum Kaiser gekrönt wurde und noch einmal das westliche und das östliche Frankenreich unter seinem Zepter vereinte, war unfähig, die bis Paris vorgedrungenen Normannen mit Waffengewalt zurückzuschlagen. Stattdessen überhäufte er sie mit Gold, damit sie freiwillig und friedlich abzögen. Doch diesen Wunsch erfüllten sie ihm nicht. Sie wurden nur noch gieriger.

Waren Ostfriesen die ersten, die sich den vermeintlich Unbezwingbaren energisch widersetzten und sie in offenem Kampf besiegten? Haben sie tatsächlich 10 377 dieser grausamen Räuber in einer Schlacht getötet, die 884 bei Norden stattgefunden haben soll? Hat das Gebet des Bremer Erzbischofs Rimbert, der die Schlacht miterlebte, das Wunder des Sieges bewirkt? Würden sich diese Fragen – von heroischer Übertreibung und tiefgläubiger Verbrämung befreit – um einen wahren Kern ranken, dann hätten die Ostfriesen jener Zeit nicht nur sich selbst geholfen, sondern auch einen entscheidenden Beitrag zur europäischen Geschichte geleistet. Sie hätten dem späteren Kaiser Arnulf, dem tüchtigsten und fähigsten Nachfolger Karls des Großen im Frankenreich, ein nachahmenswertes Vorbild für richtiges Verhalten gegenüber den Normannen geliefert. Arnulf, der vordem Markgraf von Kärnten war, stellte sich mit dem fränkischen Heer den nordischen Raubgesellen ebenfalls zum offenen Kampf und besiegte sie 891 in der Schlacht bei Löwen, dem heutigen Leuven in der belgischen Provinz Brabant.

Aber beruhten die Geschehnisse bei Norden wirklich auf Tatsachen? Das hat schon mancher angezweifelt, der sich mit diesem Abschnitt der Geschichte näher befaßte. Zu ihnen gehörte der Sillensteder Pastor Carl Woebcken, der einer der besten Kenner der Vorgänge an der Nordseeküste war. Er vertrat in seinem 1932 erschienenen Buch „Das Land der Friesen und seine Geschichte" die Meinung, daß „die Marsch bei Norden der entlegenste Winkel in ganz Friesland war, der Fremde weder als Siedler noch als Räuber anlockte". Aus diesem und aus weiteren Gründen hielt er es für sehr unwahrscheinlich, daß hier eine Normannenschlacht stattgefunden hat. Woebcken bezweifelte nicht im geringsten, daß es an der friesischen Küste eine derartige Schlacht im Beisein des Erzbischofs Rimbert von Bremen gegeben hat. Aber er war der Überzeugung, daß sich die Normannen „schwerlich die ärmste Gegend an der Küste für ihre Landung ausgesucht haben dürften. Marsch mit großen, reichen Dörfern reizte sie mehr". Deshalb vermutete er, daß mit dem schriftlich überlieferten Namen „Nordwidi" nicht Norden, sondern Nordwierde im Lande Wursten gemeint sei. Doch für diese Annahme gibt es keinen konkreten Hinweis (s. „Die Pipinsburg bei Sievern").

Zu anderen Schlußfolgerungen als Woebcken gelangte der Norder Heimatforscher Fritz Freese, der die Ergebnisse seines Quellenstudiums zu dem 1976 erschienenen Roman „Lewer doot as Slav" für jedermann anschaulich verwob. Leider sind die geschichtlichen Quellen nicht ergiebig genug, um in dem Roman die Ereignisse so darstellen zu können, wie sie wirklich waren. Stattdessen ist nur aufgezeigt, wie sie gewesen sein könnten. Das aber ist dem Autor auf Grund seines reichen Wissens und seines phantasievollen Nachempfindens wohlgelungen. Durch die geschickte Art seiner Schilderung konnte er auch glaubhaft machen, daß die Normannen von der Emsmündung aus mit ihren schnellen Drachenbooten das Norderland ansteuerten, in der Hilgenrieder Bucht an Land gingen und hier auf den heftigsten Widerstand der Bewohner und ihrer Mitstreiter aus den Nachbargauen trafen.

Die Hilgenrieder Bucht, die im 15. Jahrhundert eingedeicht wurde, reichte zur Zeit des normanni-

schen Angriffs nordöstlich von Norden tief in das Binnenland bis an den Geestrand. Erzbischof Rimbert soll von dem Geesthügel aus, an dem in Norden die Ludgerikirche steht, das Kampfgetümmel verfolgt und im Gebet – auf einem Stein kniend – den Sieg der Ostfriesen herbeigefleht haben. Die Schlacht sei von ihnen nicht nur gewonnen worden, sondern es sei auch noch ein Wunder geschehen: Als sich der allseits verehrte Erzbischof erhob, wurde sichtbar, daß seine Knie in den harten Stein Male eingedrückt hatten.

Rimbert hat über die blutigen Vorgänge bei Norden in Briefen an Erzbischof Luitbert von Mainz und

Von dem Geesthügel aus, an dem in Norden die Ludgerikirche steht, soll Erzbischof Rimbert von Bremen die in der Hilgenrieder Bucht ausgetragene Schlacht verfolgt und den Sieg der Ostfriesen über die Normannen erfleht haben. Dabei kniete er auf einem Stein, in den sich der Sage nach seine Knie eingedrückt haben.

an seinen Freund Bovo, der Abt des Benediktinerklosters Corvey war, berichtet. Das geht aus den Annalen des Klosters Fulda und auch aus den Büchern des Chronisten Adam von Bremen eindeutig hervor. Doch die Inhalte beider Briefe sind weder da noch

dort wiedergegeben, und die Briefe selbst konnten bislang nirgends aufgefunden werden. So kann man auch nicht wissen, was in und bei Norden zu jener Zeit wirklich geschah. An die merkwürdige Tatsache der fehlenden Briefe knüpfte Freese die Frage, ob sie vielleicht unterschlagen worden sind, weil nicht sein durfte, was war, nämlich daß die einfachen Ostfriesen ohne sachkundige Führung von Kriegsherren aus den Ständen der hohen Machthaber diesen Erfolg errangen, der den Mächtigen bis dahin im Kampf gegen die Normannen versagt geblieben war. Die von Adam von Bremen überlieferte Zahl, daß 10 377 Normannen erschlagen worden seien, wurde von Freese als zu hoch erachtet. Aber auch die Hälfte oder ein Viertel dieser Zahl wären Zeugnis eines überragenden Erfolges.

Über den Rimbertstein, in den nach Adams Aufzeichnungen der betende Erzbischof seine Knie eingedrückt haben soll, ist nicht mehr viel bekannt. Er soll noch um die Mitte des vorigen Jahrhunderts vorhanden gewesen sein, und zwar habe er seitwärts des Hauptportals der Ludgerikirche vor der Seitentür gelegen. Dann sei er verschwunden, wobei niemand weiß wohin. An seiner einstigen Stelle oben auf dem Kirchhof von St. Ludgeri findet man heute einen anderen vor, den „Warzenstein“, in dessen Vertiefungen sich Regenwasser sammelt, das gegen Warzen heilkräftig wirken soll. Daß es sich bei diesem Stein trotz aller anderen Vermutungen vielleicht doch um den sagenhaften Rimbertstein handeln könnte, ist nicht auszuschließen. Seit der Anwesenheit Rimberts auf dem Norder Kirchhofshügel soll sich dessen

Könnte der Stein, der noch heute auf dem Norder Geesthügel liegt, der sagenhafte Rimbertstein sein, obgleich er „Warzenstein“ heißt und ihm eine andere Bedeutung zugeschrieben wird? Seine Eintiefungen beflügeln die Phantasie und erinnern an die wundersame Begebenheit während der Normannenschlacht des Jahres 884.

Gelände der Sage nach durch fortwährendes Grün auszeichnen. Heute jedenfalls ist er noch von grünem Rasen bedeckt.

Die Normannenschlacht bei Norden soll eine weitere, realere Auswirkung gehabt haben, die bis in die Gegenwart reicht. In ihr soll der Ursprung der Theelacht zu Norden zu suchen sein, einer Gemeinschaft von Bauern, die als die älteste ihrer Art in ganz Europa gilt. Sie sei – so heißt es – von den Edelingen, die an der Schlacht teilgenommen haben, gebildet worden, um das Land an der Hilgenrieder Bucht, das sich durch den Bau von kleinen Dämmen ständig vergrößerte, gemeinsam zu nutzen. Um 1800 besaß die Theelacht noch rund 1 200 Hektar Land, das nach den Feststellungen des Theelachters Rudolf Folkerts aus Marienhafe, der seit Jahren Syndikus der Vereinigung ist, vorher erheblich größer war. Viel Land sei an Kirchen, Klöster und Landesherren verschenkt worden. Heute sind es nur noch 450 Hektar. Die Mitgliedschaft in der Theelacht wird noch immer wie seit mehr als 1 000 Jahren nach strengem Theelrecht vererbt. Die Theelkammer, in der sich die Theelachter in jedem Schaltjahr am Tage Johanni Baptist – dem 24. Juni – zur Regelung ihrer Geschäfte treffen, befindet sich im Alten Rathaus in Norden.

36

Mächtige Reichsfeste wie vom Erdboden verschluckt

Der Werlahügel bei Schladen

Etwa 2 Kilometer nördlich des einstigen Grafensitzes Schladen erhebt sich am Westrand des Urstromtales der Oker in steilem Anstieg der Kreuzberg. Diese 108 Meter hohe tafelförmige Erhebung stellt den Rest einer Terrassenhochfläche dar, die in der Saale-Kaltzeit aus Harzschottern aufgeschwemmt worden war und später in der Weichsel-Kaltzeit mit Lößlehm überdeckt wurde. Ihr östlichster Teil, der als halbkreisförmiger Geländesporn weithin auffallend in die breite Okeraue vorspringt und sie um 18 Meter überragt, ist der Werlahügel. Dieses markante Landschaftsgebilde trug einst die größte Burganlage des Sachsenlandes, von der aus im 10. und zu Beginn des 11. Jahrhunderts die deutsche Geschichte maßgeblich mitbestimmt wurde. Die Anlage bestand aus einer Hauptburg und zwei Vorburgen, war turmbewehrt ummauert und besaß prächtige Gebäude. Heute ist von dieser mächtigen Reichsfeste außer einigen Unebenheiten im grasbewachsenen Erdboden nichts mehr zu sehen. Lediglich ein einsamer, von drei Linden überschatteter Granitblock kündet mit seiner aus zwei Wörtern bestehenden Aufschrift davon, daß sich hier die berühmte Kaiserpfalz Werla befunden hat.

Dieser Hügel an der Oker, der Ausgrabungen zufolge bereits seit der jüngeren Steinzeit besiedelt war, diente in der um das Jahr 600 begonnenen sächsischen Zeit der Wahrscheinlichkeit nach als Versammlungsstätte der Ostfalen. So wie bei Marklo an der Weser die Vertreter des gesamten Sachsenstam-

Nördlich von Schladen erhebt sich über die Oker der Werlahügel, auf dem sich einst die größte Burganlage des Sachsenlandes befand. Sie war von König Heinrich I. zur Festung ausgebaut worden, um das Sachsenland besser gegen die einfallenden Ungarn schützen zu können.

An die einst mächtige Reichsfeste, die unter der Bezeichnung „Kaiserpfalz Werla“ in die Geschichte einging, erinnert heute neben einigen Unebenheiten im grasbewachsenen Boden nur noch dieser von drei Linden überschattete Granitblock.

mes – Westfalen, Ostfalen, Engern und Nordleute – zusammenkamen (s. „Die Weserterrasse bei Marklohe“), sollen auf dem Werlahügel die Ostfalen ihre nur sie betreffenden Angelegenheiten erörtert und geordnet haben. Mit dieser mutmaßlichen Nutzung als Thingstätte wurde die erste Deutung des Namens Werla in Verbindung gebracht. Dabei wurde angenommen, daß die zweite Silbe „la“ wie in vielen anderen Fällen nur von „lah“ oder „loh“ kommen könne, womit man früher einen lichten Wald, einen Hain, bezeichnete. Und in der Silbe „wer“ sah man den Begriff für Mann, wie ihn auch das urverwandte lateinische Wort „vir“ zu erkennen gibt und wie er in den deutschen Wörtern Werwolf und Wergeld bis heute lebendig geblieben ist. Demnach wäre Werla ein Männerwald gewesen. Doch dieser Deutung wurde widersprochen. Es handle sich vielmehr um einen Gewässernamen, der von einem kleinen Zufluß der zur Oker strebenden Warne zuerst auf ein daran gelegenes Dorf und dann weiter auf die Burg übertragen worden sei. Dieser Bach, der „Werila“ – das Warnelein – genannt worden sei, heißt heute „Hille Beke“ und mündet in Werlaburgdorf etwa 2 Kilometer nordwestlich des Werlahügels in die Warne.

Das Wort Werla wurde von dem Mönch Widukind im ältesten Kloster des Sachsenlandes, der Reichsabtei der Benediktiner in Corvey an der Oberweser, erstmals schriftlich festgehalten. Widukind, der von 925 bis 973 lebte und von der Bedeutung des Sachsenstammes wie auch seiner Herrscher tief beeindruckt war, überlieferte in drei Büchern die bis dahin bekannte Sachsengeschichte. Seine Bewunderung galt vor allem auch Herzog Heinrich aus dem Geschlecht der Liudolfinger (s. „Der Dom von Gandersheim“), der als erster Sachse die deutsche Königswürde erlangte. „Herr Heinrich sitzt am Vogelherd recht froh und wohlgemut; aus tausend Perlen blinkt und blitzt der Morgenröte Glut...“ Dieses volkstümliche Gedicht von Johann Nepomuk Vogl, einem 1802 in Wien geborenen österreichischen Beamten, besingt lobpreisend den Aufstieg Heinrichs und hält ihn als liebenswerten, verehrungswürdigen Menschen in Erinnerung.

Als Herrscher war König Heinrich I. zielstrebig, geschickt und voller Tatkraft. Ihm gelang es, die Herzogtümer Sachsen, Franken, Bayern, Schwaben und Lothringen zu vereinigen – eine Leistung, durch die er zum Gründer des Reiches der Deutschen wurde. Und er war es auch, der die Burg auf dem Werlahügel zur Festung ausbauen ließ. Voll Ingrimm hatte Heinrich 919 zu Beginn seiner Regierungszeit miterleben müssen, wie die Ungarn – die Nachfahren der Hunnen – in das Sachsenland einfielen und hier nach Belieben morden, plündern und brandschatzen konnten. Er erkannte mit beängstigender Deutlichkeit, daß er mit seinem wenig beweglichen Bauernheer den flinken Reiterhorden unterlegen war. Auch 924, als die Ungarn wieder einbrachen, vermochte er ihnen nicht in offener Feldschlacht zu begegnen. Zur Abwehr dieser gnadenlosen Räuber konnte er sich nur in die Burg Werla zurückziehen, damit sie anrennen mußten und sich entkräfteten. Da geschah etwas, das man das „Wunder von Werla“ nennt, durch das der Kampf zugunsten Heinrichs entschieden wurde.

Den Sachsenkriegern war es gelungen, einen ungarischen Fürsten zu fangen und gefesselt vor ihren König zu führen. Dieser Fürst war bei seinem Steppenvolk so beliebt, daß die Ungarn für seine Freilassung eine große Menge Gold und Silber boten. Heinrich verschmähte jedoch das Lösegeld und forderte stattdessen Frieden. So kam ein Vertrag zustande, in dem sich die Ungarn gegen Rückgabe des Gefangenen und materielle Beigaben zu neun Jahren Frieden verpflichteten. Diese Waffenruhe nutzte Heinrich zur Aufstellung einer schlagkräftigen Streitmacht mit einer Reitertruppe als Kern. Außerdem ließ er zahlreiche Fluchtburgen bauen sowie die Klöster und Stifte umwallen und die Mauern der Städte erneuern. 932 hielt sich Heinrich für stark genug, den mit den Ungarn geschlossenen Vertrag mißachten zu können. Er verweigerte ihnen weiteren Tribut. Das empörte sie so sehr, daß sie 933 erneut in Thüringen und Sachsen einfielen. Dieses Mal konnte ihnen Heinrich mit zwei kampfstarken Heeren entgegenziehen. Das kleinere ließ er an der Werra aufmarschieren und das größere, dem erstmalig in der Reichsgeschichte auch bayerische und schwäbische Kontingente angehörten, an der Unstrut. Als die Steppenkrieger diese wohlgerüstete und disziplinierte Streitmacht sahen, machten sie kehrt und ließen sich viele Jahre lang nicht mehr blicken.

Nach Heinrichs Tod wurde sein ältester Sohn als Otto I. deutscher König und römischer Kaiser. Auch er, der 955 in der Schlacht auf dem Lechfeld bei Augsburg die Ungarn endgültig bezwang, besaß starke Bindungen zur Werla. Die Burg avancierte mit seinem Aufstieg von der Königs- zur Kaiserpfalz. Wie aus Chroniken hervorgeht, hat Otto I. hier viele Regierungsgeschäfte erledigt. Ebenso hat sein Nachfolger Kaiser Otto II., dessen Wirkungskraft allerdings nicht an die des Vaters und des Großvaters heranreichte, auf der Werla mehrere bedeutende Urkunden ausgestellt. Otto III. schließlich, der letzte der Ottonen, wurde als Jugendlicher in der Pfalz Werla 983 von königstreuen Fürsten des Reiches auf den Schild gehoben. Dieser König und Kaiser, dessen Mutter die byzantinische Prinzessin Theophanu war, träumte davon, Rom zum Mittelpunkt eines Großreiches der christlichen Kirche zu machen, wobei er sich mehr und mehr von seinem Stammland Sachsen entfernte. Doch mit seinem frühen Tod wurden auch diese Pläne zu Grabe getragen. Ihm folgte 1002 Heinrich II. auf den Thron, der ein Großneffe Ottos I. und Herzog von Bayern war. Auch er, den man den „Heiligen“ nannte, wurde von den Fürsten des Reiches in der Pfalz Werla zum Herrscher gekürt.

So sah diese Burg immer wieder große, glanzvolle Tage. Doch das änderte sich, als Kaiser Heinrich II. die Pfalzverwaltung von der Oker an die Gose verlegte. Seitdem unter Otto I. im Rammelsberg am Nordrand des Harzes die Erzgruben erschlossen worden waren und immer mehr Gewinn abwarfen, kehrten auch immer häufiger die Kaiser in Goslar ein, bis sie sich hier sogar ganz niederließen. Die Burg Werla trat nur noch einmal voll in das Licht der Geschichte, als 1180 Kaiser Friedrich Barbarossa an der alten Thingstätte an der Oker die Adligen des Sachsenlandes davor warnte, seinem politischen Gegenspieler, dem Sachsenherzog Heinrich dem Löwen, noch länger Gefolgschaft zu leisten. Dann begann die Werla wieder in das Dunkel zu versinken und kam kein weiteres Mal mehr heraus. Das Mauerwerk verfiel, die Steine wurden von der Bevölkerung des Umlandes abgetragen und neuen Bauvorhaben zugeführt. Der Platz der Werla geriet in Vergessenheit.

Von König Heinrich I., der das Reich der Deutschen schuf, gibt es nur ein einziges Bildnis aus seiner Lebenszeit. Es ist in eine Gebetsstuhlwange geschnitzt, die aus der Kirche des um die Mitte des 10. Jahrhunderts von Heinrichs Gattin Mathilde in Pöhlde im südlichen Harzvorland gegründeten Klosters stammt. Diese Gebetsstuhlwange steht in der Niedersächsischen Landesgalerie Hannover.

In den zwanziger Jahren des laufenden Jahrhunderts hat der Schladener Lehrer Franz Kaufmann lange gebraucht, bis es ihm gelang, das nur noch aus alten Urkunden bekannte Pfalzgelände in der Natur wiederzuentdecken. Daß es sich auf dem Hügel an der Oker tatsächlich um die spärlichen Reste der wie vom Erdboden verschluckten Kaiserpfalz Werla handelt, bestätigten die wissenschaftlichen Grabungen, die von 1934 bis 1939 und wieder von 1957 an vorgenommen worden sind. Sie brachten vieles an den Tag, jedoch nicht alles. So birgt der Werlahügel heute noch manches Geheimnis.

37

Wiege der Grafschaft Oldenburg?

Die Hügelburg von Elmendorf

Das Zwischenahner Meer ist das Herz des Ammerlandes. Dieses nach dem Steinhuder Meer und dem Dümmer drittgrößte Binnengewässer Niedersachsens, das sich in einem Erdfall über einem ausgelaugten Salzstock gebildet hat, lockte mit seinem Fischreichtum schon in der Steinzeit Menschen an. Sie haben rund um den mehr als 5 Quadratkilometer großen See Spuren in Form von Geräten aus Feuerstein hinterlassen. So wurden — an mehreren Stellen sogar gehäuft — Messer, Schaber, Kratzer und Pfeilspitzen gefunden. Aber auch Hacken und Beile aus Hirschgeweih sowie Harpunen und Angelhaken aus Knochen gehören zur Hinterlassenschaft dieser frühen Menschen. Im dritten Jahrtausend vor Christus wurden die herumziehenden Jäger und Sammler allmählich seßhaft — Vorgänge, die sich im Gebiet um das „Ammersche Meer" aber nur erahnen lassen. Selbst in den Jahrhunderten nach Christus, als sich schon rund um den See dörfliche Siedlungen entwikkelt hatten, verschließt sich noch Vieles dem Zugriff der Forschung. So ist auch das Wissen über die drei merkwürdigen Hügel am Nordufer des Zwischenahner Meeres voller Lücken. Es sind die „drei Berge", auf die der spätere Ortsname Dreibergen zurückgeht. Selber werden die Hügel jedoch zur näheren Kennzeichnung mit dem Ortsnamen Elmendorf verbunden, der älter ist als sie.

Zu dem Wenigen, was man über die drei Hügel weiß, gehört das, was man sieht. Man kann erkennen, daß sie nicht natürlich entstanden, sondern von Menschenhand aufgeschüttet wurden. Auf den ersten Blick könnte man sie für Hügelgräber halten. Aber das sind sie nicht. Man weiß auf Grund von Untersuchungen, daß sie die Reste einer Hügelburg darstellen. Solche Wehranlagen, die auch Motten genannt werden, waren im Mittelalter seit dem 11. Jahrhundert von den britischen Inseln bis in das östliche Deutschland verbreitet. Sie wurden in feuchten Gebieten errichtet, in denen Burgen in Form von Ringwällen keinen Halt fanden und in den Boden sanken. Im sumpfreichen Ammerland gab es noch weitere solcher Hügelburgen. Doch die von Elmendorf ist die einzige, die sich wenigstens in Resten erhalten konnte. Sie dürfte auch die bedeutendste gewesen sein und einstmals den Mittelpunkt des Ammerlandes gebildet haben. Professor Dr. Heinrich Schmidt, Mitherausgeber der „Geschichte des Landes Oldenburg", vermutet, daß „schon im 9. Jahrhundert nördlich des Zwischenahner Meeres, im späteren Burggelände von Dreibergen, ein adliger Hof angelegt worden war".

Um sich ein Bild von der Burg Elmendorf zu machen, bedarf es einiger Phantasie. Die Befestigungsanlage scheint aus einem flacheren Vorburghügel und aus zwei höheren Turmhügeln bestanden zu haben, die sowohl einzeln als auch insgesamt von Wassergräben umgeben waren. So gesehen, war die Hügelburg von Elmendorf eine Vorläuferin der Wasserburgen, wie sie später vielerorts erbaut worden sind. Über die Gräben der Elmendorfer Burg führten Stege und Brücken, die beweglich waren, so daß sie bei drohender Gefahr eingezogen werden konnten. Die Gebäude auf den Hügeln waren aus Holz errichtet. Eines davon war offenbar ein mächtiger Wohnturm, der — wie die Untersuchungen ergeben haben — einen zwölfeckigen Unterbau besaß. Dieser Turm, der auf dem höchsten Hügel stand, dürfte einen weiten Blick über das ebene Land ermöglicht haben. Von ihm aus konnte auch der Fernweg überwacht werden, der unweit der Burg von Osten nach Westen durch das Ammerland führte und dem Handelsverkehr zwischen dem Wesergebiet und Ostfriesland diente.

Noch weniger als über die Burg weiß man über ihren Erbauer. Ein Zusammenhang wird mit dem Grafen Egilmar I. gesehen, der — wie der ehemalige Oldenburger Staatsarchivdirektor Dr. Hermann Lübbing in dem 1979 erschienenen Buch „Geschichte des Landes Niedersachsen" schrieb — „aus dem sogenannten Osnabrücker Nordland stammte und der eigentliche Begründer des Oldenburger Grafenhauses ist". Egilmar führte den Titel „Comes in confinio Saxoniae et Frisiae", das heißt „Graf im Grenzgebiet Sachsens und Frieslands". Seine Lebenszeit fiel hauptsächlich in die zweite Hälfte des 11. Jahrhunderts, doch seine Aufgabe hatte ihren Ursprung bereits in einer Begebenheit des Jahres 988. Damals besuchte König Otto III., der zu diesem Zeitpunkt noch nicht zum Kaiser gekrönt war, gemeinsam mit dem Bremer Erzbischof Adaldag Wildeshausen, das als Grafensitz des Lerigaues eng mit dem Herrscherhaus des Heiligen Römischen Reiches Deutscher Nation verbunden war. Über Wildeshausen hatten die Herzöge in Sachsen aus dem Geschlecht der Billunger Hoheitsrechte. Da aber die Billunger ihre Hauptmacht in ihrem Stammgebiet Lüneburg konzentriert hatten und von dort aus Wildeshausen nur unzulänglich verwalten konnten, übertrugen sie ihre Vogteirechte einem im Hasegau ansässigen und möglicherweise mit ihnen verwandten Adelsgeschlecht.

Wann dies geschah, ist nicht überliefert. Mit großer Wahrscheinlichkeit kann jedoch angenommen werden, daß das im Grafentitel gekennzeichnete Grenzgebiet zwischen Sachsen und Friesland der Ammergau war, in dem sich sächsische und friesische Bevölkerungsteile verzahnten. So konnte auch der Gedanke nahegelegen haben, als Grafensitz den Mittelpunkt dieser Grenzmark zu wählen, und das war der am Nordufer des Zwischenahner Meeres vermutete alte Adelshof. Hier konnte sich Graf Egilmar mit der Errichtung der Hügelburg von Elmendorf eine sichere Heimstatt geschaffen haben. Wenn es sich tatsächlich so verhalten hätte, wäre diese Hügelburg die Wiege der späteren Grafschaft Oldenburg gewesen. Aber in dieser Hinsicht tappt die Forschung im dunkeln. Als gesichertes Wissen kann nur gelten, daß dieses Gebiet noch zum sächsischen Siedlungsteil des Ammerlandes gehörte. Das bezeugt eine Eintragung der Rasteder Chronik, auf die der Sillensteder Pastor Carl Woebcken, der unermüdliche, 1965 im Alter von 87 Jahren verstorbene friesische Heimatforscher, in seinem 1932 erstmals erschienenen Buch „Das Land der Friesen und seine Geschichte“ hingewiesen hat.

Dieser Eintragung zufolge war ein Brüderpaar aus edlem Stamm wegen seines hochstrebenden Sinnes aus Friesland vertrieben worden. Hochstrebend bedeutet, daß sie sich Ritter nannten. Bei den Friesen

Im sumpfreichen Ammerland gab es mehrere Hügelburgen, von denen sich die von Elmendorf als einzige in Resten erhalten konnte. Ihre drei Hügel, die von Wassergräben umgeben und mit Wehrtürmen bestückt waren, findet man am Nordufer des Zwischenahner Meeres. Ihre Errichtung wird mit Egilmar I., dem Begründer des Oldenburger Grafenhauses, in Verbindung gebracht.

jener Zeit — es geht hier um die erste Hälfte des 12. Jahrhunderts — wurde nicht geduldet, daß sich einer über den anderen erhebt (s. „Der Upstalsboom in Aurich“). Die beiden Brüder fanden im Ammerland am Zwischenahner Meer eine Stätte, an der sie bleiben konnten. Möglicherweise war diese Stätte die Hügelburg Egilmars. Wie die im Rasteder Benediktinerkloster geführte Chronik weiter berichtet, sind die Brüder miteinander in Streit geraten, und einer von ihnen hat den anderen erschlagen. Als Sühne stiftete der überlebende 1134 die Kapelle zu Elmendorf. Wie er hieß, ist nicht überliefert — er wurde nur „der Friese“ genannt. Diesen Namen trug das Geschlecht von Frese in die Zukunft. Einer der Nachfahren des ersten „Friesen“, Viktor von Frese, kehrte 1488 nach Ostfriesland zurück und erwarb durch Heirat die nördlich von Emden liegende Wasserburg Hinte, die noch heute der Familie von Frese gehört.

Als das Brüderpaar aus Friesland nach Elmendorf kam, hatte Graf Egilmar die Hügelburg bereits wie-

Der Chor der Johanneskirche von Bad Zwischenahn, in dem sich ein figurenreicher, farbenprächtiger Kreuzigungsaltar befindet, ist im 15. Jahrhundert aus dem Abbruchmaterial der verfallenen Elmendorfer Kapelle erbaut worden. Allein das Hauptbild des Altars – Golgatha – beinhaltet 50 Personen und 13 Pferde, die über die Felsterrassen des Kalvarienberges verteilt sind.

der verlassen. Denn er hatte es — etwa um 1100 — für besser erachtet, seinen Herrschaftssitz an die Hunte zu verlegen. Wo dieser von Süden aus dem Wiehengebirge kommende Fluß nahezu rechtwinklig nach Osten abbiegt und zur Weser strebt, befand sich an der Einmündung der Haaren bereits seit dem 8. Jahrhundert eine Siedlung, bei der eine Wallburg errichtet worden war. Dieser Wehrbau war auf einem Geestsporn so geschickt angelegt, daß er von angreifenden Feinden nicht eingesehen werden konnte. Zu dem strategischen Vorteil kam noch ein wirtschaftlicher. Hier am Hunteknie, an dem der westfälische Lerigau, der friesische Ammergau und der engrische Largau zusammenstießen, befand sich ein von Kaufleuten vielbenutzter Flußübergang. Zudem belebte sich mit dem aufblühenden Handel der Verkehr auf der Hunte. Es war viel weniger beschwerlich, die Waren mit Booten zu transportieren, als sie über die schlechten Wege zu karren. So kamen immer mehr Kaufleute an diesen Umschlagplatz mit der erfreulichen Folge für den Grafen, daß seine Zolleinnahmen immer größer wurden. Von der alten Burg, die Egilmar hier vorgefunden hatte, erhielt die Stadt Oldenburg ihren Namen. Bei den Friesen hingegen hieß diese Burg „Omersburch". Dieser Name, der „Ammersche Burg" bedeutet, findet sich in den „Friesischen siebzehn Küren", in denen um 1038/39 Kaiser Konrad II. die Anerkennung des freien Standes aller Friesen bestätigte und ihnen eine freie Landstraße von Jever nach Süden bis zur Omersburch gewährte.

Die Hügelburg von Elmendorf war für Graf Egilmar wie auch für seinen Sohn Egilmar II. so gut wie vergessen. Deren Sinnen und Trachten hatte sich mehr und mehr auf die Ausweitung ihres Grundbesitzes gerichtet. Für dieses Bestreben kam ihnen die Versippung mit dem Hochadel zugute. Ihre Familientradition konnte sich auf die Herkunft aus dem Geschlecht Widukinds stützen. Die Grafschaft Oldenburg wurde immer größer und die Burg, aus der ein Schloß wurde, immer stattlicher. Graf Christian I., der Sohn Egilmars II., kämpfte gegen Heinrich den Löwen, um sich von der welfischen Oberhoheit zu befreien. Mit dem Sturz des Löwen 1180, der das Ende des sächsischen Stammesherzogtums bedeutete, wurde die Grafschaft Oldenburg unabhängig, und 1448 trat sie mit der Wahl von Graf Dietrichs des Glücklichen Sohn Christian zum König von Dänemark in die europäische Geschichte ein. Weiteren Glanz für das Haus Oldenburg brachten im 16. und 17. Jahrhundert die Grafen Johann VII. und sein Sohn Anton Günther (s. „Der unterirdische Gang von Jever" und „Der Westturm von Wangerooge").

Auf die Burg von Elmendorf findet sich im Buch der Geschichte nur noch ein einziger Hinweis. Dieser geht auf das Jahr 1331 zurück, als das Oldenburger Grafenhaus von den Herren von Elmendorf die Burg und weitere Güter am Zwischenahner Meer im Tausch gegen Besitzungen bei Vechta erwarb. Von diesem Zeitpunkt an verfielen die Burggebäude, und die drei Hügel begannen zu verrotten. Die Oldenburger Grafen benötigten seit der Mitte des 14. Jahrhunderts — seit der Niederschlagung des Stedinger-Aufstandes 1234 in der Schlacht bei Altenesch (s. „Das Kloster Hude") — keine Burg mehr, um innerhalb ihres Herrschaftsbereiches ihre Macht zu wahren. Um so notwendiger waren für sie fortan Befestigungsanlagen an den Grenzen.

38

Das Siatudanda des Ptolemäus?

Stade und sein Spiegelberg

Wo einst die Schwinge in die Elbe mündete, entstand auf einem in das breite Urstromtal der Elbe vorspringenden Geestrücken die Stadt Stade. Als nördlichste Aufwölbung dieses Geestrückens galt lange der Spiegelberg. Dieser Hügel, der sein Vorland um rund 11 Meter überragt und heute Wohnhäuser trägt, soll einst mit seiner Burg den alten Stader Hafen und den hier möglicherweise schon im Altertum vorhandenen Handelsplatz geschützt haben. Stade — der Name bedeutet Gestade und auch Hafen — gehört allem Anschein nach zu den ältesten Siedlungen Niedersachsens, aus denen Städte wurden. Obwohl offiziell als erste Erwähnung Stades das „Stethu" gilt, das sich in der Chronik des Bischofs Thietmar von Merseburg in Verbindung mit dem grausamen Wikingereinfall des Jahres 994 findet, könnte schon das „Siatudanda", das Claudius Ptolemäus um 150 nach Christus überlieferte, das Gestade an der Schwingemündung bezeichnet haben.

Dieser berühmte Geograph, Astronom und Mathematiker, der in Alexandria in Ägypten lebte, bezog seine Kenntnisse über das nördliche Germanien aus den Aufzeichnungen, die die Römer nach ihren in den Jahren um Christi Geburt zu Wasser und zu Lande vorgenommenen Erkundungen angefertigt hatten. Das Expeditionsheer unter dem Kommando von Nero Claudius Drusus war auf dem Landwege bis zum Höhbeck an der Elbe im äußersten Osten des heutigen Landes Niedersachsen vorgestoßen (s. „Das Kastell auf dem Höhbeck"), die römische Flotte unter dem Kommando von Tiberius Claudius Nero, dem älteren Bruder des Drusus, erkundete die Elbe von der Nordsee aus (s. „Der Geestsporn von Cadenberge"). Bei diesem Vorstoß im Jahre 5 nach Christi Geburt, der — das Wissen darüber ist sehr mangelhaft — bis Lauenburg gereicht haben soll, können die Römer durchaus auf einen Hafenplatz gestoßen sein,

Der Spiegelberg am Stader Hafen, der heute Wohnhäuser und hohe Kastanienbäume trägt, ist die nördlichste Aufwölbung des Stader Geestrückens. Auf der Suche nach der ersten Stader Burg wurde die Entdeckung gemacht, daß der Spiegelberg nur zu einem geringen Teil eine natürliche Erhebung ist und zum größten Teil von Menschenhand aufgeschüttet wurde.

dessen Namen ihre Ohren als „Setudanda“ oder „Siatudanda“ verstanden. Mit dieser Möglichkeit ist allerdings nicht bewiesen, daß es sich tatsächlich um das alte Stade gehandelt hat. Umgekehrt ist aber auch nicht bekannt, welcher Ort sonst gemeint gewesen sein könnte.

Die Frage ist noch immer offen, seit wann die Stader Geestzunge besiedelt ist. Als sicher kann nur gelten, daß Stade älter ist, als es das amtlich geltende Gründungsjahr der Stadt ausweist. Das geht auch aus der Merseburger Chronik hervor. Ihre über „Stethu“ und den Wikingereinfall in lateinischer Sprache abgefaßten Angaben sind zwar nur knapp, enthalten aber Hinweise auf eine „Urbs“ und einen „Portus“. Der um die Erforschung der Geschichte Stades verdiente Archivdirektor Dr. Jürgen Bohmbach äußerte in dem Buch „Auf den Spuren des alten Stade“ die Ansicht, daß in diesem Falle „Urbs“ mit Burg oder Befestigung und „Portus“ mit Hafenmarktanlagen zu übersetzen seien. Sie würden als Kernbegriffe auf eine schon etwas ausgedehntere Siedlung hinweisen. Doch über die Siedlungsteile selbst ist in der Chronik Thietmars, der dem Harsefelder Grafengeschlecht — den Grafen des Heilangaues — entstammte und Augenzeuge des Massakers von 994 war, nichts zu finden.

Über die Lage und das Aussehen des Stader Hafens in seiner Frühphase ist ebenfalls nichts Näheres bekannt. Zu jener Zeit gab es weder Ufermauern noch Kräne, Lagerschuppen und andere Einrichtungen, die Spuren hätten hinterlassen können. Die flachen Kähne wurden zum Entladen und Beladen einfach aus der Schwinge auf das sanft ansteigende Ufer gezogen und dort festgemacht. Die Händler waren Krämer im Sinne dieses Wortes. „Kram“ war die Bezeichnung für ein auf dem Markt aufgeschlagenes Zelt, in dem die Handelswaren untergebracht waren und — soweit nötig — auch noch handwerklich veredelt wurden. Als ebenso fraglich wie die genaue Lage des Schiffsanlandeplatzes erwies sich der Standort der Burg, von der in der Merseburger Chronik als „Urbs“ die Rede ist. Wie man bis vor wenigen Jahren glaubte, konnte sie sich nirgends anders als auf dem Spiegelberg befunden haben, zumal auch dessen Name einen Fingerzeig enthält. Er wurzelt im lateinischen Wort „specula“, das eine Anhöhe oder Warte zum Spähen bezeichnete. Demnach wäre der Spiegelberg ein Spähberg gewesen, der als Ausguck diente. Der Meinung, daß sich auf dem Spiegelberg die von Bischof Thietmar erwähnte Burg befunden hatte, lag eine noch einleuchtendere Annahme zugrunde: An diesem Hügel mußte jeder — ob Freund oder Feind — vorbei, der über die Schwinge in das Stader Land gelangen wollte. Hierher zielte schon der „Ochsenweg“, der in der im 6. Jahrhundert aufgezeichneten Didriksaga erwähnt ist. Dieser frühgeschichtliche Heerweg zog sich von der Spitze Jütlands und den dänischen Inseln nach Süden bis nach Itzehoe. Dort wurde in das Boot umgestiegen und die Elbe von der Mündung der Stör aus in Nord-Süd-Richtung bis zur Mündung der Schwinge überquert. Von hier aus führten dann auf der Geest nach Nordwesten, Südwesten, Süden und Südosten Wege, die die heutigen Straßen von Stade nach Cuxhaven, nach Bremen, nach Hannover/Braunschweig und nach Harburg/Lüneburg vorzeichneten. Es gab schon Überlegungen, ob hier nicht auch die ersten Sachsen aus ihrem vormaligen holsteinischen Siedlungsgebiet über die Elbe gekommen sein könnten.

Der vorbehaltlos als Wahrheit empfundene Glaube, die erste Burg Stades habe sich auf dem Spiegelberg befunden, geriet 1982 ins Wanken. Dem Stadtarchivar Bohmbach war bei Untersuchungen zur Geschichte des Stader Klosters St. Georg mehr und mehr bewußt geworden, daß der Standort dieser ersten Burg der Georgsberg gewesen sein muß. Dieser 12 Meter hohe Geesthügel, der relativ steil zur Schwinge abfällt, ist vom Spiegelberg rund 400 Meter entfernt. Was aber befand sich dann auf dem Spiegelberg? Da in Stade die Stadtkernforschung mit viel Tatkraft betrieben wird, beschloß man, dieser Frage mit Hilfe einer archäologischen Untersuchung schnellstmöglich nachzugehen. Begonnen wurde 1985 mit einer Rammkernsondierung, die zur Überraschung aller Beteiligten ergab, daß an dieser vermeintlich nördlichsten Erhebung des Stader Geestrückens von Menschenhand nicht nur — wie vordem angenommen wurde — Erde wurtartig 4 Meter hoch aufgeschüttet worden war, sondern mehr als 10 Meter. Und das bedeutet, daß nahezu der gesamte Spiegelberg ein künstliches Gebilde ist.

Nun wollte man es noch genauer wissen. Zu diesem Zweck wurde auf dem Spiegelberg ein Ausgrabungsschacht angelegt. Die Untersuchung, die bis in das Jahr 1988 reichte, bestätigte, daß sich die „Urbs“ — die Befestigungsanlage aus der Zeit des Wikingerüberfalles — tatsächlich nicht auf dem Spiegelberg befunden hat. Das schließt allerdings nicht aus, daß es an dieser Stelle — bevor der Hügel aufgeschüttet wurde — eine Burg gegeben haben kann. Träfe dies zu, wäre es eine Niederungsburg im sumpfigen Marschland gewesen, die dann wahrscheinlich durch einen Erddamm mit der Siedlung verbunden gewesen wäre. Eine Burg auf dem aufgehöhten Spiegelberg entstand erst nach dem Wikingereinfall. Denn dieses blutige Ereignis nahmen die Harsefelder Grafen zum Anlaß, im Jahre 1010 ihren Sitz nach Stade zu verlegen. Sicherlich wollten sie dem Einfallstor in ihr Land, der Mündung der Schwinge in die Elbe, näher sein und zudem die Vorteile nutzen, die ihnen hier die Zunahme von Handel und Verkehr bot. In der Burg auf dem Spiegelberg wurde eine Kirche errichtet und dem Heiligen Pankratius geweiht. Burg und Kirche wurden 1747 abgerissen. Angemerkt sei noch: Eine Spur, die auf das Siatudanda des Ptolemäus hinweisen könnte, wurde bei der Grabung auf dem Spiegelberg nicht entdeckt.

39

Festung mit dunkler Vergangenheit

Die Iburg im Osning

Die Iburg, die ein Schloß und ein Kloster gutnachbarlich auf engem Raum vereinte, ist das geschichtlich bedeutsamste Bauwerk des Osnabrücker Landes. Von ihr aus wurde dieses im Westen Niedersachsens liegende, sich vom Hahnenmoor im Norden bis in die Westfälische Bucht im Süden erstreckende Gebiet rund 600 Jahre lang bis 1673 regiert. Die großen Bauten mit ihren weithin sichtbaren roten Ziegeldächern sind auf einem an drei Seiten steilen Felsen hoch über einem Paß, der sich in den Südkamm des Osnings bogenförmig eingeschnitten hat, errichtet. Die alte Paßstraße, die an dieser Stelle den Osning – den westlichen Teil des Teutoburger Waldes – durchquert und Osnabrück mit Münster verbindet, wurde zur heutigen Bundesstraße 51. Fürstbischöfe, die im Schloß der Iburg residierten, strahlten mit ihrer Macht zugleich geistliche Gelehrsamkeit aus, und die Benediktinermönche des Klosters verbreiteten tiefe Gläubigkeit. Die Geschichte von Schloß und Kloster ist mit der des Sachsenlandes und der des Heiligen Römischen Reiches Deutscher Nation eng verwoben. Sie läßt sich bis in das 11. Jahrhundert zurückverfolgen. Doch was vorher war, ist nahezu unbekannt.

Es kann nur vermutet werden, daß sich auf dem steilen Bergsporn bereits eine frühmittelalterliche Befestigungsanlage befunden hat. Diese Vermutung stützt sich auf einige Anmerkungen des Abtes Norbert, der von 1085 bis 1117 dem Kloster vorstand und das Leben und Wirken des Klostergründers Bischof Benno II. ausführlich beschrieb. Von diesem dritten Abt des Klosters Iburg erfährt man, daß der Berg in alten Zeiten stark befestigt, mit trefflichen Siedlungen geziert, dreifach umwallt und von Gängen unterhöhlt war. Die Iburg sei sehr wichtig und bedeutend gewesen und habe zur Zeit Kaiser Karls des Großen dem „Sachsenkönig" Widukind als Stätte gedient, von der aus er den Widerstand gegen die Franken organisierte. Nach der Eroberung des Sachsenlandes durch die Franken sei die Iburg zerstört und der Berg in eine Einöde verwandelt worden. Aber auch schon vor Karl dem Großen fand die Iburg Erwähnung. Denn bereits König Pippin der Kurze, der Vater Karls, hatte 753 versucht, die Iburg zu erobern. Bei diesem mißlungenen Vorhaben wurde der Bischof Hildegar, der Pippin begleitete, erschlagen.

Mehr ist über die alte Iburg nicht bekannt. Auch ihr Name ist noch nicht enträtselt. Am nächstliegenden wäre die Deutung als Eibenburg, so wie der Iberg

Die Ostseite des Klosters Iburg ist die Schauseite und entsprechend wohlgefällig gestaltet. In der linken Nische steht eine Skulptur des Heiligen Clemens, dem die Klosterkirche geweiht ist. Die rechte Nische gehört Benno II. Das Kloster, das dem Benediktinerorden angehörte, wurde 1803 verweltlicht.

im Harz ein Eibenberg, das Ital im Solling ein Eibental und der Forst Ihlow in Ostfriesland ein Eibenhain waren. Die Eibe besaß einst in Niedersachsen weite Verbreitung. In der Nähe von Burgen wurde sie – wie es im Fall der Burg Plesse bei Göttingen überliefert ist – eigens angepflanzt, um sie jederzeit als „Waffenholz" verfügbar zu haben. Aus dem äußerst harten, jedoch sehr biegsamen Holz der Eibe wurden Bögen und Armbrüste hergestellt. Auch schon die Steinzeitmenschen haben aus Eibenholz Speere und Lanzen gefertigt, wie die in Niedersachsen erhaltene älteste Lanze der Welt beweist (s. „Die Elefantenkuhle von Lehringen"). Zwar ist in der „Vita Bennonis", der vom Abt Norbert verfaßten Lebensbeschreibung des Bischofs Benno II., an einer Stelle von „Eicheln im Überfluß" die Rede, woraus geschlossen wird, daß der Burgberg von Eichenwald bestanden war. Aber da es zu dieser Zeit den Namen Iburg bereits gab, ist darin kein Widerspruch zu den Eiben zu sehen. Dennoch ist es fraglich, ob über die Eiben ein Weg zur Deutung des Namens der Iburg führt, weil auch Bezeichnungen wie Viburg, Viberg und Wiberg überliefert sind.

Die Geschichte von Schloß und Kloster Iburg ist mit der des Sachsenlandes und des Heiligen Römischen Reiches Deutscher Nation eng verwoben. Ihr Erbauer – Bischof Benno II. – diente den Kaisern Heinrich III. und Heinrich IV. und begleitete Heinrich IV. auf dessen Bußgang nach Canossa. Unser Bild zeigt Benno als lebensgroße Sandsteinfigur auf der Deckplatte seines Sarkophages.

Die Iburg – so wie sie sich heute zeigt – verdankt ihr Entstehen dem Bischof Benno II. Das war ein ganz ungewöhnlicher Kirchenmann mit einem Lebenslauf, der die Geschehnisse des 11. Jahrhunderts widerspiegelt. Um 1021 als Sohn schwäbischer Bauern geboren, hat er es nach dem Besuch von Dom- und Klosterschulen in Straßburg, auf der Bodenseeinsel Reichenau und in Speyer zu hohen Stellungen im Bistum Hildesheim sowie im Erzbistum Köln gebracht. Zudem wurde er in die Dienste zweier Kaiser übernommen. Kaiser Heinrich III. setzte ihn zum obersten Verwalter seiner Lieblingspfalz Goslar ein, und dessen Sohn Heinrich IV. ließ Benno, der nicht nur Geistlicher, sondern auch Finanzwirtschaftler und ein begnadeter Baumeister war, am Harzrand starke Burgen bauen. Auf Wunsch dieses Herrschers wurde Benno 1068 Bischof von Osnabrück. Neben der Tatkraft, die er hier entfaltete, mußte er seinem König, der um diese Zeit noch nicht zum Kaiser gekrönt war, weiter zu Diensten sein. Heinrich benötigte ihn vor allem als Vermittler bei seinen Auseinandersetzungen mit Papst Gregor VII. So begleitete er Heinrich auch auf dessen Bußgang nach Cannossa am 25. Januar 1077.

Benno, der zugleich den Bau des prächtigen Kaiserdomes in Speyer leitete, plante die Iburg als Doppelanlage mit Kloster und Bischofsschloß. Den Klosterbau ließ er um 1080 beginnen, und zwar von zwölf Mönchen, die er von einer Reise nach Speyer aus einem Mainzer Kloster mitgebracht hatte, und einigen weiteren Mönchen aus einem Kloster in Minden. Nach anfänglichen Schwierigkeiten blühte das Kloster Iburg bald auf und wurde zum reichsten im Osnabrücker Land. Der Schloßbau war 1082 bereits so weit gediehen, daß er einer Belagerung durch sächsische Adlige, die Bennos Gegner waren, zu trotzen vermochte. Der achteckige Bergfried, der vom Volksmund fälschlich den Namen Bennoturm erhielt, wurde um 1500 unter Bischof Konrad IV. von Rietberg auf Resten aus dem 11. Jahrhundert errichtet. In diesem Turm waren die Anführer der münsterschen Wiedertäuferbewegung eingekerkert – fanatische Glaubenseiferer, die 1534 in Münster an die Macht gekommen waren und dort das „Neue Jerusalem" gegründet hatten. Ihr Treiben artete in eine Schrekkensherrschaft aus. Franz von Waldeck, der damals Bischof von Münster und zugleich von Osnabrück war, ließ die Gefangenen 1535 unter den Gerichtslinden vor dem Eingangstor der Iburg zum Tod verurteilen und auf dem Stallbrink zwischen Iburg und Oesede hinrichten. Die Gerichtslinden am Tor der Iburg gibt es noch heute. Der eigentliche Bennoturm, auf dessen Reste man 1983 bei Bauarbeiten stieß, stand am äußersten Westhang vor der Ringmauer. In ihm hat Benno II. gewohnt.

Schlimme Zeiten für die Iburg brachte der Dreißigjährige Krieg. Kloster und Kirche wurden 1621, 1623 und 1633 geplündert. 1634 wurde das Kloster von den Schweden ganz in Beschlag genommen, die Mönche wurden vertrieben. Sie konnten erst 1645 zurückkehren. Mit dem Ende des furchtbaren Krieges begann für die Iburg ein neuer Anfang, der nicht nur eine neue Blüte des Klosters einleitete, sondern auch einen merkwürdigen Pendelzustand des Bischofsamtes vorsah. Von 1648 an galt die Bestimmung, daß über das Fürstbistum Osnabrück abwechselnd ein Katholik und ein Prinz des lutherischen Hauses Braunschweig–Lüneburg herrschen sollen. Als erster evangelischer Fürstbischof zog 1662 Herzog Ernst August, der spätere Kurfürst von Hannover, mit seiner Frau Sophie in die Iburg ein. Hier wurde 1668 ihre Tochter Sophie Charlotte geboren, die die erste Königin von Preußen wurde. Während der Iburger Regierungszeit von Herzog Ernst August wurde die lutherische Schloßkirche eingebaut. Es waren aber überhaupt Jahre reger Bautätigkeit. Der Herzog ließ dann auch in Osnabrück ein neues Schloß errichten, in das er 1673 den Regierungssitz verlegte. Damit endete die 600jährige Residenz der Osnabrücker Fürstbischöfe auf der Iburg.

Das Klosterleben hingegen ging weiter. Es wurde gut gewirtschaftet. Vor allem ist es der Sparsamkeit und weitblickenden Fürsorge des Abtes Maurus Rost zu verdanken, daß in den Jahren von 1751 bis 1755 unter dem Abt Adolf Hane ein stattlicher Neubau errichtet werden konnte. Die Pläne dazu schuf der kurkölnische Oberbaudirektor und Generalmajor Johann Konrad Schlaun, der vorher im Auftrag seines Herrn, des Kölner Kurfürsten und Erzbischofs Clemens August, das schmucke Jagdschloß Clemenswerth bei Sögel im Hümmling erbaut hatte. Nach der Vollendung der barocken Klostergebäude in Iburg wurde im gleichen Stil die dem heiliggesprochenen Papst Clemens geweihte Klosterkirche neu ausgestaltet. Deren südlicher Querarm beherbergt das Grab Bennos II. Die lebensgroße Sandsteinfigur auf der Grabplatte ist eine spätgotische Darstellung des Bischofs, die heute in der Kirche nicht mehr liegend, sondern stehend gezeigt wird. Der Grund für diesen Stellungswechsel ergab sich daraus, daß Bischof Benno mit erhobener, das heißt mit segnender rechter Hand dargestellt ist. Segnen – so meinen die einen – konnte er nur im Stehen. Doch unter seinem Haupt ist im Stein ein Kopfkissen zu erkennen, das – so meinen die anderen – für eine liegende Haltung spricht. Die Klosterkirche, die nach der 1803 erfolgten Verweltlichung des Klosters als Pulvermagazin diente, wurde 1836 Pfarrkirche und 1890 erneut – dieses Mal auf neugotisch – umgestaltet. Diese Kirche sowie der Rittersaal und die Klosterräume sind die Sehenswürdigkeiten der Iburg.

Der Hof vor der Klosterkirche war Schloß und Kloster stets gemeinsam. Dieses Bild zeigt auch den achteckigen Bergfried, der heute Bennoturm genannt wird. Ehemals bezog sich dieser Name auf einen anderen, 1710 abgebrochene Turm. Die unteren Geschosse des Bergfrieds dienten früher als Verlies.

Die Decke des Rittersaales, die der Maler Andrea Aloisi aus Bologna nach italienischen Vorbildern gestaltet hat, verdient besondere Aufmerksamkeit. Sie ist eines der ersten Beispiele der perspektivischen Malart nördlich der Alpen. Zugleich ließ sie die Kunst der alten Griechen und Römer wiedererstehen: Die Decke des Iburger Rittersaales zeigt die Taten des Herkules. Die Wände sind mit Bildern der Osnabrücker Bischöfe sowie Karls des Großen und Widukinds geschmückt. Auch ein Bild von Herzog Ernst August und seiner Gemahlin Sophie ist zu sehen. In den letzten Jahrzehnten hat das Land Niedersachsen durch umfangreiche Restaurierungsarbeiten für die Erhaltung der Iburg Sorge getragen. Dabei bekam das imposante Bauwerk einen leuchtend gelben Mineralfarbenanstrich, der es für die Betrachter zu einer geschlossenen Einheit werden ließ, ohne daß die verschiedenen Baustile verwischt worden sind. In der Iburg sind heute eine Landespolizeischule und ein Amtsgericht untergebracht.

40

Ungekreuzigt am Kreuz

Der Herrgott von Bentheim

Von den vielen Steinkreuzen Niedersachsens ist der „Herrgott von Bentheim“ das berühmteste. Es steht im Hof des Schlosses Bentheim, das mit seinen hohen dicken Mauern und trutzigen Türmen die mächtigste Feste darstellt, die je auf niedersächsischem Boden erbaut worden ist. Der 110 Meter hohe Felsenberg, der die geräumige Schloßburg trägt, steigt als westlichster Teil des Bentheimer Höhenzuges schroff aus der weiten Ebene des niedersächsisch-niederländischen Grenzlandes auf. Da es bis über den Horizont hinaus keine anderen Erhebungen gibt, bilden die Bentheimer Höhen eine weithin sichtbare Landmarke, die schon vor 2 000 Jahren den Römern auf ihren Zügen in das nördliche Germanien zur Orientierung diente. Sie ließen sich hier auch nieder. Einer Sage nach soll der römische Feldherr Nero Claudius Drusus, der 9 vor Christi Geburt Niedersachsen bis an die Elbe durchstieß (s. „Das Kastell auf dem Höhbeck“), die erste Wehranlage auf dem Bentheimer Felsenberg errichtet haben. Noch heute heißt der 10 Meter hohe säulenartige Felsblock an der Nordwestecke des Burgberges Drususstuhl. Von ihm aus soll der noble Römer, der ein Stiefsohn des Kaisers Augustus war, das Baugeschehen verfolgt haben.

Nach dem Abzug der Römer haben die alten Bentheimer, die sich Tubanten – die „am Hang Wohnenden“ – nannten, in Notzeiten das Kastell auf dem Felsenberg als Fliehburg genutzt. Sicherlich besaßen sie hier auch eine Kultstätte, an der sie den heidnischen Göttern opferten. Als Karl der Große den christlichen Glauben brachte, dürfte er ebenfalls sogleich die strategische und religiöse Bedeutung dieses Berges erkannt und ihn zum Sitz eines Grafen sowie zum Träger eines christlichen Heiligtums bestimmt haben. So wurde die Fliehburg der Tubanten in eine Grafenburg umgebaut, und die heidnische Kultstätte wandelte sich zu einem dem „Mönchsvater“ Antonius geweihten Altar. Als der Zustrom der Gläubigen immer stärker wurde und der Graf sich mit seinen Burgmannen mehr und mehr eingeengt fühlte, befahl er die Verlegung der Wallfahrtsstätte auf ein freies Feld am Südfuß des Burgberges. Hier, wo mehrere Wege verkehrsgünstig zusammentrafen, ließ er ein 2,7 Meter hohes, aus einem einzigen Stück Sandstein gehauenes Kreuz aufstellen, von dem das Feld den Namen „Kreuzkamp“ erhielt.

Dieses Kreuz mit seiner Christusfigur erlangte als „Herrgott von Bentheim“ solche Berühmtheit, daß es bald in vieler Munde war. Den Ausruf „Herrgott von Bentheim!“ kennt man auch heute noch im weiten Umkreis auf deutscher und auf niederländischer Seite. Mit ihm wird ärgerliche Überraschung und Unmut zum Ausdruck gebracht. Das Steinkreuz blieb selbst in den 300 Jahren, in denen es verschollen war, im Gedächtnis der Bevölkerung lebendig. Es war 1543, als Graf Arnold der Alte in seinem Herrschaftsgebiet die lutherische Lehre einführte, gestürzt und durch ein prächtigeres Bildwerk ersetzt worden. Der Herrgott wurde auf dem Kreuzkamp verscharrt und erst um 1828 – das Jahr ist nicht genau bekannt – durch Zufall von einem Bauern beim Pflügen wiederentdeckt. Das steinerne Bildwerk wurde in das Schloß verbracht und dort im „Heidentempel“ an wenig beachteter Stelle postiert. Erst 1868 kam es in den Schloßhof, wo ihm dann wieder viel Interesse bekundet wurde und heute noch wird.

Der Herrgott von Bentheim ist von Geheimnissen umwittert. Das beginnt schon damit, daß man nicht weiß, wer ihn erschaffen hat. Er wird der romanischen Stilperiode zugerechnet und soll in deren Anfangszeit um das Jahr 1100 entstanden sein. Wahrscheinlich war sein Schöpfer ein Steinmetz der mönchischen Bauhütte, die die Benediktinerabtei Werden an der Ruhr im Gebiet des für Bauzwecke sehr begehrten Bentheimer Sandsteins eingerichtet hatte. Das steinerne Bildwerk ist in ein gleicharmiges Kreuz mit viereckigen Balken, eine Rundsäule und einen Sockel gegliedert, wobei die Christusfigur fast vollplastisch aus dem Kreuz herausgearbeitet ist. Ihr Aussehen ist dem heutigen Empfinden fremd. Der Heiland hängt nicht am Kreuz, sondern steht davor, er ist nicht bloß mit einem Lendentuch umhüllt, sondern mit einer Ärmeltunika voll bekleidet, und sein Haupt ist weder dornengekrönt noch schmerzerfüllt auf die Brust gesunken, sondern hoheitsvoll erhoben mit geradeaus gerichtetem Blick. Auch die gewinkelten Arme weichen von denen eines Gekreuzigten deutlich ab. So ist er mit Sicherheit kein Kruzifix, kein Golgathachristus. Was aber ist er dann?

Auf der Suche nach einer Antwort wurde in das Bentheimer Kreuzbildnis schon viel hineingedeutet. Sogar ein christianisierter germanischer Sonnengott ist in ihm schon gesehen worden. Dabei fand man für die merkwürdige Armhaltung die Erklärung, daß sie runenförmig sei und auf diese Weise die Winter- und die Sommersonnenwende symbolisiere. Wie weit solche Deutungen der Wahrheit nahekamen, mag hier dahingestellt bleiben. Bemängelt wird, daß diesen Deutungen keine sorgfältigen Untersuchungen vor-

ausgegangen waren. Es wurde geradezu blind angenommen, die Bekleidung des Bentheimer Herrgotts sei ein Hüftschurz. Daß das nicht den Tatsachen entspricht, kann jeder Betrachter unschwer erkennen. Auf eine Unzulänglichkeit der Untersuchung geht auch die Kritik zurück, der Brustkorb sei schlecht modelliert. Es wurden die Rippen vermißt. Hätte sie der Bildhauer auf die Tunika meißeln sollen? Dieses Bildwerk ist kunstkritisch überhaupt schon sehr herabgewürdigt worden. So heißt es in einem um 1900 angefertigten Gutachten, daß es die

Die Schloßburg Bentheim wächst förmlich aus dem steil aufragenden Sandsteinfelsen heraus, auf dem sie vor einem Jahrtausend errichtet wurde. Sie entstand an der Stelle einer alten Volksburg, die auch eine heidnische Kultstätte besaß. Diese Kultstätte soll sich an der Nordwestecke des Felsens befunden haben, die unser Bild zeigt.

Arbeit eines „barbarischen Stümpers" sei, der keine Ahnung von Symmetrie und Proportionen besessen habe. Er habe einen Christus dargestellt, der „wie leblos, wie ein Stück Holz, am Kreuz hängt". Diesem

Einer Sage nach soll die erste Wehranlage auf dem Bentheimer Sandsteinfelsen auf Befehl des römischen Feldherrn Nero Claudius Drusus etwa um 9 vor Christi Geburt geschaffen worden sein. Drusus soll das Baugeschehen von dem säulenartigen Felsblock aus verfolgt haben, den unser Bild zeigt. Er heißt deshalb Drususstuhl.

Gutachter war es noch nicht einmal bewußt geworden, daß der Bentheimer Herrgott steht und nicht hängt. Er hat auch übersehen, daß Hände und Füße keine Wundmale aufweisen. Dieser unsachlichen Beurteilung trat um die Mitte des laufenden Jahrhunderts der sehr verdiente, 1961 verstorbene Nordhorner Heimatforscher Dr. Carl Krumbein mit seiner Schrift „Der Herrgott von Bentheim" entgegen.

Krumbein, der von Beruf Facharzt für Hals-, Nasen- und Ohrenkrankheiten war, erkannte, daß das Bentheimer Steinkreuz und seine Christusfigur nach dem Goldenen Schnitt gestaltet sind, das heißt nach jenem Prinzip der harmonischen Teilung einer Strecke, das der berühmte griechische Mathematiker Pythagoras um 500 vor Christus entdeckte. Der Goldene Schnitt teilt eine Strecke so, daß sich der kleinere Abschnitt zum größeren verhält wie der größere Abschnitt zur gesamten Strecke. Krumbein führte umfangreiche Messungen und Berechnungen durch und fand die Befolgung der klassischen Teilungsregel im ganzen Bildwerk bestätigt. Es sei einzigartig, schrieb er, wie der Schöpfer dieser Skulptur die gestellte Aufgabe angefaßt und zu der geometrisch bestmöglichen Lösung geführt hat. Es gebe keinen Punkt, keine Linie des Kreuzes, des Sockels, der bekleideten Figur in ihrer charakteristischen Armhaltung, die nicht konstruktiv festlägen. Krumbeins Untersuchung kam zum Ergebnis, daß der Herrgott von Bentheim die älteste vollständig erhalten gebliebene plastische Christusdarstellung germanischen Geistes in Stein sei. Sie sei nicht von einem ungeschulten Handwerker, sondern von einem aus einer Klosterschule hervorgegangenen Meister der Steinmetzkunst geschaffen worden.

Der Herrgott von Bentheim diente wahrscheinlich nicht so sehr der Anbetung durch die Gläubigen, sondern weit mehr als Hoheitszeichen, nämlich als Gerichtskreuz. Deshalb ist Christus auch nicht als Gekreuzigter dargestellt, sondern als vollbekleidete lebende Figur mit gewinkelten Armen in der Haltung des germanischen Richters. Diese Armhaltung, die aus Illustrationen des Sachsenspiegels überliefert ist, symbolisiert das unparteiische Abwägen von Recht und Unrecht. Der Bentheimer Kreuzkamp war aller Wahrscheinlichkeit nach auch eine alte Bauerngerichtsstätte, an der angesichts des höchsten Richters Christus Recht gesprochen und Eide geleistet worden sind. Solche Gerichtskreuze, von denen es weitere außerhalb Niedersachsens gibt, gelten als Vorläufer der späteren Rolandssäulen. Die bekannteste dieser Säulen in Norddeutschland ist der Roland am Rathaus zu Bremen.

Der Herrgott von Bentheim ist ein Steinbildnis, das Christus in einer Form zeigt, die dem heutigen Empfinden fremd ist. Er erscheint als Gekreuzigter, ist aber dennoch kein Kruzifix. Des Rätsels Lösung: Er ist ein Schwurgott, in dessen Angesicht an einer alten Bentheimer Gerichtsstätte Eide geleistet werden mußten.

41

Von einer Männerfeindin gestiftet

Das Kloster Walkenried

Wo am Südrand des Harzes die Wieda das Gebirge verläßt, liegt in deren Tal der Ort Walkenried mit den Resten des einst reichsten Klosters Niedersachsens. Noch heute kann man die überragende Bedeutung spüren, die dieses um 1300 zur Zeit seiner Hochblüte mit 80 Zisterziensermönchen und 180 Laienbrüdern besetzte Kloster besaß. Besonders geweckt wird dieses Empfinden von der hochaufragenden Ruine der Klosterkirche, die aus weißgrauem Dolomit im frühgotischen Stil erbaut worden war. Sie war eine kreuzförmige Basilika mit einem dreischiffigen Langhaus von 92 Metern Länge, einem zweischiffigen Querhaus von 42,5 Metern Breite und einem fünfschiffigen Chor. Die Höhe, die sich nur schätzen läßt, mag etwa 35 Meter betragen haben. Allerdings besaß dieses voluminöse Gotteshaus keinen von unten aufgeführten Turm, sondern wie die Kirchen aller Zisterzen nur einen bescheidenen Dachreiter, in dem die Glocken hingen. Die Walkenrieder Kirche wurde von 1210 an während der Regierungszeit von acht Äbten erbaut und 1290 durch Bischof Siegfried von Hildesheim der Gottesmutter und dem Heiligen Martin geweiht. Das Kloster selbst war bereits 1127 gestiftet und 1129 von zwölf Mönchen aus dem Kloster Altenkamp am Niederrhein, dem ersten deutschen Zisterzienserkloster, feierlich bezogen worden.

Die Stifterin des Klosters war die Gräfin Adelheid, von der vermutet wird, daß sie eine Tochter des Grafen Ludwig von Lohra war. Die Gründe für ihre fromme Großtat sind in Dunkel gehüllt. An seiner Aufhellung versuchte sich bislang nur der Volksmund mit einer Sage. Danach war die Gräfin Adelheid in jungen Jahren eine grimmige Männerfeindin, die nur den heiraten wollte, der ihre Burg auf der schmalen Mauer dreimal zu umreiten vermochte. Mancher Freier soll dabei in den Tod gestürzt sein. Doch einem gelang das Meisterstück: dem Grafen Volkmar von Klettenberg. Adelheid mußte sich mit ihm vermählen. Wegen der vielen Ritter, die sie in den Tod getrieben hatte, kam eines Tages Reue in ihr auf. Sie begann um ihr Seelenheil zu bangen. Um sich von der schweren Schuld zu befreien, stiftete sie das Kloster. Sie wollte es zunächst mit Mönchen aus einem Benediktinerkloster besetzen, doch als dieses Vorhaben mißlang, bot sie ihre Stiftung den Zisterziensern an. Diese Reformmönche, die dem weltabgeschiedenen „Bete und arbeite" der Regel des Heiligen Benedikt wieder in aller Strenge folgten, fanden als Meister der Urbarmachung von Ödland an der Sumpfniederung im Südharz Gefallen und griffen zu.

Das Kloster gedieh prächtig. Die Mönche in den hellen Kutten aus naturfarbener Schafswolle entwässerten das Ried, legten Viehweiden und Felder an und bauten viele der im Gipskarstgebiet des Harzrandes liegenden Erdfallseen zu Fischteichen aus, die noch heute den Fleiß der frommen Männer bezeugen. Sie betätigten sich auch handwerklich, und zudem schürften sie im Harz nach Erz. Weiter ist der Bau von Schmelzhütten und Gießereien sowie die Errichtung von Handelshöfen in Goslar, Göttingen und anderen Städten ihrer Tatkraft zu danken. Der Reichtum des Klosters mehrte sich, der Besitz erstreckte sich bis Würzburg und Aachen. Zu den Päpsten in Rom bestand eine fast ständige Verbindung, und die Kaiser gewährten den Walkenriedern Rechte und Vorrechte, beginnend bei Kaiser Lothar, der 1132 die Gründung des Klosters bestätigte, bis hin zu Kaiser Karl IV., der 1350 seine schützende Hand darbot. Kaiser Otto IV. kam 1209 persönlich nach Walkenried zu einer Klosterversammlung, an der 52 Zisterzienseräbte teilnahmen und allein schon durch ihr Erscheinen in so großer Zahl die geistige Zentralstellung dieses Klosters deutlich machten. Das materielle Fundament wurde am entscheidendsten durch König Heinrich, den jungen Sohn Kaiser Friedrichs II., gestärkt. Er gestattete 1231 in Vertretung seines in Italien residierenden Vaters dem Walkenrieder Kloster, den Harz zu seinem Vorteil zu nutzen.

Aber es kamen auch Tage der Bedrängnis, des geistigen Umbruchs und des wirtschaftlichen Niedergangs. Die schlimmste Zeit für das Kloster brach 1525 herein, als es von den Wirren des Bauernkrieges erfaßt wurde. Thomas Münzer, Theologe und Revolutionär aus Thüringen, warf den Fürsten des Reiches vor, daß sie ihren Untertanen durch Überlastung mit Fronarbeit die Zeit und Muße zum Gebet verkürzten und damit deren Seelenheil gefährdeten. Das gemeine Volk jedoch entnahm diesem Vorwurf den Appell zur Auflehnung und griff zu den Waffen, die aus Sensen, Forken und Dreschflegeln bestanden. Auch im Südharz rotteten sich bei Herzberg und Lauterberg an die 800 Bauern zusammen, die es vor allem auf das wohlhabende Kloster Walkenried abgesehen hatten. Nachdem die Mönche rasch noch das Archiv und einen Teil der Wertgegenstände nach Lüneburg in Sicherheit gebracht hatten, flüchteten sie und überließen das wehrlose Kloster der Zerstörungswut der Aufrührer. Diese raubten alles Eß- und Trinkbare, vernichteten die Bibliothek und die erreichbaren Bilder, zerschlugen sämtliche Fenster und rissen sogar noch den Dachreiter von der Kirche. Damit war zugleich der Anfang zum Verfall dieses Gotteshauses gemacht. Seine Ruine wurde später zu einem Steinbruch, aus dem sich bis 1817 jeder bedienen konnte, der wollte.

Obwohl der Bauernkrieg das Kloster stark und nachhaltig geschädigt hatte, erlebte es 1542 noch einmal einen glanzvollen Höhepunkt im politischen Bereich: Es wurde zum Reichsstift erhoben. Das bedeutete, daß sein Abt fortan Sitz und Stimme auf den Reichstagen besaß. 1546 öffnete sich das Kloster dem evangelischen Glauben, und 1648 wurde es nach Ende des Dreißigjährigen Krieges säkularisiert, wodurch das Klosterleben erlosch. Die verbliebenen Baulichkeiten und Liegenschaften gingen in den Besitz des Herzogshauses Braunschweig–Lüneburg über. Trotz der im Dreißigjährigen Krieg erlittenen weiteren Schäden hat das Reichsstift Walkenried ein großes Vermächtnis hinterlassen, das auch heute noch die ständig vielen Besucher der Klosteranlage tief beeindruckt. Vor allem haben sich in den Kreuzgängen und Sälen an Säulen, Kapitellen, Konsolen und Schlußsteinen aus romanischer und gotischer Zeit viele Zeugnisse einer hochentwickelten Steinmetzkunst erhalten. Sie verleihen den Konventsgebäuden ein recht eigenartiges Gepräge: Einerseits kehren sie den Grundsatz der Zisterzienser heraus, ebenso wie im gesamten Alltag auch im Bauwesen größte Schlichtheit walten zu lassen, andererseits aber ist das Bestreben zu erkennen, die vorhandene Fähigkeit zum künstlerischen Gestalten nicht völlig zu verbergen.

Das Land Niedersachsen, dem heute die Walkenrieder Klosteranlage gehört, hat von 1978 bis 1983 die Bausubstanz der Kirchenruine und der Konventsgebäude sichern lassen. Bei diesen umfangreichen Arbeiten, mit denen Grabungen einhergingen, konnten viele neue Erkenntnisse gewonnen werden. Aber es zeigten sich auch Wissenslücken, die möglicherweise nie geschlossen werden können. Eindeutig geklärt werden konnte der Standort der romanischen Kirche, die es schon vor der gotischen gab. Nach Aussagen von Chroniken aus dem 17. und 18. Jahrhundert soll sich die romanische Kirche an einer anderen Stelle befunden haben als die gotische. Daß dies aber nicht zutrifft, wurde schon bei Grabungen deutlich, die um 1900 vorgenommen worden waren. Damals wurden unter der gotischen Kirchenruine Chorteile der romanischen Vorgängerkirche ent-

Die Westfassade der Walkenrieder Klosterkirche kündet auch als Ruine noch von einstiger Pracht und Reichtum. Die Zerstörung dieses eindrucksvollen Gotteshauses begann 1525, als das Kloster Walkenried von den Wirren des Bauernkrieges erfaßt wurde.

Im viereckigen Innenhof des Klosters Walkenried fällt das gotische Brunnenhaus sofort in den Blick. Es erhielt sein Wasser aus der Wieda, von der ein Nebenarm das Klosterareal durchfließt. In romanischer Zeit besaß das Kloster einen Brunnenschacht, der aus unbekannten Gründen versiegte.

Von hochentwickelter Steinmetzkunst zeugt der Nordflügel des gotischen Kreuzganges, der durch eine Säulenreihe mit prächtigen Blattkapitälen in zwei Schiffe geteilt ist. Die Schiffe sind mit kräftigen Rippengewölben überdacht. Zur Ausstattung des Kreuzganges gehören zwei thronende Madonnen.

deckt. Bei den von 1978 an stattgefundenen Grabungen konnte im südlichen Querschiff der gotischen Kirchenruine und innerhalb des anschließenden, ebenfalls aus gotischer Zeit stammenden Kreuzgangflügels die gesamte südliche Hälfte der einstigen romanischen Kirche freigelegt werden. Das brachte Klarheit.

Anders dagegen verhält es sich bei den Konventsgebäuden. Über deren romanische Vorgängeranlage war bis 1978 überhaupt nichts bekannt. Bei den folgenden Grabungen konnten wesentliche Teile von ihr nachgewiesen werden. Überraschend war für die hier forschenden Mitarbeiter des niedersächsischen Instituts für Denkmalpflege, daß die einstige romanische Anlage bereits eine ähnliche Ausdehnung besaß wie die heute noch vorhandene gotische. Und als zweite Überraschung kam hinzu, daß die heutige gegenüber der früheren im Grundriß verschoben ist. Das bedeutet, daß vom gotischen Bau keine romanischen Mauerteile genutzt worden sind. Die neuen Mauerzüge wurden dicht neben die alten versetzt. Das warf viele Fragen auf: Was war der Grund dieses seltsamen Verhaltens? Warum mußte ein völliger Neubau des Klosters in ungefähr gleicher Größe wie die alte Anlage vorgenommen werden? Hatte sich im Untergrund etwas verändert? Die Aufzeichnungen der Mönche, die diese Fragen hätten beantworten können, sind wohl bei den Zerstörungen im Bauernkrieg mit vernichtet worden. Brandreste und Höhenverlegungen des Fußbodenniveaus, die bei den Grabungen entdeckt worden sind, lassen vermuten, daß Feuer und Hochwasser zu neuen Baumaßnahmen gezwungen haben. Bedenkt man, daß das Kloster vollkommen neu gebaut worden ist, muß es sich um eine große Brand- oder Hochwasserkatastrophe gehandelt haben, von der auf die Nachwelt nichts überkam.

42

Ein Esel bestimmte den Bauplatz

Die Stiftskirche in Bücken

Etwa 4 Kilometer südlich von Hoya findet man links der Weser einen kleinen Ort mit einer großen, weithin sichtbaren Kirche. Es ist Bücken mit seiner Stiftskirche St. Materniani et Nicolai. Dieses doppeltürmige Gotteshaus, das eines der prächtigsten in ganz Niedersachsen ist, besitzt keine Geburtsurkunde. Nirgends steht exakt geschrieben, wann es gegründet wurde. Wie es geschehen sein soll, berichtet eine Legende. Erzbischof Rimbert von Bremen, der Nachfolger des „nordischen Apostels" Ansgar, hatte angeordnet, im Süden seiner Erzdiözese ein Kollegiatstift zu gründen, von dem aus die Christianisierung weiter vorangebracht werden sollte. Es war die Zeit um 882, in der noch viele Sachsen dem alten Glauben anhingen. Die Abgesandten des Erzbischofs, die den Ort für die Errichtung der Kirche bestimmen sollten, baten um ein Gottesurteil. Die Kirche solle da entstehen, wo sich der von ihnen mitgeführte Esel niederläßt. Als sich das Tier aber anschickte, an einer sumpfigen Stelle in die Knie zu gehen, wurde es rasch weitergezogen, bis es einen besseren Platz fand. Diesen machte der Esel bei dem Ort Bukkenhusun aus, dem heutigen Altenbücken, das wie das geschichtlich bedeutsame Marklohe (s. „Die Weserterrasse bei Marklohe") zu den zwei Dutzend uralten Siedlungen am westlichen Rand des Mittelwesertales zählt.

Was am Liegeplatz des Esels errichtet wurde, war dem Brauch der Zeit entsprechend eine Holzkirche. Aber auch darüber gibt nur eine Legende Auskunft. Etwa ein halbes Jahrhundert nach der Stiftsgründung habe der später heiliggesprochene Apostel des Nordens Ansgar den Erzbischof Adalgar von Bremen im Traum ermahnt, die Kirche in Bücken nicht länger verfallen zu lassen. Dies soll sich in Bassum ereignet haben, wo Adalgar 929 anläßlich einer Kirchenversammlung weilte. Vermutungen zufolge bestand auch das erneuerte Gotteshaus wiederum nur aus leicht vergänglichem Holz. Erst in der Mitte des 11. Jahrhunderts wurde zum Steinbau übergegangen, und dann dauerte es fast drei Jahrhunderte, bis in drei Bauabschnitten die dreischiffige Basilika mit ihren beiden mächtigen, je 52,5 Meter hohen Türmen als einer der bedeutendsten romanischen Kirchenbauten in Niedersachsen vollendet war. Von seinem Aussehen wie auch von seiner Innenausstattung her ist es voll gerechtfertigt, vom „Dom zu Bücken" oder vom „Dom der Mittelweser" zu sprechen, auch wenn die Bezeichnung Dom eigentlich nur bischöflichen Hauptkirchen zusteht.

In das Dunkel der Geschichte verirrt sich auch die Frage, wann und wie die Gebeine des nur wenig bekannten Heiligen Maternian, der um die Mitte des 4. Jahrhunderts Erzbischof von Reims war, nach Bükken gekommen sind. Eine Meinung geht dahin, daß es der Bremer Erzbischof Rimbert gewesen sei, der die Reliquien nach Bücken überführte. Dem widerspricht eine andere Meinung, die besagt, daß der gewissenhafte Chronist Adam von Bremen mit Sicherheit darüber berichtet hätte, wenn es so gewesen wäre. Adam wußte nur, daß Rimberts Vorgänger Ansgar die Gebeine des zu Lebzeiten wundertätigen Maternians vom Erzbischof Ebo von Reims empfangen und nach Heiligenstedten in Schleswig gebracht habe. Wann sie von dort nach Bücken gelangt sein sollen, kann bei Adam ebenfalls nicht nachgelesen werden. In Bücken wurde als zweiter Patron der Heilige Nikolaus verehrt, der um die Mitte des 4. Jahrhunderts Bischof von Myra war und als Seefahrer auf dem Schwarzen Meer besonders bei den Weserschiffern in hohem Ansehen stand. Die Lebensläufe beider Kirchenpatrone sind in zwei herrlichen Farbfenstern dargestellt, die man zusammen mit einem dritten Fenster über das Leben, Sterben und Auferstehen Christi in der Apsis hinter dem Altar bewundern kann. Diese drei Fenster gelten als die besten niederdeutschen Glasmalereien des 13. Jahrhunderts und stellen den größten Kunstschatz dar, den die Stiftskirche zu Bücken birgt. Das bedeutet um so mehr, wenn man sieht, was sie noch alles an künstlerisch Wertvollem besitzt.

Das Interesse der Besucher findet vor allem der große spätgotische Schnitzaltar – ein 6 Meter hoher Schrein, der aufgeklappt 5,5 Meter breit ist. Seine Mitte bildet ein figurenreiches Kreuzigungsrelief, das von fast lebensgroßen Statuen der Patrone Maternian und Nikolaus flankiert ist. Über der Kreuzigungsszene schwebt die Gottesmutter im Strahlenkranz. Die Innenseiten der Altarflügel zeigen Skulpturen von Aposteln und Heiligen, und die Predelle, das Sockelstück des Altaraufsatzes, ist mit Figuren eines thronenden Kaisers sowie der vier Kirchenväter geschmückt. Es ist geradezu unvorstellbar, daß diese Kirche im Mittelalter zwölf Altäre besessen hat! Fast ebenso reich an Schnitzwerk wie der Hochaltar ist der Apostelbalken, auf dem sich das 5 Meter hohe Triumphkreuz mit einer überlebensgroßen Christusfigur erhebt. Das Kreuz ist links und rechts von Maria und Johannes, die auf kleinen Königen stehen, sowie von den Patronen Maternian und Nikolaus begleitet.

Wohin man in der Stiftskirche zu Bücken auch blickt, findet man Sehenswertes, ob es die farbensprühende Wandbemalung oder der prächtig bemalte Gipsfußboden ist, ob das 10 Meter hohe Sakramentshaus oder die alte Barocktaufe. Zu den besonderen Kunstwerken zählt auch die Kanzel, die in diesem Teil Niedersachsens die einzige aus dem Mittelalter stammende ist, die statt aus Holz aus Stein gefertigt wurde. Unter den Arkaden der Kanzel steht eine Holzfigur, die Moses mit den Gesetzestafeln darstellt.

Alle diese Kostbarkeiten waren dem Weg des Vergänglichen bereits sehr nahe, als es in der nachreformatorischen Zeit kein kunstverständiges Stiftskapitel mehr gab und auch nicht mehr die Mittel vorhanden waren, die zur Erhaltung eines so großen Bauwerkes notwendig sind. Das einst reiche Stift verarmte immer mehr und wurde 1649 gänzlich aufgelöst. Verfall und auch mutwillige Zerstörungen setzten der Kirche zu

Die Stiftskirche von Bücken hat schon viel Verwunderung hervorgerufen. Wie kommt dieses große Gotteshaus in den kleinen Ort? Die Antwort gibt die Geschichte: Von hier aus versuchte um das Jahr 882 der Bremer Erzbischof Rimbert, im Sachsenland die Christianisierung weiter voranzubringen.

Die Bückener Kirche ist eines der prächtigsten Gotteshäuser Niedersachsens. Das zeigt allein schon ihr spätgotischer Schnitzaltar, der 6 Meter hoch und 5,5 Meter breit ist. Seine Mitte bildet ein figurenreiches Kreuzigungsrelief. Im Mittelalter soll die Bückener Kirche zwölf Altäre besessen haben!

und bewirkten einen Niedergang, der 1802 mit dem Verkauf und Abriß des nördlichen der beiden Türme seinen Tiefstpunkt erreichte. In der napoleonischen Zeit, in der der Franzosenkaiser auch nach dem Kurfürstentum Hannover griff und dabei 1803 die Festung Nienburg schleifen ließ, wurde das Land mit Not und Elend überzogen. Als Napoleon 1813 in der Völkerschlacht bei Leipzig geschlagen und 1814 Hannover zum Königreich erklärt worden war, verstrich noch ein halbes Jahrhundert, bis in Bücken mit der Wiederherstellung der ursprünglichen Gestalt der Stiftskirche und der Restaurierung ihrer Innenausstattung begonnen werden konnte. Dieses 1868 vollendete Werk stieß jedoch insbesondere wegen der Ausmalung der Kirche auf das Mißfallen des Kirchenvorstandes. Der in Bücken aufgewachsene Architekt Albert Hotzen, der die Restaurierung geplant und geleitet hatte und durch sein Wirken die Kirche vor dem drohenden Einsturz bewahrte, verließ Bücken voller Resignation und übersiedelte nach Hannover. Inzwischen ist er aber längst als Retter dieses sehenswerten Gotteshauses anerkannt.

Einer frommen Legende nach bestimmte ein Esel den Ort, an dem das Gotteshaus errichtet werden sollte, nämlich da, wo sich das Tier niederließ. An dieses Gottesurteil erinnert ein Denkmal auf dem Bückener Marktplatz.

43

Die Gebeine eines Heiligen gingen verloren

Das Kloster Zeven

Wollte man die einst reichsten Klöster Niedersachsens aufzählen, müßte man als eines der ersten das ehemalige Kloster Zeven im Kreis Rotenburg/Wümme nennen. Ihm war im Laufe eines halben Jahrtausends so viel Geld und Gut zugeflossen, daß sich sein Besitz allein an Ländereien über ein Gebiet von der Nordsee bis südlich von Verden erstreckte. Dieser Reichtum hatte vor allem zwei Ursachen, die glaubensbedingt waren: Zum einen waren es Reliquien des Heiligen Vitus, die schutzsuchende und entsprechend opferbereite Pilger in Scharen anlockten, zum anderen war es das vom Papst Johannes XXII. verliehene Recht der Ablaßgewährung, das von Sündern und insbesondere auch Straftätern ebenso spendenfreudig wie rege angenommen wurde. Doch dieses der strengen Regel des Benediktinerordens unterstellte Nonnenkloster war auch schon mit irdischen Gütern reich gesegnet in die Welt gesetzt worden.

Gegründet wurde dieser wohlhabende Hort der Frömmigkeit aber nicht in Zeven, sondern im 5 Kilometer nordwestlich davon entfernten Heeslingen. Dort befand sich zum Schutz einer vielgenutzten Furt durch die Oste die Burg des Grafen Hed, dessen Name in der Ortsbezeichnung Heeslingen fortlebt. Dieser reich begüterte Graf des Gaues Heilanga besaß keinen männlichen Erben, sondern nur zwei als Zwillinge geborene Töchter, die beide Wendilgard hießen. Als Graf Hed meinte, von seinem fortgeschrittenen Lebensalter her für die beiden ledigen und ebenfalls schon in die Jahre gekommenen Töchter nicht mehr lange sorgen zu können, vermachte er sein Hab und Gut dem Erzbischof Adaldag von Bremen mit der Bedingung, daß in Heeslingen ein Nonnenkloster mit ihm – dem Grafen – als Vogt und seinen beiden Töchtern als Äbtissinnen eingerichtet wird.

Das Kloster wurde um 960 gegründet, und 973 bekam es anstelle einer schon seit 910 vorhandenen, jedoch baufällig gewordenen Holzkirche eine neue aus Feldsteinen. Diese noch bestehende Kirche, die in den Jahren von 1987 bis 1989 von Grund auf restauriert wurde, gehört zu den ältesten in Niedersachsen. Sie war wie das Kloster insgesamt zur Ehre Christi und des Märtyrers Vitus erbaut worden. Schon zur Zeit der Gründung des Klosters haben sich viele Frauen bereitgefunden, die schwarze Bekleidung der Benediktinerinnen anzulegen. Der Orden des Heiligen Benedikt hatte im ganzen Sachsenland einen guten Ruf, weil seine vom Kloster Corvey an der Oberweser ausziehenden Mönche entscheidend zur Christianisierung der heidnischen Bevölkerung beigetragen hatten.

Von den Benediktinerinnen verlangte die Ordensregel Keuschheit, Beständigkeit und dem Bischof gegenüber Gehorsam. Diesen Tugenden war jedoch im Kloster Heeslingen keine lange Dauer beschieden. Vom wachsenden Wohlstand und der unzulänglichen Klosterleitung insbesondere durch die als Kind von zwölf Jahren in das Amt der Äbtissin eingeführte Hathui gefördert, kehrte in die klösterliche Stille mehr und mehr lautes weltliches Leben ein, das die Zucht und Ordnung unterlief. Als 1038 das Kloster von Kaiser Konrad II. neben einem einträglichen Zoll auch noch einen freien, jährlich am Tag des Heiligen Vitus zu veranstaltenden Markt bewilligt bekam, geriet das klösterliche Leben völlig aus den Fugen. Der damalige Propst Wicelin und die Äbtissin Hedwig sahen keinen anderen Ausweg aus der Lasterhaftigkeit, als das Kloster an einen abgeschiedenen Ort zu verlegen. Sie fanden ihn in der Waldeinsamkeit an einer A, einem zur Oste fließenden Gewässer, das zu jener Zeit Kivina hieß und dessen Name sich später zu Zeven wandelte.

Die 1141 beschlossene Umsiedlung zog sich bis 1150 hin. So lange dauerte es, bis neue Klostergebäude und eine neue Kirche errichtet waren. Sie entstanden auf dem erhöhten rechten Ufer der erwähnten A, der heutigen Mehde. Die Gebäude wurden so angelegt, daß sie ein großes Kreuz bildeten. Seine Glanzzeit erreichte das Kloster ein knappes Jahrhundert später, als es Reliquien seines Schutzheiligen bekam. Vitus, ein junger Sizilianer, war um das Jahr 313 bei der erbarmungslosen Christenverfolgung des römischen Kaisers Diokletian wegen seines standhaften Glaubens an den dreifaltigen Gott gefoltert, in heißem Öl gesotten und dann Löwen zum Fraß vorgeworfen worden. Was von diesem zu einem der 14 Nothelligen gewordenen Märtyrer an Gebeinen übrigblieb, gelangte zum Teil über Frankreich in das 822 erbaute Kloster Corvey, und von diesem erbaten die Zevener Nonnen die Weitergabe an ihr Kloster. Die Reliquien trafen am 17. Juni 1231 in Zeven ein.

Der Heilige Vitus wurde vor allem zum Schutz vor Blitzschlag, Feuersbrunst und Tanzwut – dem von den Menschen des Mittelalters besonders gefürchteten Veitstanz – angerufen. Seine Gebeine haben in Verbindung mit dem starken, innigen Glauben der Wallfahrer unzweifelhaft viel Tröstliches bewirkt. Doch es ist zweifelhaft, ob sich die Reliquien tatsächlich jemals in Zeven befunden haben. Sie sollen in

Das Kloster Zeven gehörte einst zu den reichsten Niedersachsens. Sein großes Vermögen verdankte es vornehmlich den Reliquien seines Schutzheiligen Vitus, die nach dem Glauben der Bevölkerung vor Blitzschlag, Feuersbrunst und Tanzwut – dem gefürchteten Veitstanz – bewahrten. Die Frage ist aber: Gab es diese Reliquien wirklich?

einem Kästchen in der Rückwand des Altars aufbewahrt worden sein. Aber dieses Kästchen ist ebensowenig aufzufinden wie der legendäre goldene Schrein aus gotischer Handwerksarbeit, in dem die Überreste des Heiligen von Corvey nach Zeven überführt worden sein sollen. Bei allen bisher vorgenommenen Renovierungsarbeiten wurde nach den Reliquien gesucht, doch jedes Mal blieb der erhoffte Erfolg aus. Für möglich gehalten wird deshalb auch, daß die Gebeine des Märtyrers nach den Wirren der Reformation, die in Zeven über ein Jahrhundert lang bis 1632 angehalten haben, als wertlos angesehen und weggeworfen worden sind.

Der Flecken und das Kloster Zeven hatten in der unruhigen Zeit der Glaubenskämpfe viel Leid zu

Das Kloster Zeven wurde um 960 im 5 Kilometer entfernten Heeslingen an einer Furt durch die Oste gegründet. Die erste aus Holz errichtete Klosterkirche stand da, wo sich heute die in den letzten Jahren von Grund auf restaurierte Heeslinger Kirche (unser Bild) befindet.

erdulden. Sie kamen gegen Ende des Dreißigjährigen Krieges unter schwedische Herrschaft. Der 1648 in Osnabrück und Münster geschlossene Westfälische Friede, der diesen schrecklichen Krieg beendete, hatte aus dem Erzstift Bremen–Verden ein weltliches Herzogtum unter der Krone Schwedens gemacht. Die schwedische Königin Christine, die die Tochter des 1632 in der Schlacht bei Lützen gefallenen Königs Gustav Adolf war, löste das Kloster Zeven auf und übergab seinen Besitz dem Grafen Robert Douglas – einem ihrer Generäle – als Lehen für ihn und seine männlichen Nachkommen. Die Königin selbst, die hochbegabt, aber sehr eigenwillig gewesen sein soll, fühlte sich im protestantischen Norden Europas offenbar nicht wohl. Sie reiste mehrmals nach Rom, um sich der Kunst, der Wissenschaft und der schöngeistigen Geselligkeit hinzugeben. Ab 1668 blieb sie ganz in der Ewigen Stadt und trat sogar zum katholischen Glauben über. 1689 ist sie in Rom gestorben.

Nach der Schwedenherrschaft kam Zeven 1715 unter die Oberhoheit des Kurfürsten Georg Ludwig von Hannover, der kurz vorher als Georg I. den englischen Königsthron bestiegen hatte. Er kaufte die Herzogtümer Bremen und Verden gegen bare Münze. Als ein weiteres halbes Jahrhundert verstrichen war, wurden Zeven und sein ehemaliges Kloster in das Rampenlicht der europäischen Politik gerückt. Dies geschah 1757 im Siebenjährigen Krieg. Der Befehlshaber des hannoverschen Heeres, Wilhelm August Herzog von Cumberland, hatte sich nach der wunderlichen, von ihm verlorenen Schlacht bei Hastenbeck südlich von Hameln (s. „Das Schloß Hastenbeck“) in das Gebiet von Zeven zurückgezogen, um sich hier gegen die nachrückenden französischen Truppen zu verteidigen. Das Gemetzel unterblieb jedoch, weil der Herzog von Cumberland, der zweite Sohn König Georgs II., mit dem französischen Marschall Louis Francois Armand von Richelieu einen Waffenstillstand schloß. Diese Übereinkunft, die als „Konvention von Kloster Zeven“ in die Geschichte einging, wurde unter der Gerichtslinde neben dem Kloster besiegelt. Diese greise Linde, die wegen der Glocke, die in ihrer Krone hing, „Pingelbaum“ genannt wurde, mußte 1820 wegen Gebrechlichkeit und der davon ausgehenden Gefahr gefällt werden.

44

Im Jagdfries verbirgt sich ein Rätsel

Der Kaiserdom von Königslutter

Immer wieder sind Besucher des östlichen Niedersachsens überrascht, am Nordhang des Elms einen Dom vorzufinden. Diese mächtige dreischiffige Basilika, die aus festem großquadrigem Elmkalkstein in Form eines Kreuzes errichtet wurde, ist der Kaiserdom von Königslutter. Er ist kein Dom im Sinne einer Bischofskirche, wie es sie in Niedersachsen in Osnabrück und Hildesheim gibt und wie es der Dom zu Verden einmal war. Vielmehr gehört er zur Gruppe der Stiftskirchen, die man wegen ihrer Größe und ihres Ansehens ebenfalls Dome nennt. Dieses im romanischen Stil aufgeführte Gotteshaus ist eines der bedeutendsten Baudenkmäler Niedersachsens. Man sieht es ihm an, daß sich zu seiner Erschaffung die Kunst eines begnadeten Baumeisters und das Vermögen eines wohlhabenden Stifters vereinten. Den Stifter kennt man, doch wer der Baukünstler war, kann nur erraten werden.

Diese Kirche, die den Heiligen Peter und Paul geweiht ist, wurde von Kaiser Lothar III. gestiftet, der von 1125 bis 1137 mit kräftiger Hand die Geschicke des Heiligen Römischen Reiches Deutscher Nation leitete und während seiner Regierungszeit das Ansehen des Reiches erheblich mehrte. Dieser tüchtige Herrscher war um 1075 – genauer weiß man es nicht – in Süpplingenburg geboren worden, das wenige Kilometer nordöstlich von Königslutter in der Helmstedter Mulde liegt. Dort folgte er schon in jungen Jahren seinem Vater Gebhard von Süpplingenburg in das Grafenamt, und 1106 wurde er nach dem Aussterben des sächsischen Herzogsgeschlechtes der Billunger von Kaiser Heinrich V. zum Herzog von Sachsen erhoben. Doch er geriet mit seinem Kaiser in Streit, der sogar mit Waffen ausgetragen wurde. Lothar maß seine Stärke mit der des kaiserlichen Feldherrn Hoyer von Mansfeld und besiegte diesen 1115 in der Schlacht am Welfesholze im Ostharz.

Einen weiteren Sieg errang er, als er die Liebe des damals reichsten Mädchens von ganz Sachsen gewann. Es war Richenza, die über ihren Vater Heinrich den Fetten den stattlichen Besitz der Northeimer Grafen und über ihre Mutter Gertrud, die die Erbtochter des Markgrafen Ekbert I. von Meißen war, den Besitz der Brunonen erbte. Durch die Ehe mit Richenza wurde Lothar, der selber von Hause aus wenig begütert war, wirtschaftlich so gestärkt, daß er nach dem Tode Heinrichs V. nach der deutschen Königskrone greifen konnte. Er erlangte sie unter geschickter Mithilfe des Erzbischofs Adalbert von Mainz. Am 13. September 1125 wurde er in Aachen von Erzbischof Friedrich von Köln zum König gekrönt. Die Kaiserkrone empfing er 1133 in Rom aus der Hand des Papstes Innozenz II.

Lothar war nicht nur ein tatkräftiger Herrscher, sondern auch ein tiefgläubiger Christ. Er soll täglich dreimal die Messe besucht haben. Sehr bedacht war er auch auf die Sicherung einer würdigen letzten Ruhestätte. Er hatte um 1120 am Nordhang des Elms, wo die wasserreiche Lutter entspringt, ein Gut mit einem Augustiner-Nonnenkloster geerbt, das er 1135 in eine Benediktinerabtei umwandelte. Mit dieser Neuordnung ließ er zugleich den Bau des Domes als Abtei- und für sich und sein Geschlecht als Grabeskirche beginnen. Als er im Dezember 1137 auf der Rückkehr von einem Italien-Feldzug zu Breitenwang in Tirol verstarb, wurde sein Leichnam nach Königslutter überführt. In der Kaisergruft wurde zwei Jahre später auch sein Schwiegersohn Heinrich der Stolze, der Herzog von Bayern und Sachsen war, bestattet, und 1141 folgte die Beisetzung der Kaiserin Richenza. Gertrud, die einzige Tochter des Kaiserpaares, wurde im Kloster Heiligenkreuz im Wienerwald zur letzten Ruhe gebettet. Sie – die Mutter Heinrichs des Löwen – hatte sich nach dem frühen Tod ihres ersten Gatten mit dem Markgrafen Heinrich „Jasomirgott“ von Österreich vermählt.

Der Lebenslauf Lothars als sächsischer Herzog, deutscher König und römischer Kaiser ist weitgehend bekannt. Wer aber hat seinen prächtigen Dom erschaffen? Die Art und vor allem der Schmuck dieses monumentalen Bauwerkes mit reicher Steinmetzarbeit an Säulen, Kapitellen, Friesen und Gesimsen lassen erkennen, daß die Bauleute aus Italien stammten. Sie hatten Schmuckmotive von den Domen in Modena, Verona und Ferrara mitgebracht. Als erstes fällt Besuchern des Kaiserdomes in Königslutter das Portal am nördlichen Seitenschiff auf, dessen Mittelbogen links und rechts von reich dekorierten Säulen getragen wird, die auf den Rücken von zwei liegenden Löwen ruhen. Der Sinn dieser Löwen ist offensichtlich: Sie sollen als Portalwächter das Heiligtum schützen. Ebenso leicht läßt sich der Rundbogenfries deuten, der sich unter dem Ansatz des steilen Zeltdaches des achteckigen Vierungsturmes befindet. Er vereint das kaiserliche Stifterpaar mit Darstellungen von Jesus und Maria, den vier Evangelisten Matthäus, Markus, Lukas und Johannes sowie von weiteren Heiligen. Doch alle anderen Steinbildnisse des Domes geben Rätsel auf.

Den Kaiserdom von Königslutter am Nordhang des Elms ließ der im nahen Süpplingenburg beheimatete Sachsenherzog und spätere Kaiser Lothar III. für sich und seine Familie als Grabeskirche errichten. Dieses im romanischen Stil aus großquadrigem Elmkalkstein aufgeführte Gotteshaus ist eines der bedeutendsten Baudenkmäler Niedersachsens.

Sollen die Frauenköpfe, die die prächtigen Kapitelle der beiden Säulen in den Chorarkaden zieren, auf das Gleichnis der klugen und der törichten Jungfrauen hinweisen? Was will das Adlerkapitell im nördlichen Seitenschiff hinter dem Löwenportal besagen, und welcher Sinn ist in die Säulen des Kreuzganges hineingeheimnist? Das größte Fragezeichen verbindet sich mit dem berühmten Jagdfries, der an der Ostseite des Domes die Außenwand der Chorapsis schmückt. Seine Reliefe zeigen Tier- und Menschenköpfe, aus deren Mäulern in symmetrischer Weise Blattwerk rankt. Die Rundbogen des Frieses enthalten Jagdszenen, von denen die mittlere sehr merkwürdig anmutet: Zwei Hasen fesseln einen am Boden liegenden Jäger. Bei näherem Hinsehen entdeckt man über dem rechten Teil des Frieses eine spiegelverkehrte Inschrift in lateinischer Sprache: HOC OPUS EXIMIUM VARIO CELAMINE MIRUM SC(ULPSIT). Das heißt: „Dieses hervorragende durch mannigfaltiges Relief wunderbare Werk meißelte..." – hier bricht die Inschrift vor der zu erwartenden Nennung des Meisternamens ab. Das ist ebenfalls recht seltsam.

Der ehemalige Schulrektor Heinz Röhr in Königslutter, der sich um die Erforschung der Geschichte seiner Heimatstadt sehr bemühte und sich auch mit dem Jagdfries näher befaßte, kam zur Ansicht, daß der ungenannte Meister nicht einfach nur die Freuden der Jagd und die „verkehrte Welt" veranschaulichen, sondern Grundgedanken der christlichen Heilslehre symbolisch zum Ausdruck bringen wollte. Röhr verwies auf das altchristliche Volksbuch über Tiersymbolik „Physiologus", in dem der Jäger oft als Sinnbild des Teufels erschien, der die christlichen Seelen jagt, als wären sie Hasen (s. „Die Marienkirche in Wolfenbüttel"). „Folgt man diesen Aussagen", schrieb Röhr, „so erweist sich der Jagdfries als eine symbolische Darstellung des schweren, scheinbar aussichtslosen Kampfes, den der Mensch ständig mit dem Bösen, dem Unglauben und dem Unsittlichen zu führen hat, den er aber – wider alle Vernunft – dennoch gewinnen kann, weil Gott ihm hilft".

Diese Deutung kommt der Wahrheit sicherlich nahe. Wie aber erklärt es sich, daß der Name des Bildhauers fehlt? Eine Vermutung geht dahin, daß ein Zerwürfnis die Ursache gewesen sein konnte. Als Kaiser Lothar, sein Schwiegersohn und seine Gemahlin beigesetzt waren, ging der Bau der Kirche zunächst unverändert weiter. Doch dann muß irgendwann in der Bauleitung ein Wechsel eingetreten sein, der die Fortsetzung des Prunkes unterband. Zu jener Zeit des 12. Jahrhunderts gewann die asketische Geisteshaltung des großen Zisterzienserabtes Bernhard von Clairvaux immer mehr an Einfluß. Dieser redegewaltige Ordensreformer wetterte auch gegen das überhandgenommene phantastische Zierwesen in und an Kirchen. Das kann eine Erklärung dafür sein, warum der später gebaute Westteil des Königslutterer Domes die Pracht, wie sie im Ostbereich entfaltet worden war, vermissen läßt. Auch das Löwenportal wurde nicht zu dem, was es wohl ursprünglich werden sollte, nämlich eine Vorhalle lombardischer Art. Doch selbst wenn der italienische Baukünstler Königslutter im Zorn verlassen hätte, wäre ihm noch genügend Zeit geblieben, seine ruhmredige Inschrift

Der Jagdfries, der an der Ostseite des Domes die Außenwand der Chorapsis schmückt, erlangte besondere Berühmtheit. Er enthält nicht nur seltsame Jagdszenen, sondern auch eine spiegelverkehrte lateinische Inschrift und ein Rätsel, dessen Lösung den Namen des italienischen Baumeisters verrät.

Der Kaiserdom von Königslutter läßt majestätische Größe und Würde erkennen, die seinem Stifter und dessen Gemahlin eigen waren. Obgleich die Ausmalung der kaiserlichen Grabeskirche am Elm von kunstkritischen Augen wenig Anerkennung findet, vermittelt sie doch auch einen Eindruck davon, wie das Stifterpaar – Kaiser Lothar und Kaiserin Richenza – ausgesehen haben könnten. Sie wurden in ihrer Kirche zur letzten Ruhe gebettet, Lothar 1138, Richenza 1141.

über dem Jagdfries mit seinem Namen abzuschließen — es sei denn, er hätte anderes im Sinn gehabt. Das scheint der Fall gewesen zu sein.

Thomas Weigel, ein Student der Kunstgeschichte an der Technischen Universität Braunschweig, kam als erster auf den Gedanken, die unvollständige Inschrift könnte ein bewußt angelegtes Rätsel sein, dessen Lösung zum Meisternamen führt. Ihm war aufgefallen, daß sich unter der Stelle, an der die Inschrift abbricht, das Bildnis eines Mannes befindet, der einen erlegten Hasen trägt. In dieser Figur erkannte Weigel eine Verschlüsselung des Namens Nikolaus. Dieser aus dem Griechischen stammende Name wird zwar in erster Linie mit „Volksbesieger“ übersetzt, kann aber auch als „Hasenbesieger“ verstanden werden, je nachdem ob man die Silbe „laus“ auf „laos“ oder auf „layos“ zurückführt. Das eine bedeutet Volk, das andere Hase. Der Nikolaus, um den es hier geht, war ein berühmter Baukünstler aus der Emilia, der italienischen Landschaft zwischen Adria, Po und Apennin. Lothar war 1132 auf seinem Weg nach Rom zur Kaiserkrönung und ein Jahr später auf seinem Rückweg mit dem Werk des Nikolaus und wohl auch mit ihm selbst in Berührung gekommen. Dabei konnte er ihn verpflichtet haben, den Dom in Königslutter zu bauen.

Weigel fand weiter heraus, daß Nikolaus durch die Wahl der Wörter für die Inschrift zusätzlich auf seinen Namen hingewiesen hat. So bedeutet das lateinische Wort „celamen“ nicht nur Relief, sondern kann auch für „Verbergung“ oder „Verheimlichung“ stehen. Und die Buchstaben „SC“ als epigraphisches Siegel müssen nicht nur „sculpsit“ andeuten, sondern können auch „scilicet“ und damit statt „meißelte“ ebenso gut „zu verstehen“ oder „zu ergänzen“ meinen. So ausgelegt, wies Nikolaus gleichfalls deutlich auf das Reliefbild des Hasenbesiegers hin, denn die Inschrift heißt dann: „Dieses hervorragende durch mannigfaltige Verheimlichung wunderbare Werk ist zu ergänzen...“ — nämlich durch das Bildnis des Hasenbesiegers. Für die Annahme, daß der berühmte Nikolaus in Königslutter gewirkt hat, gibt es zwar keine schriftlichen Hinweise. Doch die Formensprache läßt daran keinen Zweifel: Die Vorbilder des Königslutterer Jagdfrieses finden sich an der Vorhalle des Domes von Verona.

45

Unter dem Putz waren Gemälde verborgen

Die Sigwardskirche in Idensen

In Idensen, das heute zu Wunstorf gehört und im Westen des Kreises Hannover liegt, steht eine alte, verlassen wirkende Steinkirche, an der sicherlich schon viele achtlos vorübergefahren sind. Diese äußerlich schlichte Kirche ist ein kulturgeschichtliches Juwel ersten Ranges, das in Niedersachsen und weit über die Landesgrenzen hinaus seinesgleichen sucht. Sie ist sorgfältig aus Sandsteinquadern errichtet, die vermutlich ebenso von den nahen Bückebergen stammen wie die, aus denen der Hamburger Michel, die Türme des Kölner Doms und andere bedeutende Bauwerke entstanden sind. Doch nicht der weithin berühmte Deistersandstein, wie die Geologen diese Gesteinsart aus der Kreidezeit bezeichnen, ist das Besondere der Idenser Kirche, sondern ihre Ausschmückung mit kostbaren Wandmalereien. Es sind wahrscheinlich die ältesten Fresken in Deutschland. Ihre Farben bestehen zum Teil aus zerstoßenen Halbedelsteinen – so das Blau aus Lapislazuli und das Grün aus Malachit –, und der Art nach wurden sie von Mönchen aus dem Benediktinerkloster Helmarshausen bei Karlshafen geschaffen. In dieser mittelalterlichen Künstlerhochburg entstand später auch das wertvollste Kunstwerk Niedersachsens: das Evangeliar Heinrichs des Löwen.

All dies läßt darauf schließen, daß der Erbauer der alten Kirche von Idensen ein bedeutender, wohlhabender Mann gewesen sein muß. Das trifft in der Tat zu. Es war Bischof Sigward von Minden, der von 1120 bis 1140 die Mitra trug. Sigward – Sproß einer sächsischen Adelsfamilie und Schützling des Grafen Adolf II. von Schaumburg, der zugleich sein Vormund war – gehörte dem Gefolge Kaiser Lothars III. an. Lothar von Süpplingenburg, der letzte standhafte Sachse auf dem deutschen Königsthron und seit 1133 auch römischer Kaiser, hatte alle Hände voll zu tun, um das Reich gegen innere und äußere Gefahren zu schützen. Immer war Bischof Sigward als Freund und Ratgeber dabei, ob auf Hoftagen, Reichstagen oder Fürstenversammlungen. Sigward nahm aber nicht nur am Geschehen seiner Zeit regen Anteil, sondern dachte auch an die Ewigkeit. Deshalb ließ er sich aus eigenen Mitteln eine würdige Kirche errichten, die eines Tages seine sterbliche Hülle aufnehmen sollte. So entstand in „Ydanhusen", wie Idensen zu jener Zeit hieß, das romanische Gotteshaus als Grabeskirche, in der er nach seinem Ableben beigesetzt wurde. Warum er Idensen als letzte Ruhestätte wählte, wird darauf zurückgeführt, daß er hier begütert war.

Die Kirche ist nicht einem einzelnen, bestimmten Schutzpatron geweiht, sondern zu Ehren der 11 000 Jungfrauen der Ursula-Legende erbaut worden. Nach dieser Legende, die auf einer wahren Begebenheit beruhen soll, war die Heilige Ursula die Tochter eines Königs von Britannien. Sie unternahm im Jahre 452 vor ihrer Hochzeit eine Pilgerfahrt nach Rom und benutzte bei der Rückkehr von Basel aus ein Schiff, um den Rhein abwärts zu fahren. Sie gelangte aber nur bis Köln. Hier wurde sie samt ihren Begleiterinnen von den Hunnen ermordet. In Wirklichkeit sollen es allerdings nur zehn Jungfrauen gewesen sein, aus denen dann elf und später infolge eines Irrtums 11 000 wurden. Das Martyrium der Jungfrauen ist in Idensen an der Westwand des Kirchenraumes dargestellt. Man kann noch deutlich das Schiff erkennen und den Hunnenkönig, wie er von seinem Thron aus mit ausgestreckter Hand den Mord befiehlt. Es sind auch noch Jungfrauen zu sehen sowie Teile des mit einer Tunika bekleideten Kriegers, der mit einem Schwert den Befehl des Hunnenkönigs ausführt. Vor ihm kniet Ursula in Erwartung des Todes. Leider ist dieses Bild sehr zerstört, wie überhaupt alle stark gelitten haben, nachdem die Wandmalereien der Sigwardskirche gegen Ende des 15. Jahrhunderts gefühlsroh übertüncht worden sind.

1710 bestand sogar die Absicht, die Kirche ganz abzubrechen, was zum Glück aber an Geldmangel scheiterte. Sie verwahrloste immer mehr. Das Interesse an ihr erwachte erst wieder in der Mitte des 19. Jahrhunderts, als man sich mit dem Quellenmaterial über ihr Entstehen näher befaßte. Dabei ging dem hannoverschen Konsistorialbaumeister Conrad Wilhelm Hase ein Hinweis der Mindener Bischofschronik des Hermann von Lerbeck nicht mehr aus dem Sinn, daß das Innere der Kirche mit Bildern geschmückt sei. Hase suchte nach den Malereien und fand tatsächlich eine Spur von Farbe. Diese Entdeckung bestärkte ihn in seiner Ansicht, daß unter dem Putz wahrscheinlich ganze Gemälde verborgen sind. Doch es dauerte dann immer noch Jahrzehnte, bis 1930 endlich mit einer Rettungsaktion begonnen werden konnte. Was von den Wandmalereien noch übrig war, wurde zunächst in vierjähriger Arbeit freigelegt und 1962 schließlich restauriert. Seitdem stellen diese Fresken wieder ein für die gesamte Malkunst in Nordwestdeutschland einzigartiges Denkmal dar.

Freskenmalerei bedeutet, daß die Farben auf den frischen, noch feuchten Kalkbewurf einer Wand auf-

So unscheinbar die Sigwardskirche in Idensen äußerlich auch wirken mag, so bedeutend ist ihr Inneres. Ihr Erbauer, der Bischof Sigward von Minden, ließ sie mit kostbaren Wandmalereien ausschmücken, die wahrscheinlich die ältesten Fresken Deutschlands sind. Die Maler waren Mönche aus der mittelalterlichen Künstlerhochburg Helmarshausen.

getragen werden. Das muß rasch vor sich gehen – jeder Pinselstrich muß sitzen. Freskenmaler müssen deshalb nicht nur künstlerisch begabt, sondern auch technisch sehr routiniert sein. Sie erleichtern sich ihre Arbeit dadurch, daß sie das, was sie an die Wand malen wollen oder sollen, zuerst auf Papier, Karton oder Leinen entwerfen. Die Helmarshauser Meister, von denen nach den Ergebnissen wissenschaftlicher Untersuchungen in Idensen drei beteiligt waren, besaßen mit dem sogenannten Benediktiner-Programm eine weitere Hilfe. Dieses Programm sah für die Ausschmückung von Langhausbauten wie in Idensen vor, in das Apsisgewölbe über dem Hauptaltar den segnenden Christus mit Heiligen zu malen und an den Wänden des Kirchenschiffes Szenen aus dem Alten und dem Neuen Testament folgen zu lassen. In Idensen zeigen sie den Turmbau zu Babel und die Arche Noah sowie eine Taufe durch Apostel, die Ausgießung des Heiligen Geistes zu Pfingsten und das Jüngste Gericht. Hinzugesellt wurden sieben kleinere Bilder mit Darstellungen aus dem Leben der Kirchenväter.

Kunstfreunde können sich an diesen Bildern, die sämtliche Wände und Gewölbe der Sigwardskirche einnehmen, nicht satt genug sehen. Immer wieder lassen sich neue Einzelheiten entdecken, sei es in der Haar- und Barttracht der Abgebildeten oder im Faltenwurf ihrer Gewänder oder auch an der Art, wie die Köpfe gemalt sind. Für Fachleute ist zu erkennen, daß auch Elemente des Formenschatzes byzantinischen Kunstschaffens eingeflossen sind. Leider ist vieles durch das Übertünchen unwiederbringlich verloren gegangen. Auch die Edelsteine sind nicht mehr vorhanden, die einst das Christusbild im Apsisgewölbe zierten. Doch ungeachtet dessen spürt man beim besinnlichen Betrachten der Wandmalereien noch immer, was Bischof Sigward und die Mönche aus Helmarshausen bezwecken wollten: Die kunstvollen Bilder und ihre Motive sollten vor Augen führen, daß der wahre Christ den leiblichen Tod nicht zu fürchten braucht, weil ihm die Auferstehung von den Toten zum Ewigen Leben verheißen wird. Die Sigwardskirche kann von jedermann besichtigt werden. Den Schlüssel erhält man im nahen Pfarrhaus.

Die Motive der Wandgemälde sind Szenen aus dem Alten und dem Neuen Testament. Unsere Bilder zeigen eine Taufe durch Apostel (oben) sowie das Jüngste Gericht (unten). Die verwendeten Farben bestanden zum Teil aus zerstoßenen Halbedelsteinen wie Lapislazuli und Malachit.

46

Symbol für Frieden, Recht und Freiheit

Der Upstalsboom in Aurich

Südwestlich von Aurich findet man beim Ort Rahe am Ende einer schattigen Buchenallee einen von einer Steinpyramide gekrönten Erdhügel, der für die Geschichte der Ostfriesen eine herausragende Bedeutung hat. Es ist der Upstalsboom, an dem im Mittelalter zwei Jahrhunderte lang und später erneut auf die Erhaltung von Frieden, Recht und Freiheit hingewirkt wurde. Doch die Geschichte der Friesen begann viel früher. Sie waren schon den römischen Geschichtsschreibern wie Plinius dem Älteren und Cornelius Tacitus wohlbekannt. Ihr Name wurde als „Frisii" oder „Frisones" in Verbindung mit dem Feldherrn Drusus erwähnt, als dieser im Jahre 12 vor Christi Geburt die nordwestliche Küste Germaniens erkundete. Und auch sein Sohn Germanicus kam mit ihnen in Berührung, als er im Jahre 16 nach Christi Geburt ein Heer von 112 000 Mann auf Schiffen vom Niederrhein aus entlang der Nordseeküste in die Weser transportierte, um an den Cheruskern die Schmach der Varusschlacht zu rächen (s. „Zwischen Porta und Angrivarierwall"). Doch als mit dem Untergang des weströmischen Reiches die schriftliche Überlieferung versiegte, verschwand wie so vieles auch das Volk der Friesen aus dem Lichtkreis der Geschichte.

Erst um die Mitte des 6. Jahrhunderts begannen sich die Friesen wieder aus dem Dunkel herauszuheben. Es zeigte sich, daß sie vom Strom der Völkerwanderung unberührt geblieben waren. Zwar haben die Wogen der großen Völkerbewegung des 4. und 5. Jahrhunderts auch ihre nordöstlich des Ijsselmeeres gelegenen Stammsitze umbrandet, sind aber vor dem breiten Sumpf- und Moorgürtel, der ihr Siedlungsgebiet gegen die Wälder der Geest abriegelte, zurückgeebbt. Doch die Zunahme ihrer Kopfzahl zwang die Friesen schließlich dazu, sich ebenfalls zu bewegen. Dies geschah in südwestliche und in östliche Richtung. Die Ausbreitung nach Osten vollzog sich im Küstengebiet über die Ems hinweg bis zur Wesermündung. Dabei nahmen sie ihren heutigen Siedlungsraum im Nordwesten des Landes Niedersachsen ein. Dieser war damals als Folge der angelsächsischen Inbesitznahme der britischen Inseln von den meisten seiner früheren Bewohner verlassen worden und daher nahezu menschenleer. Einige der Angelsachsen kehrten als christliche Missionare zurück, darunter Willibrord, der „Apostel der Friesen", und Winfried, der „Apostel der Deutschen". Winfried – besser bekannt als Heiliger Bonifatius – fand in Friesland den Märtyrertod. Er wurde 754 von erzürnten Heiden erschlagen.

Den Friesen jener Zeit ging die Freiheitsliebe über alles. Das mag wohl auch Karl der Große empfunden haben, als er nach den Sachsenkriegen (s. „Die Wittekindsburg bei Rulle") Friesland völlig unterwarf. Er ließ im Jahre 802 die alten friesischen Volksrechte aufzeichnen und schuf damit die „Lex Frisonum" als richtungweisende Rechtsgrundlage. Zugleich führte Kaiser Karl die Grafschaftsverfassung ein, die aber nicht von Bestand war, weil sie den Friesen fremde Herren bescherte. Diese vermochten im friesischen Raum keine weltlichen oder geistlichen Fürstentümer zu entwickeln, wie es in allen anderen Gebieten des Frankenreiches einschließlich der sächsischen geschah. Vielmehr entstanden hier aus den alten Gauen „Lande", die gleichsam Bauernrepubliken mit gewählten Richtern an der Spitze waren. Diese von der Bevölkerung bestimmten Wahrer von Recht und Ordnung verdrängten die vom Kaiser eingesetzten Grafen samt ihren Schulzen. Damit die im friesischen Raum entstandenen sieben Seelande ihre rechtlichen und politischen Angelegenheiten gemeinsam regeln konnten, trafen sich ihre Abgeordneten jährlich am Upstalsboom.

Diese Zusammenkünfte fanden jeweils am dritten Pfingsttag statt, wobei die Abgeordneten, die man Geschworene nannte, immer schon vorher zu Ostern gewählt wurden. Das erste Treffen am Upstalsboom soll bereits um die Mitte des 12. Jahrhunderts stattgefunden haben, um Streitigkeiten zwischen dem Wangerland und Östringen zu schlichten. Allgemeiner Anlaß kann die 1156 von Kaiser Friedrich Barbarossa vorgenommene Bekräftigung des Landfriedens gewesen sein, die bezweckte, das Heilige Römische Reich Deutscher Nation im Innern wieder sicherer zu machen. Versammlungen, die urkundlich nachgewiesen sind, gab es am Upstalsboom nur in den Jahren von 1216 bis 1231 und von 1323 bis 1327. Im Jahre 1325 am Tage Lamberti – dem 18. September – wurden die „Leges Upstalsbomicae", die „Upstalsboomer Gesetze" beschlossen, mit denen die alten

Der Upstalsboom im Südwesten Aurichs ist das Symbol der Friesen für Frieden, Recht und Freiheit. An diesem Erdhügel, auf dem einst anstelle der heutigen Steinpyramide eine Eiche stand, kamen im Mittelalter die Abgeordneten der sieben Seelande jährlich zu Pfingsten zusammen, um rechtliche und politische Angelegenheiten gemeinsam zu regeln.

Satzungen den Zeitverhältnissen entsprechend geändert worden sind. Gleich der erste der 35 Artikel dieses neuen Statuts gibt als Zweck des Upstalsboom-Bundes die Verteidigung der Freiheit gemeinsam mit bewaffneter Hand gegen weltliche und geistliche Fürsten an. Zudem sollte der Bund den Landfrieden unter den einzelnen Teilen des Gesamtgebietes wahren.

Um die zwischen den Seelanden getroffenen Vereinbarungen zu bekräftigen, wurde eigens ein Upstalsboom-Siegel geschaffen. Dieses ist rund, hat einen Durchmesser von 12 Zentimeter und zeigt in der Mitte die thronende Jungfrau Maria mit dem Jesusknaben auf dem Schoß. Die Gottesmutter als Schutzpatronin aller Friesen ist links und rechts von je einem Krieger flankiert, von denen der eine mit Rundschild und Speer, der andere mit Rundschild und Schwert bewaffnet ist. Unter ihr knien zwei Männer, die sie anbeten. Von diesem Siegel sollen noch drei Exemplare vorhanden sein, davon eines an einem im Pariser Nationalarchiv aufbewahrten Bündnisvertrag aller Frieslande mit König Phillip VI. von Frankreich. Die Friesen haben 1338 dieses Bündnis mit dem König von Frankreich geschlossen, um ihre Freiheit gegen die Grafen von Holland und von Geldern zu verteidigen.

Der Wahlspruch „Lewer doot as Slav", nämlich den Tod der Unfreiheit vorzuziehen, ist sinngemäß erstmals von dem Franziskanermönch Bartholomäus Anglicus schriftlich überliefert worden. Dieser in England geborene Geistliche, der von 1203 bis 1206 Kaplan des Erzbischofs Hartwig II. in Bremen war und später an Schulen seines Ordens in Paris und Magdeburg lehrte, wurde durch seine in lateinischer Sprache verfaßte Enzyklopädie „Von den Eigenschaften der Dinge im Himmel, auf Erden und in der Hölle" berühmt. Diese übersichtliche Darstellung des damaligen Wissens geht bei der Beschreibung der verschiedenen Länder auch auf Ostfriesland ein. In diesem Abschnitt, dem vom Verfasser selbst gewonnene Eindrücke zugrunde liegen sollen, ist zu lesen, daß sich die Friesen in Aussehen und Bräuchen sehr erheblich von den Deutschen unterscheiden. Die Männer tragen das Haar kreisförmig geschnitten. Je vornehmer einer ist, um so höher will er geschoren sein. Bartholomäus bezeichnet die Friesen als ein starkes, hochgewachsenes Geschlecht, das ernst, wild und behend ist und statt Pfeilen eiserne Speere gebraucht. Für die Freiheit setzen sie ihr Leben ein und wollen lieber sterben als geknechtet werden. Von der Ritterwürde wollen sie nichts wissen und leiden nicht, daß einzelne sich unter dem Namen Ritter über die anderen erheben. Sie unterstehen Richtern, die sie alle Jahre aus ihren eigenen Reihen wählen und die unter sich das Gemeinwesen ordnen und leiten.

Die „Friesische Freiheit" in ihrer frühen Form war jedoch nicht von Dauer. Der Direktor der Ostfriesischen Landschaft in Aurich, Dr. Hajo van Lengen, sieht den Grund darin, daß es nicht gelang, das höchste Organ der freien Frieslande von einem defensiven zu einem offensiven Instrument weiterzuentwickeln. In einem 1987 veröffentlichten geschichtlichen Rückblick schrieb er: „Der Landfriedensbund vom Upstalsboom blieb eine Notgemeinschaft der Friesischen Freiheit, die schließlich auch keine Not mehr zusammenzuhalten vermochte". Aus alten Bauerngeschlechtern traten Persönlichkeiten hervor, die als Häuptlinge zu politischen und militärischen Führern ihrer Dörfer wurden. In der zweiten Hälfte des 14. Jahrhunderts versuchte das zuerst auf der Oldeborg bei Engerhafe im Brokmerland ansässige, später nach Aurich übersiedelte Häuptlingsgeschlecht tom Brok das gesamte friesische Gebiet rechts der Ems unter seiner Herrschaft zu vereinigen. Doch innere Unruhen und der Drang der Oldenburger Grafen an das Meer vereitelten diesen Plan.

Im Hinblick auf die neu entstandene Lage versuchte sich 1361 der Upstalsboom-Bund unter Führung der nicht zu Friesland gehörenden Stadt Groningen wiederzubeleben, jedoch ohne Erfolg. Erst als der friesische Freiheitswille später im Kampf gegen den Absolutismus erneut erwachte, erlangte der Upstalsboom seine Symbolkraft zurück. Die ostfriesischen Landstände erkämpften sich im staatlichen Gefüge eine derart starke Position, daß ihnen Kaiser Leopold I. 1678 ein eigenes Hoheitszeichen, das Upstalsboom-Wappen, verlieh. Es zeigt einen geharnischten Ritter unter einem Baum, dem Upstalsboom. Dieses Wappen der Landstände mit dem Upstalsboom als Symbol des friesischen Freiheitssinnes wird heute noch von der Ostfriesischen Landschaft genutzt. Diese Einrichtung ist eine Körperschaft des öffentlichen Rechts mit Sitz in Aurich, die aus dem alten ständerechtlichen Landtag hervorgegangen ist und vor allem der Kulturpflege dient.

Der Hügel des Upstalsbooms, der altfriesisch „Obstallisbaem" hieß, war ursprünglich ein am Südwesthang eines Sandrückens errichtetes Grab, in dem Urnen aus der Bronze- und der Eisenzeit sowie ein Langschwert aus der Wikingerzeit gefunden wurden. „Upstall" bedeutet Erhöhung und bezeichnet nicht allein den Grabhügel, sondern die ganze natürliche Bodenerhebung ringsum. Der „Boom" war – wie alte Abbildungen zu erkennen geben – eine mächtige, knorrige Eiche, die auf dem Grabhügel stand. Anstelle des Baumes befindet sich seit 1833 die eingangs erwähnte Steinpyramide auf dem Hügel. Sie wurde im Auftrag der Ostfriesischen Landschaft zum Andenken an die in den Schlachten bei Liegnitz 1760 und bei Waterloo 1815 gefallenen Ostfriesen erbaut. Der Upstalsboom ist von einer der schönsten Wallheckenlandschaften Ostfrieslands umgeben. Den Ort Rahe, in dessen Gemarkung er liegt, findet man an der von Aurich nach Oldersum führenden Straße. Die Grabfunde sind im Ostfriesischen Landesmuseum in Emden aufbewahrt.

47

Ein Wunderkreuz erlöst von Leiden

Die Kommende Lage

Östlich des Ortes Rieste, wo sich die Dammer Berge allmählich aus der Haseniederung zu erheben beginnen, umschließt die Hohe Hase ein Stückchen Land, das ein Hort der Frömmigkeit und christlichen Glaubenskraft ist. Hier befindet sich die Kommende Lage, die 1245 vom Grafen Otto von Tecklenburg gestiftet wurde und bis zu ihrer Aufhebung im Jahre 1811 eine der größten klösterlichen Pfründen des Johanniterordens in ganz Nordwestdeutschland war. Das als Burg erbaute Ordenshaus erwuchs aus dem Geist der Kreuzzugsbewegung und diente vornehmlich als Heim- und Ruhestätte für alte und gebrechliche Mitglieder des Johanniterordens, dessen Entstehen auf ein von Papst Gregor dem Großen gegen Ende des 6. Jahrhunderts in Jerusalem gegründetes Hospital zurückgeht. Der Orden widmete sich hauptsächlich der Armen- und Krankenpflege und ist auch heute

Die als Burg erbaute Kommende Lage an der Hohen Hase im Norden des Kreises Osnabrück diente zur Zeit der Kreuzzüge als Heim- und Ruhestätte für alte und gebrechliche Mitglieder des Johanniterordens. Der Kreuzeskult, der durch das Erleben der Kreuzzüge geweckt worden war, brachte es hier zu hoher Blüte. Das Wunderkreuz legt davon ein lebendiges Zeugnis ab.

noch karitativ tätig. Als im Jahre 1070 die Türken in das Heilige Land einfielen, wurden den dienenden Ordensbrüdern Ritter beigegeben, deren Aufgabe es war, die Pilgerkarawanen zu schützen und die Heiligen Stätten zu verteidigen. Auch Priester kamen hinzu. Die Ordensgemeinschaft war an ihrer Tracht zu erkennen, die aus einem schwarzen Mantel mit einem achtspitzigen weißen Kreuz bestand.

Als Papst Urban II. im Jahre 1095 zum ersten Kreuzzug aufrief, entfachte er eine Begeisterung, die Hunderttausende bewaffnet nach Palästina trieb, um dort ebenso blutrünstig wie opfermutig Recht und Besitz der Christenheit zu wahren. Diese Begeisterung hielt im westfälisch-niedersächsischen Raum bis in das 13. Jahrhundert an. Einer der Kreuzfahrer, der sich als Heerführer am Kreuzzug des Kaisers Friedrich Barbarossa beteiligte, war Graf Simon von Tecklenburg, der Vater des Stifters der Kommende Lage. Diese Sachverhalte bewirkten, daß das Ordenshaus an der Hohen Hase durch Schenkungen wie auch durch Kauf und Tausch von Gütern sehr rasch zu ansehnlichem Reichtum gelangte. Zugleich brachte es hier der Kreuzeskult, der durch das Erleben der Kreuzzüge geweckt worden war, zu hoher Blüte. Die Johanniterburg erhielt eine eigene Kirche, die Johannes dem Täufer – dem Patron des Johanniterordens – geweiht wurde, und die Kirche bekam ein Kreuz, das sich als wunderwirkend erwies und deshalb von vielen Gläubigen tief verehrt wurde und noch immer wird.

Das Holzkreuz mit dem Leib Christi, das auch selber auf wundersame Weise entstanden sein soll, hängt in einer Seitenkapelle der Kirche. Es ist 3,55 Meter hoch und 1,55 Meter breit und kann trotz seines Gewichtes von rund 150 Kilogramm mit Hilfe einer einfachen Seilvorrichtung relativ leicht von der Wand genommen und von mehreren Personen ins Freie verbracht werden. Dies geschieht noch sehr häufig. Denn fast täglich finden sich in der Kirche zu Lage Wallfahrer wie auch Angehörige und Freunde von Leidenden ein, die das schwere Kreuz auf die Schultern nehmen und um die Kirche tragen. Dabei erbitten sie Hilfe für Schwerkranke oder im Sterben Liegende, damit diese von ihren Leiden erlöst werden mögen im Sinne der Besserung und Heilung oder eines sanften Todes. Um beim Tragen eine Beschädigung der Christusfigur zu verhüten, wurden Körper und Arme in Holzrinnen gelegt und an diesen Eisengriffe befestigt.

Das Wunderkreuz, das nach Annahme von Kunsthistorikern um 1300 geschaffen worden ist, stellt Christus ausgemergelt und von großen Schmerzen gepeinigt dar. Es gibt wohl kaum einen Betrachter, der von dieser im gotischen Stil gefertigten Holzskulptur nicht fasziniert wäre. Als Bischof Engelbert II. von Osnabrück 1315 am Tag, der an die Enthauptung des Heiligen Johannes erinnert, das Kreuz weihte, fügte er in das Haupt der Figur mehrere Reliquien ein. Sie ruhen unter einer Silberplatte. Die Reliquien stammen vom Kreuz Christi, vom Kalvarienberg, vom Grab Christi, von seinem weißen Gewand und zudem von einigen Heiligen. Insgesamt sind es 25 derartige für Gläubige kostbare Überreste von Märtyrern und ihrer Umgebung. Sie wurden innerhalb der letzten 200 Jahre dreimal untersucht und jeweils wieder in das Haupt der Christusfigur eingefügt – das letzte Mal 1956.

Der Legende nach wurde das Kreuz von zwei Johanniterbrüdern – einem Priester namens Johannes und einem Ritter namens Rudolf – angefertigt. Die beiden rasteten auf einem Berg, wobei der eine schlief und der andere wachte. Da sei beiden zugleich – dem einen im Schlaf, dem anderen im Wachen – in der Luft ein Kreuzesbild erschienen, und beide hörten eine Stimme sagen, daß es Gottes Wille sei, ein ebensolches Kreuz herzustellen. Der eine solle das Bildnis mit Ausnahme des linken Armes schnitzen und würde dann nach getaner Arbeit sterben, und der andere solle das Werk vollenden und würde dann ebenfalls in die himmlische Herrlichkeit eingehen. So sei es auch geschehen. Das Kreuz soll aus dem Holz eines Baumes geschnitzt worden sein, von dem der Legende nach niemand weiß, welcher Art der Baum war. Es ist nur überliefert, daß er sich durch seine roten Blätter von allen anderen Bäumen der Gegend unterschieden habe.

Die Geschichte der Kommende Lage verlief friedlich. Sie erfuhr aber zwei Störungen, die um so heftiger waren. Der erste Schicksalsschlag traf sie, als sie 1384 von Bischof Dietrich von Osnabrück überfallen, beraubt und verwüstet wurde. Die Kommende, die durch päpstliches Privileg von weltlichen Abgaben befreit war, hatte sich geweigert, eine vom Bischof als Landesherr geforderte Steuer zu entrichten. Auf Betreiben der Ordensritter wurde der Bischof mit dem Kirchenbann belegt und von diesem erst wieder entlastet, nachdem er auf seine vermeintlichen Rechte verzichtet und für den angerichteten Schaden Ersatz zugesichert hatte. Es dauerte Jahre, bis das Ordenshaus wieder aufgebaut und eine Kirche errichtet werden konnte. Die Kirche wurde 1426 geweiht. Das zweite Mal mußte das Ordenshaus im Dreißigjährigen Krieg Plünderungen und Zerstörungen über sich ergehen lassen, während die Kirche diese schwere Zeit unversehrt überstand. Dieses Mal konnten die Schäden rascher behoben und die Kommende zu neuem Wohlstand geführt werden.

Die Kommende Lage ist nicht nur für Wallfahrer und Hilfesuchende ein lohnendes Ziel, sondern für jeden, der Ruhe und Beschaulichkeit liebt. Die Kirche mit ihrem erst 1904 errichteten Turm ist von allen Zuwegungen her schon von weitem zu sehen, ob man von Bramsche, Damme oder Bersenbrück her kommt. Neben dem berühmten Kreuz bietet die Kirche noch mehr Sehenswertes, so vor allem eine kunstvolle Stuckdecke aus der Schule des Barockbaumeisters Johann Konrad Schlaun, dem auch das Jagd-

schloß Clemenswerth bei Sögel im Hümmling und die Klostergebäude in der Iburg im Osning ihr Dasein verdanken. Beachtenswert in der Kirche zu Lage ist auch ein Freskenbild eines Kreuzträgers in einer Nische der Nordwand, das in meisterlicher Weise die erlösungbringende Last des Kreuzes verdeutlicht. Dieses nur in Grautönen gemalte Bild entstand um 1440. Das Ordenshaus, das den Besuchern durch seinen purpurroten Anstrich freundlich entgegenleuchtet, wird heute als Hotel genutzt. Im Hof dieses mit einem Eckturm geschmückten Gebäudes steht eine stattliche alte Gerichtslinde, die ebenfalls Beachtung verdient.

Die Johanniterburg bekam eine Kirche, und diese wiederum bekam ein Kreuz, das Wunder wirkt und auch selber auf wundersame Weise entstanden sein soll. Es hängt in einer Seitenkapelle der Johannes dem Täufer geweihten Kirche. Zu diesem Kreuz pilgern jährlich viele Gläubige, um Befreiung von Leiden für sich oder andere zu erbitten.

48

Hort eines Meisterwerkes der Kartographie

Das Kloster Ebstorf

Die Plassenburg, die sich hoch über die bayerische Bierstadt Kulmbach erhebt, beherbergt das Deutsche Zinnfigurenmuseum. Zu den Räumen dieser sehenswerten Sammlung gehört ein Vortragssaal, an dessen Stirnwand man als Besucher aus Niedersachsen eine verwunderliche Entdeckung machen kann. Dort hängt eine Kopie der Ebstorfer Weltkarte! Man fragt sich unwillkürlich nach dem Grund und erfährt ihn beim Lesen eines Hinweisschildes: Auf dieser Landkarte aus dem hohen Mittelalter, die in der historischen Kartographie Deutschlands den höchsten Rang einnimmt, ist auch die Kulmbacher Hohenzollern-Feste vermerkt. Das zeugt von Ruhm und Glanz, von Ansehen und Bedeutung dieser Burganlage, die zu den schönsten Deutschlands zählt. Viele Betrachter der faszinierenden Karte werden sich fragen, welche Bewandtnis es überhaupt mit diesem Meisterwerk der Kartographie hat, das im 13. Jahrhundert irgendwo im nördlichen Niedersachsen entstand, mehrere Jahrhunderte verschollen war und 1830 im Kloster Ebstorf im Kreis Uelzen von einer Konventualin des evangelischen Damenstiftes beim Aufräumen einer Rumpelkammer wiederentdeckt wurde.

Auf der Ebstorfer Weltkarte ist mit Bildern und Texten festgehalten, was man im Mittelalter von der Welt wußte. Leider ist mit so viel Wissensübermittlung nicht überliefert, wer den Gedanken zur Schaffung dieser einzigartigen Karte hatte und wer ihn mit Pinsel und Farbe in die Tat umgesetzt hat. In dem 1987 erschienenen Buch „Die Ebstorfer Weltkarte" von Birgit Hahn-Woernle heißt es in diesem Zusammenhang: „Es gibt keinerlei Zeugnisse, die etwas über die Karte aussagen. Alles, was wir über sie wissen möchten, müssen wir versuchen, von ihr selbst zu erfahren, aus ihr herauszulesen". Dazu bedarf es gründlicher Geschichts- und Sachkenntnisse. Doch so sehr sich Wissenschaftler verschiedener Fachrichtungen auch schon bemüht haben, dem Entstehen der berühmten Karte auf die Spur zu kommen, bleiben immer noch Wissenslücken, die die Bildung einer gesicherten Meinung verhindern.

Mit einiger, jedoch nicht letzter Gewißheit darf vermutet werden, daß der Urheber der Karte der Propst Gervasius war, der etwa von 1223 bis 1234 dem angesehenen Heidekloster Ebstorf vorstand. Es fehlt auch der letzte Beweis für die Richtigkeit der Annahme, daß der Ebstorfer Probst mit dem englischen Gelehrten und Geschichtsschreiber Gervasius von Tilbury identisch war. Doch vieles spricht dafür. Zum einen besaß der um 1160 in dem am linken Ufer der Themse liegenden Ort Tilbury geborne Gervasius das umfassende Wissen, das zur Erstellung dieser Karte notwendig war. Nach seinem Studium in Bologna war er in England, Frankreich, Sizilien und Burgund als Berater von Prinzen, Königen und eines Bischofs tätig – Positionen, in denen er von der damaligen Welt viel gesehen und gehört hatte. Zum anderen besaß er eine enge Beziehung zum niedersächsischen Raum, weil er in reiferen Jahren Ratgeber des welfischen Kaisers Otto IV. – des Sohnes Heinrichs des Löwen – geworden war. Als Otto IV. im Thronkrieg um die Macht an der Spitze des Heiligen Römischen Reiches Deutscher Nation dem Stauferkaiser Friedrich II. unterlag und gestürzt wurde, folgte ihm Gervasius in seine welfischen Stammlande Braunschweig und Lüneburg. Hier schrieb er für seinen Herrn ein „Buch über die Wunder der Erde", das auch „Kaisertrost" genannt wurde. Und hier dürfte er auch für seine Verdienste mit der Propstei über ein angesehenes Kloster belohnt worden sein.

In dem Buch für den gestürzten Kaiser, das eine Darstellung der Weltgeschichte von Anbeginn bis in die Zeit Ottos IV. enthält, wird die Vorlage zur Ebstorfer Weltkarte gesehen. Diese sollte – so schien es dem mittlerweile greisen Gervasius vorzuschweben – dem Erdkreis entsprechend rund sein und in anschaulicher, einprägsamer Bildersprache den Heilsplan Gottes in der Geschichte der Welt gleichsam einer Predigt verkünden. Im Mittelpunkt sollte Jerusalem hell erstrahlen mit dem Heiligen Grab und dem Auferstandenen, der segnend seine Arme hebt, und um den Erlöser herum sollte – geographisch wohlgeordnet – alles gruppiert werden, was von der biblischen Geschichte und der Antike, aber auch von Legenden, Sagen, Fabeln und sonstigen volkstümlichen Erzählungen überliefert war. Zudem sollten wissenschaftliche Erkenntnisse, soweit sie mit dem Glauben vereinbar waren, einbegriffen werden. Mit der Verwirklichung seiner Idee betraute Gervasius möglicherweise einen oder mehrere kunstfertige Mönche aus dem Benediktinerkloster St. Michael zu Lüneburg. Bemalt und beschriftet wurden 30 Pergamentblätter aus Schafhaut, die zusammengesetzt die 3,58 Meter hohe und 3,56 Meter breite Weltkarte ergaben.

Der damals bekannte Erdkreis umfaßte nur Europa, Afrika und Asien und war rings vom Meer umgeben. Der Einteilung in die drei Kontinente wurde ein T zugrunde gelegt, wobei der obere Teil Asien aufnahm, der linke untere Europa und der rechte untere Afrika. Am oberen Rand des Kreises, wo auf den Karten jener Zeit noch nicht Norden,

Das Kloster Ebstorf im Kreis Uelzen birgt viel Sehenswertes. Seine größte Kostbarkeit ist die berühmte Ebstorfer Weltkarte, die im 13. Jahrhundert von einem nicht bekannten Meister an einem nicht bekannten Ort geschaffen wurde, mehrere Jahrhunderte verschollen war und 1830 im Kloster Ebstorf durch einen Zufall wiederentdeckt wurde.

sondern Osten war, wurde das hinter Indien und der Gangesmündung vermutete Paradies mit dem ersten Menschenpaar und dessen Sündenfall dargestellt. Weiter findet man die Arche Noah auf dem Berg Ararat in Armenien, den hochaufragenden Turm zu Babel in Mesopotamien, die im Toten Meer versunkenen Städte Sodom und Gomorrha, die Getreidespeicher des ägyptischen Josephs, die Durchquerung des Roten Meeres und den Gesetzesberg Sinai. Der Lebens- und Leidensweg Christi läßt sich von Bethlehem bis Golgatha verfolgen, und es sind auch die Orte aufgeführt, an denen die Apostel wirkten und starben. Zudem sind die Alexandersage, Heraklessage und Argonautensage dargestellt, und auch das Reich der Amazonen bekam seinen Platz.

Im niedersächsischen Teil sind die Herzogsstädte Braunschweig und Lüneburg sowie der Klosterort Ebstorf als besonders bedeutsam herausgestellt. Man findet auch Hannover, das damals noch klein war, und als weitere Städte Hildesheim, Goslar, Gandersheim, Nienburg, Verden und Bremen. Von den Flüssen Niedersachsens sind die Oker, Innerste, Leine, Aller, Weser und Ilmenau vermerkt. Auch Friesland ist erwähnt. Ebenso gewürdigt sind die übrigen deutschen Gebiete und zudem Gallien, Spanien, Italien und der Balkan. Die Kenntnisse des nördlichen Europas reichten offenbar nicht sehr weit, um so weiter dagegen die des östlichen, nämlich bis zum Dnjepr und Wolchow mit den Städten Kiew, Smolensk und Nowgorod. Das Wissen über Afrika erstreckte sich bis Äthiopien und das über Asien bis China.

Es ist erstaunlich, was man auf der Ebstorfer Weltkarte noch alles entdecken kann. Sie enthält etwa 1000 Eintragungen. Deshalb ist es ein müßiges Unterfangen, sie mit wenigen Sätzen umschreiben zu wollen. Man kann die Karte im Kloster Ebstorf besichtigen. Doch leider sieht man nicht das Original, sondern nur eine Nachbildung. Als das jahrhundertelang in Vergessenheit geratene Zeichenwerk durch den eingangs erwähnten Zufall wiederentdeckt und der enorme Wert erkannt worden war, wurde es nach Hannover gebracht und zunächst im Museum des Historischen Vereins aufbewahrt. 1909 wurde die Karte dem Staatsarchiv übergeben, mit dem sie zusammen im Oktober 1943 bei einem Bombenangriff auf Hannover in Flammen aufging. Der ehema-

In der Ebstorfer Weltkarte ist mit Bildern und Texten festgehalten, was man im Mittelalter von der Welt wußte. Zudem verkündet sie den Heilsplan Gottes. Sie ist dem Erdkreis entsprechend rund. Den Mittelpunkt bildet Jerusalem mit dem Heiligen Grab und dem Auferstandenen. Um den Erlöser herum gruppieren sich die Kontinente Europa, Afrika und Asien.

lige niedersächsische Landeskonservator Professor Dr. Hermann Deckert bezeichnete die Vernichtung der Ebstorfer Weltkarte als den schwersten Einzelverlust an beweglichem Kulturgut, den Niedersachsen im Zweiten Weltkrieg erlitten hat.

Zum Glück im Unglück war es möglich, diese für immer verlorene Karte anhand photographischer Reproduktionen und mit Hilfe des präzisen Erinnerungsvermögens des Studienrates Walter Rosien von der Lutherschule Hannover, der zu den Erforschern der Karte zählt, in voller Größe und Farbigkeit nachzubilden. Auf Veranlassung des Museumsvereins für das Fürstentum Lüneburg schuf in einem Heidedorf der Graphiker Rudolf Wienecke zwischen 1950 und 1955 vier Kopien, von denen sich eine im Kloster Ebstorf befindet, die zweite im Museum für das Fürstentum Lüneburg in Lüneburg und die dritte in der Plassenburg in Kulmbach. Die vierte war dem einstigen griechischen Königspaar geschenkt worden und soll nach Abschaffung der Monarchie in Griechenland nach Amerika gelangt sein.

Das Kloster Ebstorf, das viel weiteres Sehenswerte birgt, ist schon bald nach seiner Gründung um die Mitte des 12. Jahrhunderts und nach der Überwindung der Folgen eines Brandes als Stift für Kanonissinnen des Benediktinerordens zu Wohlstand und Ansehen gelangt. Seinen Aufstieg verdankt es nicht zuletzt auch drei geheimnisumwitterten Märtyrergräbern, die in die Weltkarte links unten als quadratische Kästchen eingezeichnet sind. Wo sich diese Gräber genau befunden haben, weiß man nicht mehr. Es ist auch nicht mehr bekannt, wer in ihnen bestattet wor-

Die Ebstorfer Weltkarte enthält etwa 1000 Eintragungen. Im niedersächsichen Teil sind die Herzogstädte Lüneburg und Braunschweig sowie der Klosterort Ebstorf als besonders bedeutsam herausgestellt. Was sonst noch an Städten und Flüssen zu finden ist, versetzt jeden Betrachter in Erstaunen. Auch Hannover, das damals noch klein war, ist enthalten.

den war. Doch mit Sicherheit weiß man, daß diese Gräber Ebstorf im Mittelalter zu einem Wallfahrtsort werden ließen, nachdem sie durch mehrere Wunder auf sich aufmerksam gemacht hatten. Wie es heißt, sei ihrer Erde frisches Blut entsprungen, und mehrmals habe an ihnen oder in ihrer Nähe himmlisches Licht geleuchtet.

Auch das Entstehen der Gräber wurde mit seltsamen Vorgängen in Verbindung gebracht, wie sie nur im Mittelalter als glaubhaft erachtet werden konnten. Sie sind von einer Legende überliefert. Danach waren zur Zeit Karls des Großen in einem Kampf gegen die heidnischen Slawen viele christgläubige Ritter und Geistliche gefallen und auf dem Schlachtfeld in Hamburg beigesetzt worden. Später soll ein Teil dieser Märtyrer wieder ausgegraben worden sein, um nach Rom überführt zu werden. Bei einem Hof, dessen Inhaber Ebbeke hieß, habe jedoch von den Märtyrern ausfließendes Blut die Wagen nicht nur am Weiterfahren gehindert, sondern sie seien auch noch von selbst in den Boden gesunken, so daß auf diese wundersame Weise erneut Gräber entstanden seien. Den historischen Hintergrund dieser Legende glaubt man in einer Aufzeichnung des Adam von Bremen in dessen Hamburger Chronik zu erkennen. Nach dieser Überlieferung war es während der Regierungszeit Kaiser Ottos III. zwischen 983 und 1018 – rund 200 Jahre nach Karl dem Großen – östlich der Elbe zu Aufständen der slawischen Obotriten gekommen, bei denen 60 Priester zu Tode gefoltert worden seien. Ob tatsächlich ein Zusammenhang mit den Ebstorfer Gräbern bestand, bleibt dennoch eine offene Frage.

49

Am Anfang stand ein Brudermord

Das Kloster Hude

Von der Pracht und Größe des einst blühenden Zisterzienserklosters Hude kündet – von der ehemaligen Torkapelle abgesehen – nur noch die Ruine seiner Kirche. Diese wurde seit 1983 sorgfältig restauriert und gegen Wettereinflüsse geschützt; die Arbeiten sollen 1990 abgeschlossen sein. Die Ruine wird nun wohl noch lange von den Geschehnissen zeugen, die sich im späten Mittelalter westlich der Unterweser im Gebiet zwischen Oldenburg und Delmenhorst zugetragen und zur Gründung wie auch zum Untergang des Klosters geführt haben.

Seine Geschichte begann mit einem Brudermord. Als im Herbst 1187 Jerusalem in die Hände der Sarazenen unter Sultan Saladin gefallen war, fand sich Graf Christian von Oldenburg als einer der ersten bereit, mit dem Schwert an der Befreiung des Heiligen Grabes mitzuwirken. Zusammen mit weiteren sächsischen Grafen schloß er sich dem Bischof Arnold von Osnabrück an und zog mit ihm an die Donau, wo sich zu Pfingsten 1189 bei Preßburg – der heutigen slowakischen Hauptstadt Bratislava – ein riesiges Heer unter dem Zeichen des Kreuzes versammelte. Der Kaiser persönlich, Friedrich I. Barbarossa, führte es an. Während mehrere der sächsischen Grafen wie auch der Bischof von Osnabrück und der Kaiser selbst auf dem Kreuzzug ihr Leben ließen, überstand Graf Christian alle Mühsale, Entbehrungen und Kämpfe. Aber auch ihn ereilte noch der Tod. Als er 1192 aus dem Heiligen Land zurückkehrte und nur noch einen Tagesritt von Oldenburg entfernt war, wurde er in Bergedorf westlich von Ganderkesee im Schlaf erdolcht. Die Mörder soll sein Bruder, der Oldenburger Graf Moritz, gedungen haben. Dieser hatte sich die Güter Christians, den er für verschollen hielt, angeeignet und wollte sie nicht wieder herausgeben.

Um Vorsorge für das Seelenheil des Ermordeten zu treffen und wohl auch um brüderliches Mitgefühl vorzutäuschen, ließ Graf Moritz gemeinsam mit der Mutter am Ort der Bluttat ein Kloster errichten, in dem Nonnen eine Bleibe finden sollten. Doch daraus wurde nicht viel, weil schon bald nach der Gründung die Umwandlung in ein Männerkloster vollzogen wurde. Aber auch dieses erwies sich in Bergedorf an dem Flüßchen Welse als nicht lebensfähig, so daß an eine Verlegung gedacht werden mußte. Die Grafenfamilie stellte dafür 1232 einen buschreichen Hüteplatz an der Berne zur Verfügung und berief Zisterzienser aus Marienthal bei Helmstedt mit der Bitte, dem neuen Kloster auf die Beine zu helfen. Die Mönche in den weißwollenen, schwarzverbrämten Kutten, die ihrer Ordensregel gemäß nicht nur beten, sondern auch arbeiten mußten, packten tatkräftig zu. Sie fanden an der Berne Lehm zur Herstellung von hochwertigen Ziegeln und schufen damit eine großartige frühgotische Klosteranlage, die der Gottesmutter geweiht wurde. Man nannte sie lateinisch „Rubus Sanctae Mariae", auf deutsch „Busch der Heiligen Maria" und auf niederdeutsch einfach „tor Hude".

Der Entwicklung dieses Klosters kam im Anfangsstadium ein Ereignis zugute, das viel Blut gefordert hat: der Aufstand der Stedinger Bauern gegen den Bremer Erzbischof Gerhard II. Die Stedinger waren ursprünglich größtenteils Holländer, die seit 1142 die Moor- und Flußmarschen am linken Weserufer von Hammelwarden bis Schönemoor und beiderseits der Hunte flußaufwärts bis Holle wasserbaulich kultivierten, besiedelten und bewirtschafteten. Für ihre Pionierleistungen genossen sie Sonderrechte. Das machte sie auch übermütig. Um das freiheitsdurstige Siedlervolk zu zähmen, erbauten die Grafen von Oldenburg die Burgen Lienen und Lichtenberg, die aber beide von den Stedingern zerstört wurden. Durch diesen Erfolg ermutigt, begannen die Bauern, der bremischen Kirche Zins und Zehnten zu verweigern, so daß Erzbischof Gerhard seinen Bruder Hermann von Lippe beauftragte, die Aufsässigen zu züchtigen. Das mißlang jedoch: Das Ritterheer wurde am Weihnachtsabend 1229 bei Hammelskamp aufgerieben. Daraufhin erklärte die Bremer Synode die Stedinger als Ketzer und organisierte gegen sie mit Genehmigung des Papstes Gregor IX. einen Kreuzzug, an dem viele Ritter, Grafen und sogar auch Herzöge teilnahmen. Am 27. Mai 1234 kam es bei Altenesch zu einer Entscheidungsschlacht, in der das 2 000 Mann starke Bauernheer unterlag. An diese Schlacht, die als eines der bedeutendsten mittelalterlichen Kriegsereignisse auf niedersächsischem Boden gilt, erinnert seit 1843 das Denkmal „Stedingsehre" an der von Altenesch nach Ochtum führenden Straße.

Einen großen Teil der Kriegsbeute erhielt das Kloster Hude. Damit wurde die Grundlage für einen Wohlstand geschaffen, der in den Baulichkeiten des Klosters – dabei vor allem in seiner überdimensionierten Kirche – zum Ausdruck kam. Leider fehlt jedwede urkundliche Nachricht über die Baugeschichte

Vom Kloster Hude ist nur noch die Ruine seiner Kirche übrig. Diese beeindruckt wohl jeden, der sie zum ersten Mal sieht. Das Kirchenschiff war 57 Meter lang, 24 Meter breit und besaß ein ausladendes Querschiff. Das Kloster stand zwei Jahrhunderte in voller Blüte. Als die Sitten der Mönche verfielen, bahnte sich sein Ende an.

Die gestorbenen Mönche verließen das Kloster durch die Totenpforte. Sie starben zumeist schon in jungen Jahren. Die Ordensregel der Zisterzienser verlangte neben Beten harte Arbeit, die es besonders während der Errichtung des Klosters in überreichem Maße gab.

des Klosters. Und es gibt von ihm auch kein zeitgenössisches Bild. Was jedoch die Phantasie anhand der Mauerreste nachzugestalten vermag, hat 1899 der Maler Professor W. Schumacher auf einem Ölbild dargestellt, das sich heute im Museum neben der Klosterruine befindet. Es war ein typischer Zisterzienserbau, der keinen Kirchturm besitzen durfte, sondern sich mit einem Dachreiter begnügen mußte. Um so stattlicher war das Kirchenschiff. Es war eine gewölbte Pfeilerbasilika von 57 Metern Länge und 24 Metern Breite mit einem ausladenden Querschiff. Die außer der Kirche aus zahlreichen Wohn- und Wirtschaftsgebäuden bestehende und von einer Mauer umgebene Klosteranlage in Hude soll große Ähnlichkeit mit denen in Loccum, Riddagshausen und Walkenried besessen haben, die ebenfalls dem Zisterzienserorden gehörten.

Das Kloster Hude stand mehr als zwei Jahrhunderte in voller Blüte. Die Mönche verstanden sich nicht nur auf die Baukunst, sondern waren auch Meister im Weben, Töpfern und in der Glasmalerei. Einer der Mönche, genannt Friedrich von Hude, hat sich durch ganz besonderes Können hervorgetan. Er soll um das Jahr 1400 für den Dom von Münster in Westfalen eine kunstreiche Uhr gefertigt haben, die es jedoch nicht mehr gibt. Sie soll zerstört worden sein, als 1534 in Münster die Wiedertäufer das „Neue Jerusalem“ errichtet hatten und dann blindlings zu wüten begannen, bis ihre Anführer gefangen genommen und in Iburg bei Osnabrück hingerichtet wurden (s. „Die Iburg im Osning“).

In der Huder Klosterkirche wurden mehrere Oldenburger Grafen zur letzten Ruhe gebettet. Doch als das Oldenburger Grafenhaus 1482 das Kloster Hude an das Bistum Münster verlor, bahnte sich das Ende an. Die Sitten der Mönche verfielen immer mehr, bis es im Kloster keinen einzigen geistlichen Insassen mehr gab, der nicht in wilder Ehe gelebt und Kinder besessen hätte. 1536 erteilte schließlich der Münsteraner Bischof Franz von Waldeck seinem Delmenhorster Drosten Wilke Steding den Befehl, das prächtige Kloster abzubrechen, um Baumaterial für einen Neubau auf der Burg Delmenhorst gewinnen zu können. Da sich auch die umliegenden Gemeinden der Klosterruine als Steinbruch bedienten, blieb außer der Torkapelle, die zur heutigen Pfarrkirche St. Elisabeth wurde, nicht viel übrig. Doch was sich noch vorfindet, verdient erhalten und beachtet zu werden. Die Reste der Klosterkirche bieten einen beeindrukkenden Anblick. Sie sind von hohen Bäumen umstanden, von deren grünem Laubdach sich das satte Rot der Ziegelmauern kontrastreich abhebt.

Aufmerksame Betrachter erkennen am erhalten gebliebenen Ostpfeiler eine aus Lehm geformte und ziegelrot gebrannte Teufelsfratze. Diese sollte die Mönche ständig daran erinnern, daß der Satan allgegenwärtig ist, selbst im Allerheiligsten der Kirche. Der Teufel blickte genau auf den Altar. Doch die bezweckte Wirkung verlor sich, seit die Mönche begonnen hatten, vor der Fratze des Teufels die Augen zu verschließen.

Auch der Teufel hatte in der Klosterkirche seinen Platz. Er blickte aus der Nordwestecke das Langhauses auf den Altar. Seine Fratze sollte die Mönche mahnen, daß der Satan überall gegenwärtig ist – selbst im Allerheiligsten.

50

Noch heute als Wallfahrtsort lebendig

Das Kloster Rulle

Im Hügelland nördlich von Osnabrück findet man den Wallfahrtsort Rulle, der bis heute lebendig geblieben ist. Wie seit Jahrhunderten verbindet sich mit ihm und seinem ehemaligen Zisterzienserinnenkloster noch immer der Glaube an wundersame Ereignisse. Zwei dieser Begebenheiten umhüllten bereits das Entstehen des Klosters an einer alten Quelle im Ruller Tal, die sicherlich schon in heidnischer Zeit der Gottesverehrung gedient haben dürfte. Hierher sollte um 1247 das erst wenige Jahre vorher im nahen Haste gegründete, dort jedoch wirtschaftlich nicht haltbare Kloster verlegt werden. Der Umsiedlung dieses der Gottesmutter geweihten Klosters widersetzten sich aber die Ruller Bauern so sehr, daß es der tatkräftigen Mithilfe der Heiligen Jungfrau bedurfte, sie geneigter zu machen. Wie eine Legende berichtet, war der Stifter und Schirmherr des Klosters, der Ritter Giselbert von Haste, in einen Krieg verwickelt worden. Deshalb habe er den Nonnen zu ihrer Sicherheit empfohlen, das Kloster auf den Haster Berg zu verlegen. Doch mit dieser Ortswahl sei die Himmelskönigin nicht einverstanden gewesen. Sie habe Engel angewiesen, alle Balken und andere Materialien, die die Nonnen zum Neubau auf den zwischen Haste und Rulle liegenden Haster Berg hatten bringen lassen, in das Ruller Tal hinabzurollen.

Aber die Bauern des Dorfes Rulle, dessen Name sich vermutlich von „roden“ und „loh“ herleitet und damit Rodewald bedeuten dürfte, waren noch längst nicht bereit, ihre Weidegerechtsame in der Talaue für den Klosterbau aufzugeben. Dazu bedurfte es eines weiteren Wunders, das auch geschehen sei. Als eines Tages der taubstumm geborene Hirt des Kolonen Wulf zu Lechtingen mit den Schafen auf das Ruller Weideland kam, habe er einen roten Stock im Boden steckend vorgefunden, auf dem mit goldenen Buchstaben das Wort „Marienbrunn“ geschrieben stand. Der Hirt habe den Stock aus der Erde gezogen – und da sei es geschehen, daß ein heilkräftiger Quell entsprang und zugleich der Schäfer Sprache und Gehör bekam. Das hätte so überzeugend gewirkt, daß die Bauern der Klosterverlegung fortan keine Schwierigkeiten mehr bereiteten. Das neue Kloster erhielt den Namen der noch heute unter einem kapellenartigen Überbau sprudelnden Quelle: Marienbrunn.

Dieser Quelle, die der Legende nach auf wundersame Weise zu sprudeln begann, verdankte das ehemalige Kloster Rulle sein Entstehen. Die Quelle, die heute kapellenartig überbaut ist, erhielt den Namen „Marienbrunn“.

Drei Kirchen unter einem Dach – das ist das Ruller Gotteshaus. Obgleich das Kloster bereits 1803 aufgelöst wurde, ist an diesem Ort eine tiefe Gläubigkeit lebendig geblieben. Seit 1347 wird hier das wunderwirkende Heilige Blut – das bedeutendste Wallfahrerziel im Osnabrücker Land – verehrt.

Mit dem Bau der Klosterkirche wurde erst 1316 begonnen. Bis dahin diente die in Rulle schon vor der Klosterverlegung vorhandene, dem Heiligen Ulrich geweihte Pfarrkirche auch dem Gottesdienst der Nonnen. Diese zu klein gewordene Kirche wurde in den Neubau, der 1344 vollendet war, architektonisch geschickt einbezogen. Sie wurde später eine Gnadenkapelle, nachdem sich in Rulle zum dritten Mal etwas für den Glauben Bedeutsames ereignet hatte. Es war das weithin bekannt gewordene Blutwunder des Jahres 1347, das recht unheilig mit einem Diebstahl begonnen hatte.

Die Nonnen hatten für die Anschaffung einer Monstranz gesammelt und reichlich Gold- und Silberschmuck erhalten. Damit die Bevölkerung sehen konnte, wieviel schon zusammengekommen war, wiesen der Propst Widekind von Rockinghausen und die aus hohem Adel stammende Äbtissin Alheide von Diepholz die Sakristanin an, auf den Altar ein seidenes Kissen zu legen, darauf eine Büchse aus Elfenbein mit fünf Hostien zu stellen und darüber den Schmuck zu breiten. Wie aus einer 1713 abgefaßten Chronik hervorgeht, haben Diebe das alles zusammengerafft und sind damit verschwunden. Als sie jedoch merkten, daß sie auch die Hostienbüchse mitgegriffen hatten, für die ihnen kein Hehler etwas geben würde, warfen sie sie in einen Dornenbusch. Dort wurde sie zwei Wochen später von Kirchgängern entdeckt. Die Büchse soll aber nicht einfach auf dem Boden gelegen haben, sondern auf den Spitzen von drei Grashalmen, und zudem sei sie von drei brennenden Kerzen umgeben gewesen. Sie wurde in feierlicher Prozession in die Kirche zurückgeholt. Aber wie sahen die Hostien aus? Sie hatten sich ganz rot verfärbt! Nichts erschien als Ursache näherliegend als der göttliche Wille, der die Hostien für jedermann sichtbar in das Fleisch Christi verwandelt und mit heiligem Blut durchdrungen hatte. Der Chronik zufolge durfte ein gottesfürchtiger Priester eine der blutenden Hostien verzehren mit dem Ergebnis, daß er nach drei Tagen starb.

Für das Blutwunder wie auch für die Entstehung des Marienbrunnens gibt es ganz natürliche Erklärungen. Dem Marienbrunnen – gleichgültig ob er die umbenannte alte Quelle oder die der Legende ist – liegt das artesische Prinzip zugrunde. Wenn sich wie in der Ruller Talaue im Boden Wasser befindet, tritt es unter dem Druck des im Umland höher anstehenden Wassers an natürlichen oder von Menschenhand geschaffenen Vertiefungen aus. Es genügt ein Loch, das von einem in den Boden gestoßenen Stock herrührt. Und hinsichtlich der blutenden Hostien weiß man, daß diese Erscheinung auf ein Bakterium zurückzuführen ist, das bei einer bestimmten Luftfeuchtigkeit und sehr warmer Temperatur einen roten Farbstoff ausscheidet. Diese Entdeckung hat im vergangenen Jahrhundert der Naturforscher Professor Dr. Christian Gotthard Ehrenberg – ein Reisebegleiter Alexander von Humboldts – gemacht und sie 1848 der Akademie der Wissenschaften in Berlin mitgeteilt. Das auf feuchtem Brot, Kartoffeln, Maisbrei und anderen organischen Substanzen vorkommende Bakterium wird erst bei 300facher Vergrößerung sichtbar, und bei 1000facher Vergrößerung erkennt man, daß sich die winzigen Einzelwesen stark bewegen und sehr rasch vermehren. Auf diese Vorgänge ist das schnelle Ausbreiten der roten Farbe zurückzuführen, das die Menschen jahrhundertelang bewog, eine gedankliche Verbindung zu fließendem Blut herzustellen.

Legt man das technische Wissen von Wasserbauingenieuren und das biologische von Bakteriologen

zugrunde, sind die Wunder von Rulle ihrer materiellen Substanz entledigt. Aber das ist nicht das Entscheidende. Hier ist die Tatsache höher zu bewerten, daß diese mittelalterlichen Ereignisse eine tiefe Gläubigkeit bewirkten, die noch heute fortbesteht. Bittgänge, Prozessionen und Wallfahrten spenden vielen in Notlagen, wie sie der Alltag bereithält, Trost, Kraft und Hoffnung. Das Blut Christi ist ein Zeichen, das den Gläubigen Erlösung verheißt und zugleich an erlittenen irdischen Schmerz erinnert. Die Empfindung, die Menschen körperlich wie auch seelisch zu peinigen vermag, wird in der Ruller Kirche seit Beginn des 17. Jahrhunderts ebenfalls deutlich sichtbar gemacht: durch eine Darstellung der schmerzhaften Mutter Gottes. Dieses Bildnis, das Maria mit dem Leichnam Jesu auf dem Schoß zeigt, war zuerst ein Schnitzwerk aus Eichenholz und wurde in der zweiten Hälfte des 17. Jahrhunderts mit der Barockisierung der Klosterkirche durch eine bunte, dem gewandelten Kunstsinn entsprechende Plastik ersetzt. Dieses beeindruckende Gnadenbild wurde neben der Monstranz, die die Hostienbüchse des Blutwunders einschließt, zu einem weiteren Wallfahrtsziel.

Das Kloster Marienbrunn in Rulle wurde wie andere Klöster Niedersachsens 1803 säkularisiert. Bei der Überführung der geistlichen Güter in weltlichen Besitz wurde die Klosterkirche mit allem Zubehör zur Kirchspielkirche bestimmt. In den Folgejahren wurde im ehemaligen Klosterbereich, der etwas abseits vom Ort Rulle liegt, durch Abbruch von Gebäuden sowie durch Um- und Neubauten viel verändert. Geblieben ist jedoch eine Stätte des vertrauensvollen Betens und des unermüdlichen Gotteslobes. Seit 1930 ein Erweiterungsbau vorgenommen wurde, der alle geschichtlich gewachsenen Teile der Kirche einbezog und damit drei Kirchen unter einem Dach vereinte, wurde Platz für rund 2 000 Besucher geschaffen. Dieser Raum füllt sich jährlich mehrmals.

51

Einst so groß wie der Osnabrücker Dom

Die Marienkirche in Marienhafe

Marienhafe sieht man noch heute an, daß es einst eine herausgehobene Stellung besaß. Es ist der älteste Ort im Brokmerland, und dieses wiederum – zwischen Norden, Aurich und Emden gelegen – bildet den Kern Ostfrieslands. Das Brokmerland, das ursprünglich sumpfig und deshalb unfruchtbar war, wurde vom 12. Jahrhundert an durch Entwässerung und Deichbau urbar gemacht. Damit wurde es auch der Besiedlung erschlossen. Dieser Akt der Bodenkultivierung war zugleich der erste Brückenschlag zwischen dem Westen und dem Osten Ostfrieslands, nämlich zwischen den Marschen an der Ems und denen an der Harle. Die Neusiedler hießen die Brokmänner. Sie suchten sich als Oberhaupt einen starken Mann, den sie in Keno, Hilmers Sohn, aus Norden fanden. Während es nach dem selbstgegebenen, 1275 im sogenannten Brokmerbrief aufgezeichneten Recht keinem Brokmann erlaubt war, ein Steinhaus zu besitzen, durfte sich Keno als einziger eine Burg bauen. Sie erhielt den Namen des Landes Brok, und nach ihr nannten sich Keno und seine Nachkommen tom Brok. An einer schiffbaren Meeresrinne, die Sturmfluten von der Leybucht her in das Sumpfland gerissen hatten, entstand als Marktort Marienhafe. Sein Name leitet sich jedoch nicht von einem Hafen her, sondern von einem Hof. Das beweisen lateinisch abgefaßte Schriftstücke, in denen der Ort „Curia Sanctae Mariae" genannt wird. Das lateinische Wort „curia" bedeutet Hof.

Im Bereich dieses Herrenhofes war auf der höchsten Stelle einer Warf, die möglicherweise schon in heidnischer Zeit ein Heiligtum getragen hatte, eine Holzkirche errichtet worden, die später durch eine Steinkirche ersetzt wurde. In den Folgejahren muß dann irgendwann irgendwas geschehen sein, das die Besitzverhältnisse in Marienhafe veränderte und die Voraussetzungen für den Bau einer Kirche schuf, die die mächtigste, prächtigste und baugeschichtlich bedeutendste von ganz Ostfriesland wurde. Sie besaß Ausmaße, die denen des Osnabrücker Domes nahezu gleichkamen, und wurde deshalb auch der „Dom von Sankt Marien" genannt. Dieser Monumentalbau konnte unmöglich das Werk der Brokmänner gewesen sein, selbst wenn sie noch so fromm und fleißig gewesen wären. Wie sich dieses Unverhältnis erklären läßt, hat Pastor Johann Gerhard Schomerus herausgefunden, der sich mehr als 50 Jahre lang mit der Erforschung der Geschichte dieses außergewöhnlichen Gotteshauses befaßte.

Nach allem, was dieser als Sohn eines Marienhafer Missionars 1906 in Indien geborene Theologe an Belegen aufspürte und an Überlegungen anstellte, wurde die Kirche in der ersten Hälfte des 13. Jahrhunderts von Prämonstratensern erbaut, die von Niederlassungen ihres Ordens aus dem Teil Frieslands kamen, der heute zu Holland gehört. Der kreuzförmige Backsteinbau, der unter ihren Händen nach dem „rechten Maß" entstand, verriet die Leitung durch einen akademisch geschulten Baumeister. Die Kirche war 72,5 Meter lang und besaß an der Westseite einen massigen sechsstöckigen Vierkantturm, der ebenso hoch wie das Langhaus lang war. Das „rechte Maß" war in diesem Fall 1:1. Den östlichen Abschluß der Kirche bildete das Chorquadrat mit einer halbrunden Apsis. Zwei weitere Apsiden befanden sich an den Querarmen.

Dieses Bauwerk ist in seiner einstigen Form und Größe nicht mehr vorhanden. Sein Gemäuer war im Laufe der Jahrhunderte so brüchig geworden, daß es 1829 zum größten Teil abgetragen werden mußte. Dabei verlor die Kirche den Chor, das Querschiff, die beiden Seitenschiffe und die Treppentürme. Daß sie auch bedeutend niedriger wurde, gibt die Ostwand des Hauptturmes zu erkennen, an der sich noch deutlich der frühere, höhere Dachansatz abzeichnet. Der Turm selbst mußte ebenfalls verkleinert werden und büßte dabei zwei Stockwerke ein. Schomerus, der sein Wissen über die Kirche in einer Broschüre zusammenfaßte, schrieb: „Bei der Verkleinerung hat man gewissermaßen die Eingeweide nach außen gekehrt. Was man heute außen sieht, war einst von den Seitenschiffen und ihren Dächern umhüllt – von außen unsichtbar". Die einstige Grundfläche ist auf ein Drittel geschrumpft, der Rauminhalt auf ein Fünftel oder ein Sechstel. Doch auch der bescheidene Überrest dieser Kirche stellt noch ein stattliches, sehenswertes Bauwerk dar.

Leider ist mit der Verkleinerung des Gebäudes der einst überreiche Bildschmuck der Kirche fast völlig verloren gegangen. An den beiden Giebeln des Querschiffes befanden sich Marienbilder, von denen das an der Südseite mit einer Anbetung der Heiligen Drei Könige verbunden war, während das an der Nordseite die Gottesmutter ähnlich wie auf dem Siegel des Upstalsboom-Bundes von Rittern mit gezogenen Schwertern geschützt zeigte (s. „Der Upstalsboom in Aurich"). Alle Seiten des Querhauses und des Chores waren mit Nischenfiguren geschmückt, die Jesus und

Maria sowie Engel, Heilige, Könige und Ritter darstellten. Die Statuen waren etwa einen Meter hoch und aus Sandstein gearbeitet, einige davon aus dem hochwertigen Bentheimer und sogar auch aus dem berühmten Obernkirchener Sandstein. Insgesamt besaß die Marienhafer Marienkirche 48 Nischenfiguren.

Zum äußeren Schmuck der Kirche gehörte auch ein 1,5 Meter hoher Fries aus Sandstein, der unter dem Dachgesims fast um das ganze Bauwerk herumlief. Er soll aus mehr als 200 Bildtafeln bestanden haben, von denen aber nur noch Bruchstücke vorhanden sind. Zum Glück hat der Emder Stadtbaumeister Martens, der 1829 die Abbrucharbeiten leitete, rasch noch die Bildtafeln in einem Skizzenbuch zeichnerisch festgehalten, so daß man wenigstens noch eine Vorstellung davon hat, wie sie aussahen. Die gewaltige Menge von mehr als 200 Friesbildern konnte nicht innerhalb weniger Jahre geschaffen worden sein. Daran hatten mehrere Steinmetzgruppen über einen längeren Zeitraum hinweg zu arbeiten. Diese Annahme wird von den Unterschieden bestätigt, die die Reliefbilder von ihrer handwerklichen Ausführung und der Art ihrer Motive her aufwiesen. So zeigten einige ein einheitliches Muster mit Akanthusblättern, während andere vielfältige Szenen aus der biblischen Geschichte, der Heldensage und der Fabelwelt aufwiesen. Zum Teil waren die Abbildungen dem im Mittelalter vielbeachteten „Physiologus“ – einem von seinen Anfängen her schon aus der Antike stammenden Werk der Tiersymbolik, entlehnt (s. „Die Marienkirche in Wolfenbüttel“).

Einige der Bildtafeln haben zu mannigfaltigsten Deutungen Anlaß gegeben. Sie zeigten einen Fuchs, der eine Messe las, einen Affen, der eine Glocke läutete, und das Begräbnis eines Fuchses. Dem Leichenzug ging ein Esel mit einem Kreuz voran, und den Schluß bildete ein Schwein mit einem Spaten. Drachen, Dämonen und andere Ungeheuer trugen Weihgefäße, Kerzen, Meßbücher und Rosenkränze. Diese Bilderfolge weckte den Gedanken, daß sie eine Verhöhnung des katholischen Religionskultes sowie der Geistlichkeit und vor allem auch der gegen Ende des Mittelalters recht zügellos gewordenen Mönche gewesen sein könnte. Ketzerische Darstellungen dieser Art gab es in der Zeit vor der Reformation und in dieser selbst in großer Zahl. Doch eine derartige

Die Marienkirche in Marienhafe, die einstmals viel größer als heute war, ist noch immer ein stattliches Gotteshaus. Der „Dom von Sankt Marien“ wurde von Prämonstratensern erbaut und überreich mit Bildwerken geschmückt. Da das Gemäuer der Kirche brüchig geworden war, mußte es zum großen Teil abgetragen werden.

Von dem einstigen Bildschmuck der Marienhafer Kirche sind leider nur Bruchstücke übrig geblieben. Ein Teil davon ist in dem Museum zu sehen, das im Kirchturm in der Störtebekerkammer eingerichtet wurde. Diese Kammer diente dem berüchtigten Seeräuber vier Jahre als Unterschlupf.

Deutung kann hier nicht zutreffen. Die Bilder von Marienhafe trugen den Stempel des Kunstgeschmakkes und der Steinmetzarbeit eines früheren Jahrhunderts, in dem es noch nicht zu offenem Hohn und Spott gekommen war und schon gar nicht an der Wand dieser Kirche.

Schomerus meint, daß diese merkwürdige Bilderfolge eine frühe Darstellung aus der Fabel vom Reineke Fuchs war. Reineke sollte es wegen seiner Mordtaten am Hühnervolk in einer Gerichtsverhandlung an den Kragen gehen. Um der Gefahr zu entrinnen, stellte er sich tot. Er wurde bedauert, und schon fing man auch an, ihn wegen seiner Klugheit zu rühmen. Schließlich wurde ihm sogar ein Staatsbegräbnis zugestanden, an dem neben dem Löwen König Nobel auch der als Schwein dargestellte Hofmarschall teilnahm. Doch während des Leichenschmauses wurde der Fuchs wieder lebendig und beteiligte sich neben seinem Vetter Dachs, der den Wein servierte, als Speisediener. Auf Reinekes Betreiben wurde dann das Schwein in einem Badetrog mit heißem Wasser abgebrüht, und Isegrimm, der finstere Wolf, mußte seinen Pelz hergeben, damit sich das Schwein eines Hofmarschalles würdig kleiden konnte. Sinn des Ganzen war zu zeigen, daß Reineke Fuchs schlau und unüberwindbar ist. Aber welchen Sinn es hatte, dieses Abenteuer Reinekes an einer Kirche in Stein gehauen darzustellen, ist noch nicht ergründet.

Pastor Schomerus hat mit den erhalten gebliebenen Figuren und Bruchstücken von Bildtafeln in der Störtebekerkammer des mächtigen Kirchturmes ein Museum eingerichtet, das von jedermann besichtigt werden kann. Diese Kammer hat einst der berüchtigte Seeräuber Klaus Störtebeker bewohnt. Ihm und seinen Vitalienbrüdern hatte 1396 der Häuptling Widzel tom Brok Marienhafe als Schlupfwinkel sowie als Stapelplatz für die Beute überlassen, die sie von ihren Kaperfahrten auf der Nordsee mitbrachten. Als Gegenleistung für die wohlwollende Aufnahme soll sich Störtebeker an der Verschönerung der Kirche finanziell beteiligt haben. Die Vitalienbrüder, die auch Likendeeler genannt wurden, waren aber der Kampfstärke der Hanseflotten auf die Dauer nicht gewachsen. Bereits vier Jahre später wurden sie auf der Außenems vor der Leybucht vernichtend geschlagen. Klaus Störtebeker wurde gefangengenommen und in Hamburg hingerichtet.

52

Viel Kopfzerbrechen um die Rattenfängersage

Der Torstein von Hameln

Der Name der Stadt Hameln ist bis in ferne Länder bekannt. Diesen weltweiten Ruf verdankt sie der Rattenfängersage, die Kindern aller Hautfarben erzählt wird. Diese Sage wurde in 30 Sprachen übersetzt, dabei auch in das Arabische, Chinesische, Japanische und Koreanische. Der Rattenfänger wurde zur bekanntesten deutschen Sagengestalt. Von diesem wunderlichen buntgekleideten Pfeifer, der Hameln von einer Rattenplage befreit haben und von den Stadtvätern um den vereinbarten Lohn gebracht worden sein soll, ging und geht noch immer eine unbegreifliche Faszination aus. Aber noch mehr bewegt die Gemüter das rätselhafte Ende der 130 Kinder, die dem Pfeifer in den Tod gefolgt sein sollen. Wie konnte das geschehen? Hat es sich tatsächlich so zugetragen, wie es überliefert ist? Oder verhielt es sich in Wirklichkeit ganz anders? Seit fast dreieinhalb Jahrhunderten versuchen interessierte Laien und Gelehrte, die wahre Begebenheit zu erforschen, die sich als Geheimnis in der Sage verbirgt.

Die Kurzform der Sage übermittelt eine Inschrift am Rattenfängerhaus in Hamelns Osterstraße. Sie ist in einen Holzbalken geschnitzt, der in die Seitenwand des in den Jahren 1602/03 aus Sandsteinquadern errichteten Rattenfängerhauses eingefügt wurde. Die Inschrift lautet: „Anno 1284 am dage Johannis et Pauli / war der 26. Junii. / Durch einen piper mit allerley farve bekledet / gewesen CXXX kinder verledet / binnen Hamelen gebo(r)n / to calvarie bi den koppen verlorn." Daß dieser holperige plattdeutsche Reimvers keinen Hinweis auf Ratten enthält, läßt erkennen, daß diese Ausschmückung erst später hinzugedichtet wurde. Dieser Inschriftbalken ist wahrscheinlich älter als das Rattenfängerhaus und dürfte schon vorher zu einem anderen Haus gehört haben. Dennoch ist er nicht der älteste Übermittler der Hamelner Geschehnisse vom 26. Juni 1284. Eine noch ältere Nachricht, die in der Zeit um 1430 bis 1450 abgefaßt sein soll, wurde 1719 durch einen Zufall in einer in der Lüneburger Ratsbibliothek aufbewahrten Handschrift entdeckt. Aber auch dieser Text überliefert nur eine sagenhafte Verbrämung und verschweigt das nüchterne Geschehen.

Zu den frühesten Übermittlern der seltsamen Ereignisse gehört auch ein steinernes Dokument. Es ist ein aus zwei Teilen bestehender Denkstein, der an dem 1556 in Hameln erbauten Neuen Tor angebracht worden war und nach dessen Abbruch in der Krypta der Hamelner Münsterkirche aufbewahrt wurde. Heute wird er im Heimatmuseum gezeigt. Dieser Stein enthält in seinem oberen, wahrscheinlich älteren Teil das alte Stadtwappen Hamelns, ein Mühleisen, und eine lateinische Inschrift in gotischen Buchstaben, aus der sich „im Jahre des Herrn 1531" herauslesen läßt. Mit dieser Jahreszahl wissen die Forscher nichts anzufangen. Aus dem unteren, ebenfalls lateinisch beschrifteten Teil geht hervor, daß „im Jahre 1556, als ein Magier 130 Kinder vor 272 Jahren aus der Stadt entführt hat, dieses Tor gebaut wurde". Damit wurde die Jahreszahl 1284 umschrieben. Sie ergibt sich, wenn man die angegebenen 272 Jahre von 1556 subtrahiert.

Der ehemalige Hamelner Studiendirektor Heinrich Spanuth, der sich sein Leben lang mit der Erforschung der Rattenfängersage befaßte und über die Ergebnisse seines Bemühens 1951 – als er schon im Ruhestand war – eine Doktorarbeit schrieb, sah in diesem Torstein eine frühe Art von Fremdenverkehrsservice. Spanuth machte deutlich, daß diese Inschrift „aus dem Zeitalter stammt, in dem jener Strom fremder Besucher einsetzte, die in Hameln nach seiner berühmten Sage zu forschen suchten. Um ihnen etwas Handgreifliches zeigen zu können, kam man auf den Gedanken, zu den spärlichen älteren Zeugnissen der Sage neue Hinweise auf sie ad hoc zu schaffen."

Der Stein vom Neuen Tor macht noch etwas anderes sichtbar: die Hamelner „neue Zeitrechnung". Um das geschichtliche Ereignis des Jahres 1284 noch stärker hervorzuheben und die Wißbegierigkeit reiselustiger Fremder zu steigern, hatte man in Hameln damit begonnen, Zeitangaben nicht mehr nach Christi Geburt, sondern „nach unser lieben kinder auszug" zu datieren. Das geschah auch auf dem Torstein. Dieser Brauch soll so um sich gegriffen haben, daß sich Herzog Heinrich Julius zu Braunschweig als zuständiger Fürst gegen Ende des 16. Jahrhunderts genötigt sah, die eigenmächtige Hamelner Zeitrechnung zu verbieten. Auch dieses Zwischenspiel am Rande der Geschichte zeugt davon, als wie bedeutsam man das Ereignis der Hamelner Kinderausfahrt empfand und wie tief es sich in das Gedächtnis der Menschen eingegraben hatte.

Was könnte „am dage Johannis et Pauli" des Jahres 1284 tatsächlich geschehen sein? Darüber gehen die Meinungen der Forscher weit auseinander. Ernstgemeinte Versuche, den Hamelner Kinderauszug zu deuten, gibt es mehr als zwei Dutzend. Einen ersten dieser Versuche hat 1589 der Stadthagener Lateinschuldirektor Hannibal Nullejus unternommen, der vermutete, die Hamelner Kinder seien „durchs Innere der aufgebrochenen Erde“ gezogen und hätten das „neue Sachsen“ – er meinte Siebenbürgen in Rumänien – besiedelt. Die Meinung, daß die Siebenbürger Sachsen Nachkommen der Hamelner Kinder seien, wurde auch von anderen Forschern geteilt. Weite Verbreitung fand diese Ansicht, nachdem sie 1816 in die Sagensammlung der Brüder Jacob und Wilhelm Grimm aufgenommen worden war. Diese Deutung, die die Kinder unter der Erde weiterwandern und in Siebenbürgen wieder an das Licht des Tages kommen ließ, entsprang jedoch der reinen Phantasie.

Johannes Letzner, der aus Hardegsen im heutigen Kreis Northeim stammte, an mehreren Orten als Pastor wirkte und von 1590 bis 1604 eine Geschichte des Klosters Corvey verfaßte, hat den Auszug der Hamelner Kinder als eine Auswirkung des Veitstanzes zu erklären versucht. Diese an verschiedenen Orten Deutschlands aufgetretene Tanzwut war eine hysterische Erscheinung, die von rasenden Mönchen oder Spielleuten bei ganzen Gruppen junger Leute ausgelöst wurde. Letzner verglich das Hamelner Geschehen mit einem derartigen Fall von Massenwahn, der 1328 aus Erfurt bekannt geworden war. Doch zwischen den beiden Ereignissen besteht ein wesentlicher Unterschied: Die Hamelner Kinder sind spurlos verschwunden, die Beteiligten in Erfurt nicht. Gottfried Wilhelm von Leibniz, der in Hannover wirkende Staatsmann und bedeutendste Universalgelehrte seiner Zeit, äußerte 1692 die Meinung, daß die Hamelner Kinder von fanatischen Predigern begeistert worden seien, in das Heilige Land zu ziehen. Dagegen spricht aber, daß es nur einen einzigen Kinderkreuzzug gegeben hat, und der fand bereits 1212 statt.

Dieses Dokument aus Stein, das an dem 1556 erbauten Neuen Tor der Stadt Hameln angebracht worden war, läßt auf umständliche Weise die Jahreszahl 1284 errechnen – das Jahr der Hamelner Kinderausfahrt. In diesem Torstein wird eine frühe Art von Fremdenverkehrsservice gesehen.

Alle Versuche, den Auszug der Hamelner Kinder mit einer Massenpsychose oder auch mit der Pest in Verbindung bringen zu wollen, stießen ins Leere. Deshalb schlug die Ostberliner Volkskundlerin Dr. Waltraud Woeller, die sich 1955 in ihrer Habilitationsschrift mit der Rattenfängersage befaßte, einen anderen Weg ein. Sie setzte am Wort „koppen“ an und fragte sich, warum nicht an diesem Ort jäh ein Unglück hereingebrochen sein sollte. Den Koppen glaubte sie im Namen des Ortes Coppenbrügge, der 15 Kilometer von Hameln entfernt liegt, gefunden zu haben. Dorthin seien die Kinder gezogen, um auf dem Fahnenstein an der Nordecke des Iths einem Mittsommerbrauch zu folgen. Dort hätten sie auf einem Felsüberhang gestanden, der unter ihrem Gewicht abgebrochen sei. Die Kinder seien 20 Meter tief in einen Felskessel – die Teufelsküche – gestürzt und dort unter 8 Meter hohem Geröllschutt begraben worden. Von den Verunglückten wurden bisher keine Skelettreste gefunden.

Um das Rätsel zu lösen, bot sich als weitere Möglichkeit an, den Kinderauszug an andere historische Ereignisse zu knüpfen. Zu diesem Zweck wurde die Schlacht bei Sedemünde herangezogen – einem Ort, der in der Nähe von Springe lag und wüstgefallen ist. In diesem blutigen Streit kämpfte die Stadt Hameln gegen den Bischof von Minden und verlor. Die gesamte Hamelner Jungmannschaft wurde entweder getötet oder geriet in Gefangenschaft. Doch mit Hilfe dieses Waffenganges kommt man dem wahren Kern der Rattenfängersage auch nicht nahe, weil die Schlacht nicht am 26. Juni 1284 stattfand, sondern schon am 20. Juli 1260.

Auf eine zielgerechtere Spur führte 1949 der sudetendeutsche Historiker und frühere Troppauer Stadtarchivar Dr. Wolfgang Wann, der in den „Kindern“ Nachkommen der Bödner erkannte, die im Hamelner Stadtteil Neuer Markt sehr beengt wohnten und in Not lebten. Sie hätten deshalb ein Angebot des Bischofs Bruno von Schaumburg angenommen, in dessen Bistum Olmütz in Nordmähren zu siedeln. Im

Am Rattenfängerhaus in Hameln ist in die Seitenwand ein Holzbalken eingefügt, dessen eingeschnitzte Inschrift die Rattenfängersage in Kurzform übermittelt. Auffallend ist, daß der Inschriftbalken keinen Hinweis auf die so bedeutsam gewordenen Ratten enthält.

Sagentext der Lüneburger Handschrift ist ein schöner und gutgekleideter junger Mann von 30 Jahren erwähnt, der durch das Tor an der Weserbrücke nach Hameln gekommen war. In diesem Mann – so meinte Wann – sei ein Werber des Olmützer Bischofs zu sehen, der einen Pfeifer als Gehilfen besessen habe.

Der Wahrheit noch näher dürfte der Lehrer Hans Dobbertin aus Eldagsen bei Springe gekommen sein. Er stellte bei seinen jahrelangen Forschungen ebenfalls fest, daß es sich bei der Hamelner Kinderausfahrt um einen Auswanderertreck gehandelt hat, der aber nicht nach Nordmähren, sondern nach Hinterpommern aufgebrochen sei. Anführer sei der von 1267 bis 1284 bezeugte Coppenbrügger Graf Nikolaus von Spiegelberg (s. „Die Wasserburg von Coppenbrügge") gewesen, der ein Blutsverwandter des Herzogs Bogislaw IV. von Stettin gewesen sei. Graf Nikolaus habe ein rot-weiß-blau-gelb gestreiftes Turniergewand getragen. Reiseziel sei das Gebiet des vorher in Siebenbürgen eingesetzten Deutschritterordens gewesen, der 1283 den letzten Heidenaufstand im Preußenland niedergeworfen hatte. Der Auswanderertreck sei jedoch bei Kopahn nahe Rügenwalde auf hoher See mit dem Schiff untergegangen. Graf Nikolaus sei erst durch Beschimpfung im Volksmund zum Rattenfänger, Pfeifer, Zauberer, ja zum leibhaftigen Teufel abgewertet worden.

Selbst wenn es sich tatsächlich so zugetragen hätte, wie es Dobbertin erforscht hat, bleibt die Frage: Wie konnte es möglich sein, daß in einer Welt, in der ständig viel Unheil geschah, das Ableben von einigen Dutzend Aussiedlern einen derart starken Eindruck hinterließ? Die Antwort kann wohl nur lauten, daß dafür nicht das ursächliche Ereignis ausschlaggebend war, sondern das, was beim Weitererzählen daraus gemacht wurde. Sogar der deutsche Dichterfürst Johann Wolfgang von Goethe hat am Ausspinnen der Sage mitgewirkt. Er baute im ersten Teil seiner weltberühmten Tragödie „Faust" den Rattenfänger von Hameln in die Walpurgisnachtszene als eine der Spukgestalten ein, die der Teufel „alter Freund" nennt.

53

Ein Schelm vom Elm sorgte für Heiterkeit

Der Eulenspiegelhof in Kneitlingen

Wo sich der Höhenzug des Elms zur Schöppenstedter Mulde senkt, liegen am sanften Hang mehrere Orte nebeneinander. Einer von ihnen ist Kneitlingen. Dieses anmutige Dorf ist der Geburtsort jenes Schelms des späten Mittelalters, der bekannter und berühmter als viele Kaiser und Könige wurde: Till Eulenspiegel. Seine Streiche voll derber Heiterkeit sind in fast allen europäischen Sprachen zu lesen. Die französische Sprache hat seinen Namen in Form von „espiegle" sogar zu ihrem Begriff für Schelm gemacht. Allerdings verdankt Till Eulenspiegel seine Berühmtheit nicht so sehr sich selbst, sondern weitaus mehr der Phantasie und dichterischen Begabung des Braunschweiger Zollschreibers Hermann Bote, der etwa von 1467 bis 1520 lebte. Bote, 1939 von dem Wiener Literaturhistoriker Josef Nadler als der „begabteste Dichter des 15. Jahrhunderts, vielleicht des ganzen niedersächsischen Stammes" gepriesen, hat mehrere Werke verfaßt, darunter auch das Volksbuch „Ein kurtzweilig lesen von Dyl Ulenspiegel gebore uß dem land Brunßwick", das 1515 in Straßburg gedruckt erschien. Dieses Buch enthält romanartig 95 Historien darüber, wie Till seine Mitmenschen narrte. Die meisten dieser Geschichten waren aber vom Buchautor selbst erfunden oder um älteres, zugewandertes Schwankgut gerankt worden.

Es kann durchaus wahr gewesen sein, daß Till – wie die erste Historie besagt – dreimal an einem Tag getauft wurde: einmal in der Kirche von Ampleben, dem Nachbarort Kneitlingens, ein zweites Mal auf dem Rückweg von der Kirche, als die Hebamme mit dem Knaben in einen Bach fiel, und ein drittes Mal, als er zu Hause mit Wasser gesäubert werden mußte. Hingegen ist die Geschichte, wie Till einem Esel das Lesen beibrachte, einem der Streiche des listigen Pfaffen Amis aus Engelland nachempfunden, die man sich schon lange vor der Zeit des Schelms von Kneitlingen erzählte. Herman Bote ging es in diesem Buch wohl vor allem darum, die Leser und auch diejenigen, denen es vorgelesen wurde, zu unterhalten. Doch mehrfach war er auch vom Wunsch geleitet, die Überlegenheit des bäuerlichen Mutterwitzes über das hochgezüchtete Selbstbewußtsein der städtischen Handwerker und ihrer Zünfte sowie gegenüber dem Dünkel der geistlichen und weltlichen Herren herauszustellen. So ließ er Eulenspiegel einen Braunschweiger Bäcker hereinlegen, der ihn Eulen und Meerkatzen backen hieß, oder den Celler Herzog, dessen Verbot, jemals wieder sein Land zu betreten, Eulenspiegel sitzend auf einem Karren mit Ackererde umging, die er vorher einem Bauern für einen Schilling Pfenning abgekauft hatte. In der Geschichte mit dem Pfarrer des Dorfes Kissenbrück bei Wolfenbüttel, der dem Herzog von Braunschweig nicht gegen Geld und gute Worte sein Pferd geben wollte, es aber dem trickreichen Eulenspiegel ohne jegliche Bezahlung überließ, zeigte er sich sogar einem Fürsten und einem Geistlichen zugleich überlegen.

Von Literaturforschern wurde seit mehr als 200 Jahren immer wieder der Frage nachgegangen, ob es Till Eulenspiegel überhaupt als Wesen aus Fleisch und Blut gegeben hat und wenn ja, ob er wirklich so war, wie ihn Bote dargestellt hat. Nach dessen Worten war Till ein „behend listiger und durchtribener" Bauernsohn, der seinem Broterwerb als Handwerksgeselle, Landfahrer und höfischer Lustigmacher nachging. Er wurde um 1300 in Kneitlingen geboren und ist 1350 in Mölln im Lauenburgischen an der Pest gestorben. Selbst diese Angaben können in dichterischer Freiheit erfunden sein. Doch mittlerweile konnte festgestellt werden, daß es in den fraglichen Jahren einen Tile von Kneitlingen gab, der den Braunschweiger Zollschreiber zu seinem Buch angeregt haben kann. Denn es wurde auch herausgefunden, daß selbst die spärlichen Zeugnisse aus dem Leben des Tile von Kneitlingen unmittelbar zu den Schauplätzen der Kindheits- und Jugendgeschichten des Eulenspiegelbuches führen. Den Schlüssel, der die Tür zur Wirklichkeit öffnete, entdeckte der Bamberger Eulenspiegelforscher Dr. Bernd Ulrich Hukker in einem stadtbraunschweigischen Verfestungsbuch, dessen Eintragungen von 1338 bis 1340 reichen. Danach war um 1339 ein Tile van Cletlinge – die alte Namensform von Kneitlingen – zusammen mit einem Henning v. Lochtum, Henning v. Denkte und vier weiteren Kumpanen, die alle dem niederen Adel des Harzvorlandes entstammten, inhaftiert. Nach den Angaben zu schließen, waren sie wegen Straßenraubes angeklagt.

Als gesichert kann gelten, daß Tile von Kneitlingen dem in diesem Elmdorf ansässigen Adelsgeschlecht angehörte, das wie viele andere im 14. Jahrhundert

Der Hof, in dem Till Eulenspiegel geboren wurde, befindet sich in Kneitlingen am Elm. Till entstammte einer verarmten Adelsfamilie. Der heutige Hof entspricht nur noch zum Teil der einstigen mittelalterlichen Burganlage. Vor dem Hof steht ein Denkmal des Schelms, der berühmter wurde als viele Kaiser und Könige.

HIER KAM
ZUR WELT
TILL
EULENSPIEGEL
NARR
SCHALK
WEISER
EIN MENSCH

Till soll einer Historie nach dreimal getauft worden sein, dabei das erste Mal in der Kirche von Ampleben, dem westlichen Nachbarort Kneitlingens. Diese Kirche war um 1200 erbaut worden, Till kam um 1300 als Sohn eines Ritters zur Welt.

verarmte. Beutemachen war gang und gäbe geworden. Das soziale Spannungsfeld dieser Adelskrise – so folgerte Hucker – konnte einem nachweisbaren Raubritter Tile von Kneitlingen durchaus die Funktion einer Kristallisationsfigur für eine Sagenbildung aufprägen. Auch der Raubritter Thedel von Wallmoden aus dem Goslarer Gebiet wurde zur Sagenfigur, nur hatte dieser nicht das Glück, daß sich seiner ein Hermann Bote literarisch annahm. Daß Till als Sohn eines Bauern geschildert wird, widerlegt nicht die Identität mit einem Ritter von Kneitlingen. Denn in jener Zeit ist manche ritterliche Familie sozial bis gänzlich in den Bauernstand abgestiegen. Hucker hat herausgefunden, daß es um 1350 in Kneitlingen mindestens drei Linien der Adelsfamilie gab, von denen jede fünf bis sieben Mitglieder hatte. Das Land, das vorher einem Ritter allein gehört hatte, mußte in viele winzige Parzellen aufgesplittert werden. Dieser Zustand änderte sich erst wieder, nachdem in den Jahren 1348 bis 1350 die Beulenpest Nordwestdeutschland heimgesucht und auch in Niedersachsen ganze Landstriche entvölkert hatte. Um 1400 gab es im Kneitlinger Adelsgeschlecht wieder nur noch einen einzigen Hoferben.

Der Eulenspiegelhof in Kneitlingen, der das nördliche Drittel des Dorfes einnimmt und an den Dorfteich sowie an zwei Quellen anschließt, entspricht nur noch zum Teil der mittelalterlichen Burganlage. Die St. Nikolaikirche nebenan entstand später. Ihr Turm jedoch, der aus Elmkalkstein erbaut ist, wurde schon im 12. Jahrhundert errichtet und soll ursprünglich Verteidigungszwecken gedient haben. Der Turm war früher durch einen Quertrakt mit dem Hof verbunden. Dieser Hof Nummer 1 in Kneitlingen wird auch in der mündlichen Überlieferung mit der Eulenspiegelsage in Zusammenhang gebracht und heißt seit dem frühen 17. Jahrhundert Eulenspiegelhof.

„Ulenspiegel" war zu Zeiten Botes ein geläufiger Name im Braunschweiger Land. Er war als literarischer Deckname für einen Ritter Tile ortsbezogen sehr passend, zumal er auch noch doppeldeutig war: „ulen" bedeutet fegen, und „Spiegel" nennen die Weidmänner das Hinterteil. Doch wie der Name zum Hof kam, ist ungeklärt. Der Hof hat im Laufe der Zeit mehrfach den Besitzer gewechselt. Vor dem Hof steht seit 1952 ein vom früheren Leiter der Steinmetzschule Königslutter, Theo Schmidt-Reindahl, aus Stein geschaffenes Eulenspiegel-Denkmal mit der Aufschrift „Narr – Schalk – Weiser – ein Mensch". Was Eulenspiegel gewesen sein mochte – darüber wurden schon viele gelehrte Abhandlungen mit den unterschiedlichsten Meinungen verfaßt. Auf jeden Fall ist er eine der markantesten Figuren der Weltliteratur. Wer sich über den Schelm vom Elm näher informieren will, dem sei ein Besuch des Eulenspiegel-Museums in Schöppenstedt empfohlen.

54

Nach dem Meineid öffnete sich die Erde

Die Sieben Trappen von Benthe

Schon der Name gibt zu erkennen, daß Benthe eine uralte Siedlung ist. Die Wortendung „ithi" – hier sprachlich zu „ethe" und weiter zu „the" abgeschliffen – kennzeichnet die älteste Ortsnamensschicht, die sich in Niedersachsen findet. Sie bedeutet einfach Ort. Wann sich hier die ersten Menschen niederließen, entzieht sich noch dem Zugriff der Forschung. Den ältesten Hinweis liefert bislang ein bronzezeitliches Hügelgräberfeld. Es bezeugt, daß hier in der Calenberger Börde schon vor etwa 3 500 Jahren Ackerbauern von dem äußerst fruchtbaren Lößboden Besitz ergriffen hatten. Der Löß – das ist nährstoffreicher, völlig steinfreier Staub – hat sich hier östlich des nach dem Ort Benthe benannten Benther Berges über einem Salzstock abgelagert. Der Name Benthe enthält auch in seiner ersten Silbe einen wichtigen Hinweis. Das Wort „ban" bedeutete Buße. Demnach war Benthe ein Ort, an dem Buße auferlegt wurde. Und in der Tat befand sich im Mittelalter südlich von Benthe, das heute zur Stadt Ronnenberg gehört, ein Platz, an dem der Gograf mit seinen Achtleuten – das waren nach heutigem Sprachgebrauch die Schöffen – Gericht hielt.

Mit dieser Gerichtsstätte, die um 1300 in einem Güterregister des Bistums Minden lateinisch als „curia benite" bezeichnet wurde, werden die wohl bekanntesten Kreuzsteine Niedersachsens in Verbindung gebracht. Es sind die Sieben Trappen. Sie sollen einst den Gerichtsplatz kreisförmig umgeben und bei Verhandlungen die Zuschauer vom Richterstuhl im

Die Sieben Trappen sind die bekanntesten Kreuzsteine Niedersachsens. Sie sollen einst eine Gerichtsstätte, die sich bei dem alten Ort Benthe befand, kreisförmig umgeben haben. Heute stehen die sagenumwobenen Steine in Benthe an einem geschützten Platz.

gebührenden Abstand ferngehalten haben. Zugleich soll es ihre Aufgabe gewesen sein, die Angeklagten wie auch die Zeugen zur Wahrheit und Redlichkeit zu ermahnen. Diese Steine wurden 1474 in einer Urkunde der Gräfin Walburgis, die Äbtissin des Stiftes Wunstorf war, in einer Ortsangabe „bey den syven crucen" erstmals schriftlich erwähnt. Später kam ein achter hinzu, ohne daß sich an der Bezeichnung etwas geändert hätte. Der achte Stein kann derjenige sein, der sich von den anderen durch seine etwas hellere Farbe abhebt. Wahrscheinlich stammt sein Rohling aus dem Gipshut des Benther Salzstockes. Die anderen sieben, die ursprünglich gelblich waren und sich im Laufe der Jahrhunderte braun verfärbten, wurden vermutlich der Wealdenschicht des Deisters oder des näher gelegenen Stemmer Berges entnommen.

Von ihrer Bearbeitung her unterscheiden sich die Sieben Trappen nicht wesentlich von den meisten anderen Kreuzsteinen, von denen es in Niedersachsen gegenwärtig noch 432 gibt (s. „Das Kreuzsteinnest von Bühren"). Sechs der Trappen haben Quaderform, die beiden anderen sind scheibenförmig. Jeder Stein zeigt mehr oder weniger stark verwittert auf der Vorder- und der Rückseite je ein Kreuz, wobei es sich bei vier Steinen um gleicharmige Kreiskreuze und bei den anderen vier um Kreuze mit nach unten verlängertem Stamm handelt. Außer dem Heilszeichen weisen sie keinerlei Symbole auf. Es fehlen auch jegliche Datumsangaben. So vermögen die Steine von sich aus so gut wie nichts auszusagen, außer daß sie annehmen lassen, daß sie nicht auf einmal, sondern innerhalb einer Zeitspanne von etwa 200 Jahren gestaltet worden sind. Die Sagen, die später um sie gesponnen wurden, bieten ebenfalls keinen Ansatzpunkt. Sie verwirren eher, als daß sie etwas erläutern.

Die bekannteste Sage ist eine von denen, die man Wandersagen nennt. Diese wurden von irgendwoher übernommen, weil sie gefielen und man mit ihrer Hilfe etwas verdeutlichen zu können glaubte, das sich in der eigenen Umwelt zugetragen hat. Das Motiv der Benther Sage ist der Meineid wegen Abpflügens von Ackerland, verbunden mit der Sühne durch Selbstverschwörung. Ein Bauer – so wurde erzählt – habe Grenzsteine zu seinen Gunsten versetzt und sei deswegen verklagt worden. Vor Gericht soll er kühn behauptet haben, wenn er Unrecht hätte, wolle er nur noch sieben Trappen – das sind sieben Tritte – tun und dann in der Erde versinken. Beim siebten Schritt sei er tatsächlich im Boden verschwunden. Daraufhin – so berichtet die Sage weiter – habe man zur Warnung aller Lügner an jedem Fußtritt des Betrügers einen Stein mit dem Zeichen des Kreuzes gesetzt. Eine andere Version der Sage von den Sieben Trappen wurde von Ludwig Bechstein, dem neben den Brüdern Grimm bedeutendsten Sammler und Erzähler deutscher Märchen und Sagen, aufgezeichnet. Sie handelt ebenfalls von einem Meineidbauern. Doch dieser war beschuldigt worden, seinem Knecht den Jahreslohn mit der Behauptung vorenthalten zu haben, er habe ihm das Geld längst gegeben. Der Knecht hätte es nur vertrunken. Auch nach dieser Version der Sage versank der Bauer nach sieben Schritten in der Erde.

Wo sich die alte Benther Gerichtsstätte befand, sollen in der Tat jahrhundertelang im Boden sieben Löcher sichtbar gewesen sein, die mit dem verschwundenen Meineidbauern der Sage in Verbindung gebracht wurden. Die Löcher mußten sogar jährlich gesäubert werden – eine Pflicht, die der Benther Bauernstelle Nummer 1 auferlegt war. Die Inhaber dieser Stelle kamen ihrer Pflicht bis 1857 – dem Jahr der Verkoppelung, der Flurbereinigung in diesem Gebiet – nach. Beim Säubern sollen sie sehr darauf geachtet haben, daß jeweils ein Loch tiefer als das vorhergehende war. Bei der Neuordnung der Feldflur wurden diese Löcher zugeschüttet und die acht Kreuzsteine an der Nenndorfer Straße – der heutigen von Hannover nach Bückeburg führenden Bundesstraße 65 – in einer Reihe an dem Gasthaus aufgestellt, das sich nach den Sieben Trappen benennt. Aber dort stehen sie auch nicht mehr. Sie wurden 1978 erneut umgesetzt, und zwar an einen geschützteren Platz etwas weiter nördlich an der Abzweigung der Hermann-Löns-Straße von der Sieben-Trappen-Straße.

Welche Bedeutung die sieben Erdlöcher, die bis 1857 so sorgsam gepflegt worden sind, tatsächlich hatten, konnte noch nicht ergründet werden. Sie bildeten einen Kreis um ein Loch in der Mitte. Bei dieser Anordnung erscheint es als wenig glaubhaft, daß sie von menschlichen Schritten hergerührt haben sollen. Zum einen hätte bei den Abständen der Löcher voneinander ein Riese der Verursacher gewesen sein müssen. Zum anderen wäre der Bauer, der noch sieben Schritte getan haben und dann versunken sein soll, das Stück Weges sicherlich nicht im Kreis, sondern geradeaus gegangen. Insoweit haben die Sagen um die Sieben Trappen keinen Bezug zum wirklichen Geschehen.

Dennoch kann ein wahrer Kern enthalten sein. In dem Gebiet über dem Benther Salzstock konnte es durchaus möglich sein, daß einmal ein Bauer oder ein anderer Mensch beim Einbrechen von einem der vielen Erdfälle mit im Boden versank. Das kann auch heute noch geschehen. Wie wissenschaftliche Untersuchungen ergeben haben, sind als Folge des Einsturzes von Karsthohlräumen im Gipshut des Benther Salzstockes bisher 80 Erdfälle eingetreten. Die Einbruchsstellen sind zumeist wieder zugeschüttet worden. Die kleinsten hatten etwa die Form und Größe eines Wassereimers, und die größten waren Trichter mit Durchmessern bis zu 10 Meter und Tiefen bis zu 8 Meter. Es kann sehr lange dauern, bis das Sickerwasser im Anhydrit des Untergrundes eine Höhle ausgelaugt hat, doch um so plötzlicher und überraschender kann dann deren Decke einbrechen.

55

Stumme Zeugen unbekannter Geschehnisse

Das Kreuzsteinnest von Bühren

Bühren vor dem Wald, das im Süden des Kreises Göttingen liegt, wurde um 900 erstmals urkundlich erwähnt. Sicherlich ist es aber viel älter, wenn man bedenkt, daß hier schon Rentierjäger der Altsteinzeit, die auf dem nahen Voßküppel Quarzit zur Herstellung ihrer Waffen und Werkzeuge gewannen, ihre Zelte aufgeschlagen hatten (s. „Der Quarzitschlagplatz auf dem Voßküppel"). Seit sich dieses alte Dorf deutlich erkennbar in das Buch der Geschichte eingetragen hat, weiß man auch, daß sich hier in der Nähe der Schedequelle ein Zentrum weltlicher und geistlicher Macht – durch Tie und Kirche gekennzeichnet – befand. Die von zwölf Linden umsäumte Thingstätte und gleich daneben das mit einem wuchtigen Turm bewehrte Gotteshaus gibt es noch heute. Bühren kann aber noch ein weiteres, die Aufmerksamkeit fesselndes Monument sein eigen nennen: das Kreuzsteinnest, das man südlich des Dorfes an dem zum Teichberg führenden Weg findet. Kreuzsteine und Steinkreuze gab und gibt es noch immer in vielen Gebieten Niedersachsens in großer Zahl. Es waren einstmals nahezu 1000, von denen noch 432 erhalten sind. Doch eine Ansammlung von zehn solchen Steingebilden auf einem Fleck wie in Bühren ist einmalig.

Kreuzsteine sind nicht so alt, wie mitunter angenommen wird, auch wenn sie noch so altertümlich anmuten. Darauf hat einer der bekannten Fachkenner – der Realschullehrer Werner Müller aus Elze – 1984 in den „Berichten zur Denkmalpflege in Niedersachsen" hingewiesen. Diese steinernen Zeugen stammen nicht aus grauer Vorzeit, und es besteht auch kein Zusammenhang mit dem altgermanischen Götterglauben. Nach Müllers Feststellungen wurde das älteste niedersächsische Steinkreuz, das ein Datum trägt, im Jahre 1309 gesetzt. Es wurde für den ertrunkenen Lüneburger Patrizier Gerhard Semmelbecker aufgestellt. Auch in der näheren Umgebung von Bühren, im Steinbachtal bei Münden, gibt es zwei datierte Steine. Sie erinnern an die Ermordung des Mündener Bürgers und Krämers Johann Kessler und seines Schwiegersohnes Georg Schmalkalden. Diese Bluttat ereignete sich 1614. Die meisten der Steine, die kein Datum tragen, wurden in früheren Jahrhunderten seit der Ausbreitung des christlichen Glaubens aufgestellt. Zu ihnen gehören die zehn von Bühren.

Von diesen Kreuzsteinen gleicht keiner dem anderen, und das nicht nur deshalb, weil sie aus verschiedenen Kalk- und Sandsteinen gefertigt sind. Gemeinsam ist ihnen nur, daß sie quaderförmig zurechtgehauen wurden und aufrecht stehen – bis auf einen, der die Form einer Scheibe besitzt, über deren Rand die Kreuzarme etwas hinausragen. Zwei der Steine zeigen auf der Vorder- und der Rückseite je ein Kreuz,

Das Kreuzsteinnest von Bühren im Süden des Kreises Göttingen ist mit zehn Steinen die größte Ansammlung dieser Art in Niedersachsen. Über die Bedeutung dieser Steine ist so gut wie nichts bekannt. Vermutlich wurden sie bei Flurbereinigungen im vorigen Jahrhundert aus der Feldmark entfernt und in Bühren zusammengeführt.

wobei drei dieser Zeichen gleicharmig sind, das vierte hingegen einen verlängerten Stamm besitzt. Die Kreuze unterscheiden sich aber noch durch weitere Merkmale voneinander. So schwebt eines frei in einem Kreis, und ein anderes ist mit sogenannten gotischen Nasen verziert. Ein weiterer Stein, der mit einem Kreuz versehen war, ist nur noch mit seinem unteren Teil vorhanden. Zwei andere Steine wiederum tragen nur auf einer Seite ein Kreuzeszeichen, während auf der anderen die Umrisse von einem Beil und einem Richtblock zu sehen sind. Alle Darstellungen sind entweder eingeritzt oder als platte Reliefe herausgearbeitet. Bei drei Steinen fehlen die Darstellungen ganz.

Über diese Steine und ihre Bedeutung ist schon viel gerätselt worden, ohne daß eine klärende Lösung gefunden worden wäre. Sie geben zwar durch ihre Kreuze und anderen Darstellungen zu erkennen, daß sie aus verschiedenen Jahrhunderten stammen. Doch mit Ausnahme der Beile und Richtblöcke findet sich kein Hinweis darauf, weswegen sie geschaffen wurden und wie sie an ihren heutigen Platz gekommen sind. In Bühren nennt man sie die „Mordsteine", doch warum – darüber ist ebenfalls nichts bekannt. Nicht einmal eine Sage knüpft sich an sie, wie es bei derartigen Steinen meistens der Fall ist. Man weiß nur allgemein, daß solche Steine an Stellen errichtet worden sind, an denen jemand ermordet wurde oder durch ein Unglück zu Tode kam und deshalb nicht noch vor dem Ableben die kirchlichen Sterbesakramente empfangen konnte. Die Menschen des Mittelalters glaubten, daß die Seelen solch abrupt aus dem Leben Geschiedener keine Ruhe fänden und „umgingen" und dabei die Hinterbliebenen schreckten und quälten. Diese Belästigungen glaubten sie dadurch ausschließen zu können, daß sie an der Stelle, an der der Tod zupackte, einen Kreuzstein setzten. Im Falle eines Mordes mußte aufgrund eines Sühnevertrages vom Täter oder seiner Familie dafür gesorgt werden, daß ein Stein aufgestellt wurde und die Seele des Opfers zur Ruhe kam.

Wie vielfältig die Anlässe zu Mord und Totschlag waren, zeigen die Sagen, die sich in großer Zahl um Kreuzsteine ranken. Neben reiner Mord- und Raublust waren es vor allem Haß, Neid, Mißgunst und Eifersucht. Selbst nichtiger Ärger konnte der Anlaß sein wie in einem Fall, der sich nicht weit von Bühren entfernt ereignete und in dem es sogar zu einem Doppelmord gekommen sein soll. Ein Ritter – so wird erzählt – habe sich über einen Schäfer erregt und ihn erschlagen, weil dessen Flötenspiel das Pferd des Ritters zum Scheuen gebracht hatte. Daraufhin soll der edle Mann von den Frauen des später wüstgefallenen Dorfes Ellenhausen mit Holzschuhen zu Tode geprügelt worden sein. Geschah statt Mord ein Unglück, war den Sagen nach zumeist Gotteslästerung im Spiel. Ein Bauer, der an einem Sonntag pflügte, soll von seinen scheu gewordenen Pferden zu Tode geschleift worden sein, und eine Frau, die den Sonntag durch Unkrautjäten entheiligte, sei von einem Blitz erschlagen worden. Über einen anderen Unglücksfall, der zu einer Steinsetzung führte, könnte man fast schmunzeln, wenn die Folge nicht so traurig gewesen wäre. Das Opfer war ein Jäger, der sich bei einer Jagd auf Wildschweine in einem Gebüsch verbarg und das Grunzen einer Sau so täuschend ähnlich nachahmte, daß er von einem seiner Weidgenossen versehentlich erschossen wurde. Hier könnten noch viele weitere Sagen angeführt werden (s. „Die Sieben Trappen bei Benthe"). Doch über die Kreuzsteine von Bühren liegen keinerlei derartige Überlieferungen vor.

Von anderen Kreuzsteinnestern weiß man, daß die einzelnen Steine bei den Flurbereinigungen um die Mitte des 19. Jahrhunderts, die man Verkoppelungen nannte, aus der Feldmark entfernt und an einer geeigneten Stelle zusammengeführt worden sind. Die Kreuzsteine von Bühren hingegen standen vor der Verkoppelung, die hier in den Jahren von 1884 bis 1887 vorgenommen wurde, längst als Gruppe an ihrem heutigen Platz. In einem amtlichen Verzeichnis des Jahres 1840, das auf ein älteres Register des Jahres 1785 zurückgeht, ist bereits bei Bühren ein Flurname „Unter den Creutzen" aufgeführt. Danach wird es für wahrscheinlich gehalten, daß schon vor dieser Zeit die Kreuzsteine auf dem Teichberg vorhanden waren. Dafür spricht noch ein weiterer Hinweis, der besagt, daß die Nonnen des Klosters Hilwartshausen, das etwa 5 Kilometer entfernt lag, an den Bührener Kreuzsteinen Gebetsübungen verrichtet haben. Dieses von Otto dem Großen 960 – zwei Jahre vor seiner Krönung zum Kaiser – gestiftete Kloster bestand bis 1610. Die Kreuzsteine müssen demnach schon vor diesem Zeitpunkt auf den Teichberg verbracht worden sein.

In der Zeit von der Auflösung des Klosters Hilwartshausen an blieben die Bührener Kreuzsteine offenbar unbeachtet. Gegen Ende des 19. Jahrhunderts sollen sie sogar ein Bild der Verwahrlosung geboten haben: Sie waren mit Steinen überschüttet, die die Bauern fast drei Jahrhunderte lang von den umliegenden Feldern gelesen hatten. Im Jahre 1900 wurden die Kreuzsteine von dem Steinschutt befreit und in einer Reihe aufgestellt. Aber diese Anordnung blieb nicht erhalten; sie wurden in zwei Reihen umformiert. Ihr schon von Natur aus hoch gelegener Standort wurde 1954 durch den Bau einer Mauer zur Hangseite hin gestützt und im Jahr darauf durch Aufschüttung von Erde noch erhöht. Seitdem stellt das Kreuzsteinnest von Bühren ein eindrucksvolles, weithin sichtbares Monument dar. Doch auch bei hellstem Sonnenlicht ist es in das Dunkel der Geschichte gehüllt: Niemand weiß, woher die Steine kamen und wer sie wann an diesen Standort gebracht hat. Auch die Gründe, warum sie einst geschaffen wurden, sind unbekannt.

56

Eine Jungfrau tötete Herzog Albrecht

Der Blidenstein von Schloß Ricklingen

Im Ort Ricklingen, der sich durch den Zusatz „Schloß" von einem Ort gleichen Namens, der ein Stadtteil Hannovers geworden ist, unterscheidet, findet man ein merkwürdiges Denkmal. Es steht auf einem Sandhügel am Rande der Leineaue, ist eine mit Reliefbildern kunstvoll verzierte Sandsteinplatte in Medaillonform mit Fuß und wird Blidenstein genannt. Seit 1617 wird es von einem von vier Säulen getragenen Steindach gegen Wind und Wetter geschützt, ohne daß aber der Verwitterung voll Einhalt geboten wäre. Es mußte schon mehrmals restauriert werden. Das Sonderbarste an diesem Denkmal ist ein Stein, der auf ihm liegt und mit einem Eisenband befestigt ist. Dieser Stein, der etwa die Größe und Form eines menschlichen Oberschenkels hat, ist das Geschoß einer Blide, einer mittelalterlichen Steinwurfmaschine, das am 16. April 1385 Herzog Albrecht von Sachsen traf und dessen Tod bewirkte.

Wann dieser Denkstein gesetzt wurde, ist nicht bekannt. Vermutlich wird es schon bald nach dem Ableben des Herzogs geschehen sein. Auf der Vorderseite der 2 Meter hohen Steinplatte ist innerhalb eines kreisförmigen Schriftbandes, das auf die hohe Stellung Albrechts als Kurfürst des Heiligen Römischen Reiches Deutscher Nation hinweist, zwischen Maria und Johannes der gekreuzigte Heiland dargestellt. In den vier Bogenstücken, die das Medaillon schmücken, sind die Symbole der vier Evangelisten zu erkennen: der Adler für Johannes, der Engel für Matthäus, der Stier für Lukas und der Löwe für Markus. Unterhalb des Medaillons sieht man den Herzog kniend beim Beten. Vor seinen Knien zeigt ein Schild das Lüneburger Wappen, und auf zwei Scheiben, die aus dem Denkmalsfuß herausragen, finden sich das sächsische Wappen und die gekreuzten Schwerter der Kurwürde. Auf der Rückseite ist eine weitere betende Gestalt dargestellt. Sie ist in einen langen Mantel gehüllt, doch gibt es keinen Hinweis darauf, wer es sein soll. Im Medaillon darüber ist in zwölf Zeilen der Grund der Denkmalssetzung genannt.

Diese Inschrift soll hier wiedergegeben werden, um zugleich einmal beispielhaft aufzuzeigen, wie im späten Mittelalter in Hannover und seinem Umland gesprochen wurde. Sie lautet: „Im 1385 Jare verteyen nacht na paschen da togen de van Luneborg mit örem heren hertogen Albrechte to fassen vor de borch to ricklinge uppe den van Mandelse dar so wart hertoge Albrecht geworven mit eoner blyen dat se afftogen unde hertoge Albrecht de storf dar von". Damit mag für die Menschen von damals alles gesagt gewesen sein, was 1385 „verteyen nacht na paschen", das heißt vierzehn Nächte nach Ostern, in Ricklingen geschah. Zum heutigen Verständnis der Zeilen bedarf es einiger weitergehender Erläuterungen.

Um 1385 war der Ritter Dietrich von Mandelsloh Herr der bereits 160 Jahre vorher erbauten Wasserburg Ricklingen. Dieser Edelmann hatte sich aus Gründen, die in unterschiedlichen Versionen überliefert sind, den Zorn des Herzogs Albrecht zugezogen. Dem Landesherrn war zu Ohren gekommen, daß von der Burg Ricklingen aus Wegelagerei betrieben werde. Ritter Dietrich – so hieß es – plündere Leineschiffe und Wagenzüge und nehme Personen gefangen, für deren Freilassung er Lösegeld erpresse. Wer Widerstand leiste, werde von Dietrichs Räuberschar getötet. An Ricklingen kam in der Tat niemand vorbei, ohne Schaden an Gut, Freiheit oder Leben zu nehmen. Das sprach sich so herum, daß zur Warnung vor verfrühtem Optimismus das Sprichwort entstand: „Je sind Ricklingen noch nich öwer". Dietrich von Mandelsloh soll sogar den Rat von Hannover gezwungen haben, ihm gegen Bezahlung von jährlich 12 Pfund hannoversche Pfennige das Versprechen abzukaufen, daß er die Bürger schont und schützt. Eine andere Überlieferung besagt lediglich, Dietrich von Mandelsloh habe sich des Ungehorsams schuldig gemacht, was in den Wirren des von 1371 bis 1388 währenden Lüneburger Erbfolgekrieges durchaus der Fall gewesen sein konnte. Doch was immer auch der wahre Anlaß gewesen sein mag – der Ritter von der Leine war bei Herzog Albrecht so in Ungnade gefallen, daß dieser ihn zu züchtigen beschloß.

Albrecht, der als askanischer Herzog von Sachsen-Wittenberg nach dem Aussterben des Älteren Hauses Lüneburg von Kaiser Karl IV. mit dem Fürstentum Lüneburg belehnt worden war, setzte sich selbst an die Spitze seiner Streitmacht. „Unter den Schatten der Nacht" – wie es in einer Überlieferung heißt – wurde die Burg Ricklingen umzingelt. Früh morgens sandte der Herzog einen seiner Getreuen, von einem Herold und einem Trompeter begleitet, an die verschlossene Pforte. Doch der Burgherr und seine Tochter Sophie, die eben erst aus dem Schlaf erwachten, wiesen die Forderung des Herzogs auf Einlaß in die Burg ab. Daraufhin befahl dieser seinen Mannen, die Burgmauern zu übersteigen. Die von der Tochter des Burgherrn angeführten Burgbewohner traten ihnen aber so mutig entgegen, daß die Eroberung

Diese mit Reliefbildern kunstvoll verzierte Sandsteinplatte in Schloß Ricklingen erinnert an die tödliche Verletzung Herzog Albrechts von Sachsen durch das Geschoß einer Blide. Der Denkstein steht auf dem Sandhügel am Rande der Leineaue, von dem aus der Herzog die Wasserburg des Raubritters Dietrich von Mandelsloh belagerte.

mißlang. Herzog Albrecht bewunderte die Kühnheit der Jungfrau und rief ihr zu, sie möge nicht durch unnützes Blutvergießen das Schicksal der Burg noch verschlimmern. Doch als Antwort richtete das aufgebrachte Mädchen die große Steinwurfmaschine auf ihn und zerschmetterte ihm das Bein. Von diesem Vorfall entmutigt, wurde der Plan aufgegeben, die Burg doch noch zu erstürmen. Stattdessen sollte sie ausgehungert werden. Schon drei Tage später war die Übergabe gegen freien Abzug des Ritters und seiner Tochter erzwungen.

Ob diese Überlieferung, die auch der Heidedichter Hermann Löns seiner Ballade „Sophiee von Mandelsloh“ zugrunde legte, voll mit der Wirklichkeit übereinstimmt oder nicht, mag dahingestellt bleiben. Unzutreffend ist aber mit Sicherheit, daß – wie es in der Löns'schen Dichtung heißt – die Jungfrau Sophie beim Verlassen der Burg den toten Herzog beweinte. Dieser war in Ricklingen noch am Leben. Er wurde nach Neustadt am Rübenberge gebracht, wo sich ein welfisches Fürstenschloß befand, in dem er schon vorher oft und gern gewohnt hatte. In diesem Schloß, das ab 1572 zur Festung „Landestrost“ ausgebaut wurde, ist Albrecht erst am 23. Juni 1385 an den Folgen der schweren Verletzung gestorben. Sein Leichnam wurde nach Lüneburg überführt und am 29. Juni in der Kirche des Michaelisklosters am Osthang des Lüneburger Kalkberges beigesetzt. Die Burg Ricklingen verfiel, und die letzten noch verbliebenen Steine wurden in die 1694 vom Amtmann Johann Georg Voigt gestiftete Ricklinger Pfarrkirche verbaut, die sich – für Besucher sehenswert – neben italienischen Stuckarbeiten durch einen handgeschnitzten Barockaltar und reiche Gewölbebemalung auszeichnet. Wo die Burg einst stand, wurde im 18. Jahrhundert das heutige Schloß errichtet und mit einem romantischen Park umgeben. Den Blidenstein findet man an der zur Leinebrücke führenden Straße „Am Leineufer“ auf dem eingangs erwähnten Sandhügel.

57

Blut von Friesen und Sachsen tränkte die Erde

Die Burg Stickhausen

Wer von Cloppenburg auf der Bundesstraße 72 über Friesoythe und Hesel nach Aurich fährt, sieht östlich der Jümmeüberquerung aus einem Baumbestand einen runden Turm mit zugespitztem Dach herausragen. Dieses wuchtige Gemäuer und die umgebenden Wallanlagen sind die Überreste der ehemaligen Burg Stickhausen, der stärksten Festung, die es je auf ostfriesischem Boden gab. Diese einst stattliche Burg am rechten Ufer der Jümme wurde um 1450 vom Häuptling Ulrich Cirksena erbaut, der – nachdem er Ostfriesland mit Ausnahme der Herrschaften Jever und Friedeburg unter seiner starken Hand geeint hatte – 1464 von Kaiser Friedrich III. in den Reichsgrafenstand erhoben wurde. Ulrich Cirksena ist es zu verdanken, daß Ostfriesland nicht in die Niederlande eingegliedert wurde, sondern ein Teil des Heiligen Römischen Reiches Deutscher Nation blieb. Viel Einigkeit herrschte in der von 1450 bis 1493 währenden fehdenreichen Regierungszeit Friedrichs III. im Reich allerdings nicht, und der Nordwesten – das Gebiet des heutigen Niedersachsens – machte davon keine Ausnahme.

Bereits vor dem Bau der Burg Stickhausen war es östlich ihres Standortes im Grenzgebiet von Detern, dem einstigen Haupttor Ostfrieslands im Südosten, zu blutigen Auseinandersetzungen gekommen. Hier kämpfte 1399 der Häuptling Widzel tom Brok gegen den Moormerländer Focko Ukena, der Widzels Herrschaft nicht anerkennen wollte. Der Häuptling zog von Aurich nach Detern vor die Schlüsselburg, die Focko Ukena besetzt hatte. Doch ehe Widzel die Burg einnehmen konnte, erhielt Focko Verstärkung durch die benachbarten Saterfriesen und zudem durch Truppen der Bischöfe von Münster, Osnabrück und Minden. Diese Streitmacht hatte sich gerade angeschickt, dem Grafen Nikolaus von Tecklenburg die Burg Friesoythe wegzunehmen. Widzel tom Brok verschanzte sich in der Kirche von Detern, unterlag jedoch und wurde mit 80 seiner Mannen getötet. 1426 stand bei Detern Focko Ukena dem Häuptling Ocko II. tom Brok gegenüber. Focko wurde dieses Mal auch wieder durch Truppen des Bischofs von Münster unterstützt, während Ocko Hilfe vom Grafen Dietrich von Oldenburg und von einem Ritterheer des Erzbischofs Nikolaus von Bremen bekam. Focko, mit dem Gelände besser vertraut, siegte trotz der erdrükkenden Übermacht seiner Gegner. Um die erlittene Schmach zu rächen, brannten die Oldenburger ein Jahr später Detern nieder.

Dessen ungeachtet war nun Focko Ukena der mächtigste Mann in Ostfriesland und wegen der dem Land auferlegten Lasten auch der am meisten gehaßte. Dabei machte er sich auch Ulrich und Edzard Cirksena zu Feinden, die ihn gemeinsam mit ihren Verbündeten 1431 in seiner Burg zu Leer belagerten. Als Focko Ukena floh, wurde diese Burg völlig zerstört. Die Brüder Cirksena hatten sich mit der Hansestadt Hamburg verbündet, die zur Sicherung der Seeschiffahrt vor Piraten 1433 Emden besetzt hatte. Die beiden Brüder wurden 1439 im Hamburger Herrschaftsbereich Amtleute, und als Edzard starb, war Ulrich alleiniger Statthalter. Er erkannte jedoch schon bald, daß sich die Hamburger in Ostfriesland stärker einzunisten gedachten, als es von ihm und der Bevölkerung geduldet werden konnte. Das führte 1450 zum Bruch Ulrichs mit seinen Dienstherren von der Elbe, und das wiederum hatte Gegenmaßnahmen der Hamburger zur Folge. Als diese mit den Oldenburgern gemeinsame Sache machten, entschloß sich Ulrich zur Errichtung einer Burg und fand dafür den geeignetsten Ort in der Jümmeschleife bei Stickhausen. Dort konnte er den Fluß in einen Festungsgraben umwandeln. Ulrich erwarb den Bauplatz durch Landtausch und begann unverzüglich mit dem Bau der Festung. Doch zu seinen Lebzeiten wurde diese Burg nicht mehr gefordert. Er besiegte die verbündeten Hamburger und Oldenburger 1451 in einer offenen Feldschlacht, und dann kehrte bis zu seinem Tod im Jahre 1466 Frieden ein.

Nach dem Ableben des Grafen Ulrich übernahm zunächst seine Witwe – die Gräfin Theda – die Regierungsgeschäfte, bis ihre beiden unmündigen Söhne Enno und Edzard 1486 zum Mitregieren alt genug waren. Als Enno 1494 auf tragische Weise ums Leben kam (s. „Die Mauritiuskirche in Reepsholt“), übernahm Edzard das Grafenamt aus der Hand seiner Mutter. Edzard, der vom Volk den Beinamen „der Große“ erhielt, schuf ein friesisches Reich von der Weser im Osten bis zur Lauwers im Westen, in dem nur die Häuptlinge des Jeverlandes und des Harlingerlandes ihre Selbständigkeit zu behaupten vermochten (s. „Der unterirdische Gang von Jever“). Die Reichsgrafschaft Ostfriesland hatte damit die größte Ausdehnung erreicht. Graf Edzard wußte, daß er sich mit seiner Expansionspolitik auch Feinde schuf. Deshalb ließ er die Burg Stickhausen immer mehr verstärken und dabei auch den Rundturm errichten. Doch als sich die Burg in der sich anbahnenden kriegerischen Auseinandersetzung, die als die „Sächsische Fehde“ in die Geschichte einging, bewähren sollte, hielt sie der Übermacht des Gegners nicht stand. Was war geschehen?

Im Jahre 1514 hatte sich gegen Graf Edzard ein Landsknechtsheer in Marsch gesetzt, das von einem sächsischen Fürstenbund angeworben war und von dem Braunschweiger Herzog Heinrich dem Älteren befehligt wurde. Der Heerbann, dem auch Graf Johann von Oldenburg angehörte, rückte von zwei Seiten gegen Stickhausen vor. Dabei soll Herzog Heinrich die Umwohner der Festung vor seinen Kriegern hergetrieben und gedroht haben, mit ihren Leibern den Burggraben aufzufüllen und darüber hinweg in die Festung einzudringen. Da sank den Belagerten der Mut, und Stickhausen fiel. Edzard versuchte gegen Ende des Jahres 1514 die Burg zurückzugewinnen, was bei der feindlichen Übermacht jedoch unmöglich war. Auch ein weiterer Versuch 1516 mißlang. Erst nachdem 1517 dieser Krieg durch den in Zetel geschlossenen Frieden beendet wurde, erhielt Edzard die Burg Stickhausen gegen Zahlung von 8 000 rheinischen Gulden zurück. Um die Burg zankten sich später seine Enkel, die Grafen Edzard II. und

Die Burg Stickhausen an der Jümme im Kreis Leer war einst die stärkste Festung Ostfrieslands. Dennoch vermochte sie die in sie gesetzten Erwartungen nicht zu erfüllen. In der Sächsischen Fehde fiel sie dem Landsknechtsheer des Braunschweiger Herzogs Heinrich des Älteren in die Hände.

Graf Edzard der Große, der der Reichsgrafschaft Ostfriesland zu ihrer größten Ausdehnung verhalf, hat sich damit auch Feinde geschaffen. Im Hinblick auf unvermeidliche Auseinandersetzungen ließ er die Burg Stickhausen immer mehr verstärken. Unser Bild zeigt Edzard nach einem Gemälde, das im Schloß- und Heimatmuseum Jever hängt.

dessen Bruder Johann, die sich wegen Glaubensfragen entzweit hatten: Johann war reformiert, und Edzard, der eine Tochter des Königs Gustav I. von Schweden zur Frau hatte, nahm den lutherischen Glauben an. Als Anfang des 17. Jahrhunderts Dodo von Knyphausen, der spätere schwedische Feldmarschall, Kommandant der Festung Stickhausen wurde, soll die Burg eine hohe gesellschaftliche Stellung erreicht haben. Zu dieser Zeit seien in ihr rauschende Feste gefeiert worden. Doch dann kam der Dreißigjährige Krieg, der seine Schatten auch auf Stickhausen warf. Erst bemächtigte sich Graf Ernst von Mansfeld mit seinen Truppen der Festung an der Jümme, und später zogen Truppen des Landgrafen Wilhelm von Hessen ein. 1712 ließ Fürst Georg Albrecht von Ostfriesland in Stickhausen eine neue Kaserne errichten, und als 1744 der letzte Fürst von Ostfriesland – Carl Edzard – ohne Erben starb und das Land preußisch wurde, ließ der Preußenkönig Friedrich der Große die Burg Stickhausen schleifen. Nur der Rundturm widerstand der gewaltsamen Zerstörung. Er beherbergt heute ein Heimatmuseum.

58

Turmruine ein Mahnmal seit Jahrhunderten

Die Mauritiuskirche in Reepsholt

Wer durch Reepsholt fährt und zum ersten Mal die Kirche dieses im Süden des Kreises Wittmund liegenden Dorfes erblickt, verlangsamt unwillkürlich das Tempo. Die Aufmerksamkeit gilt plötzlich nur noch dem Turm – oder was davon übrig ist – des stattlichen, auf einer leichten Geestanhöhe errichteten Gotteshauses. Dieser mächtige, himmelstrebende, jedoch nach oben gewalttätig abgestumpfte Turm aus grauem Granit und rotem Backstein sieht aus, als ob seine Westwand von Riesenhand mit einem Säbel abgehauen worden wäre. Hohl und leer gähnen dem Betrachter die Räume entgegen, über denen sich einst die Glockenstube und das Dach befanden. Viele werden beim Anblick dieser Wind und Wetter trotzenden Ruine denken, sie sei ein Überbleibsel des Zweiten Weltkrieges und – aus welchen Gründen auch immer – nicht wieder aufgebaut worden. Doch diese Vermutung trifft nicht zu. Der wuchtige Turm der Reepsholter Kirche wurde bereits ein Opfer der unseligen Streitereien, die im 15. und 16. Jahrhundert im Grenzgebiet zwischen den Grafschaften Oldenburg und Ostfriesland immer wieder ausgebrochen und mit viel Blutvergießen und Brandschatzen ausgetragen worden sind.

Der Kampf um die Reepsholter Kirche fand im Jahre 1474 statt. Der resoluten Gräfin Theda von Ostfriesland mißfiel es sehr, daß der Häuptling Cirk von Friedeburg, dessen Herrlichkeit zu jener Zeit noch nicht zu der 1464 von Kaiser Friedrich III. geschaffenen Reichsgrafschaft Ostfriesland gehörte, mit dem Grafen Gerd von Oldenburg – ihrem ausgemachten Feind – ein Bündnis eingegangen war. Theda, die die Witwe des ersten ostfriesischen Reichsgrafen Ulrich und die Mutter Edzards des Großen war (s. „Die Burg Stickhausen"), gebot ihrem Heerführer Hero Mauritz von Dornum, den Abtrünnigen mit Waffengewalt auf den rechten Weg zurückzuführen. Dabei mußte Hero gegen die Kirche von Reepsholt vorgehen, deren Turm Cirk zu einer Festung hatte ausbauen lassen. Thedas Heerführer befahl seinen Mannen, den Turm in Brand zu stecken und zu untergraben. So wurde alles, was aus Holz bestand, ein Raub der Flammen, und vom Mauerwerk stürzte die Westwand ein. 1481 gelang es der in Emden residierenden Gräfin, die bis dahin selbständige Herrlichkeit Friedeburg der Reichsgrafschaft Ostfriesland einzuverleiben.

Zehn Jahre später – das soll hier kurz eingeflochten werden – wurde die knapp 4 Kilometer südlich von Reepsholt gelegene Friedeburg Zeuge einer Liebesromanze und eines damit verbundenen tragischen Unglücksfalles. Nachdem die Gräfin Theda in den Besitz dieser Grenzfestung gelangt war, setzte sie als Drosten den Edeling Engelmann von Horstel ein, der am gräflichen Hof in Aurich aufgewachsen war. Dieser hatte sich in Almut, die jüngste Tochter der Gräfin Theda, so sehr verliebt, daß er sie auf die Friedeburg entführte und sich dort mit ihr trauen ließ. Das brachte Theda in Harnisch. Als Engelmann ihrer Aufforderung nicht nachkam, Almut herauszugeben, ließ sie die Burg belagern. Zu dem dafür abkommandierten Heer stieß Thedas Sohn, Graf Enno, der gerade von einem Kreuzzug aus dem Heiligen Land zurückkehrte. Voll Zorn über die Schmach, die sein Haus erlitten hatte, eilte Enno dem unerwünschten Schwager nach einer ergebnislosen Unterredung in voller Rüstung auf dem eisbedeckten Burggraben hinterher. Dabei brach er ein und ertrank. Engelmann gelang es, bei Nacht zu flüchten, und die in einem Schlupfwinkel entdeckte Almut wurde nach Greetsiel gebracht, wo sich die Stammburg der Cirksena befand. Die Friedeburg, die einer Darstellung des Schweizer Kupferstechers Matthäus Merian aus dem Jahre 1620 zufolge ein imponierendes Aussehen hatte, wechselte noch einige Male den Besitzer, bis sie 1763 der Preußenkönig Friedrich der Große dem Erdboden gleichmachen ließ.

Gemessen an diesem ständigen Zerstörungsdrang ist es ein wahres Glück, daß die Kirche in Reepsholt die Zeitläufte als Teilruine überdauern konnte. Diese Kirche ist dem Heiligen Mauritius geweiht, der im Jahre 305 als Märtyrer starb. Mauritius, der ebenfalls ein Waffenträger war, hatte sich als Anführer der aus christlichen ägyptischen Soldaten bestehenden Thebäischen Legion geweigert, einen Befehl des römischen Kaisers Maximian zu Christenverfolgungen im schweizerischen Wallis auszuführen. Dieser Heilige war auch schon der Patron einer Klosterkirche, die in Reepsholt vor der Errichtung der heutigen Pfarrkirche bestanden hatte und 1543 abgebrochen werden mußte. Reepsholt besaß das älteste der friesischen Klöster. Es war bereits 983 auf den Höfen Hripesholt und More gegründet worden, die zwei wohlhabende Schwestern – Reingard und Wendila – eigens für die Errichtung des Klosters gestiftet hatten. Dieses Kloster, das von Kaiser Otto II. bestätigt und vom Erzbischof Adalbert von Bremen der augustinischen Regel unterstellt worden war, hat fast vier Jahrhunderte lang segensreich gewirkt. Dann brach 1392 die Mar-

Die Mauritiuskirche in Reepsholt im Kreis Wittmund ist noch heute ein Zeuge der unseligen Streitereien zwischen den Grafschaften Oldenburg und Ostfriesland im 15. und 16. Jahrhundert. Der Turm der Kirche wurde 1474 in einer kriegerischen Auseinandersetzung zerstört.

cellusflut – die schrecklichste aller Sturmfluten an der niedersächsischen Nordseeküste – über das Land herein und warf die Wogen auch bis an die Geest von Reepsholt. Die in der Niederung liegenden Weiden wurden durch die Einwirkung des Salzwassers für lange Zeit ertraglos. Das Kloster Reepsholt litt unter dem Verlust seiner besten Ländereien so sehr, daß es einging. 1437 wurde es von den letzten Mönchen verlassen. Geblieben ist von ihm nur ein von Gras überwachsener Schutthügel.

Das Gebiet von Reepsholt scheint aber schon lange vor der Klostergründung im Glauben der hier einst lebenden Menschen – es werden Chauken gewesen sein – eine besondere Rolle gespielt zu haben. So wie andernorts in germanischer Zeit Quellen und Brunnen in heiliger Scheu verehrt wurden (s. „Der Heilige Anger von Pyrmont"), brachte man in den moorreichen Gegenden Norddeutschlands bestimmten Plätzen in den Sümpfen und Mooren gleiche Empfindungen entgegen. Man opferte ebenfalls den Göttern, die man in den Kräften der Natur zu erkennen glaubte. Solch ein den Göttern zugedachtes Geschenk scheint auch ein Gewebeballen gewesen zu sein, auf den 1933 Torfstecher aus Reepsholt im Upschörter Moor mit dem Spaten stießen. Als sie den Fund vorsichtig heraushoben, hatten sie ein würfelförmiges Bündel in Händen, das etwa 40 mal 40 Zentimeter maß und sich als ein fein säuberlich zusammengefaltetes, kunstvoll gewebtes Gewand mit halblangen Ärmeln erwies. Wissenschaftliche Untersuchungen ergaben, daß dieser wollene knielange Kittel in einer Webtechnik angefertigt worden war, wie man sie aus diesem Raum bis dahin nicht kannte.

Bei Reepsholt fanden Torfstecher auch schon eine Moorleiche, und zwar 1890 in der Nähe von Plaggeswege etwa 2,5 Kilometer westlich der Mauritiuskirche. Doch die Arbeiter wußten mit dem grausigen Fund nichts anzufangen. Sie vergruben die Leiche wieder an einer anderen Stelle und waren sicherlich überzeugt, damit ihre Christenpflicht erfüllt zu haben. Da man diese Moorleiche trotz der späteren emsigen Nachforschungen nicht wieder aufspüren konnte, ließen sich auch keine Anhaltspunkte und Rückschlüsse gewinnen, ob es sich bei dem Toten um ein Unfallopfer handelte oder ob er möglicherweise den heidnischen Göttern geopfert worden war.

59

Wo Fräulein Maria verschwunden sein soll

Der unterirdische Gang von Jever

Jever, die friesische Kreisstadt, hat eine lange Geschichte. Wann und wie sie begann, ist jedoch unbekannt. Nirgends findet sich darauf ein schriftlicher Hinweis, und auch keine Sage berichtet davon. Nur stumme Zeugen geben einige Auskunft. Das sind Waffen und Geräte aus Feuerstein, die erkennen lassen, daß die Geestzunge, auf der Jever entstanden ist, schon vor rund 4 000 Jahren von Menschen bewohnt war. Doch ein Meeresvorstoß, der auch die Geestränder unter Wasser setzte, hat diese frühen Siedler vertrieben. Erst als Jahrhunderte später das Meer wieder zurückgewichen war und sich erneut Marschland gebildet hatte, lockte auch die Geestzunge westlich der Jade wieder Menschen an. Es waren Chauken, über die bereits die römischen Schriftsteller Plinius der Ältere und Cornelius Tacitus zu berichten wußten. Tacitus nannte sie „das edelste Volk unter den Germanen“ und lobte ihren Gerechtigkeitssinn sowie ihre Friedensliebe. Hätte er ein Jahrhundert später gelebt, würde er sie wohl anders beurteilt haben. Denn dann hätte er berücksichtigen müssen, daß die Chauken im Jahre 175 in die römische Provinz Belgica eingefallen sind und sie ausgeraubt haben.

Mit dem Beutezug brachte Carl Woebcken, der um die Erforschung der friesischen Geschichte verdiente ehemalige Pastor von Sillenstede, einen Münzschatz in Verbindung, der 1850 in Jever in der Nähe der heutigen Prinzengraft beim Abgraben von Kies entdeckt worden war. Es sollen an die 5 000 römische Silbermünzen gewesen sein, von denen die meisten kurz vor dem Jahre 160 nach Christus geprägt worden waren. Für diese Annahme sprach, daß die Münzen in Häufchen verteilt waren. Es fanden sich noch weitere Opfergaben aus einer Zeitspanne, die von der Steinzeit bis in den Beginn des zweiten nachchristlichen Jahrtausends reichte. Bei den römischen Münzen konnte es sich durchaus um ein Dankopfer für den gelungenen Beutezug gehandelt haben. Woebckens Vermutungen gingen noch weiter. Er nahm an, daß sich an diesem heiligen Ort auch eine Thingstätte befunden hat: der Versammlungsplatz der Östringer. Das wiederum sei der Grund dafür gewesen, daß hier in christlicher Zeit die erste Kirche im Gau Östringen errichtet wurde.

In Jevers langer Geschichte läßt sich vieles aufspüren, das seltsam, rätselhaft oder geheimnisvoll ist. Hatte hier Karl der Große eine seiner Seefestungen gegen die Normannen angelegt? Diese Frage ist umstritten. Sicher ist nur, daß zur Zeit des berühmten Frankenkönigs das Meer bis an den Fuß des jeverschen Stadthügels reichte und einen Hafen bildete, auf den auch beutelüsterne Normannen ein Auge geworfen hatten. Nicht zu klären ist auch die Frage, ob Jever das „Gifers uf dem sande“ ist, das im Gudrunlied – einer mittelhochdeutschen Dichtung aus dem 13. Jahrhundert – genannt wird. Nach diesem Heldenepos hatte der Sänger Horant, der einer der Getreuen des Normannenkönigs Hetel war, in Gifers seine Behausung. Mit Gewißheit weiß man nur, daß die älteste bekannte Form des Namens Jever „Gefer“ lautete. Sie ist als „Gefri denarii“ auf Münzen der Billunger überliefert, die von Kaiser Otto dem Großen mit der Herzogsgewalt in Sachsen betraut worden waren und diese bis 1106 ausübten. Eine weitere offene Frage ist, wohin Fräulein Maria von Jever – die volkstümlichste, noch heute verehrte Regentin des Jeverlandes – nach ihrem Tod im Jahre 1575 verschwunden ist. Der Sage nach ist sie nicht gestorben, sondern mit den Worten „Ich komme wieder“ in einen unterirdischen Gang hinabgefahren.

Maria, die am 5. September 1500 in der Jeverburg zur Welt kam, war es nicht an der Wiege gesungen worden, daß sie einmal die Geschicke des von ihrem Urgroßvater Hajo Harlda aus den Gauen Rüstringen, Östringen und Wangerland zusammengeschmiedeten Herrschaftsbereiches lenken müßte. Dafür war ihr Bruder Christoph ausersehen, der ein Jahr älter war. Als 1511 der Häuptling Edo Wiemken der Jüngere – der Vater der Kinder – starb, wurde Junker Christoph als zwölfjähriger Knabe sein Nachfolger. Doch seine Regentschaft, bei der ihm sein Oheim Graf Johann von Oldenburg als Vormund zur Seite stand, ging schon sechs Jahre später jäh zu Ende. Ursache war ein Gifttrank, den ihm ein Diener gereicht hatte. Als dieser das Entsetzliche seines Tuns erkannte, erdolchte er sich. Er soll von Ostfriesen zu dem Mord angestiftet worden sein. Mit dem Tod des Junkers Christoph war die männliche Linie der jeverschen Häuptlingsfamilie erloschen. Und da seine Zwillingsschwester Anna kränklich war, wurde Maria Mitregentin.

Das Schloß Jever mit seinem mächtigen Rundturm und der seltsamen Zwiebelhaube steht auf einem Geesthügel, an dessen Fuß noch vor etwas mehr als einem Jahrtausend das Meer reichte und einen Hafen bildete. Mit der Errichtung des Schlosses auf dem Platz der vorherigen Jeverburg festigte sich die Herrschaft des Jeverlandes.

Im Schloßpark von Jever sind noch Reste des unterirdischen Ganges zu entdecken, von dem angenommen wurde, daß in ihm Fräulein Maria verschwunden sei. Dieser seit 1972 aus Sicherheitsgründen zugeschüttete Gang ist ein ehemaliger Entwässerungsstollen, der die obere mit der unteren Graft verband.

Fräulein Maria hatte es nicht leicht. Wie schon mehrmals vorher streckte sich auch jetzt wieder die Hand Ostfrieslands nach Jever aus. Graf Edzard der Große, der ein friesisches Reich von der Lauwers im Westen bis zur Weser im Osten geschaffen hatte, war erbittert darüber, daß das Jeverland und das Harlingerland nicht dazu gehörten, obgleich auch sie seit der Abwanderung der chaukischen Küstenbevölkerung nach England von Friesen besiedelt worden waren (s. „Der Upstalsboom in Aurich"). Für Edzard wäre die neue Lage in Jever günstig gewesen, sich dieses Herrschaftsgebietes zu bemächtigen. Aber durch einen Streit mit Herzog Georg von Sachsen, den Kaiser Maximilian I. als Statthalter über die friesischen Lande gesetzt hatte, waren ihm die Hände gebunden. Graf Edzard versuchte den Angriff auf Jever dennoch, wenngleich auch nicht mit klirrenden Waffen, sondern mit Süßholz. Er hielt um die Hand Marias oder einer ihrer beiden Schwestern an. Entweder sollte einer seiner drei Söhne für eine Ehe verfügbar sein oder er selber. Allerdings müßte das Jeverland als Heiratsgut eingebracht werden. Es kam eine bindende Abmachung zustande. Danach sollte nach sieben Jahren – weil die „Froichen" noch gar so jung waren – eine von ihnen unter die Haube kommen, während Edzard sogleich mit Landesherr in Jever wurde. Als die sieben Wartejahre verstrichen waren, fand sich jedoch keiner der drei Grafensöhne bereit, den Ehevertrag zu erfüllen. Und auch Edzard stand nicht zu seinem Versprechen.

Dieser Vertragsbruch verdroß außer den drei Häuptlingstöchtern auch den Drosten Boing von Oldersum, der in Jever als ostfriesischer Statthalter eingesetzt war. Nach Edzards Tod im Jahre 1528 wollte sein Sohn Enno als Nachfolger im Grafenamt durch einen Überfall Jever ganz in seine Hand bringen. Doch Boing redete ihm dieses Vorhaben aus und schlug stattdessen eine Einnahme der Jeverburg ohne Blutvergießen vor. So kamen Enno und seine Mannen als freundliche Besucher und blieben als feindliche Besatzer. Als Enno immer mehr Abgaben aus Jever herauszupressen begann, stellte sich Boing auf die Seite Marias und ihrer Schwestern. Er gewann für sie die Jeverburg zurück. Um nun das Jeverland vor

Fräulein Maria von Jever, die einstige, noch heute verehrte Regentin des Jeverlandes, ist der Sage nach nicht gestorben, sondern mit den Worten „Ich komme wieder" in einem unterirdischen Gang verschwunden. Unser Bild zeigt Maria nach einem Gemälde, das sich im Schloß- und Heimatmuseum Jever befindet.

Fräulein Maria war sehr um die Förderung der Kunst bemüht. Eines der bedeutendsten Ergebnisse dieses Strebens ist das Grabmal für ihren Vater Edo Wiemken den Jüngeren. Dieses Meisterwerk im Stil der niederländischen Renaissance befindet sich im Chor der Stadtkirche von Jever.

weiteren feindlichen Zugriffen zu schützen, ließ es Maria unter Wahrung ihrer landesherrlichen Rechte von Kaiser Karl V. der Lehenshoheit des Herzogtums Burgund unterstellen. Boing half Maria im weiteren Verlauf tatkräftig beim Regieren und wäre wohl auch ihr Gemahl geworden, wenn er nicht 1450 in einer Fehde mit Balthasar von Esens bei einer Belagerung Wittmunds getötet worden wäre.

Nachdem Fräulein Maria diesen Schicksalsschlag überwunden hatte, galt ihre ganze Schaffenskraft nur noch dem Wohle ihrer Untertanen. Sie sorgte für Recht und Ordnung, förderte Handel und Handwerk, ließ Deiche und Siele bauen und bewirkte noch vieles andere mehr, das sich als segensreich erwies. Sie sann auch darüber nach, wie sie Jever zu etwas Besonderem machen könnte. Ihr schwebte eine Stadt der Kunst vor. Diesen Gedanken setzte sie zielstrebig in die Tat um, und was dabei herauskam, ist zum größten Teil noch heute in Jever zu bewundern. Vor allem gehören dazu zwei Kunstwerke, die als einzigartig gelten: das Grabmal, das Maria für ihren über alles geliebten Vater im Chor der Stadtkirche erbauen ließ, und eine in Eichenholz geschnitzte Kassettendecke im Audienzsaal des Schlosses. Beide sind Meisterwerke im Stil der niederländischen Renaissance. Der seltsame Zwiebelhaubenturm des Schlosses, der zum Wahrzeichen der Stadt Jever wurde, stammt nicht aus der Zeit Fräulein Marias. Dieses barocke Prachtstück gab 1736 Fürst Johann August von Anhalt-Zerbst in Auftrag. Die Herrschaft Jever war 1667 auf dem Erbwege an dieses Fürstenhaus jenseits der Elbe gefallen, nachdem sie vorher fast 100 Jahre lang oldenburgisch gewesen war.

Bevor Maria am 20. Februar 1575 starb, hatte sie ihren Großneffen, den Grafen Johann VII. von Oldenburg, zu ihrem Erben bestimmt. Johann – ein Mann der Tat (s. „Der Westturm von Wangerooge“) – war für sie zugleich ein Garant, daß die Herrschaft Jever nicht an Ostfriesland fiel. Ihren letzten Willen unterschrieben sieben Zeugen. Einer davon war Johann von Schagen, der ihr besonderes Vertrauen genoß. Dieser erhielt von ihr den geheimen Auftrag, ihr Ableben eines Tages so lange geheimzuhalten, bis Graf Johann in Jever sein Erbe angetreten hat und ihm niemand mehr zuvorkommen kann. Als die Todesstunde Marias geschlagen hatte, erfüllte Johann von Schagen diesen Auftrag so gewissenhaft, daß er sogar die Speisen aß, die Maria zugedacht waren. Die leeren Schüsseln sollten die Dienerschaft im Glauben belassen, daß die Herrin noch lebt. Damit war die vorzeitige Verbreitung der Todesnachricht unterbunden. Was weiter geschah, ist unbekannt.

Um das Geheimnis zu entschleiern, bediente man sich der Phantasie. Die Jeverländer erzählen, daß die Letzte ihres alten Häuptlingsgeschlechtes nicht gestorben ist. Sie werde eines Tages aus dem unterirdischen Gang, in den sie verschwunden sei, zurückkehren. Das Marienläuten, das man noch heute in Jever jeden Abend um 21.00 Uhr – im Sommer um 22.00 Uhr – hören kann, soll das Andenken an die geliebte Herrin wachhalten. Wirklichkeit hingegen ist, daß dieses Läuten mit einer Glocke, die 1540 in einer der vielen kriegerischen Auseinandersetzungen erbeutet worden ist, einst die Polizeistunde ankündigte. Wirklichkeit ist auch, daß der seit 1972 zugeschüttete unterirdische Gang kein Fluchtweg aus dem Schloß war, sondern ein Entwässerungsstollen, der die einstige obere Graft mit der heute noch vorhandenen unteren verband. Aber Wirklichkeit ist ebenfalls, daß niemand weiß, wo Fräulein Maria ihre letzte Ruhestätte gefunden hat. Das ist das große Geheimnis von Jever.

60

Über dem Gefängnis befand sich die Inselkirche

Der Westturm von Wangerooge

Der Westturm auf der Insel Wangerooge ist ein gewaltiges, sich in den weiten Himmel reckendes Bauwerk. Er ist 56 Meter hoch und hat acht Stockwerke. Aus welcher Richtung auch immer man sich dieser östlichsten der dem niedersächsischen Festland vorgelagerten Nordseeinsel nähert, sieht man den viereckigen, von drei Spitzdächern gekrönten Koloß aus Ziegelsteinen schon von weitem. Man muß sich wundern, wie er mit seinen 12 Meter breiten, genau den vier Himmelsrichtungen zugewandten Wänden allen Stürmen zu trotzen vermag. Das Rätsel seiner Widerstandskraft löst sich jedoch rasch, wenn man weiß, daß er ein 15 Meter tiefes Fundament aus Betonpfeilern und Spundwänden besitzt, das ihn fest im Geestkern unter dem Dünensand verankert. Dieser Turm ist das jüngste der mächtigen historischen Bauwerke Niedersachsens. Er wurde in der heutigen Form erst 1932 errichtet. Dennoch aber kann er auf eine Tradition von mehreren hundert Jahren zurückblicken. An seiner Stelle stand seit 1602 ein ähnlicher Turm, der mit seinen 2,2 Meter dicken Mauern sogar noch wuchtiger war als der heutige.

Dieser erste Turm ersetzte ein altes Seezeichen, das ein Opfer der Ostverlagerung des Harle-Seegatts geworden war, das Wangerooge von seiner Nachbarinsel Spiekeroog trennt. Es war der Turm der dem Heiligen Nikolaus, dem Schutzpatron der Seefahrer, geweihten Kirche, die zusammen mit den sie umgebenden Häusern etwa 5 Kilometer vom heutigen Westrand der Insel Wangerooge entfernt gestanden hatte. Als die Brandung immer näher kam, mußten Dorf und Kirche aufgegeben werden. 1586 stürzte der Nikolaiturm ein. Seine Ruine, die 15 Meter hoch war, taugte noch immer neun Jahre lang als Landmarke zur Orientierung der Seeleute, wurde dann aber von den Fluten endgültig zertrümmert und weggespült. Da war der Zeitpunkt gekommen, daß sich der Rat der Handelsstadt Bremen an den Oldenburger Grafen Johann VII. mit der Bitte wandte, einen neuen Turm zu bauen. An diesen Grafen war die Herrschaft Jever, zu der das Wangerland mit der Insel Wangerooge gehörte, gefallen, als das berühmte Fräulein Maria von Jever 1575 kinderlos gestorben und ihr testamentarischer Wunsch für die Nachfolge erfüllt worden war (s. „Der unterirdische Gang von Jever“).

Der tüchtige Graf Johann, der von Kaiser Maximilian I. aus dem fernen Wien wegen seiner großen Verdienste um den Deichbau als „des Heiligen Römischen Reiches Baumeister an der Wasserkante“ gelobt worden war, zögerte zunächst, den wohlbegründeten Wunsch des Bremer Rates zu erfüllen. Er forderte als Gegenleistung den einträglichen Weserzoll. Aber damit kam er bei den auf wirtschaftlichen

Der Westturm von Wangerooge auf der Westseite der Insel war auf deren Ostseite errichtet worden. Durch Sanddrift sind die Inseln vor der Küste Niedersachsens immer weiter ostwärts gewandert. Wangerooge besitzt heute einen neuen Leuchtturm.

Der 56 Meter hohe Westturm von Wangerooge hat schon viele zum Staunen gebracht. Solch ein gewaltiges Bauwerk erwartet niemand auf einer Nordseeinsel. Leider ist nicht mehr der ursprüngliche Turm vorhanden, den der tüchtige Graf Johann von Oldenburg 1602 zur Sicherung der Bremer Schiffahrt erbauen ließ. Der heutige Turm ist eine Nachbildung aus dem Jahre 1932.

Vorteil bedachten Bremern nicht durch, so daß er schließlich nachgab und ihnen erlaubte, am damaligen Ostende der Insel Wangerooge, das heute das Westende ist, den Turm zu errichten. Der Grundstein wurde am 11. Juli 1597 gelegt.

Der Turm, der für jahrhundertelange Dienste geplant war, wurde ein wahrer Mehrzweckbau. Das feste Gewölbe des Erdgeschosses konnte je nach Bedarf als Lager für Strandgut, als Gefängnis und auch als Eiskeller genutzt werden. Das erste Stockwerk, zu dem eine Treppe in der Mauer emporführte, nahm die Inselkirche auf. Im zweiten Stockwerk erhielt der Lampenwärter seine ständige Bleibe, und

Graf Anton Günther von Oldenburg, Johanns Sohn, verbesserte auf Drängen des Bremer Rates das Leuchtfeuer des Wangerooger Turmes und handelte dafür den einträglichen Weserzoll für Oldenburg ein. Unser Bild von Anton Günther entstand nach einem Ölgemälde von Anselmus von Hulle, das im Landesmuseum Oldenburg hängt.

das dritte wurde die Glockenkammer, in der die Glocke in einer Maueröffnung hing. Die beiden weiteren Stockwerke dienten wie das Erdgeschoß als Lagerräume. Das Dach erhielt zwei gleich hohe Spitzen, die genau in Nord-Süd-Richtung standen, so daß sich an ihnen Fischer, Kauffahrer und zum Leidwesen der Kauffahrer auch Seeräuber sicher orientieren konnten. Nur eines befriedigte nicht: das Leuchtfeuer. Deshalb wurde der Sohn des 1603 verstorbenen Grafen Johann, der noch tüchtigere Anton Günther, vom Bremer Rat bedrängt, auf dem Turm eine weithin sichtbare Leuchte anbringen zu lassen. Graf Anton Günther, der die Oldenburger Pferdezucht begründete und deshalb „des Heiligen Römischen Reiches Stallmeister" genannt wurde, war bereit, den Wunsch der Bremer zu erfüllen, wenn sie den Oldenburgern doch noch den Weserzoll überließen. Die Bremer willigten schließlich ein.

Die aufgesetzte Leuchte war aber zu schwach. Deshalb wurde ein Zimmermann aus Emden beauftragt, zwischen den beiden Turmspitzen eine weitere, größere zu errichten. Diese Spitze erhielt rundum 48 Glasfenster, durch die die vielen im Innern angebrachten Öllampen leuchten konnten. Einmal aber leuchteten sie mehr, als sie sollten: Die Turmspitze fing Feuer und brannte ab. Sie wurde nicht erneuert. Stattdessen wurde in der Nähe des Turmes eine Blüse errichtet mit einem Eisenkorb, der mit Steinkohlen befeuert wurde. Auch diese Vorrichtung, die nur mäßig leuchtete, ging eines Tages in Flammen auf.

Der mächtige Turm selbst hielt mehr als 300 Jahre allen Stürmen, Fluten und Blitzen stand. Doch dann schlug auch seine Todesstunde. Es waren aber nicht die Kräfte der Natur, die ihn zum Einsturz brachten, sondern eine Sprengung auf militärischen Befehl. Wangerooge war 1912 zu einer Festung ausgebaut worden, die die Einfahrt in die Jade und damit den Kriegshafen des deutschen Kaiserreiches, Wilhelmshaven, schützen sollte. Als 1914 der Erste Weltkrieg ausbrach und die Marine mit einem Angriff der britischen Flotte rechnete, wurde der Turm beseitigt, um dem Feind die Orientierung zu erschweren. Wie der Kriegsverlauf bestätigte, war die Sprengung dieses Bauwerkes eine voreilige und damit sinnlose Tat. Übriggeblieben von dem Recken war ein Trümmerhaufen, der als Strandgut galt und von der Inselbevölkerung ausgebeutet werden durfte. Er wurde immer kleiner, bis er schließlich ganz verschwunden war. 1932 wurde durch freiwilligen Arbeitseinsatz der deutschen Turnerjugend der Turm in Anlehnung an das frühere Aussehen neu erbaut und seiner neuen, auch heute noch gültigen Bestimmung als Jugendherberge übergeben. An den alten Turm erinnert noch der Wappenstein, der im ersten Stockwerk des neuen Turmes in die Wand eingelassen ist. Er zeigt das Wappen des Hauses Oldenburg.

Wenn man will, kann man im Westturm von Wangerooge auch einen Zeugen des Geschichtsbeginns dieser Insel sehen. Denn als 1597 die Ausschachtungsarbeiten für den Bau des ersten Turmes begannen, stieß man auf römische Münzen und Aschenurnen. Dieser Fund bestätigte, daß im Jahre 5 nach Christi Geburt, als die Flotte des römischen Feldherrn und späteren Kaisers Tiberius über den Rhein in die Elbe vordrang, die Insel Wangerooge entweder schon im Entstehen begriffen war oder hier noch der einstige Festlandssockel über den Meeresspiegel ragte. Die sieben vor der niedersächsischen Küste wie eine Kette liegenden Inseln sind in den letzten zwei Jahrtausenden von der Gezeitenwelle und den Luftbewegungen aus Schwemm- und Dünensand gebildet worden. Da sie von sich aus den Kräften des Meeres und des Windes nur geringen Widerstand entgegenzusetzen vermochten, waren sie ständigen Formveränderungen und dabei auch einer Wanderung von West nach Ost unterworfen. Was an ihren Westseiten von Wind und Wasser abgetragen wurde, wuchs an den Ostseiten wieder an. Daher kommt es, daß der einst am Ostrand von Wangerooge erbaute Turm heute am Westrand der Insel steht und der Platz, auf dem sich das erste Wangerooger Inseldorf mit der Kirche St. Nikolaus befunden hatte, heute zur Insel Spiekeroog gehört. Die Sandtrift von West nach Ost ist seit der Befestigung der Inseln an ihren Westköpfen mit Schutzwerken zum größten Teil gestoppt.

61

Einst Stätten einer geheimen Liebe

Die Stauffenburg und die Liebenburg

Der heute mit Laubbäumen dicht bewaldete Stauffenberg, der einst die Stauffenburg trug, zeigt sich als wohlgeformte, bis in 346 Meter Höhe reichende Kuppe, die nach allen Seiten steil abfällt. Doch so sehr dieser Berg auch dem Auge zu gefallen vermag, macht er es schwer, seine Lage zu kennzeichnen. Sagt man besser, er liegt bei Münchehof oder bei Gittelde oder bei Bad Gandersheim? Münchehof im Kreis Goslar ist die Gemeinde, zu der er gehört. Gittelde im Kreis Osterode ist der einzige Ort, von dem aus man ihn sehen kann, und Bad Gandersheim im Kreis Northeim (s. „Der Dom von Gandersheim") ist das Zentrum eines Umlandes, in dem fünf verfallene Ritterburgen liegen, von denen die Stauffenburg eine ist. Das Auffinden des Stauffenberges in der Landschaft des Vorharzes wird dadurch erschwert, daß er niedriger als alle Erhebungen ist, die ihn umgeben. Doch wer ihn entdeckt hat und ihn besteigt, wird für sein Suchen belohnt. Zwar steht auf ihm keine Burg mehr, sondern nur noch deren Ruine. Doch auch die Reste der ehemaligen Ummauerung, der Wohngebäude und des Bergfriedes können sich noch sehen lassen. Der Bergfried soll ehemals so hoch gewesen sein, daß von ihm aus die benachbarten höheren Berge zu überschauen waren.

Die Burg, deren einst trutziges und zugleich anmutiges Aussehen der berühmte Schweizer Kupferstecher Matthäus Merian im 17. Jahrhundert für die Nachwelt festhielt, barg neun Jahre lang ein Geheimnis, das ein bezeichnendes Licht auf jene Epoche der europäischen Geschichte warf, die man Absolutismus

Von der Stauffenburg sind nur noch einige Mauerreste übrig. Sie verraten nichts von dem Geheimnis, das sie einst mit hüteten. In dieser Burg hielt Herzog Heinrich der Jüngere von Braunschweig-Wolfenbüttel jahrelang seine Geliebte Eva von Trott versteckt, die von ihm zehn Kinder hatte.

nennt. Auf der Stauffenburg versteckte Herzog Heinrich der Jüngere von Braunschweig–Wolfenbüttel in den Jahren von 1532 bis 1541 seine Geliebte Eva von Trott vor den Augen der Welt. Eva war ein westfälisches Edelfräulein, das der Frau des Herzogs – Marie von Württemberg – als Hofdame diente und darüber hinaus auch dem Herzog sehr zu Diensten war. Als die Herzogin merkte, was sich zwischen ihrem Gemahl und dem Fräulein angebahnt hatte, verlangte sie, daß Eva zu ihren Eltern zurückkehre. Die junge Hofdame fügte sich diesem Wunsch willig, und auch der Herzog hatte zur Verwunderung aller nichts dagegen einzuwenden. So reiste Eva von Wolfenbüttel ab, ohne aber jemals zu Hause anzukommen. Ihr Reiseweg führte nur bis zur herzoglichen Burg in Gandersheim und dort für die Welt in den Tod. Was aber ereignete sich wirklich?

Kaum daß Eva in Gandersheim angekommen war, gab sie vor, von der Pest, der schrecklichsten Krankheit jener Zeit, befallen zu sein. Sogleich wagte sich niemand mehr in ihre Nähe. Und als sie klagte, sie müßte sterben, wurden Mönche aus dem Barfüßerkloster geholt, die ihr in ihrer letzten Stunde beistehen sollten. Doch als die Mönche eintrafen, wurde ihnen mitgeteilt, das arme Fräulein sei bereits verstorben. So verblieb ihnen nur, den Sarg mit der vermeintlich Toten zu ihrem Kloster zu bringen und ihn nach den Trauerfeierlichkeiten in der Gruft der Klosterkirche beizusetzen. Die Mönche hielten nicht nur die Totenmesse, sondern beteten noch ein ganzes Jahr lang für die so jung Verblichene. Auch am herzoglichen Hof in Wolfenbüttel herrschte Trauer, währenddessen sich Eva bester Gesundheit erfreute. Sie hatte noch in der Nacht nach ihrem vorgetäuschten Ableben mit Hilfe treuer Diener ihres Herrn Gandersheim verlassen und sich auf dem Rücken eines Pferdes zur Stauffenburg begeben. Diese in der Waldeinsamkeit gelegene Burg, deren Name das Wort „Stufe“ enthält, war ihr längst bekannt. Denn hier hatte sie bereits 1524 dem Herzog ein Kind geboren. Neun weitere kamen noch hinzu.

Dem „wilden Heinz von Wolfenbüttel“ – wie der Volksmund Herzog Heinrich nannte – war es auf Dauer nicht möglich, seine Liebschaft zu vertuschen. Die Kunde davon ging durch ganz Deutschland, nachdem er wegen seines katholischen Glaubenseifers in der Streitschrift „Wider Hanswurst“ des Wittenberger Reformators mit markigen Worten angeprangert worden war. Martin Luther beschuldigte ihn der schändlichen Hurerei und beschimpfte ihn als Trunkenbold und wütigen Tyrannen. Das Scheinbegräbnis in Gandersheim verdammte Luther als Gotteslästerung. Herzog Heinrich indessen brachte seine Geliebte von der Stauffenburg zur Liebenburg, in der sie ihm 1542 das neunte Kind gebar.

Die in der Mitte des Höhenzuges von Salzgitter hoch über dem Flötepaß auf einer Felsterrasse gelegene Liebenburg war 1292 vom Bischof Siegfried II. von Hildesheim zum Schutz der Ostgrenze seines Bistums gegen die Welfen errichtet worden, dann aber nach der Hildesheimer Stiftsfehde 1523 an Herzog Heinrich den Jüngeren von Braunschweig–Wolfenbüttel gefallen. Erst im Dreißigjährigen Krieg, in dem zur Zeit der blutigen Schlacht bei Lutter am Barenberge (s. „Das Blutfeld im Lutterbecken“) die Feldherren des kaiserlichen Heeres – Albrecht von Wallenstein und Johann Graf von Tilly – von der Liebenburg Besitz ergriffen und in ihr Quartier bezogen hatten, gelangte sie 1643 wieder in die Hände der Hildesheimer Bischöfe. Das geschah 101 Jahre nach dem Aufenthalt der Eva von Trott auf dieser einst stärksten Feste des Harzvorlandes. Evas Bleibe auf der Liebenburg war aber nur von kurzer Dauer. Denn 1542 besetzten die Truppen des schmalkaldischen Bundes das Braunschweiger Land und vertrieben den Herzog. So mußte auch Eva fliehen. Nach jahrelangem Umherirren starb sie 1567 in Hildesheim.

Die Stauffenburg machte noch durch zwei andere Frauen von sich reden. Eine davon war die Herzogin Elisabeth von Braunschweig, die Großmutter Herzog Heinrichs des Jüngeren, die auf der Stauffenburg von 1495 bis 1520 ihren Wohnsitz hatte. Diese als sehr tüchtig gerühmte Herzogin war offenbar ihrem Gemahl, Herzog Wilhelm dem Jüngeren von Braunschweig, davongelaufen, um die Herrschaft über das Amt Stauffenburg zu übernehmen. Von hier aus förderte sie den Bergbau und das Hüttenwesen in Grund und Gittelde. Als Tochter des Grafen Botho von Stolberg-Wernigerode war sie in den Harzbergen aufgewachsen und wußte daher von Kindheit an, wie man mit Hilfe von Hochöfen aus Erzen Metall gewinnen kann. Ihre unternehmerischen Fähigkeiten hatten sich auf ihren Enkel vererbt. Luthers Hanswurst ging nicht nur wegen seiner Liebesaffäre mit Eva von Trott in das geschichtliche Bewußtsein ein, sondern auch durch die sieben Bergstädte, die unter seiner wirtschaftlich zielstrebigen Regentschaft im Harz entstanden.

Die zweite Frau, die die Stauffenburg ins Gerede brachte, war Margarethe von Warberg, die erste protestantische Fürstäbtissin von Gandersheim. Sie war auf der Stauffenburg von 1588 bis zu ihrem Tod 1597 eingekerkert. Diese Gandersheimer Fürstäbtissin hatte ein Kind zur Welt gebracht, das kurz nach der Geburt starb. Der Vater des Kindes – der Stiftsverwalter Johannes Schramm – vergrub den kleinen Leichnam im Sandboden eines Kellers, wo er später von Dienstmägden entdeckt wurde. Das Elternpaar wurde wegen Mordes verurteilt, die Fürstäbtissin kam zur Verbüßung ihrer lebenslangen Haft auf die Stauffenburg. Dieses Bauwerk, über dessen Entstehen die Geschichtsquellen nichts verraten und das seit Beginn des 18. Jahrhunderts mehr und mehr verfiel, hat noch manches andere gesehen, das den Licht- oder Schattenseiten des Lebens zugeordnet werden kann. So sind mit der Geschichte der Stauffenburg die Namen

von Herzog Heinrich dem Löwen und seines politischen Gegenspielers Kaiser Friedrich Barbarossa verbunden und auch die von mehreren Rittern und Vögten, die auf dieser Burg hausten und sie zeitweilig zu einem Räubernest machten.

Nach Bekanntwerden seiner Liebschaft und deren reichen Kindersegen quartierte Herzog Heinrich das Edelfräulein Eva von der Stauffenburg in die Liebenburg um. Auch diese Burg, die einst die stärkste Festung im Harzvorland war, ist nur noch in Resten erhalten. Zu ihnen gehört die Ruine des Bergfrieds.

62

Steine predigen an der Turmfassade

Die Marienkirche in Wolfenbüttel

Steine können nicht reden, sondern nur Botschaften vermitteln, die ihnen der Mensch aufgetragen hat. So gesehen, können sie sogar predigen, nämlich Denkanstöße geben, wie der Christenmensch seine angeborene Sündenverlorenheit überwinden und die Hoffnung auf göttliche Gnade finden kann. Eine derartige Predigt verkünden Bausteine an der Turmfassade der Hauptkirche Beatae Mariae Virginis in Wolfenbüttel. Mit der Errichtung dieses stattlichen Gotteshauses, das in den letzten Jahren gründlich restauriert wurde, ist nicht nur in einzigartiger Weise protestantische Kultsymbolik architektonisch meisterhaft gestaltet worden, sondern es wurde zugleich der einmalig gebliebene Versuch unternommen, die Erschaffung der Welt als Schöpfung Gottes aus dem Nichts und den Widerstreit mit den Mächten des Teufels anhand von Bildsymbolen auf Mauersteinen darzustellen.

Die der glückseligen Jungfrau Maria geweihte Wolfenbütteler Kirche verkörpert auch den ersten großen protestantischen Kirchenbau nach der Reformation in Deutschland und damit auf der Welt. Ihre Errichtung begann 1608 und war 1626, als die welfische Residenzstadt an der Oker die Schrecken des Dreißigjährigen Krieges durch die Truppen des kaiserlichen Reitergenerals Gottfried Heinrich Graf zu Pappenheim zu spüren bekam, im wesentlichen vollendet (s. „Das Blutfeld im Lutterbecken"). Mit einer Länge von 70 Metern, einer Breite von 36,5 Metern und einer Gewölbehöhe von 16,5 Metern ist sie eine der größten Kirchen Niedersachsens. Sie wurde aus einem gelblichweißen Gestein errichtet, das dem Muschelkalk des Elms entstammt, jedoch leider nicht dessen härtesten Schichten. Bei der Auswahl des Gesteins war offensichtlich mehr auf Schönheit als auf Haltbarkeit geachtet worden.

Bedeutsam an dieser prächtigen Kirche ist auch, daß sie die Tradition einer Marienkapelle fortsetzte, die an ihrer Stelle mehr als 300 Jahre gestanden hatte. Der Erbauer der Marienkirche, Herzog Heinrich Julius von Braunschweig–Wolfenbüttel, war sehr auf den Ausgleich der streitenden Konfessionen bedacht und versuchte alles aus der katholischen Glaubenslehre zu bewahren, was Martin Luther als Reformator billigte. Dazu gehörte die Verehrung der Gottesmutter. Die versöhnliche Einstellung dieses Herzogs, der von 1589 bis 1613 regierte, kam auch in der Aufstellung von Heiligenfiguren an den Südgiebeln der Marienkirche zum Ausdruck. Es sind lebensgroße Statuen der vier heiligen Jungfrauen Barbara, Dorothea, Katharina und Margareta.

Das wohl bedeutendste Merkmal der Wolfenbütteler Marienkirche ist ihre Bauweise. Dieses Gotteshaus, das außer zum Predigen und Beten als Grablege der Herzöge zu Braunschweig und Lüneburg diente, ist eines der wichtigsten Zeugnisse des gestaltungsfreudigen Manierismus. Bei dieser Form der Baukunst, die im 16. Jahrhundert von Italien her kurzlebig aufgekommen war, wurden widersprüchliche Stilelemente verwendet, wobei zugleich das Seltsame und Doppeldeutige in das Blickfeld gerückt wurde. Der maßgebliche Baumeister der Marienkirche, Paul Francke, bediente sich nicht nur der Stilform der Renaissance, sondern auch der der Spätgotik. Vielleicht hätte Franck, der vorher das Juleum in Helmstedt geschaffen hatte, in die Mitte von Wolfenbüttel als der ersten planmäßig angelegten Renaissancestadt Deutschlands ebenfalls viel lieber eine stilreine Renaissancekirche gestellt. Aber das war nicht möglich, weil der durch einen Holzpfahlrost mühsam befestigte sumpfige Untergrund des Okertales statt der geplanten schlanken Pfeiler nur kräftige zuließ.

Nun zu den eigenartigen Predigtsteinen. Es sind insgesamt rund 800 Quader, in die Reliefbilder gehauen sind. 365 dieser Steine befinden sich an den Außenkanten des Westturmes, die übrigen schmükken den Ostchor und die Fensterwände der Langhäuser. Die Steine des Westturmes sind an dessen Kanten als Eckquader bänderartig angeordnet, und zwar so, daß jeweils ein Quadrat einem Rechteck folgt. Die Reliefs zeigen sowohl bildliche als auch abstrakte Darstellungen. Während die abstrakten lediglich Wellenlinien sind, handelt es sich bei den Bildnissen zum überwiegenden Teil um Tiere und zum geringeren um Köpfe von Engeln und Menschen. Auch einige Blumenornamente befinden sich darunter. Die Tiere sind – um nur einige zu nennen – Hasen, Rehe, Adler, Geier, Pfauen, Eulen, aber auch Fabelwesen wie das Einhorn und vor allem viele Drachen. Diese Ungeheuer sind in verschiedensten Formen zu sehen: solche, die sich wie Schlangen ringeln oder wie Vögel fliegen, die Hörner, Rüssel oder einen Echsenleib haben oder Köpfe von Vögeln, Schweinen, Hunden, Elefanten und auch Menschen besitzen. Dies alles erscheint dem heutigen Betrachter als ein wirres Durcheinander, hat aber dennoch einen Sinn, wenn man die Bilder zu deuten weiß.

Dies vermochten viele Menschen des Mittelalters und der beginnenden Neuzeit. Sie, die zumeist weder lesen noch schreiben konnten, waren außer dem

Die Marienkirche in Wolfenbüttel verkörpert den ersten großen protestantischen Kirchenbau nach der Reformation. Ihr Erbauer, Herzog Heinrich Julius, war sehr auf den Ausgleich der Konfessionen bedacht. Er bewahrte aus der katholischen Glaubenslehre alles, was Martin Luther als Reformator billigte.

gesprochenen Wort nur durch bildliche Mitteilungen geistig zu erreichen. Ebenso wie man heute noch weiß, daß der Löwe ein Symbol der Stärke, der Fuchs ein Symbol der Schlauheit und die Taube ein Symbol des Friedens ist, waren die Menschen in jenen früheren Jahrhunderten geübt, in einem Drachen – wie immer er auch dargestellt war – den Teufel und in einem Walfisch die Hölle zu erkennen. Im verfolgten Reh, im gejagten Hirsch, aber auch im springenden, kampfbereiten Pferd sahen sie Christus. Der Schwan versinnbildlichte Christus als Leidenden und Sterbenden, und Storch und Kranich zeigten die Auferstehung an. Auf die Himmelfahrt wies der Adler hin. Der Delphin wiederum, der schon in der Antike Symbolkraft besaß, ging in die christliche Bilderwelt als Zeichen des rettenden Christus ein, während der Pfau, der in der Antike das Sinnbild der Unsterblichkeit war, als Ewigkeitssymbol übernommen wurde. Eine besondere Bedeutung besaß auch das Einhorn, das damals noch nicht als Fabeltier galt und sogar noch um 1700 von Gottfried Wilhelm von Leibniz, dem bedeutendsten Universalgelehrten seiner Zeit,

Die konfessionell versöhnliche Haltung des Herzogs Heinrich Julius drückte sich auch in der Aufstellung von Heiligenfiguren aus. Auf den Südgiebeln der Marienkirche stehen lebensgroße Statuen der vier Heiligen Jungfrauen Barbara, Dorothea, Katharina und Margareta.

Die Außenkanten des Westturmes bestehen aus 364 Quadersteinen mit Reliefbildern. Wer diese Bilder richtig zu deuten weiß, kann erkennen, daß sie von der Auseinandersetzung der teuflischen Mächte mit dem siegreichen, auferstandenen Christus handeln. Unser Bild zeigt einen kleinen Ausschnitt.

für ein wirkliches Wesen gehalten wurde. Es war das Sinnbild der Reinheit und Keuschheit und deshalb der Jungfrau Maria zugeordnet.

Die Bildsymbolik, die im Morgenland schon vor 5000 Jahren die alten Sumerer kannten, hat im Abendland noch das gesamte Mittelalter begleitet. Ein entscheidender Einfluß in christlicher Zeit ging dabei von einem kleinen Büchlein aus, das etwa vom Jahre 200 nach Christus an entstand, und im 6. Jahrhundert vollendet war, „Physiologus" – der „Naturkundige" – hieß und eine Wirkung erzielte, die nur von der Bibel übertroffen wurde. Wer der Verfasser dieses „Volksbuches" war, ist unbekannt, und ebenso auch, wo es entstand. Einiges deutet auf Ägypten hin. In diesem in viele Sprachen übersetzten Büchlein wurden naturkundliche Aussagen mit Bibelzitaten konfrontiert, so daß an den vier Dutzend beschriebenen Tierarten Eigenschaften deutlich wurden, die im christlichen Glauben Symbolkraft erhielten. Solch allegorische Tierbilder finden sich an und in vielen Kirchen des Mittelalters und griffen auch noch – wie die Wolfenbütteler Marienkirche beweist – in die Neuzeit über.

Mit dem Bildschmuck an der Turmfassade dieser Kirche hat sich der Wolfenbütteler Oberstudiendirektor Dr. Wolfgang Kelsch eingehend befaßt und seine Erkenntnisse in der 1984 erschienenen Broschüre „Predigt der Steine" veröffentlicht. Er kam zum Ergebnis, daß die Westfassade der Kirche als Kampfplatz der Geister deutlich die Auseinandersetzung der teuflischen Mächte mit dem siegreichen, auferstandenen Christus zeigt. Wenn man die Bildreihen von oben nach unten liest, stellte er weiter fest, bekommen auch die zunächst als bloßes ornamentales Spiel angesehenen Wellenformen als Wasser des Lebens ihren Sinn. Durch den göttlichen Geist bildet sich aus dem Chaos der Wasserfluten die Ordnung der Schöpfung aus dem Nichts. Es teilen sich – wie es im Schöpfungsbericht des Alten Testaments heißt – Erde und Wasser, und dann folgt die Erschaffung der Tiere. Der Bildschmuck setzt sich in der Vorhalle der Kirche fort. Dort wird auf den Reliefsteinen die Hoffnung auf göttliche Gnade angekündigt, die dann dem Gläubigen nach dem Durchschreiten des Innenportals im Kirchenraum zur Gewißheit werden soll.

Das Bildprogramm der Wolfenbütteler Marienkirche ist noch nicht völlig entschlüsselt. Noch mancher, der gerne Bilderrätsel löst, kann sich daran versuchen. Wertvolle Hilfe kann dazu das allegorische Lexikon leisten, das der 856 verstorbene Mainzer Erzbischof Hrabanus Maurus 822 als Abt zu Fulda und Autor zahlreicher Lehrbücher verfaßte.

63

Eine Schlacht rötete die Erde

Das Blutfeld im Lutterbecken

Die Natur legte der Gestaltung des Innersteberglandes drei Baupläne zugrunde mit dem Ergebnis, daß die Höhenzüge in drei verschiedene Richtungen streichen: herzynisch von Nordwesten nach Südosten, rheinisch von Norden nach Süden und variskisch von Südwesten nach Nordosten. So zeigt sich heute das Gebiet zwischen Hildesheim, Salzgitter und der Nordwestecke des Harzes, das einst eine ebene Rumpffläche war, als eine reichgegliederte Landschaft mit vielen Erhebungen und Mulden. Eine der Mulden ist das Lutterbecken, zu dessen Ausformung sich die Natur ganz besondere Mühe gab. Denn hier ließ sie durch die tektonischen Vorgänge im Erdinnern an der Erdoberfläche erst einen Sattel aufwölben, den sie dann durch Abtragung und Auslaugung der aus dem Untergrund aufgedrungenen leicht löslichen Zechsteinsalze in eine Talung verwandelte. Bei dieser Reliefumkehr erhielt das Lutterbecken die Form eines rechtwinkligen Dreiecks, das von einem Steilhang des Harzrandes sowie vom ebenfalls wie eine Mauer abfallenden Nauer Berg und dem ihm gegenüberliegenden Radberg scharf begrenzt wird. In diesem Becken liegt das Blutfeld, nämlich der Austragungsort jenes furchtbaren Gemetzels im Dreißigjährigen Krieg, das als die Schlacht bei Lutter am Barenberge in die Geschichte eingegangen ist. In dieser Schlacht ist so viel Blut geflossen, daß seitdem – wie eine Sage berichtet – die Erde gerötet ist.

Der volle drei Jahrzehnte währende Bruderkrieg im Heiligen Römischen Reich Deutscher Nation um den richtigen Glauben hatte 1618 mit dem Prager Fenstersturz begonnen, dem die Schlacht am Weißen Berge folgte, in der 1620 der böhmische „Winterkönig" Friedrich von der Pfalz vom Heerführer der Liga der katholischen Fürsten des Reiches, Johann Graf von Tilly, besiegt wurde. In die Auseinandersetzungen zwischen den an der Seite des Kaisers Ferdinand II. stehenden katholischen Fürsten und den protestantischen stürzte sich Herzog Christian von Braunschweig-Wolfenbüttel, den man den „tollen Halberstädter" nannte. Er tat dies für seine Base Elisabeth von der Pfalz, die als Tochter des englischen Königs Jakob I. mit dem Winterkönig verheiratet war und 1630 im Exil in Den Haag die Mutter der berühmten hannoverschen Kurfürstin Sophie wurde. Durch das unbedachte Eingreifen des Welfenherzogs und vor allem durch seine zwei dabei erlittenen Niederlagen wurde dieser schreckliche Krieg 1626 nach Norddeutschland gezogen. Tilly – ein Wallone, dessen Heimat damals noch zum Reich gehörte – war Herzog Christian bis in das obere und mittlere Leine-

In der Schlacht bei Lutter am Barenberge ist so viel Blut geflossen, daß sich einer Sage nach die Erde für immer rötete. Solch einen Blutacker zeigt unser Bild. Die rote Färbung kommt jedoch nicht von Blut, sondern vom Buntsandstein im Löß, der im Lutterbecken weite Flächen bedeckt.

tal gefolgt, wo er Göttingen eroberte und Northeim belagerte. Auf protestantischer Seite wurde König Christian IV. von Dänemark zu Hilfe gerufen, um Tilly nach Süddeutschland zurückzudrängen. Der Dänenkönig nahm an dem blutigen Glaubenskampf als deutscher Reichsfürst teil: als Herzog von Holstein und als Feldherr des Niedersächsischen Kreises.

König Christian stand im Sommer 1626 mit seinem Heer zunächst an der mittleren Oker bei der Festung Wolfenbüttel. Dann entschloß er sich, Tilly anzugreifen und zu vertreiben. Er zog nach Süden und stieß am 16. August vor Northeim auf das katholische Heer. Als Tilly die Übermacht der protestantischen Streitkräfte erkannte, gab er die Belagerung Northeims auf und wich nach Nörten zurück. Hier wollte er eine Verstärkung durch Truppen des kaiserlichen Feldherrn Albrecht von Wallenstein abwarten, die unter Führung eines Obersten aus der Gegend von Blankenburg im Anmarsch waren. Der Dänenkönig, der von dieser Verstärkung erfuhr, wollte zunächst die Wallensteinsche Truppe vernichten. Doch dies mißlang, weil er deren Anmarschweg falsch einschätzte. Der Anführer wählte nicht die kürzeste Straße nach Nörten, sondern einen Umweg um das Südende des Göttinger Waldes. Als König Christian merkte, daß sein Plan gescheitert war und nun Tilly die Übermacht besaß, versuchte er, dem Waffengang durch Rückzug zur Festung Wolfenbüttel auszuweichen. Doch beim Absetzen wurde er von Tilly immer wieder heftig attackiert und schließlich gezwungen, sich am 27. August bei dem Flecken Lutter am Barenberge zur Entscheidungsschlacht zu stellen.

An diesem Schicksalstag sah das Lutterbecken auf engem Raum 40 000 Mann Kriegsvolk. Das vereinte ligistisch-kaiserliche Heer umfaßte 15 000 Mann Infanterie, 5 000 Reiter und 18 Geschütze, das protestantische Herr bestand aus 12 000 Mann Infanterie, 6 000 Reitern und 20 Geschützen. Als Tilly um 9 Uhr den Zeitpunkt des Schlachtbeginns für gekommen hielt, gab er die Parole „Seligste Jungfrau Maria“ aus und befahl den Angriff. Rasch prallten die Gegner aufeinander, und das Schlachtenglück wogte zunächst hin und her. Doch dann wurde das Heer des Dänenkönigs zersprengt und in die Flucht geschlagen. Auch er selber mußte fliehen. Als sich an diesem heißen Augusttag die Sonne senkte, hatte das protestantische Heer nach zeitgenössischer Darstellung 4 000 Mann verloren und das katholische 200. Aber damit war das Morden noch nicht beendet. Es ging nach der Schlacht noch weiter, wobei auch die Bevölkerung viele Tote zu beklagen hatte und Hab und Gut verlor. Der Flecken Lutter wurde ein Raub der Flammen.

Unter den Toten auf protestantischer Seite befand sich auch General Fuchs, der der Höchstkommandierende nach dem Dänenkönig war. Dieser aus Bayern stammende Haudegen, der mit vollem Namen Hans Philipp Freiherr Fuchs von Rimbach hieß, war eine recht ungewöhnliche Persönlichkeit. Er war eigentlich Astronom und hatte entscheidenden Anteil daran, daß im Jahre 1610 Galileo Galilei die Entdekkung der vier Jupitermonde gelang. Zudem war Fuchs Mathematiker und Herausgeber der ersten sechs der 15 Bücher des altgriechischen Mathematikers Euklid. Was ihn in den Krieg getrieben hat, wußte wohl nur er selber. Er wurde seinem Wunsch entsprechend im Lutterbecken an der Stelle beerdigt, an der er aus dem Sattel geschossen und von Pferdehufen zertreten worden war. Sein Grab soll bis 1750 durch eine Nauer Familie instand gehalten worden sein. 1908 ließ ihm ein Rentner aus Nauen einen Gedenkstein setzen. Dieser steht am Platz der Grabstätte zwischen Lutter und Hahausen an der Bundesstraße 248, die – wie sie noch heute in Lutter offiziell heißt – die alte Frankfurter Straße war.

Zu den Toten der Schlacht im Lutterbecken gehörte auch General Fuchs, der nach dem Dänenkönig Christian IV. der Höchstkommandierende auf protestantischer Seite war. Ihm, der eigentlich Astronom war, wurde an der Stelle, an der er fiel und begraben wurde, ein Gedenkstein gesetzt.

Die rötliche Farbe der Ackerböden im Lutterbekken hat nichts mit Blut zu tun, auch wenn es am 27. August 1626 noch so reichlich geflossen ist, wie es in einem Gedicht von Friedrich Schäfer heißt: „Pardon ward nicht gegeben, ein Metzeln war es nur, vom Blute schwoll die Neile, Blut färbte rings die Flur“. Die rote Farbe kommt vom Löß, der im Lutterbecken weite Flächen bedeckt. Dieser Staub aus feinstkörnigem kalkhaltigem Quarzsand wurde in der Weichsel-Kaltzeit von stürmischen Winden angeweht und am Nordrand der Mittelgebirge abgelagert. In dieser Zeit, die vor rund 72 000 Jahren begann und vor 12 000 Jahren endete, war Niedersachsen zwar eisfrei, jedoch eiskalt und daher fast vegetationslos. Da Löß von den Erosionskräften der Natur zu Staub zerkleinertes Gesteinsgut ist, wird seine Färbung von den vorherrschenden Gesteinsarten bestimmt. Ist Eisen enthalten, entsteht eine Rötung.

64

Einst Herberge für hochadlige Touristen

Die Wasserburg von Coppenbrügge

Im Tal zwischen den Höhenzügen des Iths und des Osterwaldes liegt der alte Ort Coppenbrügge. Er bestand schon ein Vierteljahrtausend und vielleicht noch länger, bevor ihn um 1300 die Grafen von Spiegelberg nach der Zerstörung ihrer Stammburg bei Lauenstein zum Hauptort ihres Herrschaftsgebietes machten. Sie errichteten hier östlich von Hameln an der alten Heer- und Handelsstraße, die zur heutigen Bundesstraße 1 wurde, eine Wasserburg. Dafür war das sumpfige Gelände, das die alte Straße nur unter stützender Beihilfe eines Knüppeldammes und einer Holzbrücke zu durchqueren vermochte, gut geeignet. Möglicherweise leitet sich von dieser Brücke und den Kaufleuten, die sie nur gegen Entrichtung einer Gebühr benutzen durften, der damals „Copenbruk" geschriebene Ortsname her. Doch es gibt auch andere Schreibweisen und Deutungen. An die Wasserburg der Spiegelberger Grafen erinnert noch heute ein mächtiger ovaler Wall mit einem Torbau, der von zwei trutzigen, aus Bruchsteinen aufgeführten Türmen flankiert ist. Auch Teile des Wassergrabens und das Amtshaus sind noch vorhanden. Zur tunnelartigen Durchfahrt im zinnenbewehrten, wappengeschmückten Torbau führt über den Graben seit 1789 eine steinerne Brücke, die die ursprüngliche Zugbrücke ersetzte.

Auf dieser Burg saßen die Spiegelberger Grafen bis zu ihrem Aussterben in männlicher Linie im Jahre 1557. Ihr letzter männlicher Sproß war Graf Philipp, der in diesem Jahr mit dem Herzog Erich II. von Calenberg in einen Krieg gezogen war. Sie kämpften

Die Wasserburg von Coppenbrügge mit ihrem mächtigen Torbau aus Bruchsteinmauerwerk wurde nie in ein kriegerisches Ereignis verwickelt. Um so bedeutender war sie für den Tourismus des Hochadels. Sogar gekrönte Häupter nahmen hier Quartier.

Kurfürstin Sophie von Hannover reiste mit ihrem Sohn Georg Ludwig und ihrer Tochter Sophie Charlotte eigens nach Coppenbrügge, um mit dem Zaren Gespräche zu führen. Da Georg Ludwig als Georg I. König von England und Sophie Charlotte Königin von Preußen wurde, gilt die hannoversche Kurfürstin als Stammutter des englischen und des preußischen Königshauses. Unsere Bilder zeigen die Kurfürstin Sophie nach einem Gemälde von Andreas Scheitz, König Georg I. nach einem Gemälde von Godfrey Kneller – diese beiden Bilder sind im Historischen Museum Hannover ausgestellt – und Königin Sophie Charlotte nach einem Gemälde eines unbekannten Malers. Dieses Bild befindet sich in der Niedersächsischen Gemäldegalerie Hannover als Eigentum der Städtischen Galerie Hannover.

gemeinsam mit spanischen Truppen unter dem Kommando des niederländischen Grafen Egmont, dem Johann Wolfgang von Goethe mit einem Trauerspiel zu nachhaltigem Ruhm verhalf, gegen Frankreich. Bei der Erstürmung der Stadt Saint-Quentin fand der erst 27 Jahre alte Philipp ein – wie es zeitgenössisch hieß – „ritterliches Ende". Von diesem Zeitpunkt an wurde die Grafschaft Spiegelberg gleichsam zu einem Spielball, der dahin rollte, wo sich männliche Nachkommen der Schwestern Philipps fanden. So gelangte das Gebiet zunächst in die Hände der Grafen von Lippe, dann in die der Grafen von Gleichen und weiter in die der Grafen von Nassau-Dietz. Über deren Verwandtschaft mit dem Hause Nassau-Oranien geriet die Grafschaft Spiegelberg sogar an die Niederlande. 1819 wurde sie vom Königreich Hannover den Holländern abgekauft, und seitdem ist dieses Gebiet wieder voll in den niedersächsischen Raum eingegliedert.

Die Wasserburg von Coppenbrügge wurde nie in ein kriegerisches Ereignis verwickelt. Um so bedeutender war sie für den Tourismus des Hochadels. Sie war in früheren Zeiten das, was man heute salopp eine Nobelherberge nennt. Diese Nutzung ist um so erstaunlicher, als die nach und nach innerhalb des Festungswalles erstellten Schloßgebäude „nicht sonderlich schön" waren, wie es der um 1600 in Marienau bei Coppenbrügge wirkende Pastor Johannes Letzner als Chronist der Nachwelt überliefert hat. Das Wohnhaus der Grafen enthielt außer Küche und Keller nur einen Saal zu ebener Erde mit einem Kamin zur Erwärmung und dazu ein paar Kammern. Deshalb wundert es, welch hochgestellte Gäste in diesem schlichten Gemäuer schon genächtigt haben. Den Anfang machte der Große Kurfürst Friedrich Wilhelm von Brandenburg, der sich sogar noch ein zweites Mal einfand. Ebenso kehrte hier sein Urenkel, der Preußenkönig Friedrich der Große, ein, und später nahmen hier auch die Königin Luise von Preußen sowie der Reichskanzler Otto Fürst von Bismarck Quartier. Den größten Glanz in das einfache Schloß brachte am 27. Juli 1697 Zar Peter der Große von Rußland, als er zum ersten Mal nach Holland reiste, um in Amsterdam und in Zaandam die Kunst des Schiffsbaues zu erlernen.

Sein Besuch war so sensationell, daß sich die Kurfürstin Sophie von Hannover eigens nach Coppenbrügge begab, um den damals erst 25 Jahre alten Zaren zu sehen. In ihrer Begleitung befanden sich – ebenso neugierig wie sie – ihre gerade in Hannover weilende Tochter Sophie Charlotte, die Kurfürstin von Brandenburg war und später die erste Königin von Preußen wurde, sowie ihr Sohn Prinz Georg Ludwig, der 1698 Kurfürst von Hannover wurde und zudem 1714 als König Georg I. den englischen Thron bestieg. Der klugen Kurfürstin Sophie, die weitreichende diplomatische Fäden spann, ging es um ein politisches Gespräch mit dem Herrscher aller Reussen, wofür die Grafschaft Spiegelberg – um diese Zeit fürstlich-nassauischer Besitz – den vom Zaren gewünschten neutralen Boden bot. Kurfürst Ernst August, der Gemahl Sophiens, war 1697 bereits so leidend, daß er nicht mit nach Coppenbrügge kommen konnte. Er ist im Jahr darauf gestorben.

Zar Peter reiste zwar inkognito, das heißt unter Verheimlichung von Stand und Namen, hatte aber ein Gefolge von 270 Personen bei sich. Das Aufsehen, das unvermeidbar war, lockte viele Schaulustige nach Coppenbrügge. Um ungesehen in das Schloß zu gelangen, benutzte der Zar einen Hintereingang. Was dann weiter geschah, haben die Kurfürstinnen Sophie und Sophie Charlotte bis in Einzelheiten in Briefen festgehalten. Aus ihrer Korrespondenz erfährt man, daß sie an der Tafel den Zaren zwischen sich genommen hatten und ihnen sogleich auffiel, daß er nicht

recht dazu erzogen war, „mit Anstand zu essen". Dennoch fanden sie immer mehr Wohlgefallen an dem „langen schönen Herrn von Gesicht", der zudem „wohlgebaut" war und „eine große Lebhaftigkeit des Geistes" besaß. Auf Sophiens Frage, ob er gerne jage, soll er geantwortet haben, daß sein Vater die Jagd sehr geliebt habe. Hingegen gehöre seine eigene Passion von Jugend an der Schiffahrt. Er wies den Damen seine Hände und ließ sie fühlen, wie hart sie vom Arbeiten waren. Es heißt, Zar Peter habe 18 verschiedene Handwerke erlernt. Nach dem Essen wurde bis 4 Uhr morgens auf „moskowitisch" getanzt. Sophie schrieb: „Der Zar hat vor uns gar nicht gesoffen, aber seine Leute abscheulich". Sie seien am nächsten Morgen vor Beginn der Weiterfahrt alle noch betrunken in die Wagen getaumelt. Sophie hielt auch für bemerkenswert, daß beim Tanz den Moskowitern die Schnürbrüste ihrer Partnerinnen wie Knochen vorgekommen seien. Der Zar selbst soll geäußert haben: „Wie teufelsharte Knochen haben die deutschen Damen!"

Kurfürstin Sophie war mit dem Treffen in Coppenbrügge rundum zufrieden. Der Zar war es auch. Als Zeichen seiner dankbaren Erinnerung sandte er ihr Zobelfelle und kostbaren Damast. Seine Beziehungen zu ihr wurden so freundschaftlich, daß ihr Berater Gottfried Wilhelm von Leibniz, der geniale Denker, weitschweifende Pläne schmiedete, wie Rußland der Kultur und Wissenschaft zugänglich gemacht werden könnte. In Hannover wurden die ersten Ideen geboren, die später zur Gründung der Akademie der Wissenschaften in Sankt Petersburg führten. Der Zar kam ein zweites Mal, doch jetzt nicht mehr in das neutrale Coppenbrügge, sondern in die kurfürstliche Residenzstadt Hannover. Das war am 1. März 1713. Während sich das Gefolge des Zaren an den drei Besuchstagen Maskenbällen und anderen Vergnügungen hingab, verbrachte er selber die meiste Zeit damit, sich mit der damals schon 83jährigen Sophie zu unterhalten. Seine Verehrung ihr gegenüber hatte er auch schon zwei Jahre vorher zum Ausdruck gebracht, als er Leibniz zum russischen Geheimen Justizrat mit einem nicht unerheblichen Gehalt ernannte.

An den Aufenthalt des Zaren in Coppenbrügge erinnert noch heute die Peterlinde mit ihrem Namen. Sie steht auf dem Burgwall und gilt als der Baum auf deutschem Boden, für den es den ältesten bildlichen Nachweis gibt. Die Linde ist bereits auf dem Stich zu sehen, den der Schweizer Kupferstecher Matthäus Merian 1654 von Coppenbrügge angefertigt hat. Ihr Alter wird auf 500 bis 700 Jahre geschätzt. Einer Beschreibung aus dem Jahre 1718 zufolge war diese Linde zu einer dreistöckigen Baumlaube gestaltet worden, in die man vom Schloß aus gelangen konnte. Ob sie diese Form schon besessen hatte, als Peter der Große Coppenbrügge besuchte, ist nicht bekannt. Den Namen des Zaren erhielt sie erst, nachdem es das Schloß nicht mehr gab. Es wurde 1822 abgebrochen.

65

Verbannungsstätten gestrauchelter Nobeldamen

Schloß Celle und Schloß Ahlden

Das Schloß Celle und das Schloß Ahlden haben äußerlich so gut wie nichts gemeinsam. Das eine – ein massiger Steinbau – strahlt die Macht und Pracht einer einstigen herzoglichen Residenz aus, das andere – ein anheimelnder Fachwerkbau – trägt ländliche Betulichkeit zur Schau. Als äußerliche Gemeinsamkeit kann höchstens gelten, daß beide Schlösser in der Talsandebene der Aller liegen: das eine nahe der Fuhsemündung, das andere nahe der Leinemündung. Um so enger hingegen ist eine innere Bindung, die sich aus zwei gleichgelagerten Frauenschicksalen ergab. Beide Schlösser dienten als Verbannungsstätten gestrauchelter Nobeldamen. Im Schloß Ahlden mußte Prinzessin Sophie Dorothea fast 32 Jahre bis zu ihrem Tod verbringen, im Schloß Celle verbüßte die dänische Königin Caroline Mathilde ihre drei letzten Lebensjahre. Zeitlich nahezu durch ein Jahrhundert voneinander getrennt, sind sich beide Frauen im Leben nicht begegnet. Sophie Dorothea war eine der Urgroßmütter von Caroline Mathilde. Der Tod jedoch hat sie zusammengeführt: Sie ruhen nachbarlich in der beengten Fürstengruft unter dem Chor der Celler Stadtkirche.

Sophie Dorothea hätte eigentlich gar nicht erst geboren werden dürfen. Zwischen ihrem Vater – dem schwachen Welfenherzog Georg Wilhelm – und seinem jüngeren, agileren Bruder Ernst August war eine merkwürdige Vereinbarung getroffen worden. Dafür daß Ernst August anstelle von Georg Wilhelm dessen Verlobte – die Prinzessin Sophie von der Pfalz – zu ehelichen übernahm, gelobte ihm Georg Wilhelm schriftlich, zeitlebens nicht zu heiraten. Dadurch sollte gesichert werden, daß sich nach dem Tode Georg Wilhelms die Fürstentümer Hannover und Celle in der Hand von Ernst August oder seiner Erben vereinigen ließen. Georg Wilhelm hielt jedoch sein Versprechen nicht, sondern ging mit der schönen Hofdame Eleonore d'Olbreuse, die dem französischen Kleinadel entstammte, die Ehe ein. Dieser Verbindung verdankte Sophie Dorothea ihr Erdendasein, das am 20. September 1666 in Celle begann. Ernst August, der über seinen älteren Bruder zwar sehr verärgert war, aber gegen den Vertragsbruch nichts tun konnte, machte aus der Not eine Tugend:

Das Schloß Celle, dessen Anfänge auf den Wachturm einer Zollstation zurückgehen, hat sich im Laufe von Jahrhunderten zu einem eindrucksvollen Bauwerk entwickelt. In diesem Schloß verbrachte die verbannte dänische Königin Caroline Mathilde ihre letzten drei Lebensjahre.

Er überlegte, wie er die kleine Prinzessin in seine Erbpläne einbauen könnte.

Sophie Dorothea wuchs zu einem leichtblütigen hübschen Mädchen heran, das schon in jungen Jahren einem Pagen so schöne Augen machte, daß er den Celler Hof verlassen mußte. Als sich bald viele Freier um ihre Hand bewarben, darunter Königssöhne und ein König, entschlossen sich auch Ernst August und seine Gemahlin Sophie – das spätere Kurfürstenpaar – zum Handeln. Sophie Dorothea sollte ihre Schwiegertochter werden und den ältesten ihrer sechs Söhne, den Erbprinzen Georg Ludwig, heiraten. Es wurden die materiellen Bedingungen ausgehandelt, was fast ein halbes Jahr in Anspruch nahm, und am 2. Dezember 1682 fand im Celler Schloß die Hochzeit statt. Georg Ludwig und Sophie Dorothea waren anfänglich so ineinander verliebt, daß bereits ein knappes Jahr später der Stammhalter Georg August geboren wurde. Aber dann mußte Georg Ludwig an der Befreiung Wiens von der türkischen Belagerung

Das Schloß Ahlden nahe der Mündung der Leine in die Aller ist ein wuchtiger, jedoch anmutiger Fachwerkbau. Hier vertrauerte die Prinzessin Sophie Dorothea nach einem langwierigen Prozeß fast 32 Jahre bis zu ihrem Tod.

teilnehmen und anschließend den Oberbefehl über das welfische Hilfskorps in Ungarn übernehmen. Diese zweijährige Trennung warf auf die Ehe einen ersten Schatten. Herzog Ernst August, der dafür wohl ein Gespür hatte, ließ Sophie Dorothea 1686 während seiner letzten Italienreise zu sich nach Venedig und Rom kommen, wo sie auch ihren Gatten traf.

Professor Dr. Georg Schnath, der beste Kenner der Welfengeschichte und Verfasser vieler Abhandlungen darüber, vermutet, daß es auf dieser Reise zu ernsten Mißhelligkeiten zwischen den beiden gekommen ist, obgleich ihre Wiedervereinigung zur Geburt einer Tochter führte. Es war Sophie Charlotte, die später als Gemahlin des Preußenkönigs Friedrich Wilhelm I. die Mutter Friedrichs des Großen wurde. Schnath, der sich nach eigener Angabe fast 50 Jahre mit der präzisen Erforschung dieser Geschehnisse befaßte, kam zur Ansicht, daß Georg Ludwig und Sophie Dorothea nicht zusammenpaßten. Nach seinen Erkenntnissen war sie eine ungemein lebhafte und temperamentvolle Natur mit warmem Empfinden und großer Liebesfähigkeit. Zudem war sie nicht nur schön, sondern auch geistig beweglich, hochintelligend, sprühend vor Freude und beschwingter Lebenslust. Er hingegen, der später der erste König von England aus dem Hause Hannover wurde, war eine überaus kühle, verschlossene Natur, wortkarg, steif und nahezu menschenscheu. Für Prunk- und Prachtentfaltung hatte er keinen Sinn. Das Verhalten seiner Frau in Venedig, wo sie auf den vielen Lustbarkeiten von Männern umschwärmt war, machte ihn eifersüchtig. Das führte zu Spannungen und Zerwürfnissen und schließlich zum Riß der Ehe. Er wandte seine Gunst dem Hoffräulein Ehrengard Melusine v.d. Schulenburg zu, sie entbrannte in Liebe zu Graf Philipp Christoph Königsmarck.

Dieses Liebesverhältnis zu dem schwedischen Grafen deutscher Abstammung, der am 14. März 1665 in Stade geboren, zum Soldaten erzogen und 1689 als Oberst in den hannoverschen Dienst übernommen worden war, wurde Sophie Dorothea und ihm selber zum Verhängnis. Was sich zwischen beiden vier Jahre lang abspielte, geht aus zahlreichen Briefen hervor, die sie sich gegenseitig schrieben und auf geheimen Wegen übermittelten. Aus einigen Stellen der Briefe läßt sich auch der begangene Ehebruch eindeutig herauslesen. Ebenso waren die häufigen und langen Besuche des Grafen in den Gemächern der Prinzessin nicht unbemerkt geblieben. Die Entwicklung – beide ahnten es – steuerte auf eine Katastrophe zu, die in der Nacht zum 12. Juli 1694 mit einem Mord ihren Anfang nahm. Graf Königsmarck, erst 29 Jahre alt, wurde im Leineschloß zu Hannover bei einem Zusammenstoß mit vier zu seiner Festnahme entsandten Hofkavalieren vom italienischen Grafen Nicolo Montalban getötet. Diese Bluttat wurde nie gesühnt, der Leichnam des Ermordeten verschwand spurlos. Zwar wurden später unter den Höfen des Leineschlosses Schädel und Gebeine von Toten gefunden, doch sie stammten alle vom Mönchsfriedhof des Minoritenklosters, an dessen Stelle das Leineschloß errichtet worden ist

Sophie Dorothea wurde zunächst in ihren Gemächern festgesetzt. Die dort gefundenen wie auch die schon vorher beschlagnahmten Briefe wurden ihr jedoch nicht zur Last gelegt. Nach dem Willen der fürstlichen Familie durfte es eine Affäre Königsmarck

Prinzessin Sophie Dorothea war in das Schloß Ahlden verbannt worden, weil sie ihren Gemahl, den Prinzen Georg Ludwig, böswillig verlassen hatte. Den wahren Grund – die Liebesaffäre mit dem schwedischen Grafen Philipp Christoph Königsmarck – versuchte man zu vertuschen.

Die dänische Königin Caroline Mathilde war wegen eines Liebesverhältnisses zu dem Geheimen Kabinettsminister Johan Friedrich Struensee in Kopenhagen mit Verbannung bestraft worden. Ihr Bruder – König Georg III. von England – brachte sie in seinem Celler Schloß unter.

Sowohl Sophie Dorothea als auch deren Urenkelin Caroline Mathilde wurden nach ihrem Ableben in der Fürstengruft unter dem Chor der Celler Stadtkirche beigesetzt. Unser Bild zeigt den Sarg der Dänenkönigin. Der von Sophie Dorothea ist wegen der Enge in der Gruft nicht gut zu fotografieren.

überhaupt nicht gegeben haben. Die Prinzessin wurde deshalb auch nicht des Ehebruchs beschuldigt, sondern des böswilligen Verlassens ihres Gemahls. Zu diesem Zweck wurde eine Flucht der Prinzessin vorgetäuscht, die in Ahlden endete. Sophie Dorothea wurde nach einem langwierigen Prozeß, in dem sie fest bei ihrem Vorsatz blieb, nie wieder zu ihrem Gemahl zurückzukehren, sondern allein zu bleiben, schuldig von Georg Ludwig geschieden. Das Scheidungsurteil des Gerichtes erging am 7. Januar 1695. Die lebenslange Einschließung im Schloß Ahlden wurde von der fürstlichen Familie beschlossen. Nie mehr sollte sie Ahlden verlassen, nicht einmal als Tote. Daß sie nach ihrem Ableben am 13. November 1726 dennoch in der Fürstengruft der Celler Stadtkirche beigesetzt wurde, verdankt sie allein dem Umstand, daß in der Kirche von Ahlden wegen des hohen Grundwasserstandes kein Grabgewölbe eingebaut werden konnte.

Ähnlich wie Sophie Dorothea aus dem kurfürstlichen Schloß zu Hannover war Caroline Mathilde aus dem königlichen Schloß zu Kopenhagen in die Verbannung geführt worden. Ihre Schuld ergab sich ebenfalls aus ehelicher Untreue, die in diesem Falle beim Namen genannt wurde. Als eine Schwester König Georgs III. von England war Caroline Mathilde schon mit 15 Jahren dem Dänenkönig Christian VII. angetraut worden. Am 8. November 1766 begann ihr königliches Dasein mit einem Triumphzug durch Kopenhagen. Das war aber auch schon alles. Denn Christian VII. war geistesgestört und zeigte ihr gegenüber kaum Interesse. Sein Krankheitszustand wurde als „vertiert“ bezeichnet. Für die junge Königin folgten trübe Jahre, in die erst eine Freundschaft zu Johann Friedrich Struensee, dem aus Halle an der Saale stammenden Leibarzt des Dänenkönigs, Sonne brachte. Struensee hatte als Anhänger der Aufklärung Ideen entwickelt, wie der Wohlstand des Volkes gehoben und die bürgerliche Freiheit vermehrt werden können. Obwohl seine politischen Vorstellungen den Absolutismus untergruben, konnte sich Caroline Mathilde für sie begeistern. Struensee wurde zum Geheimen Kabinettsminister ernannt. In dieser mit viel Macht ausgestatteten Stellung leitete er zahlreiche Reformen ein, die von der Einführung der Pressefreiheit über die Milderung der Strafgesetze und die Neuordnung der Finanzen bis zur Einschränkung der Frondienste von Leibeigenen reichten. Das rief in Adelskreisen viele Feinde auf den Plan. Als dann die Königin auch noch eine Tochter gebar, als deren Vater Struensee vermutet wurde, nahte das Unheil für beide mit Riesenschritten. Struensee wurde im Januar 1772 gestürzt, wegen Hochverrats angeklagt und zum Tode verurteilt. Am 28. April 1772 wurde er enthauptet.

Caroline Mathilde verlebte die erste schrecklichste Zeit in der Feste Kronberg, auf deren Terrasse Hamlet in dem gleichnamigen Trauerspiel von William Shakespeare den Geist seines ermordeten Vaters erblickt. In dieser Feste erreichte sie auch die Nachricht, daß Struensee seine königliche Gönnerin verraten habe, um seinen Kopf zu retten. Daß sie einer Verbannung in das damals noch unwirtliche Jütland entging, verdankte sie ihrem königlichen Bruder in England. Georg III. wünschte, daß sie in seinen hannoverschen Landen in dem seit 70 Jahren unbewohnten Schloß Celle untergebracht wird. Hier zog sie im Oktober 1772 ein. Ihre Gemächer befanden sich in der Ecke des Turmes, von dem aus sich Celle überblicken ließ. In der Kapelle unter den Gemächern war Sophie Dorothea, die Gefangene von Ahlden, mit Georg Ludwig vermählt worden. Caroline Mathilde hatte nur noch drei Jahre zu leben. Als sie im Mai 1775 starb, war sie gerade 24 Jahre alt.

66

Nach der Wasserprobe auf den Scheiterhaufen

Die Hexenteiche an der Arensburg

Im tiefsten Einschnitt des Wesergebirges, dem Steinberger Paß zwischen dem Messingberg und der Hirschkuppe, erhebt sich auf einer einstmals steilen Felsklippe die Arensburg. Dieses um 1300 vermutlich von dem Schaumburger Grafen Adolf VI. als wehrhafte Festung errichtete Bauwerk diente der Sicherung der durch den Paß führenden Heer- und Handelsstraße, die die Bischofssitze Osnabrück und Minden mit denen in Hildesheim und Halberstadt verband. Zu jener Zeit besaß die Arensburg die Form eines wuchtigen Viereckes mit 11 Meter hohen Mauern aus Bruchsteinen. Ihr Aussehen veränderte sich jedoch im Laufe der Jahrhunderte durch Um- und Ausbauten sowie durch Anschüttung von Terrassen ebenso sehr, wie sich ihre Zweckbestimmung wandelte. Aus dem trutzigen Festungswerk wurde ein Amtssitz mit einem Meierhof, dann ein herrschaftliches Schloß und schließlich eine Hotelgaststätte mit günstiger Lage zur Autobahn Hannover–Ruhrgebiet. Aber das ist sie auch nicht mehr. Ein Bergfried mit Zinnenkranz, der jedoch erst zu Beginn des 19. Jahrhunderts durch Erhöhung eines Treppenturmes entstanden ist, verleiht der Arensburg ein mittelalterliches Gepräge.

In und an dieser zum Schloß gewordenen Burg ist während der rund 700 Jahre ihres Bestehens viel geschehen, das gut und auch weniger gut war. Zu dem, was in ihrer Geschichte ganz und gar nicht gut war, gehört das Grausamste, das sich Christenmenschen je auszudenken vermochten: die Verbrennung von Unschuldigen auf dem Scheiterhaufen. Seit Papst Innozenz VIII. im Jahre 1484 in einer Bulle die beiden Inquisitoren für Süd- und Norddeutschland – die dem Dominikanerorden angehörenden Professoren Heinrich Institor und Jacob Sprenger – beauftragt hatte, „die Zauberer und Hexen auszuspähen, zu bestrafen und auszurotten“, breitete sich die Verfolgungsjagd immer weiter aus, und die Zahl der Hexenprozesse wurde immer größer. Diese vom Hexenwahn geleitete Glaubensverirrung erreichte auch die sächsischen Gebiete und entfaltete sich hier in der Grafschaft Schaumburg mit besonderer Heftigkeit.

Um wegen Hexerei angeklagt zu werden, genügte schon die geringste Bezichtigung, durch wen auch immer sie erging. Wer beschuldigt wurde, daß er vom wahren Glauben abgefallen sei und sich mit Unholden oder sogar mit dem Teufel selbst eingelassen habe, wurde erbarmungslos zum Tod auf dem Scheiterhaufen verurteilt. Um die Angeklagten zum Schuldgeständnis zu zwingen, bedienten sich die Gerichte der Tortur. Vertreter der Kirche und weltliche Richter holten mit Hilfe von Folterknechten aus den Opfern alles heraus, was zu einer Verurteilung nötig war. Besonders interessierte, ob die Angeklagten in der Walpurgisnacht durch die Lüfte zum Hexensabbat auf den Blocksberg im Harz geritten seien, um dort den Teufel zu umtanzen, mit ihm zu buhlen und sich von ihm mit Zauberpulver zur Verübung von Bosheiten ausstatten zu lassen. Mitunter verzichteten die Gerichte auch auf das Erpressen von Geständnissen mit Folterwerkzeugen, nämlich dann, wenn sich am Körper des oder der Beschuldigten ein Muttermal fand, das – so meinte man – nur der Teufel angebracht haben konnte. Das Hexenmal wurde mit Nadeln durchstochen. Wenn das Opfer dabei keinen Schmerz empfand, galt seine Schuld bereits als erwiesen.

Eine andere Art, Beschuldigte der Hexerei zu überführen, war die Wasserprobe, wie sie auch in den Hexenteichen an der Arensburg vorgenommen wurde. Dabei wurde das Opfer entkleidet und kreuzweise so gebunden, daß die rechte Hand an die große Zehe des linken Fußes und die linke Hand an die große Zehe des rechten Fußes kamen. Dann wurde das Opfer mit einem langen Strick um den Leib auf das Wasser gelegt. Sank es unter, war es unschuldig, schwamm es oben, galt es als schuldig. Der Scheiterhaufen, auf dem es dann verbrannt wurde, war nebenan gerichtet. In dieser als Gottesurteil bezeichneten Art der Schuldzuerkennung sah der als Märchensammler weithin bekannt gewordene Sprach- und Altertumswissenschaftler Jacob Grimm einen Rest heidnischer Verehrung der Ströme, Flüsse und Teiche. Man glaubte, daß die Gottheit des Wassers Schuldige nicht in ihren Schoß aufnimmt, sondern von sich stößt. Welch böse Folge die Wasserprobe auch im Falle der durch sie vermeintlich bewiesenen Unschuld haben konnte, ist in einer Sage überliefert.

An einem Gerichtstag auf der Schaumburg wurde dem Vogt des Grafen Otto ein junges Mädchen vorgeführt, das ein böser Knappe der Zauberei beschuldigt hatte. Als das Mädchen selbst noch unter der Folter seine Unschuld beteuerte, entschied der Vogt, sie zu den Hexenteichen an der Arensburg zu bringen. In der Nacht vor dem Gottesurteil brach ein starker Sturm los, der die alte Linde vor dem Tor der Schaumburg umwarf. Als die Gefangene am anderen Morgen durch das Burgtor geführt wurde, brach sie

Die Arensburg im Wesergebirge hat in den rund 700 Jahren ihres Bestehens mehrfach ihre Zweckbestimmung und zugleich ihr Aussehen geändert. Ebenso änderte sich das Geschehen um sie herum. Das Grausamste, das sich hier ereignete, waren Hexenverbrennungen im 16. und 17. Jahrhundert.

ein Reis von dem umgestürzten Lindenbaum und steckte es in die Erde. „So gewiß dieses Reis grünen und wachsen wird, bin ich unschuldig!" rief sie dabei aus. An den Hexenteichen wurde sie gebunden und auf das Wasser gelegt. Sogleich sackte sie in die Tiefe. Das bewies ihre Unschuld. Als sie wieder herausgezogen wurde, war sie ertrunken. Das Lindenreis an der Schaumburg grünte und wurde ein mächtiger Baum. Doch leider – und das gehört nicht mehr zur Sage – mußten in den letzten Jahren viele morsche Äste und auch Stammteile entfernt werden, so daß die Schaumburger Burglinde jetzt nur noch ein Torso ist.

Die Hexenverfolgung, der auch die protestantische Lehre keinen Einhalt gebot, kam in der Grafschaft Schaumburg in der zweiten Hälfte des 16. Jahrhunderts voll in Fluß. 1587 beschwerten sich die schaumburgischen Lehnsmannen beim Grafen, daß ihre Leute zu einer neuen Dienstleistung – der Holzversorgung bei Hexenverbrennungen – gezwungen würden. Als zu Beginn des 17. Jahrhunderts Hieronymus von Lohe in Stadthagen zum Landfiskal bestellt wurde, stürzte sich dieser mit wahrem Feuereifer auf die Hexenverfolgung. Im Kirchenbuch zu Obernkirchen ist festgehalten, daß aus diesem Ort am 11. November 1659 20 Personen an der Arensburg als Hexen verbrannt worden sind. Als Versammlungsort, an dem sie ihre Hexentänze aufgeführt haben sollen, ist die Luhdener Klippe genannt. Es waren Burschen und Mädchen, die diesen felsgekrönten Berg des Wesergebirges bestiegen und auf ihm sicherlich nichts anderes getan hatten, als fröhlich und vergnügt zu sein. Die Wasserprobe überzeugte das Gericht, daß sie mit dem Teufel im Bunde waren.

Der Hexenwahn hätte sich in der Grafschaft Schaumburg wohl nicht so übermächtig entfacht, wenn sein verderbendes Feuer nicht auch noch von der Universität Rinteln geschürt worden wäre. Einer ihrer Professoren – der Jurist Hermann Goehausen – hatte 1630 eine Schrift herausgebracht, die der Hexenverfolgung neue Munition lieferte. Ihr lateinischer Titel lautete übersetzt: „Rechtlicher Prozeß, wie man gegen Unholden und zauberischen Personen verfahren soll". Diese Anleitungen wurden „mit erweglichen Exempeln und wunderbaren Geschichten, welche sich durch Hexerey zugetragen, ausführlich erkläret". Doch zur Ehre der Universität Rinteln, die von 1621 bis 1809 bestand, muß angemerkt werden, daß in ihrer Buchdruckerei 1631 eine Gegenschrift erschien, die die Ausführungen Goehausens als lächerlich und widersinnig zurückwies. Diese Schrift, die den Titel „Vorsicht vor Verbrechen oder über Prozesse gegen Hexen" trug, war zwar anonym verfaßt, doch wurde bekannt, daß sie aus der Feder des Jesuitenpaters und Professors der Moraltheologie Friedrich Spee von Langenfeld stammte. Er gehörte zu denen, die als erste den Mut aufbrachten, mit dem Hexenwahn aufzuräumen. Spee war sehr nachdenklich geworden, nachdem er als Hexenbeichtvater in kurzer Zeit mehr als 200 unschuldig Verurteilten das letzte Geleit zum Scheiterhaufen gegeben hatte.

Neben der Rintelner Universität befaßte sich auch die juristische Fakultät der ehemaligen Universität Helmstedt mit Gutachten, die zur Begründung der Notwendigkeit von Hexenprozessen dienten. Hier wurden allein zwischen 1600 und 1670 423 derartige Gutachten mit 555 Entscheidungen erstellt, die Personen aus Göttingen, Hameln, Hannover, Celle, Nienburg, Verden, Bremervörde und weiteren Orten Niedersachsens wie auch der angrenzenden Gebiete Westfalens, Thüringens und der Altmark zum Verhängnis wurden. 175 wurden gefoltert, 99 lebend verbrannt und fünf nach vorherigem Schleifen, Ertränken oder Enthaupten ebenfalls dem Feuer übergeben. Nur in 79 Fällen gelangten die Helmstedter Rechtsgelehrten, für die die Anfertigung der Gutachten eine willkommene Nebeneinnahme war, zur Ansicht, daß die Beschuldigten freigesprochen werden müßten oder die Verfahren eingestellt beziehungsweise erst gar nicht eröffnet werden sollten. Die glimpflichste Strafe, die bei vermeintlicher Schuld für notwendig gehalten wurde, war Einsperren, wenn man von einem Fall absieht, in dem „christliche Unterweisung" empfohlen wurde.

Der Hexenwahn entfaltete sich in der Grafschaft Schaumburg mit besonderer Heftigkeit. Um die Beschuldigten der Hexerei zu überführen, bediente man sich der Wasserprobe. Diese wurde in den Teichen an der Arensburg vorgenommen. Seitdem nennt man sie die Hexenteiche.

Die alte Linde vor dem Tor der Schaumburg soll einer Sage nach von einem der Hexerei beschuldigten Mädchen gepflanzt worden sein. Bei der Wasserprobe an der Arensburg ging das Mädchen unter, was seine Unschuld bewies. Aber es ertrank.

Auch in Jever, wo es ebenfalls Hexenprozesse in größerer Zahl gab, wurde ähnlich wie an den Hexenteichen an der Arensburg die Wasserprobe vorgenommen. Hier diente für diese schaurige Prozedur lange Jahre der innere Burggraben, der deshalb den Namen „Zaubergraft" erhielt. In welchem der heute noch vorhandenen neun Teiche an der Arensburg die Angeklagten in das Wasser geworfen wurden, ist nicht überliefert. Es könnte der kleine Teich an der Südseite des Burghügels gewesen sein. Dort reicht am Nordufer ein kleiner gemauerter Vorsprung in den Teich, der zur Vornahme der Wasserprobe sehr hilfreich gewesen sein konnte. Wo sich der Verbrennungsplatz befand, ist ebenfalls noch nicht erkundet. Möglicherweise lag er unmittelbar neben diesem Teich am Fuß des Burghügels und wurde später bei der Aufschüttung der Terrassen mit Erde überdeckt.

67

Zwei Feldherren flüchteten voreinander

Das Schloß Hastenbeck

Die Landschaft südlich von Hameln, in der das alte Dorf Hastenbeck und ein neugotisches Schloß liegen, ist geschichtlich mit einem merkwürdigen Ereignis verbunden. Hier, in der weiten Flußaue der Weser, fand im zweiten Jahr des Siebenjährigen Krieges – am 26. Juli 1757 – eine der wunderlichsten Schlachten aller Zeiten statt. Die Anführer der beiden sich gegenüberstehenden Heere glaubten gleichzeitig, die Schlacht verloren zu haben. Jeder gab den Befehl zum Rückzug, und einer wußte nicht vom anderen, daß dieser auch das Hasenpanier ergriff. Der eine von ihnen war der zweite Sohn des hannoverschen Kurfürsten und englischen Königs Georg II., Wilhelm August Herzog von Cumberland, der das durch Verbündete verstärkte hannoversche Heer befehligte, der andere war Louis Charles Cesar le Tellier, Marquis de Courtanvaux, unter dessen Kommando die französische Nordarmee stand. Dieser erst kurz vorher zum Marschall von Frankreich ernannte Marquis wurde 1763 Herzog von Estrees. Wie kam es zu dieser seltsamen, verworrenen Schlacht, mit der sich kopfschüttelnd auch der in die Literaturgeschichte eingegangene niedersächsische Heimatdichter Wilhelm Raabe befaßte, um die er zwei seiner Erzählungen rankte: „Hastenbeck" und „Das Odfeld".

Frankreich und England hatten sich zu jener Zeit wegen überseeischer Besitzungen so verfeindet, daß ein Krieg nicht zu vermeiden war. Aus diesem Waffengang wollte sich Hannover heraushalten, was aber nicht gelingen konnte. Denn wer es darauf abgesehen hatte, England in Europa zu treffen, griff Hannover an, ob dies der Kurstaat wollte oder nicht. König Ludwig XV. von Frankreich bemühte sich, Friedrich den Großen für seinen Plan zu gewinnen, zusammen mit einem französischen Heer das Kurfürstentum Hannover zu besetzen. Die Antwort des Preußenkönigs bestand darin, daß er den französischen Gesandten in Berlin in eine Urkunde über ein mit England geschlossenes Bündnis Einblick nehmen ließ. Nach dieser Abfuhr zog Ludwig XV. am Niederrhein ein starkes Heer für einen Alleingang zusammen. Aber auch Georg II. war nicht untätig. Er, der häufig seine hannoverschen Stammlande besuchte und auch den Winter 1756/57 hier verbrachte, musterte ein schlagkräftiges Heer aus. Es bestand aus Hannoveranern, Braunschweigern, Bückeburgern, Hessen und Gothaern und umfaßte insgesamt 36 000 Mann. Die Franzosen boten dagegen 74 000 auf.

Diese gewaltige französische Streitmacht überschritt am 4. April 1757 bei Düsseldorf den Rhein und rückte auf Westfalen vor, wo das hannoversche Heer stand. Herzog Wilhelm August wich vor der Übermacht zurück, um durch eine Defensivaufstellung seiner Truppen in dem dafür geeigneteren Gelände der Weserniederung südlich von Hameln das zahlenmäßige Mißverhältnis zu entschärfen. Kampferprobt wie er bereits war, postierte er seine Streitkräfte sehr geschickt. Doch der Feind verhielt sich anders, als er es erwartet hatte. Statt von Westen griffen die Franzosen von Süden her an und nahmen die 286 Meter hohe Obensburg ein, die östlich von Hastenbeck zum Bergrücken des Scheckens gehört. Da der Herzog die Lage seiner Truppen hinter dem Bergrücken nicht zu übersehen vermochte und in ihm die Befürchtung aufkam, sein Heer könnte umzingelt und aufgerieben werden, gab er den Befehl zum Rückzug. In Wahrheit aber hatten die hinter dem Schecken kämpfenden Hannoveraner so große Erfolge erzielt, daß der rechte Flügel der Franzosen ungeordnet zurückwich und der französische Marschall sich ebenfalls veranlaßt sah, den Rückzugsbefehl zu erteilen. Da war aber der übereilte Abzug Cumberlands schon nicht mehr zu stoppen, so daß dem zweiten Verlierer der Schlacht der Sieg in den Schoß fiel. Wenige Tage später besetzten die Franzosen die Festung Hameln.

Der vom Ausgang dieser Schlacht seiner Selbstsicherheit völlig beraubte Herzog Wilhelm August zog sich – von den Franzosen ständig verfolgt – längs der Weser bis in die Moorgebiete nordöstlich von Bremen zurück. Obwohl seine Streitmacht noch vollkommen intakt war, stellte er sich nicht mehr zum Kampf. Stattdessen ließ er sich unter Vermittlung des dänischen Gesandten Graf Lynar dazu bewegen, mit den Verfolgern einen Waffenstillstand zu vereinbaren, der einer Kapitulation gleichkam. Diese Konvention wurde am 8. September 1757 im ehemaligen Benediktinerinnenkloster Zeven unterzeichnet (s. „Das Kloster Zeven"). Für den Herzog von Cumberland war es ein Glück im Unglück, daß der Marschall an der Spitze der französischen Nordarmee nach der Schlacht bei Hastenbeck ausgewechselt worden war. Das Kommando war Louis Francois Armand du Plessis, Herzog von Richelieu, übertragen worden. Dieser Heerführer, der ein Großneffe des berühmten französischen Kardinals war, galt als witzig, geistreich und galant. So verhielt er sich auch Herzog Wilhelm August gegenüber und gestattete ihm, die nichthannoverschen Truppen in ihre Heimatlande zu entlassen

Prinz Ferdinand von Braunschweig wurde zum Befreier der hannoverschen Kurlande, nachdem sie nach der Schlacht bei Hastenbeck von den französischen Truppen besetzt worden waren. Ihm hat es England zu verdanken, daß es den Franzosen auf hannoverschem Boden Kanada abzuringen vermochte. Unser Bild zeigt ein Gemälde von Johann Georg Ziesenis, das im Herzog Anton Ulrich-Museum in Braunschweig hängt.

und die Hannoveraner in der Gegend von Stade unter Waffen zu halten. Das Land Hannover jedoch war dem Zugriff Frankreichs preisgegeben.

König Georg II. verweigerte der Konvention von Zeven seine Zustimmung. Und da sie auch in Paris verworfen wurde, ging der Krieg weiter. Auf Bitten Englands stellte der Preußenkönig Friedrich der Große einen seiner besten Heerführer, den Prinzen Ferdinand von Braunschweig, zur Verfügung. Dieser übernahm am 23. November 1757 in Stade das Kommando über die verbündeten Streitkräfte und erfüllte sie mit neuem Kampfgeist. Durch seine unverzüglich begonnenen Operationen gelang es ihm bis zum Frühjahr 1758, die Franzosen von der Elbe bis an und über den Rhein zurückzudrängen. Ebenso vermochte er einen erneuten Angriff, bei dem die Franzosen 1759 noch einmal bis an die Weser vorstoßen konnten, zurückzuschlagen. Prinz Ferdinand von Braunschweig, der später preußischer Feldmarschall wurde, ging als der Befreier der hannoverschen Kurlande von der französischen Besetzung in die Geschichte ein. Er ist einer der wenigen aus dem Sachsenland, die – wie König Heinrich I. und Kaiser Otto der Große – in die Walhalla aufgenommen worden sind, die der Bayernkönig Ludwig I. im vergangenen Jahrhundert an der Donau bei Regensburg zum ewigen Ruhme der bedeutendsten „Teutschen" erbauen ließ. Seine Marmorbüste trägt die Aufschrift „Ferdinand — Hannovers Befreier". England hat es ihm zu verdanken, daß es auf hannoverschem Boden den Franzosen Kanada abzuringen vermochte.

Als bei Hastenbeck die Geschütze donnerten und die Schreie der Getroffenen in die Lüfte gellten, gab es das heutige Schloß noch nicht. Es wurde erst ein Jahrhundert später zu einer Zeit erbaut, in der sich das Blatt der Geschichte erneut gewendet hatte und das inzwischen zum Königreich avancierte Kurfürstentum zu einer preußischen Provinz degradiert worden war. Das aus sorgfältig behauenen roten Buntsandsteinquadern erbaute Schloß Hastenbeck erhebt sich an ungefähr der Stelle, an der sich am Tag der Schlacht das Zentrum der 6 Kilometer langen hannoverschen Verteidigungslinie befunden hatte. Die Familie v. Reden, in deren Besitz sich das Gut Hastenbeck seit 1639 befindet, ersetzte mit dem 1869 fertiggestellten Schloßbau das vorherige Herrenhaus. Dorf und Gut Hastenbeck bestehen aber schon viel länger. Sie gehörten ursprünglich dem bereits 1228 bezeugten, jedoch 1545 ausgestorbenen Adelsgeschlecht gleichen Namens. Daß das Dorf an der Haste eine uralte Siedlung ist, beweisen die Reste einer Wallanlage auf der Obensburg. Es wird vermutet, daß diese Festung in germanischer Zeit auch eine

Auf dem Schmiedebrink in Hastenbeck wurde 1907 zum 150. Gedenktag der merkwürdigen Schlacht ein Gedenkstein aus Findlingsblöcken errichtet. Seltsam ist nicht nur der Verlauf der Schlacht, sondern auch der Sachverhalt, daß Frankreich gegen Hannover Krieg führte, um England zu treffen.

Opferstätte war und der Name der Obensburg „Odinsburg“ geheißen haben könnte. Auf dem Schmiedebrink in Hastenbeck wurde 1907 zum 150. Gedenktag der Schlacht ein pyramidenförmiges Denkmal aus Findlingsblöcken errichtet.

Das in neugotischem Stil erbaute Schloß Hastenbeck bei Hameln entstand erst in der zweiten Hälfte des vergangenen Jahrhunderts an der Stelle eines vorherigen Herrenhauses.
In dessen Umland tobte im Jahre 1757 die seltsame Schlacht zwischen der französischen Nordarmee und dem durch Verbündete verstärkten hannoverschen Heer.

68

Inselfestung auf philosophischer Grundlage

Der Wilhelmstein im Steinhuder Meer

Graf Wilhelm Friedrich Ernst zu Schaumburg-Lippe, der als eine der markantesten Persönlichkeiten des aufgeklärten Absolutismus in die Geschichte eingegangen ist, hat einen der merkwürdigsten „Steine“ Niedersachsens geschaffen. Er ließ in den Jahren von 1761 bis 1765 in den Rehburger Bergen eine große Menge von Steinblöcken brechen, sie an das Steinhuder Meer verbringen und vom Ufer aus im Sommer auf Schaluppen, im Winter auf dem Eis bis fast in die Mitte dieses größten Binnengewässers Norddeutschlands weiterbefördern. Dort dienten sie zusammen mit Kies aus dem See zur Aufschüttung einer künstlichen Insel, auf der dann innerhalb von zwei weiteren Jahren eine Zitadelle errichtet wurde. Diese Inselfestung in Form einer Sternschanze erhielt nach ihrem Erbauer den Namen Wilhelmstein. Um die Hauptinsel herum wurden nach strategischen Gesichtspunkten noch 16 kleinere Inseln gruppiert und durch Kanäle miteinander verbunden. Diese Kanäle wurden Jahrzehnte später – etwa um die Mitte des 19. Jahrhunderts – verfüllt, so daß die heutige Quadratform der Insel mit einer Kantenlänge von je 125 Meter entstand. Die Inselfläche beträgt seitdem unter Abzug des Hafens rund 15 000 Quadratmeter.

Graf Wilhelm, wie er kurz genannt wurde, war ein Staatsmann mit soldatischen, wissenschaftlichen und philosophischen Neigungen. Als Soldat nahm er hohe Stellungen ein. Er kommandierte als hannoverscher General im Siebenjährigen Krieg von 1759 bis 1762 die Artillerie der Armee, die aus verbündeten preußischen, englischen, hannoverschen, braunschweigischen, gothaischen und schaumburg-lippischen Einheiten bestand. Dann wurde er in Portugal gebraucht, wo er als Generalmarschall englischer und portugiesischer Truppen den Verteidigungskampf dieses iberischen Landes gegen Spanien führte. Zum Dank für seine erfolgreiche Hilfe schenkte ihm der portugiesische König Jose I. sechs „goldene“ Kanonen, die jedoch nicht aus Gold, sondern nur aus Bronze waren. König Georg III. von Großbritannien ernannte Graf Wilhelm 1764 zum britischen Feldmarschall. Wilhelm war auch mit dem Preußenkönig Friedrich dem Großen eng befreundet. Dieser besuchte ihn 1768 in Hagenburg südlich des Steinhuder Meeres, wo die Grafen und späteren Fürsten zu Schaumburg-Lippe ein Schloß besaßen. Wilhelm hatte dieses Schloß mit dem Steinhuder Meer durch einen Kanal verbinden lassen, der heute noch besteht und auch noch genutzt wird.

Daß Graf Wilhelm auch Wissenschaftler war, bewies die Art und Weise, wie er zu denken und zu handeln pflegte. Er tüftelte mathematisch genau aus, wie seine Festung baulich gestaltet und die Feuerwaffen postiert werden mußten, um eine größtmögliche Abwehrkraft zu erreichen. Zudem errechnete er, wie die Festung bestmöglich mit Soldaten besetzt sowie mit Vorräten an Lebensmitteln und Munition ausgestattet werden könne. Aber er verharrte nicht nur auf einer mengenmäßigen Betrachtung, sondern bezog auch die Qualität ein. So ließ er von überall her Schießpulver beschaffen, das er in langen Versuchsreihen systematisch überprüfte, um herauszufinden, welche chemische Zusammensetzung alle anderen an Stärke übertraf. Auf diese Weise entstand das „bükkeburgische Pulver“, das sich durch eine besondere Explosionskraft auszeichnete.

Graf Wilhelm Friedrich Ernst zu Schaumburg-Lippe war hannoverscher General, portugiesischer Generalmarschall und britischer Feldmarschall. Aber er war nicht nur Soldat, sondern auch Wissenschaftler und Philosoph. Unser Bild entstand nach einem Gemälde des hannoverschen Hofmalers Johann Georg Ziesenis, das sich im Eigentum SHD Philipp-Ernst Fürst zu Schaumburg-Lippe befindet.

Der Wilhelmstein liegt mitten im Steinhuder Meer. Die Kunstinsel mit ihren Festungsanlagen ließ Graf Wilhelm zu Schaumburg-Lippe errichten, um alle abzuschrecken, die im Siebenjährigen Krieg auf den Gedanken hätten kommen können, sich das kleine Land Schaumburg-Lippe einzuverleiben.

Überdies stellte Graf Wilhelm Versuche an, wie und wie lange man Korn und Mehl in verpichten Tonnen sowie Pulver in steinernen und gläsernen Gefäßen auf dem Meeresgrund lagern kann. Er ließ nach einem französischen Rezept Fleischextrakt und nach dem Verfahren eines livländischen Pastors Trokkengemüse herstellen. Darüber hinaus beschäftigte er sich mit Fragen der Landwirtschaft und des Gewerbes und immer wieder mit technischen Problemen — von der bestmöglichen Nachrichtenübermittlung bis hin zum Bau des ersten Unterseebootes der Welt. Er richtete in der Inselfestung eine Kriegsschule ein, deren berühmtester Schüler der aus Bordenau bei Neustadt am Rübenberge stammende spätere preußische General Gerhard Johann David von Scharnhorst war. Graf Wilhelm bestand darauf, daß alle Militärschüler eine über das Kriegshandwerk hinausgehende Bildung erwarben. Scharnhorst, zweitberuflich zum Landwirt erzogen, wurde der Schöpfer der allgemeinen Wehrpflicht.

Dem Grafen Wilhelm ist oft nachgesagt worden, er habe den Inselbau im Steinhuder Meer und das ganze militärische Drum und Dran aus reiner Liebhaberei betrieben. Diese Ansicht konnte sich aber nicht halten, weil er seinem Tun einen tieferen Sinn, eine Philosophie, zugrunde gelegt hatte. Er wollte mit der waffenstarrenden Festung im Steinhuder Meer eine abschreckende Wirkung auf alle erzielen, denen es in den Wirren des Siebenjährigen Krieges hätte gelüsten können, sich das kleine Land Schaumburg-Lippe einzuverleiben. Dabei dachte er vor allem an gewaltsame Übergriffe Hessens, an das nach der Teilung der alten Grafschaft Schaumburg im Jahre 1647 deren südlicher Teil gefallen war. Wilhelm verabscheute die Machenschaften der hessischen Landgrafen, die Untertanen an fremde Kriegsherren vermieteten, um daraus für sich selbst finanziellen Gewinn zu schöpfen. So etwas den Bewohnern seines Herrschaftsgebietes anzutun, wäre Wilhelm nie in den Sinn gekommen.

Das schließt nicht aus, daß auch er ökonomisch dachte, jedoch auf einer ethischen Grundlage. Er setzte darauf, daß der Zwerg Schaumburg-Lippe als Bündnispartner für größere Länder unvergleichlich wertvoller würde, wenn er statt der nur 1 243 Mann, die er im Siebenjährigen Krieg als Soldaten aufzubieten vermochte, eine Seefestung – und sei es nur als Nachschubbasis der kämpfenden Truppen – zur Verfügung stellen konnte. Der Wilhelmstein war allein

Die Seefestung Wilhelmstein war in Kriegszeiten ein sicherer Hort, weil sie wegen der Uferlänge des Steinhuder Meeres – knapp 25 Kilometer – so gut wie nicht einzuschließen war. Graf Wilhelm richtete in der Festung eine Kriegsschule ein, deren berühmtester Schüler der preußische General Scharnhorst war.

schon deshalb ein sicherer Hort, weil er wegen der Uferlänge des Steinhuder Meeres – knapp 25 Kilometer – so gut wie nicht einzuschließen war. Man hätte dafür Tausende von Soldaten aufbieten müssen.

Wilhelms Rechnungen gingen auf. Während des Siebenjährigen Krieges, in dem viele Gebiete Niedersachsens heimgesucht wurden, fiel im Bereich um das Steinhuder Meer kein Schuß. Vom Wilhelmstein aus wurde überhaupt nur ein einziges Mal geschossen. Das war 1787, als Landgraf Wilhelm IX. von Hessen die Grafschaft Schaumburg-Lippe annektieren wollte und seine Soldaten auch nach Hagenburg und Steinhude schickte. Nachdem der damalige Vizekommandant auf dem Wilhelmstein, Scharnhorsts ehemaliger Mitschüler Abraham Windt, den hessischen Parlamentären mehrmals die Übergabe der Festung verweigert hatte, versuchten es die Hessen mit Gewalt. Doch ein Schuß aus einem der Sechspfünder des Wilhelmsteins genügte, um sie so einzuschüchtern, daß sie weitere Anstrengungen zur Einnahme der Festung unterließen.

Das erwähnte U-Boot ließ Graf Wilhelm 1772 von einem Lehrer der Militärschule Wilhelmstein bauen. Es war Jakob Chrysostomus Praetorius, der Offizier, Ingenieur und Geograph war. Das Boot war etwa 10 Meter lang, besaß die Gestalt eines Fisches und wurde deshalb „der Fisch“ oder auch „Steinhuder Hecht“ genannt. Auf dem Wasser wurde es mit Hilfe von Segeln in Form einer Rückenflosse angetrieben, unter Wasser durch Schläge der Schwanzflosse, die von Menschenkraft hin und her bewegt wurde. Praetorius wollte ein noch größeres U-Boot bauen, jedoch nicht auf dem Wilhelmstein, sondern in Lissabon, um zugleich geographische Entdeckungen machen zu können. Er träumte sogar schon davon, das Polareis zu unterfahren. Doch dieser Traum war für ihn noch unerfüllbar. Dazu hätte er 200 Jahre später leben müssen, als die Kernkraft verfügbar wurde.

69

Zeuge einer heimlichen Vermählung?

Das Hattenser Kirchlein

Auf der großen, allseits steil abfallenden Muschelkalkplatte, die im Kreis Holzminden die Weser zwischen Polle und Hehlen zu einem ausladenden Umweg zwingt, breitet sich als weite Ebene die Ottensteiner Hochfläche aus. Dieses Plateau erweckt den Anschein, als ob ihm die erderschütternden Vorgänge der Tertiärzeit, die ganz in seiner Nähe den Solling aufwölbten, den Vogler zertrümmerten und zwischen beiden Gebirgen das Golmbacher Bruchfeld schufen, überhaupt nichts ausgemacht hätten. Der Muschelkalk liegt hier waagerecht, wie er vor mehr als 180 Millionen Jahren von dem nach ihm benannten Meer in mächtiger Schicht abgelagert worden war. Nur einige Bäche haben die Oberfläche zerfurcht und Täler eingeschnitten. Der Wald, von dem die Ottensteiner Hochebene einst ganz bedeckt war, wurde an ihre Ränder und Steilhänge verdrängt, um dem Pflug Platz zu schaffen. Mitten auf dieser weiten Fläche, über die die Winterstürme den Schnee treiben und auf der der Frühling zehn Tage später kommt als in den Tälern der Weser und Emmer oder gar im klimatisch verwöhnten Pyrmonter Talkessel, steht einsam eine kleine Kirche. Sie ist schlicht aus Bruchsteinen, jedoch in reinstem romanischen Stil erbaut. Dieses Aussehen läßt auf ein Alter von vielen hundert Jahren schließen.

Wer sich über eine der Serpentinenstraßen auf die Ottensteiner Hochebene hinaufbemüht und dieses Kirchlein mit seinem offenen Dachreiter anstelle eines Turmes zum ersten Mal sieht, fragt sich verwundert: Wie kommt es hierher? Umgeben ist es nicht von Leben, sondern vom Tod, nämlich von einem Friedhof, dessen Gräber aus längst vergangener Zeit, aber auch aus der Gegenwart stammen. Auch das ist seltsam. Des Rätsels Lösung besteht darin, daß sich hier einst das alte, bereits 1033 urkundlich erwähnte Dorf Haddenhusen befand, dessen Name sich zu Hattensen gewandelt hat. Das einschiffige Kirchlein ist noch die letzte Erinnerung an dieses Dorf, das – wie vier andere auf der Ottensteiner Hochebene – wüstgefallen ist. Man hat sich lange erzählt, daß dies im Dreißigjährigen Krieg geschehen sei, als Johann Graf von Tilly, der Feldherr der Kaiserlichen, 1625 mit seinen Truppen in dieser Gegend Quartier machte. Doch darin sieht man heute nicht mehr den Grund, warum Hattensen zur Wüstung wurde. Ebenso werden auch Fehden zur Zeit Heinrichs des Löwen als Ursache ausgeschlossen. Heute meint man, daß es die Beulenpest war, die in der Mitte des 14. Jahrhunderts in Europa wütete und von 1348 bis 1350 Nordwestdeutschland heimsuchte. Sie entvölkerte innerhalb weniger Wochen ganze Dörfer und Landstriche. Wer auf der Ottensteiner Hochebene dem schwarzen Tod entrinnen konnte, begab sich in den Schutzbereich der Burg Ottenstein, die wenige Jahre vorher von einem der Grafen von Everstein – Otto VIII. oder IX. – errichtet worden war.

Das Hattenser Kirchlein, das diese schlimme Zeit unbeeinträchtigt überstand, soll in unserem Zusammenhang an die vielen Dörfer erinnern, die in Niedersachsen im Hoch- und Spätmittelalter wüst geworden sind. Zwar sind – wie anderswo – auch im niedersächsischen Raum zu allen Zeiten neben der Neugründung und Ausweitung von Siedlungen bestehende Dörfer aufgegeben worden. Doch in keinem Zeitraum geschah dies so häufig wie im 13. und 14. Jahrhundert. Anlaß waren neben zahlreichen Fehden, Feuersbrünsten und Seuchenzügen auch wirtschaftliche Gründe, die zur Umsiedlung von Bewohnern ganzer Dörfer in die entstandenen Städte führten. Der Schwerpunkt der Wüstungsbildung lag dabei deutlich im dichtbesiedelten südniedersächsischen Raum, während das bevölkerungsärmere Tiefland im nördlichen Niedersachsen mit Ausnahme von dessen östlichem Teil weitgehend verschont geblieben ist. Bei den verlassenen Geestdörfern handelte es sich zumeist um junge Gründungen auf ungünstigen, wenig fruchtbaren Standorten. Insgesamt wurden bislang in Niedersachsen rund 1 500 wüstgefallene Dörfer aufgespürt.

Mit dem Hattenser Kirchlein wurde eine merkwürdige Geschichte in Verbindung gebracht, die nach ihrem Bekanntwerden gegen Ende des vergangenen Jahrhunderts viele Gemüter bewegte, erregte und zu leidenschaftlichen Diskussionen führte. Aus dem „einen halben Stundenritt“ entfernten Pyrmont, an dessen Heilquellen sich einst jährlich der europäische Hochadel traf (s. „Der Heilige Anger von Pyrmont“), soll sich am 21. August 1791 im Kirchlein der Wüstung Hattensen ein Liebespaar eingefunden haben, um sich im Beisein eines schottischen Geistlichen und zweier Zeugen heimlich zu vermählen. Die Braut hieß Caroline und war die Tochter des hannoverschen Generalleutnants Johann Wilhelm von Linsingen, der Bräutigam hieß Wilhelm Heinrich – auch William genannt – und war der dritte Sohn Georgs III., der König von Großbritannien und Irland und zugleich Kurfürst von Hannover war.

Der als Seemann ausgebildete Prinz war im Gegensatz zu seinem ältesten Bruder, der 1820 als Georg IV. König von Großbritannien und Hannover wurde, ein forscher junger Mann, der sichtlich Mädchenherzen zu entflammen vermochte. Zudem war er zwei Jahre vorher zum Herzog von Clarence ernannt worden, was ihm ebenfalls gut zu Gesicht stand. Da er der beschirmenden Hand des hannoverschen Generalleutnants anvertraut war, verkehrte er häufig im Hause Linsingen. So blieben auch der hübschen Caroline seine Reize nicht verborgen. Nichts konnte näher gelegen haben, als daß sich Caroline in ihn Hals über Kopf verliebte und wohl nichts freudiger getan hätte, als seine Gemahlin zu werden. Doch was sie darüber in Form einiger Briefe der Nachwelt übermittelte, stieß bei Historikern auf Bedenken, Argwohn und schließlich auch auf Widerspruch.

Zunächst allerdings wurden die aus dem Nachlaß des nicht näher bekannten Freiherrn Karl von Reichenbach stammenden und 1880 von anonymer Seite in Leipzig als Büchlein veröffentlichten Briefe der Generalstochter so sehr als reine Wahrheit empfunden, daß es sogar zu einer Streitfrage wurde, ob die Vermählung im Hattenser Kirchlein stattfand, oder ob es nicht die Kapelle des Rittergutes Welsede im Emmertal oder die Dorfkirche im westfälischen Elbrinxen gewesen sein könnten, die ebenfalls eine halbe Galoppstunde von Bad Pyrmont entfernt sind. In Carolinens Briefen ist kein Ortsname genannt, sondern nur von einer „einsamen Waldkapelle“ die Rede. Bald aber wurde der Gedanke wach, daß diese Liebesromanze samt der späteren, zum Wohle der Staatsräson vollzogenen Scheidung der nicht standesgemäßen Ehe überhaupt nur in einer Traumwelt der äußerst sensitiven Caroline bestanden haben könnte. Denn als Tatsache stellte sich heraus, daß sich Prinz Wilhelm Heinrich seit 1785 nicht mehr im hannoverschen Stammland und auch nicht in Pyrmont, das damals zum Fürstentum Waldeck gehörte, aufgehalten hatte und zur Zeit der erdichteten Trauung nachweislich in England weilte. In der fraglichen Zeit soll er auch auf dem von ihm befehligten Schlachtschiff „Valiant“ Dienst getan haben. Später – erst im Jahre 1818 – heiratete er die Prinzessin Adelheid von Sachsen-Meiningen und folgte im Alter von 64 Jahren seinem Bruder Georg IV., als dieser 1830 starb, als König Wilhelm IV. auf den Thron. Er war der Monarch, mit dessen Ableben 1837 die englisch-hannoversche Personalunion zu Ende ging, weil er keinen Leibeserben hinterließ. Wegen der unterschiedlichen Thronfolgeordnungen wurde Viktoria die Königin von Großbritannien, und ihr Oheim Ernst August, Herzog von Cumberland, wurde König in Hannover.

Von Caroline heißt es, daß sie mit schweren seelischen Belastungen zu kämpfen hatte und lebensgefährlich erkrankte. Sie soll 1795 in einen Scheintod verfallen sein, aus dem sie der Hildesheimer Arzt Dr. Adolf Heinrich Meineke ins Leben zurückholte. Der Lebensretter wurde bald darauf ihr Ehemann. Sie zogen nach Berlin, wo Caroline einen Sohn und eine Tochter gebar. Um das Jahr 1810 übersiedelte die Familie nach Blansko in Mähren. Dort trat Dr. Meineke in den Dienst des Grafen Salm, für den er als Chemiker mit Holzessig experimentierte. Caroline starb am 31. Januar 1825 in Blansko, wo sie auch begraben wurde. Ihr Ehemann segnete am 20. Oktober 1826 als Kustos des naturhistorischen Museums in Brünn das Zeitliche. Ob je ein Bezug zwischen Caroline von Linsingen und dem Hattenser Kirchlein bestanden hat, muß nach Lage der Dinge bezweifelt werden. Geht man davon aus, daß sie die Briefe wirklich geschrieben hat, bleiben zumindest zwei Fragen offen: Wie gelangten die Briefe in den Besitz des Freiherrn von Reichenbach und warum hat sich der Herausgeber des Büchleins „Caroline von Linsingen, die Gattin eines englischen Prinzen“ entgegen seiner Ankündigung im Vorwort nie zu erkennen gegeben? Vielleicht geschah es nur deshalb nicht, weil auch er einsehen mußte, daß er jungfräulichen Hirngespinsten aufgesessen ist.

Auf dem Friedhof des Hattenser Kirchleins werden noch heute die Toten des Kirchspiels Ottenstein beigesetzt. Eines der Gräber unterscheidet sich durch sein Aussehen von allen anderen. Man erkennt es an den beiden am Kopf- und Fußende aufrechtstehenden und schon stark gedunkelten Buntsandsteinplatten, deren Inschrift von einer abenteuerlichen Geschichte berichtet. In diesem Grab fand 1844 das irdische Leben des wohl ersten Gastarbeiters in Niedersachsen seinen Abschluß. Der hier Beigesetzte hieß Antonio Congo und war 1811 in Guimbata – vermutlich irgendwo in Zaire – als Sohn des Häuptlings Ambrosio Congo geboren, im Alter von acht Jahren von Sklavenhändlern geraubt und dann nach Brasilien verschleppt worden. Dort wurde er von Ferdinand Schlüter, einem Hamburger Kaufmann, als Diener erworben und mit nach Deutschland gebracht. Der hochherzige Hanseate – auch das verrät die Grabesinschrift – ließ Antonio in Hamburg in der christlichen Religion erziehen und das Tischlerhandwerk erlernen. Als rechter Geselle mußte Antonio dann auch auf Wanderschaft gehen. Dabei kam er 1843 nach Ottenstein, wo er erkrankte und starb. Durch seine letzte Ruhestätte auf dem Friedhof am Hattenser Kirchlein lebt er im Gedenken der Ottensteiner fort. Das beweisen die Blumen, die auch heute noch stets frisch das Grab unter der alten Friedhofslinde schmücken.

Das Hattenser Kirchlein steht von Gräbern umgeben, sonst aber völlig einsam auf der weiten Ottensteiner Hochfläche. Könnte es die Kapelle sein, in der sich der spätere König Wilhelm IV. von Großbritannien und Irland sowie von Hannover und die hannoversche Generalstochter Caroline von Linsingen heimlich trauen ließen? Oder war die ganze Liebesromanze nur ein Hirngespinst?

70

Heidnische Kultstätte oder nur Steinbruch?

Die Höhlen im Gertrudenberg

Es war kurz vor Mitternacht. Eine vermummte Gestalt schlug mit einem Hammer dreimal gegen eine Eisenpforte. Von innen fragte eine Stimme: „Was sucht Ihr hier bei Nacht? Ohn' Wort kein Einlaß, Tür und Riegel sind gut bewacht!“ – Der Vermummte antwortete: „Ik grüet Ju, lewe Mann. Wat fanget se hie an?“ – Darauf wieder die Stimme von innen: „Allet Glück kehre in, wo de fryen Scheppen syn!“ – Dann sagten sie gemeinsam: „Strick, Stein, Gras grein – de hemlike Feem!“ – Nun öffnete der Wächter die Tür, und der Freischöffe konnte durch einen dunklen Gang in der Tiefe des Osnabrücker Gertrudenberges den Sitzungssaal der heiligen Feme erreichen. Der Saal war eine weite Höhle, in deren Mitte ein steinerner Tisch stand, der von steinernen Sitzen umgeben war. Auf dem Tisch lagen eine Pergamentrolle mit Wachssiegeln, zwei gekreuzte Schwerter und ein Totenkopf. So berichtet es eine Sage. Ob sie ein Körnchen Wahrheit enthält? Wahr ist, daß im späten Mittelalter im Osnabrücker Raum und weit in das Emsland hinein Freistühle bestanden haben, an denen die Femegerichte tagten. Und wahr ist auch, daß es im Gertrudenberg Höhlen gibt. Doch ob in ihnen ein Femegericht Unterkunft gefunden hatte, ist eine Frage, deren Antwort nur im Bereich des Möglichen gesucht werden kann.

Der Verdacht, daß sich im Gertrudenberg Heimliches oder gar Unheimliches getan haben könnte, hat immer wieder forschendes Interesse geweckt und die Phantasie beflügelt. Befand sich in den unterirdischen Gängen und Kammern schon eine heidnische Kultstätte? Dienten sie in Notzeiten der Osnabrücker Bevölkerung als Fluchtburg? Oder waren sie einfach nur Steinbrüche, aus denen die Stadt Osnabrück im Mittelalter ihren großen Bedarf an Baumaterial deckte? Eines schließt das andere nicht aus, wie das Höhlensystem ja zugleich auch schon mehrmals Tatort von Verbrechen war: In ihm wurde Falschgeld geprägt, Diebesgut versteckt und selbst auch schon gemordet. Überdies dienten die Höhlen nach Einbau von Mauern jahrzehntelang Osnabrücker Brauereien als Bierkeller, ohne daß vorausgegangenen anderen Nutzungen Abbruch getan worden wäre. Allerdings hat sich noch kein einziger konkreter Hinweis auf heidnische Kulthandlungen oder auf das Wirken eines Femegerichtes gefunden. So oft die Höhlen auch schon erkundet, vermessen und fotografisch dokumentiert worden sind – jedesmal konnte mit Gewißheit nur festgestellt werden, daß aus ihnen Mauersteine und Brennkalk gewonnen wurden.

Auf diese Nutzung weist bereits die erste bisher bekannte urkundliche Erwähnung der Höhlen aus dem Jahre 1333 hin. Damals wurden sie in lateinischer Sprache als Steingruben bezeichnet, und zwar als verlassene. Das Steinebrechen muß jedoch später wieder aufgenommen worden sein, wie aufgefundene Lohnrechnungen aus den Jahren 1576 und 1578 bezeugen. Es wurde durch den Kalkberg ein „Luchtholl“, ein Luftloch, gebrochen, das sicherlich nur nötig war, weil im Berg gearbeitet wurde. Alle Untersuchungen vor Ort, insbesondere auch die im laufenden Jahrhundert vorgenommenen, kamen zum Ergebnis, daß die Hohlräume von Menschenhand geschaffen worden sind. Sie sind aus dem Fels herausgeschlagen und zum Teil seitlich mit Kalksteinen abgemauert worden. Um der Einsturzgefahr zu begegnen, ließ man allenthalben Pfeiler stehen. Der Verlauf der Gänge ist schnurgerade und richtet sich nach der Lagerung des Gesteins und seiner Klüftung. Auch die Art des Gesteins spricht dafür, daß Menschenhände am Werk gewesen sein müssen. Es ist Muschelkalk, zumeist dickbankiger Trochitenkalk, in dem sich in der Regel keine Naturhöhlen bilden. Das menschliche Wirken bestätigen auch Steinbruchwerkzeuge, die 1835 in der „Bierkellerzeit“ beim Aufräumen von Gängen gefunden worden sind. Zudem wurden bei Grabungen die Reste eines Kalkofens entdeckt.

In den Spekulationen um die Bedeutung dieser Höhlen kreisen die Gedanken auch immer wieder um unterirdische Gänge, die das ehemalige Benediktinerinnenkloster auf dem Gipfel des Berges mit der an seinem Südwestfuß liegenden Osnabrücker Altstadt verbunden haben sollen. Der Überschwang dieser Gedankenflüge nährte auch die Vermutung, daß ein unterirdischer Gang vom Kloster Gertrudenberg aus 8 Kilometer weit bis zum nördlich von Osnabrück gelegenen Kloster Rulle geführt haben soll (s. „Das Kloster Rulle“). Gegen diese Annahme sprachen sich bisher alle Geologen und sonstigen Bergkundigen aus, die die Höhlen untersucht haben. Einer von ihnen war Wilhelm Pfeiffer, der Betriebsführer am Hüggelbergwerk war und 1925 auf Veranlassung des damaligen Osnabrücker Oberbürgermeisters Dr. Julius Rißmüller zusammen mit einem technisch gebildeten Beamten und einigen Bergleuten in die Höhlen eindrang. Pfeiffer bezeichnete es als völlig ausgeschlossen, daß unter der Hase hindurch ein

Die Höhlen im Gertrudenberg haben schon viel Kopfzerbrechen verursacht. Sind sie nur das Ergebnis jahrhundertelanger Steingewinnung oder dienten sie auch kultischen Zwecken. Unser Bild zeigt einen Höhlenteil, der wie ein Saal anmutet. Könnte in solch einem Raum das Femegericht der Sage getagt haben?

Gang in die Stadt führt. Der Gang hätte von den Höhlen bis zur Hase 480 Meter durchstoßen müssen. Dazu schrieb Pfeiffer: „Ein Laie kann sich keine Vorstellung davon machen, was für Arbeit es gekostet hätte, einen Stollen oder Gang von solcher Länge in das feste Gestein zu hauen, zumal bei den primitiven Handwerkzeugen von früher".

Wenn man den Untersuchungen des Osnabrücker Architekten und Rutenmeisters Heinrich Margraf Glauben schenken darf, befindet sich ein weites Höhlensystem unter der Osnabrücker Altstadt, das eine 1972 vom Verkehrsverein Stadt und Land Osnabrück herausgegebene Druckschrift als „das unterirdische Osnabrück" bezeichnete. Nach den von Margraf und seinen Mitforschern 1938 gemachten Entdeckungen sind im Mittelalter die vier Hauptkirchen Osnabrücks – der romanische Dom St. Peter und die gotischen Hallenkirchen St. Marien, St. Katharinen und St. Johann – miteinander unterirdisch verbunden gewesen, zudem auch alle Klöster der Stadt und die Hauptbefestigungsanlagen. Die Hobbyforscher vermochten in einen Teil der Gänge einzudringen. Wo Verschüttungen im Wege waren, wurde der weitere Verlauf mit der Wünschelrute erfühlt. Hinter diese Art Forschung werden viele Fragezeichen gesetzt. Eine Aufklärung des Sachverhaltes wäre nur durch eine umfassende Untersuchung möglich, die allerdings hohe Kosten verursachen würde. Ebenso wäre ein großer Geldaufwand erforderlich, wenn man das Höhlensystem des Gertrudenberges der Bevölkerung zugänglich machen wollte.

Die Höhlen im Gertrudenberg unterstehen heute der Obhut des Staatshochbauamtes Osnabrück, das sie als Anlage des Zivilschutzes unterhält. Sie waren im Zweiten Weltkrieg als Luftschutzbunker genutzt worden. Auf dem Gertrudenberg, wo sich das Kloster befand, steht die Gertrudenkirche, die sich aus einer frühmittelalterlichen, dem Erzengel Michael geweihten Kapelle entwickelt hat. Ein Teil der Südwand dieser Kapelle mit ihren hochsitzenden kleinen Rundbogenfenstern hat sich in der südlichen Turmwand der heutigen Kirche erhalten. Auch Teile des Fundaments der Kapelle finden sich noch vor. Es kann mit ziemlicher Sicherheit angenommen werden, daß wie andere Michaelskapellen auch diese über einem heidnischen Heiligtum errichtet worden ist. Wann dies geschah, ist unbekannt. Unter der Kirche soll sich ein größerer Hohlraum befinden, nach dem jedoch noch nie gesucht worden ist. Deshalb ist es auch nur reine Spekulation, wenn vermutet wird, daß dieser Hohlraum der Sitzungssaal des von der eingangs erwähnten Sage überlieferten Femegerichtes war.

Literaturverzeichnis

Arlt, U. „750 Jahre Hude 1232–1982“, Delmenhorst 1982.

Bauer, K. „Die Quellen für das sog. Blutbad von Verden“, Münster 1937.

Berentzen, B. „Das Kreuz zu Lage“, Osnabrück 1983.

Blume, H. „Hildesheimer Rosen“, Hildesheim 1984.

Bödige, N. „Natur- und Geschichtsdenkmäler des Osnabrücker Landes“, Osnabrück 1920.

Bohmbach, J. „Das Kloster St. Georg in Stade“, Stader Jahrbuch NF Heft 72, Stade 1982, und „Die Entwicklung Stades in den ersten Jahrhunderten“ in „Auf den Spuren des alten Stade“, Stade 1986.

Borchers, C. „Bau- und Kunstdenkmäler“ in „Der Landkreis Helmstedt“, Bremen-Horn 1957.

Bote, H. „Till Eulenspiegel“, Frankfurt/Main 1978.

Buchmann, O. „Deutschlands ältestes Bad“, Deister- und Weser-Zeitung, Hameln 1912.

Büchner, K.-H. „Ingenieurgeologische Erfahrungen beim Absaufen des Kali-Bergwerkes Ronnenberg, Juli 1975“, Deutsche Gesellschaft für Erd- und Grundbau, Essen 1983.

Bumke, J., Cramer, Th., Kaiser, G. u. Wenzel, H. „Till Eulenspiegel in Geschichte und Gegenwart“, Bern 1978.

Burjes/Schröder „Stickhausen von 1464–1900“ in „Im Spiegel der Jahrhunderte“, Leer 1976.

Busse, F. „Zeven — Kloster, Flecken, Stadt“.

Callies, H. „Römer und Germanen im nördlichen Deutschland“ in „Geschichte Niedersachsens“, Bd. 1, Hildesheim 1977, und „Arminius — Held der Deutschen“ in „Ein Jahrhundert Hermannsdenkmal 1875–1975“, Detmold 1975.

Claus, M. „Die Pipinsburg bei Osterode am Harz“ in „Führer zu vor- und frühgeschichtlichen Denkmälern“, Bd. 17, Mainz 1970.

Dalsing, A. „Benno II., Bischof von Osnabrück“ in „Bad Iburg“, Heimatbund Osnabrücker Land, 1978.

Deeters, W. „Kleine Geschichte Ostfrieslands“, Leer 1985.

Deibel-Rosenbrock, W. „Die Funde von Lehringen“, Schriftenreihe des Verdener Heimatbundes, Stade 1960.

Dobbertin, H. „Beiträge zur Hamelner Kinderausfahrt (1284)“, Springe 1981.

Doll, E. „Ein Beitrag zur Vor- und Frühgeschichte Mandelslohs“ in „Beiträge zur älteren Geschichte des Dorfes und seiner Umgebung“, Neustadt a.Rbge. 1985.

Drögereit, R. „Die Verdener Gründungsfälschung und die Bardowick-Verdener Frühgeschichte“ in „Dom und Bistum Verden“ 1970.

Dürre, W. „Alt- und mittelpaläolithische Funde in Norddeutschland“, Hildesheim 1981.

Eckhardt, A. u. Schmidt, H. „Geschichte des Landes Oldenburg“, Oldenburg 1987.

Ehmke, R. „Der Freskenzyklus von Idensen“, Diss. Bonn 1954.

Ehrhardt, K. „Vom Heiligenberg zum Amtshof“, Bruchhausen-Vilsen 1974.

Ellmers, D. „Die Kreuzsteine bei Bühren“ in „Führer zu vor- und frühgeschichtlichen Denkmälern“, Bd. 16, Mainz 1970.

Engel, F. u. Krüger, K. „Schloß Arensburg im Wesergebirge“, Bückeburg 1951.

Engelke, B. „Die Anfänge der Stadt Stade“, Niedersächsisches Jahrbuch für Landesgeschichte Bd. 18, Hildesheim 1941.

Evers, D. „Neue Bildelemente am Stein von Anderlingen“, Archäologisches Korrespondenzblatt Nr. 11, Mainz 1981.

Fischer, U. „Europäische Verbindungen der niedersächsischen Großsteingräber“ in „Großsteingräber in Niedersachsen“, Hildesheim 1979.

Fissen, K. „Unser gnädig Fräulein Maria“, 2. Aufl., Jever 1982.

Flechsig, W. „Der Wortstamm 'wer' in ostfälischen Orts-, Flur- und Gewässernamen“ in „Deutsche Königspfalzen“, Bd. 2, Göttingen 1965.

Folkerts, R. „Die Theelacht zu Norden“, Norden 1971.

Freese, F. „Lewer doot as Slav“, Norden 1976.

Friedländer, E. „Ostfriesisches Urkundenbuch“ Bd. 1, Emden 1878.

Fuchs, Th. „Arminius und die Externsteine“, Stuttgart 1982.

Garfs, J. „Begegnungen mit Bad Pyrmont“, Bad Pyrmont 1973.

Geschwinde, M. „Höhlen im Ith“, Veröffentlichungen der urgeschichtlichen Sammlungen des Landesmuseums zu Hannover Bd. 33, 1988.

Gosebruch, M. „Die Kunst des Nikolaus“ in „Niederdeutsche Beiträge zur Kunstgeschichte“, Bd. 19, München Berlin 1980.

Grimm, J. „Germanische Mythologie“, Göttingen 1835.

Grote, K. „Steinzeitliche Wildfanggruben im Naturschutzgebiet Hainholz bei Düna, Kr. Osterode a. Harz“, Heimatblätter für den südwestlichen Harzrand, Osterode 1979.

Günther, F. „Der Ambergau“, Hannover 1887.

Haarnagel, W. „Bericht von der Grabung in der Krypta von Leer“ in „Die Krypta auf dem reformierten Friedhof in Leer“, Hildesheim 1959.

Hachmann, R., Kossack, G. u. Kuhn, H. „Völker zwischen Germanen und Kelten“, Neumünster 1962.

Hacke, Th. „Bentheim und der Herrgott von Bentheim“, Osnabrück 1898.

Hagemann, E. „Zur Ikonographie des Ronnenberger 'Bonifatius-Portals'“ in „Niederdeutsche Beiträge zur Kunstgeschichte“ Bd. 2, München Berlin 1972.

Hahne, O. „Wodan — Der Wilde Jäger — St. Hubertus“, Braunschweigische Heimat 29, 1938.

Hannemann, M. „Der Landkreis Oldenburg (Olbg)“, Bremen-Horn 1956.

Hartmann, R. „Geschichte Hannovers“, Hannover 1886.

Häßler, H.-J. „Die Lübbensteine bei Helmstedt“ in „Großsteingräber in Niedersachsen“, Hildesheim 1979.

Heberer, G. „Die Evolution der Organismen“, Stuttgart 1967.

Heckmann, E. u. Thyselius, T. „Aus der Geschichte der Herrschaft Jever“, Oldenburg 1967.

Heine, E. W. „Über den Germanismus“, 1. Heft, Hannover 1860.

Hengst, K. „Die Urbs Karoli und das Blutbad zu Verden in den Quellen der Sachsenmission (775–785)“, Paderborn 1980.

Heutger, N. C. „Historische Weserstudien“, Hildesheim 1972, „850 Jahre Kloster Walkenried“, Hildesheim 1977, und „1100 Jahre Bücken“, Hildesheim 1982.

Hilscher, U. „Die Stiftskirche von Königslutter“ in „Niederdeutsche Beiträge zur Kunstgeschichte“ Bd. 4, München Berlin 1965.

Hirsch, P. „Die Sachsengeschichte des Widukind von Corvey", Hannover 1935.

Hoffmann, A. „Die mittelalterlichen Steinkreuze, Kreuz- und Denksteine in Niedersachsen", Hildesheim und Leipzig 1935.

Hohmeyer, H. „Hrotsvitha von Gandersheim", München—Paderborn—Wien 1973.

Hucker, B. U., „War Tile von Kneitlingen (1339—1351) der historische Till Eulenspiegel?", Braunschweigisches Jahrbuch Bd. 64, Braunschweig 1983.

Jacob-Friesen, G. „Die Rothesteinhöhle im Ith als Kultstätte" in „Einführung in Niedersachsens Urgeschichte" 2. Teil, Hildesheim 1963.

Jacob-Friesen, K. H. „Die Altsteinzeitfunde aus dem Leinetal bei Hannover", Hildesheim 1949, und „Der altgermanische Opferfund im Brodelbrunnen zu Pyrmont", Hannover 1928.

Jünemann, F. B. „Der Bronzedolch von Wiershausen" in „Urgeschichtliche Bodendenkmalpflege im Kreise Münden", Hann. Münden 1956, „Die Quarzitschlagstelle auf dem Voßküppel bei Bühren", ebenda 1957, und „Beobachtungen an Quarzitschlagstellen im südlichen Niedersachsen" in „Die Kunde — Mitteilungen des Niedersächsischen Landesvereins für Urgeschichte" NF 10, 1959.

Kalthammer, W. „Die Schlacht bei Lutter am Barenberge" in „Unser Harz" Heft 9, Clausthal-Zellerfeld 1976.

Kaiser, H. „Der Hildesheimer Silberfund und viele Fragen" in „Allgemeiner Heimatkalender", Hildesheim 1968.

Keibel-Maier, M. „Walkenried, ehemaliges Zisterzienserkloster" in „Ausgrabungen in Niedersachsen — Archäologische Denkmalpflege 1979—1984", Stuttgart 1985.

Keller, H. „Reclams Lexikon der Heiligen und der biblischen Gestalten", Stuttgart 1968.

Kelsch, W. u. Lange, W. „Predigt der Steine", Wolfenbüttel 1984.

Kempe, S. und Vladi, F. „Die Lichtensteinhöhle" in „Heimatblätter für den südwestlichen Harzrand", Heft 44, Osterode am Harz 1988.

Kerler, D. H. „Die Patronate der Heiligen", Hildesheim 1968.

Keyser, E. „Städtegründungen und Städtebau in Nordwestdeutschland im Mittelalter", Remagen/Rhein 1958.

Kohl, J. G. „Nordwestdeutsche Skizzen — Fahrten zu Wasser und zu Lande an den unteren Gegenden der Weser, Elbe und Ems", Bremen 1864.

Kohnen, A. „Geschichte des Hümmlings", Papenburg/Ems, 1950.

Koltermann, M. „Die Geschichte der vormaligen Grafschaft Spiegelberg", Deister- und Weser-Zeitung, Hameln 1890.

Körner, G. u. Laux, F. „Ein Königreich an der Luhe", Lüneburg 1980.

Krahe, H. „Sprache und Vorzeit", Heidelberg 1954, „Unsere ältesten Flußnamen", Wiesbaden 1964, und „Indogermanische Sprachwissenschaft", Berlin 1966.

Kronenburg, K. „Das Reichsstift Gandersheim", Bad Gandersheim 1983, „Roswitha von Gandersheim und ihre Zeit", Bad Gandersheim 1982, und „Verfallene Ritterburgen um Gandersheim", Bad Gandersheim 1960.

Krüger, B. u. a. „Die Germanen", Berlin 1983.

Krumbein, C. „Der Herrgott von Bentheim", Bremen-Horn 1956.

Laue (o.Vn.) „Heimatbüchlein für den Kreis Dannenberg (Lüchow und Dannenberg)", Lüchow s.a.

Lengen, H. van „Detern und Stickhausen" in „Im Spiegel der Jahrhunderte", Leer 1976, und „Geschichtlicher Rückblick" in „Ostfriesland", Hannover 1987.

Lintzel, M. „Die Vorgänge in Verden im Jahre 782", Hildesheim und Leipzig 1938.

Löns, H. „Mein blaues Buch" (Balladen), Hannover 1922.

Lorenz-Flake, W. „Kloster Rulle und seine Äbtissinnen", Wallenhorst 1980.

Lotze, K. „Sprudelnde Quellen erzählen . . .", Bad Pyrmont 1948.

Lübbing, H. „Oldenburg" in „Geschichte des Landes Niedersachsen", Würzburg 1973.

Lübbing, H. u. Jäkel, W. „Geschichte der Stadt Wildeshausen", Oldenburg 1970.

Manns, P. „Die Heiligen", Mainz 1975.

Meier-Böke, A. „Das Süntelheiligtum", Schaumburger Heimatblätter, Rinteln 1954.

Meyer, G. „Bonifazius-Kapelle und Michaeliskirche" in „1400-Jahr-Feier Ronnenberg", Ronnenberg 1930, und „Kriegszüge der alten Sachsen und die Schlacht bei Ronnenberg", Ronnenberg 1930.

Miller, K. „Kurze Erklärung der Weltkarte des Frauenklosters Ebstorf", Köln 1896.

Mithoff, H. W. H. „Kunstdenkmale und Altertümer im Hannoverschen", Bd. 1, Hannover 1871.

Müller, U. „Die St. Osdag-Kirche, 800 Jahre Baugeschichte" in „Mandelsloh — Beiträge zur älteren Geschichte des Dorfes und seiner Umgebung", Neustadt a. Rbge. 1985.

Müller, W. „Datierte Kreuzsteine in Niedersachsen" in „Berichte zur Denkmalpflege" Heft 4, Hannover 1984.

Müller, W. u. Baumann, G. E. H. „Kreuzsteine und Steinkreuze in Niedersachsen, Bremen und Hamburg", Hameln 1988.

Nede, K. „Oldenburg und Ammerland", Oldenburg 1977.

Neumann, E. u. Schwartz, E. „Idensen — eine romanische Kirche und ihre Fresken in Niedersachsen", Idensen 1954.

Nowothnig, W. „Der Wurmberg und seine Baureste", Harz-Zeitschrift, Bad Harzburg 1956 und „Ergebnisse neuer Untersuchungen auf dem Wurmberg", Nachrichten aus Niedersachsens Urgeschichte, Hildesheim 1970.

Ochwaldt, C. „Wilhelmstein und Wilhelmsteiner Feld", Hannover, 1970.

Oppermann, M. „Die Schlacht bei Hastenbeck", Hannover 1957.

Ostendorf, E. „Bippen — Werdegang und Geschichte einer altgermanischen Siedlung und Kultstätte" Heft 3, Bippen 1975.

Paffrath, A. „Die Legende vom Heiligen Hubertus", Hamburg und Berlin 1961.

Panzer, F. „Bayerische Sagen und Bräuche", Beiträge zur deutschen Mythologie, Bd. 2, Göttingen 1956.

Patze, H. „Geschichte Niedersachsens", 2. Aufl., Hildesheim 1985.

Paul, A. P. „Die Römer an der Weser" in „Die Weser", Heft 2, Bremen 1958.

Peters, H.-G. „Die Wittekindsburg bei Rulle, Kreis Osnabrück", Hildesheim 1971.

Pokorny, J. „Indogermanisches Etymologisches Wörterbuch", Bd. I, Bern und München 1959.

Poten G. „Zar Peter der Große am Kurhannoverschen Hofe", Deister- und Weser-Zeitung Nr. 84, Hameln 1928.

Potratz, H. A. „Das Moorgewand von Reepsholt", Veröffentlichungen der urgeschichtlichen Sammlungen des Landesmuseums zu Hannover, Bd. 7, Hildesheim 1942.

Prochnow, H.-J. „Die Alexanderkirche zu Wildeshausen", München Berlin 1970.

Ptolemäus, C. „Geographia", Hildesheim 1966.

Pudelko, A. „Allgemeine Betrachtungen zur Vor- und Frühgeschichte des Höhbecks" in „Die Kunde" NF 20, 1969.

Rech, M. „Die Omphalosschalen aus Oldendorf, Kreis Lüneburg, und ihre Bedeutung für die Altersbestimmung der Großsteingräber in Niedersachsen" in „Großsteingräber in Niedersachsen", Hildesheim 1979.

Redlich, C. „Der ‚Dreigötterstein' von Anderlingen, Kreis Bremervörde" in „Nachrichten aus Niedersachsens Urgeschichte" Nr. 32, 1963.

Reichenbach, Frhr. K. v. „Caroline von Linsingen, die Gattin eines englischen Prinzen", Leipzig 1880.

Reinecke, W. „Der Dom zu Bardowick", Norddeutsche Kunstbücher, Bd. 25, Wienhausen/Celle 1950.

Reinstorf, E. „Die Entwicklung Bardowicks bis zur Zerstörung durch Heinrich den Löwen", Lüneburg 1934.

Rieckenberg, H. J. „Historisch-topographische Beschreibung des Dorfes Mandelsloh“ in „Mandelsloh — Beiträge zur älteren Geschichte des Dorfes und seiner Umgebung“, Neustadt a. Rbge. 1985, und „Die Herkunft des Osdag-Patronats in der Kirche zu Mandelsloh und der Marienkirche zu Hannover“, Hannoversche Geschichtsblätter, NF Bd. 7, Heft 2, Hannover 1953.

Ritter-Schaumburg, H. „Die Nibelungen zogen nordwärts“, München, Berlin 1983.

Rosien, W. „Die Ebstorfer Weltkarte“, Hannover 1952.

Schadewaldt, W. „Homer Ilias“, Frankfurt/M. 1975.

Schaer, F.-W. „Die Grafschaften Oldenburg und Delmenhorst vom späten 16. Jahrhundert bis zum Ende der Dänenzeit“ in „Geschichte des Landes Oldenburg“, Oldenburg 1987.

Schirnig, H. „Großsteingräber in Niedersachsen“, Hildesheim 1979.

Schlicht, E. „Der Hümmling in ur- und frühgeschichtlicher Zeit (I. Teil – die Steinzeit)“ in „Schriften des Niedersächsischen Heimatbundes“, NF Bd. 24, Bremen-Horn 1954 und „Die Großsteingräber im nordwestlichen Niedersachsen“ in „Großsteingräber in Niedersachsen“, Hildesheim 1979.

Schlichting, H. „Cadenberge im Wandel der Zeiten“ in „Cadenberger Hefte“, Heft 2/1988.

Schlüter, W. „Die vorgeschichtlichen Funde der Pipinsburg bei Osterode/Harz“, Neumünster 1975.

Schmidt, H. „Grafschaft Oldenburg und oldenburgisches Friesland in Mittelalter und Reformationszeit“ in „Geschichte des Landes Oldenburg“, Oldenburg 1987.

Schmoller, H. „Die Ausgrabung der Pfalz Werla und ihre Probleme“ in „Deutsche Königspfalzen“ Bd. 2, Göttingen 1965.

Schnath, G. „Sophie Dorothea und Königsmarck“, Hildesheim 1976 und „Die Prinzessin in Ahlden“, Hildesheim 1968.

Schnöckelberg, M. G. „Iburg Benediktinerabtei und Schloß“, Bad Iburg 1980.

Schomerus, J. G. „Die Marienkirche von Marienhafe“, Norden 1984.

Schreiber, P. „Das unterirdische Osnabrück“, Osnabrück 1972.

Schröder, E. „Sachsen und Cherusker“, Niedersächsisches Jahrbuch 10, 1933.

Schuchhardt, C. „Die frühgeschichtlichen Befestigungen in Niedersachsen“ Niedersächsische Heimatbücher R. 2, Bd. 3, Bad Salzuflen.

Schütte, H. „Die Arensburg“, Rinteln 1924.

Schwarz-Mackensen, G. u. Schneider, W. „Wo liegen die Hauptliefergebiete für das Rohmaterial donauländischer Steinbeile und -äxte in Mitteleuropa?“ Archäologisches Korrespondenzblatt Heft 3, Mainz 1983.

Schwens, C. „Die Alexanderkirche in Wildeshausen und ihre Baugeschichte“, Oldenburg 1969.

Seel, O. „Der Physiologus“, Zürich und Stuttgart 1960.

Seelmann, E. „Wiederauffindung der von Karl d. Gr. deportierten Sachsen“, Jahrbuch für niedrdeutsche Sprachforschung, Bd. 50, 1924.

Sello, G. „Das Cisterzienserkloster Hude bei Oldenburg“, Oldenburg und Leipzig 1895.

Siefkes, W. „Geschichtliches über die Stadt Leer“ in „Der Kreis Leer“, Kiel 1932.

Siegmund, J. J. „Zisterzienserstift Walkenried“, Walkenried 1977.

Spanuth, H. „Der Rattenfänger von Hameln“, Diss. Göttingen 1951.

Spanuth, J. „Die Atlanter — Volk aus dem Bernsteinland“, Tübingen 1976.

Sprockhoff, E. „Zur Megalithkultur Nordwestdeutschlands“ in „Nachrichten aus Niedersachsens Urgeschichte“ Nr. 4/1930, „Die nordische Megalithkultur“, Berlin–Leipzig 1938 und „Atlas der Megalithgräber Deutschlands“, Teil III: Niedersachsen – Westfalen, Bonn 1975.

Stedler, W. „Beiträge zur Geschichte des Fürstentums Kalenberg“ Heft 1, Barsinghausen 1886.

Strack, W. „Wegweiser durch die Gegend um Eilsen“, Lemgo 1817.

Studer, D. „Die Stiftskirche in Bücken“, Königstein im Taunus 1982.

Taake, H. „Die Chorgemälde in der Kirche zu Marklohe“, Stolzenau 1958.

Tacitus, P. C. „Germania“, Bremen 1957.

Thieme, H. u. Veil, S. „Neue Untersuchungen zum eemzeitlichen Elefanten-Jagdplatz Lehringen, Ldkr. Verden“ in „Die Kunde“ NF 36, Hannover 1985.

Timpe, D. „Arminius-Studien“, Heidelberg 1970.

Tode, A. „Der altsteinzeitliche Fundplatz Salzgitter-Lebenstedt“, Köln, Wien 1982.

Twele, G. „Heiligenberg einst und jetzt“, Vilsen 1906.

Uhrmacher, E. „Zur Baugeschichte von Schloß und Kloster Iburg“ in „Bad Iburg“, Heimatbund Osnabrücker Land, 1978 und „Kloster Gertrudenberg zu Osnabrück“, München und Zürich 1983.

Veil, S. „Neuentdeckter Fundplatz aus der Zeit des Neandertalers bei Lichtenberg“, Berichte zur Denkmalpflege in Niedersachsen, Heft 4, 1987.

Veltmann, H. „Das Grabmal des Königs Surwold“ in „Mitteilungen des Vereins für Geschichte und Landeskunde Osnabrücks“, Bd. 13/1886.

Vladi, F. „Die Nashornfunde zu Düna (NSG Hainholz) vom Jahr 1751 und ihre Bedeutung für ‚die physische Geschichte unseres Planeten‘“, Heimatblätter für den südwestlichen Harzrand, Osterode 1979.

Voges, H. „Die Schlacht bei Lutter am Barenberge am 27. August 1626“ in „Chronik des Fleckens Lutter am Barenberge“, Seesen 1955.

Weigel, Th. „Zum Rätsel des Königslutterer Jagdfrieses“ in „Der Braunschweiger Burglöwe“, Göttingen 1985.

Wilken, G. „Rulle — Wallfahrtsort des Kostbaren Blutes und der Schmerzhaften Mutter“, Osnabrück 1981.

Windhausen, A. u. Hahne, H. „Die Einhornhöhle bei Scharzfeld am Harz“, Jahrbuch des Provinzial-Museums zu Hannover, Hannover 1908.

Woebcken, C. „Das Land der Friesen und seine Geschichte“, Oldenburg 1932 und „Jever — Die Stadt der Kunst, der Sage und Geschichte“, 5. Aufl., Jever 1969.

Wohltmann, H. „Die Geschichte der Stadt Stade an der Niederelbe“, Stade 1956.

Wollemann, E. A. „Ausgrabungen einer Höhle im Ith bei dem Dorfe Holzen“, Zeitschrift für Ethnologie, Bd. 15, 1883.

Wunderlich, W. „Eulenspiegel-Interpretationen“, München 1979.

Zaretzky, O. „Der Hexenwahn in der Grafschaft Schaumburg“, Schaumburg-Lippische Heimatblätter Nr. 11 u. 12 1968, Bückeburg.

Zedelius-Sanders, M. „Die paläolithischen Funde aus dem Leinetal bei Jeinsen“, Hildesheim 1978.

Zoller, D. „Vorgeschichtliche Funde“ in „Der Landkreis Ammerland“, Oldenburg 1967.

Register

Geographie

Geschichte